二十一世纪“双一流”建设系列精品教材

数字经济学

主编◎袁正　蔡晓陈

西南财经大学出版社
Southwestern University of Finance & Economics Press
中国·成都

图书在版编目(CIP)数据

数字经济学/袁正,蔡晓陈主编.--成都:西南
财经大学出版社,2025.1
ISBN 978-7-5504-6026-3

Ⅰ.①数… Ⅱ.①袁…②蔡… Ⅲ.①信息经济学 Ⅳ.①F062.5

中国国家版本馆 CIP 数据核字(2023)第 231404 号

数字经济学

SHUZI JINGJIXUE

袁 正 蔡晓陈 主编

策划编辑:李晓嵩
责任编辑:石晓东
责任校对:陈何真璐
封面设计:何东琳设计工作室
责任印制:朱曼丽

出版发行	西南财经大学出版社(四川省成都市光华村街 55 号)
网 址	http://cbs.swufe.edu.cn
电子邮件	bookcj@swufe.edu.cn
邮政编码	610074
电 话	028-87353785
照 排	四川胜翔数码印务设计有限公司
印 刷	郫县犀浦印刷厂
成品尺寸	185 mm×260 mm
印 张	21.875
字 数	417 千字
版 次	2025 年 1 月第 1 版
印 次	2025 年 1 月第 1 次印刷
印 数	1—2000 册
书 号	ISBN 978-7-5504-6026-3
定 价	59.80 元

前言

我们进入了数字时代，理解数字时代的经济运行至关重要。数字信息成为人类社会的基本要素，确实对我们的生产和生活产生了深远的影响。

物质、能量、信息是构成世界的三大要素。计算机、互联网是第三次工业革命的标志，大数据、人工智能是第四次工业革命的标志。在数字技术的赋能下，人类处理信息的能力空前提高，时空距离大幅压缩，丰富的数字化产品和服务改变了人类的生产和生活。数字技术及数字经济成为人类文明进步的重要标志。

信息本身具有价值，因为人类想知道客观世界发生了什么。信息是人类决策的基础，情报会改变战争、商业竞争的结果。完全信息是完全竞争市场的基础。数字技术使信息的生产、收集、处理、分析、集成变得更为高效、便捷，因而数字产业化和产业数字化在数字时代实现了快速发展，成为科技进步和产业变革的前沿领域。

数字经济不是突然蹦出来的。数字经济和知识经济、信息经济、网络经济、新经济等概念一脉相承。数字经济把信息产业更多地变成了数字化的信息产业。因此，本书对新经济、知识经济、信息经济、网络经济等进行了论述，反映了数字经济的“前世”。当前，数字经济的重要形态包括电子商务、共享经济、平台经济，既包括数字产业化，也包括产业数字化，这是数字经济的“今生”。这些内容在本书中均有详细阐述。我们不仅关注数字经济的形态，也关注数字经济的理论本质。数字经济的重要地位源于知识、信息等要素的重要性。知识、信息的生产和销售具有与物质产品不一样的经济学特征。知识、信息具有非竞争性，信息转让给他人之后，并不会减少信息拥有者对信息的占有。因而在知识、信息领域，边际收益是递增的，而不是工业世界的边际收益递减。网络产业的理论本质是网络外部性和网络效应。加入网络的消费者越多，产品网络的价值越大，从而吸引更多消费者加入，形成正反馈，最终形成“赢者通吃”的局面。数字经济的理论本质是降低了信息成本，减少了时空约束和物理约束。数字经济能够降低搜寻成本、复制成本、交通成本、追踪成本和验证成本，使资源配置效率大大提高。电子商务、平台经济的本质是双边市场，数字技术能够缓解信息不对称，匹配、撮合双边交易，促使反馈评价、声誉、区块链等数字信任机制得到发展，从而完善远距离非人格化交易的市场功能。

数字经济的作用机制是发展经济学的前沿研究领域。西南财经大学经济学院发展经济学研究所所长蔡晓陈教授编写了数字经济核算、数字经济与生产力、数字经济下的就业问题、数字经济伦理与治理等章节。数字技术在带来数字红利的同时，对产业变革带来前所未有的冲击。数字领域的产业化，如软件、硬件、互联网、数据、云计算等服务，成为十分重要的产业。数字技术给农业、工业、商业、服务业带来日新月异的变革。数字技术与传统产业深度融合，数字化赋能传统产业转型升级，产业数字化的影响日益深远。企业数字化是大势所趋，因为消费者的大部分休闲时光用于线上娱乐，商业数字化也是大势所趋。数字经济存在对就业的冲击及数字伦理问题，这些问题的有效治理成为数字时代的重要话题。

数字技术不是万能的，要辩证地看待数字技术。生产率悖论问题、数字鸿沟问题、垄断甚至资本无序扩张的问题、对就业的挤出问题、人工智能超越人类的奇点问题等都值得探索，我们对数字经济的探索才刚刚开始。

本书由袁正、蔡晓陈教授共同完成，第一章、第二章、第三章、第四章、第五章、第六章、第七章、第八章、第九章、第十章由袁正教授编写，第十一章、第十二章、第十三章、第十四章由蔡晓陈教授编写。本书基于“数字经济与网络经济学”这一研究生课程的讲义进行编写，我们对课程讲义进行了完善，以期为学生提供更为合适的教材。

在本书的编写过程中，我们参考了众多文献，但可能部分文献并未列出。由于水平有限，书中难免存在不足之处，欢迎读者和本书作者联系，联系邮箱是 yuanzhengok@ swufe.edu.cn。感谢西南财经大学经济学院对本书的出版提供经费支持，感谢同事邹红、周敏同志对本书的指导和支持，感谢西南财经大学出版社李晓嵩编审对本书的辛勤付出。

袁正　蔡晓陈

2025 年 1 月

目录 CONTENTS

第一章

新经济

第一节 新经济概述

“新经济”一词最早出现于1996年12月30日的美国《商业周刊》。学者们比较认可的新经济的定义是：建立在信息技术革命和制度创新基础上的经济持续增长与低通货膨胀率、低失业率并存，经济周期特征明显淡化的一种新的经济现象。新经济是一种以信息技术及互联网为基础、以知识要素为驱动力的新生产方式。经济合作与发展组织（OECD）于1996年将新经济界定为信息技术、互联网与知识创新的集合①。

20世纪90年代，美国出现长达100多个月与过去经济扩张大相径庭的“两高一低”（高增长、高就业、低通胀）的经济增长。时任美国商务部部长威廉·戴利高度概括信息技术及信息产业对经济的影响：第一，对经济增长的影响，“在过去5年中，信息技术在实际经济增长中的贡献率已超过1/4”；第二，对通货膨胀的影响，“信息技术产品价格的下降降低了通货膨胀率”；第三，对就业的影响，“信息技术创造了1 500万个新工作岗位，失业率为24年来最低”。时任美国联邦储备委员会（以下简称“美联储”）主席艾伦·格林斯潘指出：“美国近年来一直呈现的每小时生产率的较高增长，计算能力、通信及信息技术方面梦幻般的进步，看来是这种有益趋势背后的主要力量。”② 2000年4月5日，美国总统克林顿召开了一次专门会议，主题是“白宫新经济会议”。新经济主要包括两层含义：一是指美国正处于历史上最长的经济扩张和经济转变之中，这个经济转变像工业革命一样具有深远意义；二是指信息革命正在改变着人们的工作、学习、生活和交往方式。

1997年11月，美国《商业周刊》主编斯蒂芬·谢波德总结了新经济的六大特征：实际国内生产总值大幅度增长、公司利润增加、失业率降低、通货膨胀率降低、进出口总额占比上升、高科技的贡献率提高③。在微观上，美国《连线》杂志创始主编凯文·凯利认为，新经济就是以互联网为基础

---

① 华民. 新经济、新规则和新制度［J］. 世界经济，2001（3）：6.

② 美国商务部. 浮现中的数字经济［M］. 姜奇平，等译. 北京：中国人民大学出版社，1998.

③ 萧琛. 论美国的“新经济”和“新周期”［J］. 世界经济与政治，2000（4）：6.

的经济。在《新经济 新规则：网络经济的十种策略》一书中，凯文·凯利提出新经济的三个特点：①全球化；②注重无形事物如观点、信息、关系等；③紧密地互相联结。新经济是关于通信的经济，数字科技和媒体最终都是为通信服务的，通信的信息功能构成了所有经济体系的基础。

在新经济世界，计算机体积越来越小，而通信量却不断增多。由计算机和通信网络构成的虚拟世界可能比任何一个产业的昔日巨头都要庞大。在工业时代，像通用汽车这样的公司崇尚企业规模越大越好，是大规模生产方式的代表；在后工业时代，像微软、谷歌、亚马逊这样的无形的知识和信息公司成为时代的弄潮儿。在过去 10 年里，美国最畅销的出口商品的每美元价值的物理重量减少了 50%。今天，耕作、运输等传统行业仍然存在，但是这些传统产业也数字化了，农业工人也运行在网络经济中，每天与传感器、无人机、自动化的农机设备、气象信息、粮食行情、社交网络等打交道。卡车司机依然要手握方向盘，但离不开无线电、条形码、调度系统、数字地图和导航这样的数字网络。

当传统动能由强变弱时，需要新动能异军突起和传统动能转型，形成新的“双引擎”，才能推动经济持续增长、跃上新台阶。当前，我国发展正处于这样一个关键时期，必须培育壮大新动能，加快发展新经济。要推动新技术、新产业、新业态加快成长，以体制机制创新促进分享经济发展，建设共享平台，做大高技术产业、现代服务业等新兴产业集群，打造动力强劲的新引擎。运用信息网络等现代技术，推动生产、管理和营销模式变革，重塑产业链、供应链、价值链，改造提升传统动能，使之焕发新的生机与活力。

我国一般将新产业、新业态、新商业模式称为“三新”经济。国家统计局积极推进“三新”经济统计工作。2017 年，我国“三新”经济增加值为 129 578 亿元。2018—2020 年，这一数值分别为 145 369 亿元、161 927 亿元、169 254 亿元[①]。2021 年，我国“三新”经济增加值为 197 270 亿元，比上年增长 16. 6%，比同期国内生产总值（GDP）现价增速高 3. 8%，相当于 GDP 的 17. 25%；分三次产业看，“三新”经济中，第一产业增加值为 7 912 亿元，比上年增长 6. 6%，占比为 4. 0%；第二产业增加值为 87 499 亿元，比上年增长 19. 1%，占比为 44. 4%；第三产业增加值为 101 859 亿元，

① 数据来源：国家统计局。

比上年增长 15.3%，占比为 51.6%①。也有一些地方提“四新”经济，这种经济是指新技术、新产业、新业态、新模式，实质上与“三新”经济的提法大同小异。《湖北省人民政府关于加快发展新经济的若干意见》（鄂政发〔2016〕67 号）将新经济定义为以新技术、新产业、新业态、新模式为核心的产业经济。

国内学者刘树成、李实将“新经济”理解为“由新技术革命所推动的经济发展与增长”。经济史上的一些重大技术革命，如铁路、电力、汽车等，都曾推动了经济的发展与增长。以信息技术革命为主的“新经济”主要表现在以下五个方面：①就技术层面和微观层面而言，它是一个创新的“蜂聚”时期，一大批新兴的高科技中小企业应运而生，迅速崛起。②就市场运作层面而言，它使竞争空前加剧。③就资金层面而言，融资方式具有创新性。④就政府层面而言，表现为政策与制度的创新。⑤就宏观经济层面而言，表现为经济周期的微波化②。中国科学院计算技术研究所的李国杰、徐志伟认为，信息技术是未来 15~20 年发展新经济的主要动力，人机物融合的智能技术是最有引领性的新技术。

根据麦肯锡公司 2013 年发布的预测，到 2025 年可能形成 5 万亿~10 万亿美元的产业，这些产业主要包括移动互联网、智能软件系统、云计算和物联网等信息产业。2016 年世界经济论坛发布的《数字化转型倡议》指出：“2016—2025 年，各行业的数字化转型有望带来 100 万亿美元的社会和企业价值（主要是社会价值），其中汽车、消费品、电力、物流四大行业的数字化转型的潜在价值将超过 20 万亿美元。今后 10~20 年，对经济贡献最大的可能不是新发明的重大技术，而是信息技术融入各个产业的新产品、按需提供个性化产品和服务的新业态、产业链跨界融合的新模式，数字技术赋能传统产业的前景十分光明。”③

---

① 数据来源：国家统计局。

② 刘树成，李实. 对美国“新经济”的考察与研究［J］. 经济研究，2000（8）：3-11.

③ 李国杰，徐志伟. 从信息技术的发展态势看新经济［J］. 中国科学院院刊，2017，32（3）：6.

第二节　新经济基本法则

人类正步入一个崭新的经济纪元，计算机日益微型化，而信息交流却以前所未有的速度增加。这一新经济形态，主要由通信技术的革新所驱动，凯文·凯利精辟地概括了其三大鲜明特征：其一，它是全球化的、跨越国界的。其二，它聚焦无形价值的创造，诸如观点、信息及人际关系的深化；其三，它构建了一个高度互联的生态系统，各部分紧密相连，共荣共生。新经济像是在无形资产的海洋里航行，显著体现在美国最畅销的出口商品中，每单位价值所承载的物理重量持续减轻，而由计算机、娱乐与通信构筑的虚拟空间，其规模已超越任何传统产业。微软公司，作为新时代的标杆，以其无形产品的卓越贡献，跻身全球最具价值企业之列，彰显了信息、通信与娱乐融合的无限魅力。在新经济浪潮中，信息的获取与传递成为核心驱动力，数字科技与媒体技术归根结底服务于通信的畅通无阻。新经济，本质上是一场关于通信的革命，其背后是计算机芯片与通信网络技术的飞跃性进步。相较于工业时代的面对面交流，在新经济时代，硅芯片与光纤网络将万物互联，激发了前所未有的可能性，催生了新型社会经济组织形式的诞生。农业领域的生产者，通过计算机与智能手机接入网络，能够实时获取气象预测、全球粮食市场动态、金融信息、土壤数据、数字地图及资金流动报告，实现精准管理与高效运营。同样，即便卡车司机仍须亲自驾驶，但他们也已被条形码、无线通信、智能调度系统、在线导航及物流网络等现代科技紧密绑定，实现了运输过程的智能化与高效化。凯文·凯利深刻洞察新经济规律，归纳出十条法则①，这些法则如同导航灯塔，遵循这些法则的人将赚得盆满钵满，而忽略这些法则的人则会错失良机，难有建树。

一是互联法则。

硅芯片与光纤技术的飞速发展，极大地加速了人类社会的相互连接进程。新经济体系日益遵循网络逻辑运行，理解并掌握网络运作方式，成为把握新经济脉搏的关键。任何网络都包括两个要素：节点与连接。节点日益微

① 凯文·凯利. 新经济新规则：网络经济的十种策略［M］. 刘仲涛，译. 北京：电子工业出版社，2014.

型化，几乎达到肉眼难辨的境地，而连接则愈发密集与强大。从银行卡、酒店门锁到快递包裹、商品标签，无处不在的微小芯片，正悄无声息地将世界紧密编织在一起。这一全球互联的网络，将数万亿个物体与生命体紧密相连，形成了一个庞大而复杂的交互集群，每日生成并交换着海量的数据与通信。互联网，作为这一互联生态的典范，展现出了其分散、无中心的信息传递特性。每一份电子文件被巧妙地分割、打包，并各自寻找最快捷的路径穿越网络，最终在目的地重组复原，这一过程高效而精准。在信息网络中，标准与规范是有效运行的基础，确保了亿级用户能够以最低的管理成本，实现最大规模的连接。网络中的每一个节点都享有平等与民主的权利，共同构建了一个自由而开放的交流空间。

互联的世界孕育出了超越个体的集体智慧。当孤立的物体被连接成庞大的集群时，它们之间传递的简易信息汇聚成了强大的力量。正如互联网将功能有限的个人电脑汇聚成无所不能的超级网络，大量单一功能的聚合，也能绽放出惊人的智慧光芒。去中心化的网络结构，使得集体智慧超越了任何个人或组织的智慧极限。那些看似遥不可及、难以独自承担的宏大任务，在网络的世界里，可以被轻松地分解、分包，由全球各地的能人异士共同完成。凯文·凯利以墨西哥水泥公司的案例，生动地诠释了互联法则的实际应用。该公司凭借先进的网络技术，实现了混凝土配送速度的飞跃。通过实时追踪卡车的 GPS 位置，系统能够迅速规划出最优的配送路线，确保距离最近的卡车能够在最短时间内将货物送达工地。这一创新举措不仅大大提高了送货的准时率（达到 98%），还极大地提升了客户的满意度。

新经济的巨大利益在很大程度上源自对分权式与自治式网络的开发与利用。为实现互联网的最大自治潜力，应在必要时实施监管。针对互联网的应对策略可归纳为以下七点：①技术隐形化，即让芯片、计算机、网络等逐渐变得无形，深度融合于我们的日常生活之中。②智能化，通过部署大量无形、简易且数量庞大的芯片，构建一个分布式、集群化的智能系统。③全面互联，确保个人与各类设施能够随时随地、无阻碍地连接，同时追求设备及其连接方式的成本更低、使用更便捷、功能更实用。④促进信息与知识的传播，在相互连接的节点间高效传递信息与知识，以辅助各节点做出更为精准的决策。⑤实时通信能力，确保系统能够即时传递数据，实现自动计算与即时处置。⑥追求网络规模效应，鉴于网络效应的存在，网络集群的规模越大，其整体价值也就越大。⑦启动并维持正反馈循环，在网络世界的初期阶段，类似于“鸡生蛋，蛋生鸡”的循环问题可能带来挑战，但需要企业付出努力，以启动这一循环的初始环节，进而推动整个网络的良性发展。

二是报酬递增法则。

在网络经济中，成功具有自我增强的特性，即一旦取得初步领先，便会步步为营，形成正反馈机制，导致“赢者通吃”的现象，最终可能演变为垄断。这一现象的根本原因在于网络效应，即网络的价值随用户数量的增加而呈指数级增长，网络外部性使得新用户的加入能够提升网络中既有用户的整体价值。互联网不仅构建了个体间的直接连接，更鼓励实现多个小型网络之间的互联互通，这些小型网络的融合不仅扩大了整个网络的规模，也极大提升了网络的整体价值。在网络社群中，同时与多人的交流相较于传统的一对一交流，显著提高了信息共享的效率。

随着网络用户数量的不断增长，网络价值迅速膨胀，这一价值的提升又进一步吸引更多用户的加入，从而形成一个“鸡生蛋，蛋生鸡”的良性循环，即自我增强的正反馈循环。这与工业经济中的报酬递减规律截然不同，在网络经济中，成功会自我放大，遵循报酬递增规律。正反馈机制源于网络效应，其最终结果往往表现为马太效应，即强者愈强、弱者愈弱，直至形成垄断。在此过程中，明星产品或热点产品逐渐占据市场主导地位，而其他产品则可能逐渐退出市场。值得注意的是，成功的产品未必是品质最优的产品，有时仅仅是因为更幸运或更早进入市场。偶然的机会和正确的市场策略能使企业成为领先者，而报酬递增机制则会进一步放大这种优势，使领先者最终锁定市场。

网络型产品的增长曲线常呈现指数型特征，引爆正反馈的临界容量是其能否实现网络起飞的关键。在达到这一临界容量之前，往往需要经历漫长而艰难的市场渗透过程。例如，传真机在广泛应用之前，经历了近 20 年的缓慢增长；计算机主机的销售数量也在 20 世纪 70 年代陷入停滞，直至 1991 年前后才迎来爆发式的指数增长。而趋于免费的芯片以及电信资费的大幅下降，则成为推动互联网起飞的重要因素。

在遵循报酬递增规律的网络经济中，企业应高度重视网络效应，努力争取更多用户，并积极将次级网络纳入自身网络体系，以扩大网络规模。同时，企业应致力于建立正反馈机制，努力跨越临界容量，实现飞跃式发展。

而后进入者则需要谨慎行事，因为在网络经济中，“赢者通吃”的现象尤为普遍，后进入者往往需要付出数倍于领先者的努力，才能在新兴领域或细分市场中实现突围。

三是普及法则。

在网络经济领域，用户数量的增加直接提升了网络的整体价值。新经济时代，价值的衡量标准不再遵循“物以稀为贵”的传统逻辑，而是转变为“物以丰为贵”。以传真机为例，最初的一台传真机即便造价高昂，也难以单独实现其价值；而第二台传真机的售出，则瞬间提升了第一台传真机的实用性。随着传真机数量的持续攀升，一个庞大的传真机网络逐渐形成，新加入的传真机不仅满足了自身需求，还进一步提升了整个网络中既有传真机的价值。因此，普及本身就是价值的创造者。

与工业时代“物以稀为贵”“市场饱和即贬值”的现象截然不同，网络经济的核心价值源自普及。由于数字信息产品的复制成本极低，技术专利的持有者面临着是否开放共享的抉择。鉴于网络普及能够显著提升价值，开放技术往往比独占技术带来更为丰厚的利益。微软操作系统的开放策略与苹果操作系统的封闭策略所形成的鲜明对比，便是这一法则的生动例证：微软凭借开放的系统，成功占据了市场份额的主导地位。专利制度固然旨在保护技术创新者的利益，但要实现更大的收益，开放似乎成为不可或缺的要素。通过与其他系统的互操作性，整个系统的规模得以扩大，网络效应随之产生，从而带来更为显著的价值增长。

在网络经济中，互联性孕育了丰富的机遇。与仅能供少数人使用、功能单一的物品相比，电话凭借其强大的互联能力，能够连接成千上万的人，从而催生出无数意想不到的机会。电话不仅是通话工具，还能接入互联网，进一步拓宽了机遇的空间。连接网络意味着接入了一个充满无限可能的世界，新的机会将随着联系的增多而不断涌现。网络通过事物间的相互联系展现出其无限的活力，在连接关系中，我们可以获得更多样化的产品、服务和无形资产。每一个连接网络的事物，都因与其他事物的相互关联而产生了独特的价值，无数的新机会就蕴含在这些节点间的互动之中。

因此，在网络经济中，我们应尽可能多地接入网络，因为这不仅能为其他接入网络的事物带来正的外部性，还能让网络的价值以指数级速度增长。无论是门锁中植入的芯片使其成为智能住宅网络的一部分，还是商品零售中的条形码将商品纳入生产、销售信息系统，都体现了这一点。系统的价值随着联网元素的增加而不断攀升。同时，保持产品的开放性，给予他人更多的机会，是成功的重要基石。集体的智慧远超过单个个体的智慧，允许他人使用、修改并为你的产品追加新服务，将使整个产品网络的价值得到进一步提升。

对于网络型产品而言，流动是其价值的源泉。研发产品的固定成本一旦投入，便成为沉没成本，而产品越是在市场中流动，其价值便越能得到体现。网络效应不断为产品网络增添新的价值。鉴于复制成本极低，开放复制成为产生网络效应的有效手段。虽然专利系统的保护对于激发创新动力至关重要，但在网络经济时代，信息产品的非竞争性和网络效应要求我们在一定程度上打破传统的专利保护壁垒，通过使用开放技术来扩大产品网络的规模。

四是免费法则。

在网络时代，高质量且低价格的产品日益丰富。得益于学习效应，生产经验的不断累积促使单位成本持续下降。对于信息技术产品而言，摩尔定律揭示了芯片性价比的持续提升，使得消费者倾向于在最后一刻购买以获取最佳性价比。此外，信息技术产品通常经过航空运输而非海运，以避免在运输过程中因时间延误导致的价值折损。吉尔德定律则预言了主干网带宽的快速增长，以及每比特传输费用的持续下降，并趋近于零，这进一步推动了网络资费的降低，促使我们消费更多的数据流量。

信息产品展现出显著的规模经济效应，其特点在于高固定成本和极低的边际成本。随着产量规模的扩大，不仅产品质量得以提升，价格也逐渐下降，甚至可能实现免费。这与传统经济模型中的供给曲线和需求曲线截然不同。在传统经济中，供给曲线向右上方倾斜，随着资源的消耗，制造成本逐渐上升；而需求曲线则向下倾斜，支付意愿随着需求量的增加而下降（边际效用递减）。然而，在网络经济中，这两条曲线均发生了翻转。供给曲线向下倾斜，因为学习曲线和规模经济效应使得供给量增大时价格反而降低；而需求曲线则向上倾斜，信息技术产品的需求量增加时，由于网络效应的作用，其价值呈指数级增长，从而在某种程度上推高了价格。

信息技术产品的边际复制成本极低，且不影响复制产品的质量，这为产品免费提供了广阔的操作空间。同时，信息技术产品具有显著的网络效应，因此，先人一步推行低价或免费策略成为网络经济的常见手段。这种策略能够迅速吸引首批客户，并尽快触发临界容量，引爆正反馈循环。对于信息产品而言，由于其低复制成本，免费服务应成为常态。例如，微软赠送互联网浏览器、360 公司免费提供杀毒软件、谷歌提供免费搜索服务、微信提供即时通信服务，均属此类。这些服务的边际成本几乎为零，但每增加一份服务都能扩大网络规模并提升产品网络的价值。产品网络价值的提升不仅能吸引新消费者加入，还能锁定现有消费者，增强他们对产品网络的依赖性。一旦消费者被锁定，企业便可通过提供附加服务、升级服务等手段获取利润。

免费策略不仅是吸引消费者的有效手段，还能引发正反馈循环。只要网络价值收益能够超出边际成本，免费便是合理的。许多企业采取核心产品免费、高价出售其他服务的策略，如免费送软件但高价卖说明书；或通过免费服务锁定消费者后，再提供售后服务、维护和升级服务、求助热线等附加服务以获取利润。在信息和数据日益丰富甚至泛滥的今天，稀缺资源已转变为人的注意力。大量的信息分散了我们的注意力，而免费服务则能有效吸引消费者的注意力，从而帮助企业争夺市场份额。

在网络时代，免费的信息产品表现出类似公共物品的特性，即不具有排他性和竞争性。然而，与传统由政府主导的公共物品不同，这些免费的信息产品是由公众自发建设并维护的。以 Linux 为例，这款最初由芬兰人 Linus Torvalds 于 1991 年基于个人兴趣开发的操作系统，不仅免费、自由传播，还开放源代码，鼓励全球开发者共同参与改进。随着时间的推移，Linux 在无数开发者的共同努力下不断完善，始终保持着免费和开放的原则。这种由公众共建共享的免费模式，在网络经济中屡见不鲜，成为推动产品普及和技术进步的重要力量。在共建共享的过程中，人们积极交换信息、分享内容、交换代码，共同体现集体智慧的价值。软件开发商也乐于推出软件的测试版，借助广大用户的反馈和聪明才智来完善产品。这种开放合作的模式不仅促进了产品的快速迭代和优化，还极大地降低了研发成本，使得免费服务成为可能。当前，杂志、报纸等传统媒体也普遍采用了低价或免费的策略。例如，一些报纸的售价多年未变，甚至可能无法覆盖纸张成本，但它们通过广告收入来维持运营。同样，折扣零售店也常以接近成本的价格销售商品，并通过会员费等增值服务获取利润。这些策略不仅吸引了大量消费者，还提高了客户忠诚度，为企业在次级市场（如升级维护、互补产品等）获取更多利润奠定了基础。在网络经济中，先人一步实施低价甚至免费策略已成为争夺市场份额的有效手段。通过提供免费服务，企业能够迅速吸引潜在客户，增加产品网络的流量，进而提升网络价值。一旦产品网络达到一定规模，企业便可通过提供附加服务、升级服务等手段获取丰厚回报。

五是网络优先法则。

在网络时代，网络以其无形的力量重塑了世界的格局。网络没有明显的中心，亦无固定的边界，它倡导的是一种人人平等的参与精神。在网络时代，消费者日益偏爱那些开放性的平台，因为它们提供了更多的连接节点与资源享用机会。因此，当公司的命运与网络紧密相连时，优先发展网络、提升网络价值便成了首要的战略选择。

网络思维强调开放与共赢，公司的成功不再仅仅依赖自身的单打独斗，而是需要与众多参与者共同构建一个良好的业务生态圈。在这个生态系统中，供应商、互补品提供商、顾客、技术基础设施方等通过标准化的协议与联盟紧密相连，共同推动网络的繁荣与发展。主导厂商在网络建设中的角色尤为重要，他们不仅需要关注自身的发展，更要通过投资互补品公司、促进他们的成长来壮大整个网络，从而间接提升自身产品的销量与市场地位。

技术标准在网络生态系统中占据着举足轻重的地位。它不仅能够降低不确定性、明确发展道路，还能加速技术的创新与飞跃。技术标准作为技术选择、互联互通、兼容性与信任的工具，其重要性日益凸显。在网络经济中，对技术标准和交易准则的重视程度越高，单次交易所需的成本就越低，技术标准与法律成为维护市场秩序与促进经济发展的重要力量。

网络经济呈现出三大显著趋势：全球化、知识替代重量、无处不在的网络化。网络中的关系超越了时空的限制，24 小时不间断地运转；网络结构可以多层次叠加，使得关系连接更加广泛、紧密、牢靠且持久。万物互联的时代已经到来，互联网与物联网将亿万人与物紧密相连，网络规模迅速扩大，数据与信息的丰富程度前所未有。自动化与智能化生产极大地提高了生产效率，产品变得更加轻盈且性能卓越。以汽车为例，其计算能力已非常强，电子设备价值更是超越了钢铁材质本身。汽车不再仅仅是装有芯片的轮子，更是装有轮子的芯片；同样地，飞机是装有翅膀的芯片，农场是带有土壤的芯片，房子则成为有人居住的芯片。信息的重要性日益凸显，物质的重要性则相对减弱。

随着网络经济的深入渗透，传统产品，如汽车、交通、冰箱、房子乃至谷物等，都在经历着深刻的变革。经济活动逐渐转移到线上进行，产品的设计、生产、制造与操作方式都越来越依赖网络与芯片。在芯片与网络的加持下，零售店的商品价格不再只是静态的价格标签，而是能够实时反映生产、运输、汇率及销售情况的网络节点。在这个处处连接的网络世界里，任何微小的变动都可能引发连锁反应。

然而，网络经济并未完全取代人类劳动。虽然许多标准化、数字化的工作被信息系统取代，但那些无规律、不可预见且带有情感的工作，如园艺、厨艺与照顾婴儿等，仍然需要人类的参与。随着这些工作的普及与成本的降低，它们在家庭支出中的占比将不断上升，且工作报酬也将增加。

因此，在网络经济中，提高个体利益的最可靠方法在于提升整个系统的利益。通过吸引更多的人和物加入网络、追求网络价值的最大化、发挥网络效应的杠杆作用以及保持开放与迎接标准等措施，我们可以激活产品与服务、扩大网络规模与价值。即使在网络价值中占据较小的份额，也可能比在小市场产品中占较大份额更为可取。因为网络价值最大化不仅符合公司的理性选择，更是推动整个经济社会向前发展的重要动力。

六是开辟新战场法则。

网络经济，这一充满活力的生态系统，以其多样、互通及形态灵活多变的特点，不断孕育着新的机遇与挑战。与工业经济的稳定、有序及循规蹈矩相比，网络经济呈现出瞬息万变的态势，不稳定与不均衡成为其常态。在网络经济中，最优化难以持久，所有技术产品终将面临被淘汰的命运。因此，当一代技术取得辉煌成就时，企业若沉溺于现有的成功之中，往往会对新一代技术的竞争视而不见，从而为自身的发展埋下隐患。

正如熊彼特所言，“创造性破坏”在网络经济中得到了淋漓尽致的体现。当一代技术产品几乎达到完美的巅峰状态时，局外人可能以全新的视角和方式改变游戏规则，另行开天辟地。此时，那些曾经的成功者可能会发现自己被困在了顶峰，且公司越成功，退路越狭窄。因此，与其等待被市场无情地淘汰，不如主动出击，自我颠覆，不断追求新的突破与超越。

为了在这场永不停歇的变革中保持领先地位，企业应勇于放弃现有的完美产品，将目光投向下一代可能的技术领域。值得注意的是，过去成功的技术在面临变革时，可能会成为阻碍创新的绊脚石。企业的综合能力越强，越难以通过微调来实现转型；越是成功的组织，在面对转型时往往越保守，转型之路也因此充满了传统力量的阻碍与反对。

然而，正如自然界中种群的变异往往源于群落的边缘一样，组织创新也常常发生在远离公司中心的边缘地带。为此，企业可以设立独立运行的工作小组，这些小组不受制于公司现有的架构与业绩压力，邀请“局外人”加入以激发新的思维火花，推动实质性的创新。同时，企业还应着力扩大组织边缘的范围，利用网络的力量吸收外部人才与外部思想，为创新提供源源不断的动力。

在快速变化的市场环境中，只有那些反应敏捷、行动迅速的公司才能走向成功并保持竞争优势。因此，保持速度与灵活性成为企业生存与发展的关键。企业要敢于放弃旧有的成功，以开放的心态迎接新的挑战与机遇。同时，企业还应警惕渐进主义对创新的束缚与阻碍，主动开辟新战场，不断颠覆自己，以追求更大的成功与更广阔的发展空间。

在这个过程中，借助网络的力量在更广泛的范围内搜寻潜在的创新点显得尤为重要。开放的项目制可以吸引来自组织外部、全球范围内的最优秀人才参与其中，为企业的创新提供源源不断的智力支持。客户以及联盟伙伴的积极参与将汇聚成一股强大的力量，推动企业在下一代技术的探索中不断前行。通过新的人才、新的网络以及新的搜索路径的引入与整合，企业将在网络经济的浪潮中乘风破浪，开创出属于自己的辉煌未来。

七是无限网络空间法则。

在网络经济的新纪元中，网络空间已超越特定场所的限制，成为全球经济活动的核心舞台。互联网的全球化特性，随着通信技术的飞速进步与成本的持续下降，极大地削弱了地理与距离的传统重要性，共同绘制了数字时代的全球化与地球村图景。物理场所虽是我们生活的基石，但人的活动受限于时间与空间的双重枷锁，难以实现全面的即时互动。相比之下，网络空间以其电子化环境的独特优势，打破了这一局限，为经济活动开辟了无限可能。

网络空间，这一虚拟领域的广阔天地，拥有超越想象的维度与容量。在这里，不同对象以千变万化的方式虚拟相邻，实现了人际关联的飞跃性扩展。电子空间中的个体能够同时与成千上万的人交流互动，这种前所未有的连接能力彻底颠覆了物理世界的交往模式。汽车等实体亦通过网络技术融入这一虚拟网络，与监控系统、卫星定位、收费站等无缝链接，体现出网络空间跨越时空界限的强大力量。

网络空间的虚拟性不仅赋予了其与客户建立良好关系的能力，还促进了规模经济性的显著提升。在网络世界中，人际平等性得到加强，在传统中介角色经历去中介化过程后，数字平台如雨后春笋般涌现，成为市场交易的新中介。百货大楼等传统商业模式面临挑战，而支付宝、微信支付等第三方金融中介迅速崛起，引领金融领域的数字化变革。每个网络节点都扮演着双重角色，既是信息的接收者也是传播者，这种高度互联的结构为超大型组织的形成与自由职业者的兴起提供了肥沃土壤。

在数字经济时代，个性化定制逐渐成为主流趋势，数字技术实现了大规模生产与个人定制的完美融合，催生了大规模定制的新模式。网络空间的聚集效应催生了利基市场，这些原本小众的市场在数字网络的助力下焕发新生，市场规模得以扩大，搜寻成本显著降低，市场交易效率大幅提升，进一步丰富了市场消费品的多样性。

网络社区作为网络空间的重要组成部分，以其无国界的特性打破了地域限制，为志趣相投的人们提供了跨越时空的交流平台。这些社区的流动性极高，热点话题能迅速聚集大量网友，而一旦热度减退，网友又会迅速转移阵地，追寻新的兴趣点。商业活动因此找到了新的增长点，专业社区更是利基市场的天然孵化器。

在网络社区中，信息的链式发散机制使得信息获取成本极低，但同时也带来了信息真伪难辨的问题。大型网络社区甚至创造了虚拟货币以支持社区内的支付与结算活动。社区内的信息达人与兴趣发起人逐渐成长为新的权威与意见领袖，在信息传播与群体行为中发挥着关键作用。商业潜力在网络社区中尤为显著，如微信等超大规模社区已成为广告、第三方支付、游戏等的沃土。

综上所述，网络空间的虚拟性、全球性、规模聚集效应、信息成本降低等特征为组织保持开放、利用外部资源实现目标提供了有力支持。数字中介平台在处理信息、匹配供需、撮合交易、建立信任及提供第三方功能服务等方面展现出巨大潜力，预示着数字时代超大型经济组织的崛起与繁荣。

八是加速更迭法则。

在传统工业生产模式中，稳定与高效的机器运行被视为追求的目标，一旦调试得当，便能持续、稳定地输出生产力。然而，在网络经济中，这一逻辑发生了根本性变化。各个部分紧密相连，构成了一个高度动态的系统，信息的快速流动使得变化成为常态。数字时代所追求的并非静态的平衡，而是动态的失衡状态，这种常态化的失衡正是推动持续创新的强大动力。

加速更迭，这一充满破坏与新生力量的现象，正不断颠覆着既有的事物，并催生出一系列的新事物。网络世界的速度在加快，创新的周期在缩短，企业的生命周期也随之变得更短。新业务与新工作机会如雨后春笋般涌现，而这些新兴岗位的薪酬水平也往往水涨船高。面对这一趋势，政府应当积极适应并鼓励这种不断翻转的经济形态，通过不断重塑经济格局来确保未来的持续稳定与发展。

在网络时代，工业时代的稳定与平衡已成为过去式。若组织仍试图维持信息与人力资本的稳定与平衡，其创新的活力将不可避免地受到抑制，甚至可能走向停滞与衰落。创新，本质上就是一种颠覆，而失衡的状态正是孕育创新的温床。强劲的增长往往源自长期的混乱、更新换代与革新；旧有的公司不断被淘汰出局，而新的领域、新的业态、新的公司则如雨后春笋般不断涌现。在这个过程中，充满创新精神的小公司成为时代的宠儿，它们以项目制为导向，组成松散的全球关系网，通过借助外部资源共同完成项目，这种灵活的组织形式为异质性信息与能力的汇聚提供了可能，从而提升了公司完成复杂项目的能力。

在信息网络的推动下，混乱与不确定性不再是阻碍创新的绊脚石，而成为激发创新思维的源泉。信息的快速流动与人员的频繁流动为新事物的诞生提供了肥沃的土壤。创新的形式多种多样，可以是新产品、新品类、新方法、新组织、新产业乃至新经济模式。创新型组织往往呈现出一定程度的混乱与无序，激烈争论与思想碰撞成为常态。为了维持创新动力，组织需要保持某种程度的失衡状态，减少过多的规矩束缚，甚至容忍一定程度的组织紊乱。因为创新往往难以被制度化容纳，它要求打破既有的规则、框架与人员配置。

具有创新精神的组织需要具备包容与勇气两大特质。它们应勇于面对混乱与不确定性带来的挑战，包容失败与短期的低效率与低产出。加速更迭的过程必然会遭遇利益相关者的强烈反对与阻挠，但具有创新精神的组织在坚守核心价值的同时，会放任一定程度的混乱或失衡状态，以此激发组织的内在创新活力。这不仅是实现组织基业长青的关键所在，也是应对快速变化环境所必需的重要技能。

九是关系信任法则。

在网络的广阔天地里，人与人、人与物、物与物之间紧密相连，编织成一张错综复杂的关系网络。芯片与带宽，这些看似冷冰冰的技术，实则是构建这一关系网络的基石。在网络经济中，建立并维护这些关系成为最为核心的经济活动。而声誉与信任，则是支撑这一关系网络稳固发展的双翼。

在信息匮乏的时代，复杂组织往往依赖层级结构的构建，以实现信息的有效传递。信息的稀缺性赋予了层级结构中的上层以特权，地位的高低往往与信息掌握的多寡紧密相连。然而，在网络时代，信息的洪流已席卷而来，对等关系逐渐取代了层级结构，扁平化组织成为新的趋势。在这样的环境中，每个成员都享有均等的权利与机会，信息的流通更加自由与开放。

在信息网络的赋能下，客户与公司之间的关系日益对等，公司之间则构建起层层叠叠的网络关系，而客户与客户之间也形成了紧密的横向联系。自助加油、ATM 机等无一不昭示着顾客正在完成着原本属于公司员工的工作。企业更是大方地将企业知识库、技术资料及用户指南向顾客开放，消费者与生产者的界限日益模糊，产销者这一新兴角色应运而生。他们以游戏者的身份消费着游戏，又以内容创造者的身份丰富着游戏世界，不计报酬地贡献着庞大的内容资源。

在网络经济中，大规模定制成为可能。企业根据细分群体的需求设计产品规格，消费者也积极参与到产品的设计过程中来，产品的多样化得到了前所未有的提升。企业致力于深入了解顾客的偏好，创造并引导着新的产品潮流。数据挖掘与个性化推荐技术的运用，更是让公司与客户之间的关系得到了进一步的深化与巩固。

然而，要创造出真正符合客户需求的产品，公司与客户之间必须建立起深厚的信任基础。信息网络以其智能化功能为桥梁，简化了客户接口，引导顾客表达评价与意见，并记录着每一次的互动与信任积累。企业只有深入挖掘竞争者所不具备的消费者信息，才能牢牢维持客户的忠诚度，让转移成本随着关系的加深而不断上升。

在互联网时代，互联网技术成为建立和维持关系的重要工具。企业通过收集与管理用户的个人信息，实现了更加精准与个性化的营销与服务。这些信息不仅能帮助商家预测客户需求、发放个性化广告，还促成了品位相似的网络社区的形成。在这些社区中，顾客各抒己见，兴趣与观点的碰撞激荡出未来的流行趋势。大型平台的用户社群更是成为价值连城的金矿，它们不仅为商家带来了广告收益与咨询服务的机会，还通过智能算法汇聚了每个人的观点与智慧，产生了巨大的商业价值。

在网络社区中，非正式、免费且民主的交流方式促进了集体智慧的产生。技术“发烧友”与专业用户社群往往成为产品改进的重要力量。他们比企业员工更了解产品和市场，他们的声音与需求成为企业创新的重要源泉。在这样的环境中，权威的角色作用逐渐淡化，取而代之的是更加睿智与民主的客户群体。

我们不得不强调信任在网络经济中的基石地位。没有信任作为基础，关系的延展将无从谈起。新经济始于技术而终于信任。信任的建立需要时间与重复的交流对话，它无法被购买也无法一蹴而就。然而，信任一旦建立，将成为企业与客户之间最宝贵的财富。在信息交流中保持信息的对称性有助于加深彼此的理解与默契，进而促进信任的建立。同时，企业也应将顾客隐私信息视为培养真挚关系的途径，通过透明化、对称化的处理方式让顾客感受到尊重与安心，从而构建起更加稳固与长久的关系网络。

十是机遇比效率更重要。

财富的涌流往往源自对机遇的敏锐捕捉。一项成功的创新，如同投入湖面的石子，能激起层层涟漪，引发更多的创新。机遇与创新同样重要，具备无限延展的特性，每一次机遇的把握都如同播种，能够催生出更多的机遇。在网络经济的沃土中，每一个连接都蕴含着潜在的机遇，随着网络参与者的激增，这些机遇如同繁星般实现爆炸性增长。网络不仅加快了机遇与新发明的传播速度，更通过其强大的连接与信息功能，促进了知识的迅速传播，从而有着源源不断的经济增长动力。

相较于传统经济对生产率的执着追求，在网络经济中，创新与把握新机遇的重要性更为凸显。在传统框架中，生产率是核心指标，标准化生产与机器的大规模应用极大地提升了效率，但这种效率是基于机器运作的优化。而在新经济时代，个性化、定制化、消费者体验与创意成为新的关键词，生产率不再是唯一的衡量标准。电脑与互联网虽然在生产率提升方面表现不好，却极大地提高了工作质量，正如诺奖得主罗伯特·索洛所言“电脑无处不在，却唯独不在经济数据里”，这揭示了信息技术生产率悖论的另一面。

网络经济以其独特的方式，汇聚信息、知识与经验，激发了人们的好奇心与探索欲，成为机遇的孵化器与加速器。网络不仅提高了要素组合的可能性，还促进了思想与智慧的碰撞，壮大了集体智慧的力量，从而催生出更多的创新火花。每一个机遇的爆发，都能在网络的作用下，引发连锁反应，创造出更多的新机遇。因此，在数字经济时代，企业往往将重心放在下一个项目的研发上。信息技术与网络技术的飞速发展，极大地降低了连接成本，拓宽了连接范围，为无限扩张的机遇提供了广阔舞台。

在网络经济中，衡量组织或个人价值的标尺已悄然转变，从生产率转向了想象力与创新力。这些看似“低效率”的特质——神经质的探索、混乱中的秩序、激烈的讨论——正是孕育新机遇的温床。与传统工业经济的井然有序相比，新经济组织更需要营造一种鼓励机遇迸发的环境，让每个人都能在探索与尝试中寻找最优路径，共同塑造未来的技术与产品。现有产品的生产，则可放心交由高效的机器去完成。

新产品在诞生之初或许效率不高，但学习曲线的力量将逐渐显现，从而推动生产率的稳步提升。网络经济以其低廉的人际连接与信息传递成本，构建了一个充满想象力的创新社会，机遇的暴增成为其鲜明特征。虽然生产效率的提升仍依赖传统工业经济，但网络经济所带来的价值提升却是永不枯竭的。在这个充满变数的时代，保持与外界的广泛连接，就是抓住了创新机遇的源泉。

第三节　新经济指数及政策

2012 年 12 月，美国信息技术与创新基金会（The Information Technology and Innovation Foundation，ITIF）发布了《2012 年美国新经济指数报告》。美国新经济指数通过一套 5 个一级指标、26 个二级指标的评价体系来评估美国各州的新经济指数。其评价指标体系见表 1-1[①]。

表 1-1　美国新经济指数的评价指标体系

一级指标	二级指标	指标选取依据
知识型工作岗位	信息技术（IT）工作岗位	IT 工人的数量是衡量各行业利用信息技术程度的好方式
	管理型、专业化、技术型工作岗位	随着经济的增长，常规就业机会越来越多地转移到海外，经理、专业人员和技术人员在经济中发挥着越来越重要的作用
	劳动力受教育程度	在新经济时代，接受过良好教育的员工在提高生产率及加速创新方面至关重要
	知识型工人的流入	外国知识型工人的流入不仅能缩小职业差距，而且能够带来不同国家和文化的新观点、新思路以提高美国的创新水平
	知识型工人的流动	美国知识型工人在各州之间的流动对各州经济具有重要影响
	制造业附加值	高附加值的公司在其他条件相当的情况下，能够更好地应对竞争和挑战
	高收入贸易服务业	在美国各州，服务业越来越成为这些地区经济发展中唯一的就业增长行业
全球化	外国直接投资（FDI）	FDI 不仅可以创造新的就业岗位，而且可以引入创新技术、管理战略和工人的实践经验
	制造业和服务业出口导向	美国更集中于生产复杂程度高和附加值高的产品和服务品，其出口导向对新经济的影响较大

① 魏喜武，薛霞.《2012 年美国新经济指数》报告述评［J］. 全球科技经济瞭望，2013（12）：13.

表1-1(续)

一级指标	二级指标	指标选取依据
经济活力	就业不稳定性	在新经济时代，虽然就业不稳定性可能会加大经济风险，但同时也是创新和经济发展的基本推动力
	快速成长的公司	此类公司是实现经济可持续发展的有力保障
	公司首次公开发行股票（IPO）	公司 IPO 快速发展是企业获得下一轮发展所需要资金的一个重要方式
	创业活动	在新经济时代，竞争优势越来越依靠创新和新商业模式的建立，创业活动的影响比以往任何时候都更重要
	独立发明人专利	独立发明人源源不断的创新活动是很多创业企业快速成长的基础
数字经济	在线人口	在线人口的数量是各州迈向数字化经济进程的一个基本指标
	数字化政府	充分利用信息技术的州政府，不仅能提高服务质量、降低服务成本，也有助于促进居民和企业更广泛地使用信息技术
	在线农业	农业仍然是国民经济的重要组成部分，在部分地区，新经济指的是农业转型
	宽带通信	企业越来越多地利用互联网与客户、供应商及企业其他部门进行沟通，宽带通信的发展至关重要
	健康信息技术	应用健康信息技术能够帮助美国降低医疗成本
创新能力	高科技工作岗位	高科技产业是创新的重要引擎，是高收入工作的源泉
	科学家与工程师	高科技、研究型企业发展的关键动力是获得充足的高层次的科学和工程方面的劳动力
	专利	公司开发新产品和流程的能力将决定其竞争优势和提高工资的能力，被授予的专利数量是衡量新产品创新率的一个重要指标
	企业研发投资	企业研发投资能够促进产品创新和工艺创新，稳固行业的知识基础，是经济增长的主要驱动力
	非企业研发投资	联邦、各州、大学和非营利机构的研发投资对创新同样有着重大影响
	迈向绿色经济	减少碳密集型的能源消费，不仅对环境有益，还是激发经济活力的一个重要组成部分
	风险投资	风险投资是快速发展的新兴创业公司的重要基金来源

财新智库联合成都数联铭品科技有限公司（BBD）于 2016 年 3 月 2 日首次推出财新 BBD 中国新经济指数。财新 BBD 中国新经济指数（NEI）反映新经济相对于传统经济的活跃程度。NEI 指标评价体系包括高端劳动力投入、资本投入与科技创新三类一级指标（分别代表新经济发展的劳动力投入、资本投入、科技与创新投入）以及 11 个二级指标，如表 1-2 所示。

表 1-2　财新 BBD 中国新经济指数指标体系

一级指标	二级指标	指标选取依据
高劳动力投入（40%）	新经济从业人员薪酬	期内新经济行业企业招聘职位薪酬占所有企业招聘职位薪酬比重
	新经济行业岗位占比	期内新经济行业企业岗位招聘需求数量与当地各行业招聘需求总和的比值
	铁路人口流入速度	期内各城市通过铁路的流入人口占该城市存量人口的比例
	航班人口流入速度	期内各城市通过飞机的流入人口占该城市存量人口的比例
资本投入（35%）	新经济行业风险投资比例	已公开新经济行业企业获风险投资总额占所有企业获风险投资总额的比例
	新经济领域招标比例	主要招标网站新经济行业项目招标个数占所有行业项目招标个数比例
	申请新三板新经济企业注册资本比例	期内申请新三板新经济企业注册资本总额占所有企业注册资本比例
	新经济行业新增公司注册资本比例	期内新经济行业新增公司注册资本总额占所有新增公司注册资本总额比例
科技创新（25%）	科学家与工程师	期内科研人员招聘比例
	专利数	期内新经济行业新增发明与实用新型专利比例
	专利转化率	期内新经济行业发明专利流转频次比例

截至 2022 年 7 月，城市新经济总量排名前 20 的城市见图 1-1，北京、上海、杭州居前三位，深圳、广州、成都居第四至六位。

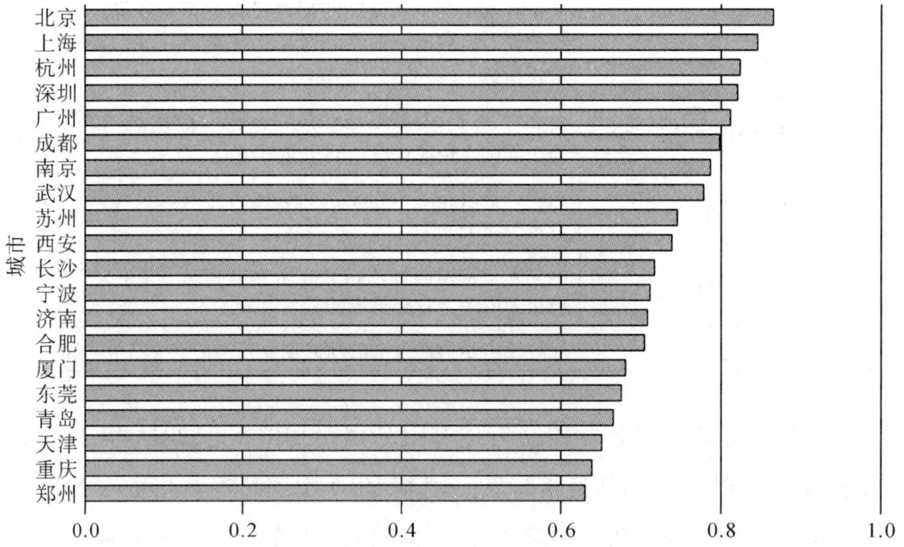

图 1-1　城市新经济总量排名前 20 名①

① 数据来自 2022 年 7 月财新 BBD 中国新经济指数。图中的数值含义为 NEI 二级指标总量的平均百分位，因此取值为 0.0~1.0。

各地为顺应新一轮科技革命和产业变革趋势，以大力发展新经济为抓手，深入实施创新驱动发展战略，深化供给侧结构性改革，推进数字产业化和产业数字化，加快发展以新技术、新产业、新业态、新模式为特征的新经济，为经济高质量发展注入新活力、增添新动能。

2016 年，《湖北省人民政府关于加快发展新经济的若干意见》提出了 16 条促进新经济发展的意见（见表 1–3）。

表 1–3 《湖北省人民政府关于加快发展新经济的若干意见》提出的 16 条促进新经济发展的意见

举措	内容
营造宽松包容发展环境	（一）实现公平开放的市场准入 （二）提升快捷响应服务能力 （三）探索建立审慎监管制度 （四）强化公共数据资源共享
健全人才集聚流动机制	（五）引进培育高端人才 （六）大力培养专业人才 （七）完善人才服务与保障机制 （八）推进人才评价机制改革
完善财政金融支撑体系	（九）加大对企业创新的财税支持力度 （十）创新金融产品和服务 （十一）大力拓宽融资渠道 （十二）建立融资风险补偿机制 （十三）完善创业投资政府引导机制
支持创新创业平台建设	（十四）推进“双创”改革试验 （十五）打造产学研用紧密合作的创新平台 （十六）支持产业发展载体建设

2022 年，《四川省人民政府办公厅关于加快发展新经济培育壮大新动能的实施意见》提出 31 条意见加快发展新经济，强调抢占新技术前沿、大力发展新产业、创新发展新业态、融合发展新模式、打造应用新场景、营造产业发展新生态，见表 1–4。

表 1–4 《四川省人民政府办公厅关于加快发展新经济培育壮大新动能的实施意见》提出 31 条加快发展新经济的意见

举措	内容
抢占新技术前沿	（一）加速突破前沿技术 （二）加快新技术产业化

表1-4(续)

举措	内容
大力发展新产业	(三) 新一代信息技术 (四) 高端装备制造产业 (五) 新材料产业 (六) 新能源产业 (七) 新能源与智能汽车产业 (八) 生物产业 (九) 节能环保产业
创新发展新业态	(十) 加快发展数字经济 (十一) 大力发展智能经济 (十二) 繁荣发展创意经济 (十三) 积极发展绿色经济 (十四) 高质量发展平台经济 (十五) 健康发展共享经济
融合发展新模式	(十六) 发展新制造模式 (十七) 培植新价值模式 (十八) 推广新融合模式 (十九) 发展新服务模式
打造应用新场景	(二十) 推进工业互联网建设 (二十一) 打造智能制造场景 (二十二) 强化数字新基建 (二十三) 加快推进新能源设施建设 (二十四) 推进“智慧城市”建设
营造产业发展新生态	(二十五) 强化人才支撑 (二十六) 包容审慎监管 (二十七) 深化改革创新 (二十八) 培育市场主体
保障措施	(二十九) 强化统筹协调 (三十) 加大财税支持力度 (三十一) 完善统计监测

第二章

知识经济

第一节　以知识为基础的经济

根据OECD在1996年发表的《以知识为基础的经济》，知识经济是指直接以知识和信息的生产、分配和使用为基础的经济。知识和技术在经济增长中作用显著，人类越来越依赖知识的生产、分配和使用。知识经济的特点是不断地学习和应用信息。信息约束是降低市场经济配置效率的一个重要因素。随着获取信息变得更容易和更便宜，有效利用与信息有关的技能和能力变得更加重要。

在欧洲，小而有活力的经济体，如芬兰和爱尔兰，已构建以知识为基础来实现经济增长的发展模式。日本加大了对知识资产的投入力度，如增加基础研究的支出，以保持全球性制造企业的竞争优势。韩国也积极发展知识经济。对于发展中国家来说，全球知识和技术的易于获取性非常重要。经济全球化使发展中国家接触到现代技术和科技文化，同时吸引外国投资。想要实现知识经济的发展，应有受过教育和具备熟练技能的劳动力，密集和现代化的信息基础设施，卓有成效的创新体系，能激励现有知识创造、传播和利用的经济体制。知识经济需要大量高学历人才，而不仅仅是受过基础教育的人才，员工应当不断提升自己的技能，以适应知识的不断更新，提高知识的利用效率。信息通信技术是经济全球化必不可少的基础设施，就像工业时代的铁路、公路一样，它们可以大大降低交易成本，为获取信息提供方便。一个由企业、研究中心、大学、咨询公司和其他机构组成的创新体系，应确保跟上知识更新和技术发展的步伐，与全球知识储备相对接。对大多数发展中国家来说，大部分的知识和技术创新来自国外，这些知识和技术创新通过外国直接投资、进口设备和其他货物等形式进入国内。知识经济需要劳动力市场灵活的就业机制、高端的金融市场和风险投资机制、切实保护知识产权的制度。经济全球化为各国提供了大量机遇，外国直接投资为东道国带来了更好的制度、技术和管理经验。

知识是人们运用大脑对获取或积累的信息进行系统化地提炼、研究和分析的结果，能够准确地反映事物的本质。知识源于实践，又高于实践。知识可以通过实验、观察和总结来获取，人们通过观察、分析数据，进而发现规律、获得知识。OECD将知识分为四类，即知道是什么、知道为什么、知道如何（专有技术）和知道是谁。“知道是什么”（know-what）是关于事实的知识，接近于通常所说的信息。“知道为什么”（know-why）是指关于自然法则和规律的科学知识。这种知识是行业技术发展、产品工艺进步的基础，这类知识的生产通常在专门的组织进行，如实验室和大学。为了获得这类知识，企业必须与这些组织互动。“知道如何”（know-how）是指做某事的技能或能力。“知道是谁”（know-who）包括“谁知道什么”和“谁知道如何做什么”等信息，个体和组织不需要知道全部的知识，但要知道谁知道，这种社会关系使得接触专家和有效利用他们的知识成为可能。

马克卢普认为知识包括五方面的内容：一是实用知识，即对于人们的工作、决策和行为有价值的知识。实用知识可以根据人们的行动再细分为专业知识、商业知识、劳动知识、政治知识、家庭知识和其他实用知识。二是学术知识，即能够满足人们在学术创造上的好奇心的那部分知识。三是闲谈与消遣知识，即满足人们在非学术性方面的好奇心，或者能够满足人们对娱乐和感官刺激方面的欲望的那部分知识。这类知识常常包括本地传闻、小说故事、幽默和游戏等。四是精神知识，这类知识与上帝及拯救灵魂的方式等知识相联系。五是不需要的知识或多余的知识，这类知识不是人们有意识获取的知识，其通常是偶然或无意识地保留下来的知识①。

信息技术的发展可以使人们更有效地处理信息和知识。信息技术和通信基础设施低成本地编纂、格式化和长距离传输知识，能够快速生产、处理和传播信息或格式化的知识，构成一个普遍可访问的数字知识库。

人们通过孜孜不倦地学习，从浩瀚的知识宝库中汲取养分，教育因此跃居知识经济的核心地位，而学习则成为推动个人成长与组织进步的不可或缺的途径。正规教育的获取与“干中学”的实践同样至关重要。随着信息技术的飞速进步，在非正式环境中进行培训与学习变得日益便捷与高效。个人与组织唯有转型为学习型实体，方能紧跟日新月异的技术步伐。教育，作为知识经济的最根本驱动力，其重要性不言而喻。唯有接受过良好教育并熟练掌握各项技能的人才，方能有效地创造、分享、传播及应用知识。基础教育作为终身学习的基石，不仅为个体奠定了坚实的基础，还显著提升了其吸收与运用信息的能力。那些受过优质教育、拥有广博知识的人，往往能更游刃

① 陈禹，谢康．马克卢普知识产业论及其影响［J］．图书情报工作，1997（7）：9-13.

有余地掌握复杂技术，对产品质量及其相关要求展现出更为敏锐的洞察力。

知识经济展现出鲜明的网络特征。在这一经济形态中，信息和知识的传播、利用及创造被置于前所未有的高度，个体与组织能否高效收集并利用知识，直接决定了其成功与否。在人类编织的知识网络中，知识的共享跨越了小组与网络的界限，了解谁掌握何种知识成为至关重要的一环。在网络社会，接入这一庞大的知识网络并迅速获取所需知识的能力，已然成为衡量个人与组织社会经济地位的关键指标。因此，一个能够高效传播知识与信息、促进资源流通的网络或系统，无疑成为网络时代最为宝贵的资产。

知识无疑是创新的坚实基石。创新之旅发轫于前沿的科学研究，随后历经产品开发、生产制造、市场营销，直至最终消费的全过程。在现今的网络社会中，创新的火花可能源自多元领域，包括但不限于较强的制造能力、革命性的组织形式、变化莫测的市场需求、颠覆性的商业模式等。这一过程要求公司、实验室、学术机构、消费者、营销与生产部门之间构建良好的反馈与沟通机制。在网络时代，企业愈发重视与其他企业的互动学习，积极从外部合作伙伴网络中寻求互补性资产。这种策略不仅有助于企业将与创新相关的成本与风险分散至更广泛的组织群体，还能促进企业获取最新的研究成果、新产品、关键技术组件，并共享制造、营销等领域的宝贵资源。创新，作为不同机构间深度互动的结晶，其成效深受政产学研各界合作互动的影响，共同塑造着企业与经济的创新表现。一个高效运转的知识生产与分配系统，是确保创新者能够迅速获取所需知识与信息的关键。在数字技术的赋能下，这样的系统更有可能跨越国界，融入全球创新网络，形成所谓的“全球集体大脑”。因此，从这一视角出发，深化开放合作对于促进知识获取与产业创新具有不可估量的价值。

生产力和经济增长在很大程度上受制于技术进步的速度与知识积累的深度。就产出与就业增长而言，知识密集型或高科技领域往往展现出最为蓬勃的活力，这一现象进一步加剧了对高技能人才的迫切需求。具体而言，诸如计算机、电子、航空航天等高科技行业，在产出与就业方面均实现了快速增长，而教育、通信、信息等知识密集型服务业的增长速度更是惊人。据估计，OECD 主要经济体的国内生产总值中，有超过 50%的部分是基于知识经济的。尤为值得注意的是，高技术产品与服务的投资，特别是在信息及通信技术等领域，正以更快的速度增长。其中，电脑及相关设备在有形投资中的增长尤为显著，而研究与开发、劳动力培训、计算机软件及技术专门知识等无形投资领域，也呈现出快速增长的态势。在 OECD 成员中，科研支出已达到国内生产总值的约 2.3%，彰显了这些成员对科技创新的高度重视。同时，教育支出也占据了政府支出的较大比例，约占 OECD 政府总支出的 12%，这为确保人才培养与知识积累提供了坚实的支撑。

1999 年，世界银行发布了一项重要研究报告，其中指出韩国的人均国内生产总值相较于加纳高出近三分之二，而这一现象背后的驱动力并非单纯源自实物资本或劳动力的累积，而是深刻植根于与知识紧密相关行业生产力的显著增长。这一发现强有力地证明了知识在发展过程中所扮演的至关重要的角色。有效运用知识的能力，作为一股强大的驱动力，能够促使个人、企业乃至整个社会更加高效地利用资源，从而加快发展的步伐。知识对经济与社会发展的贡献体现在多个维度：它不仅直接提升了生产力与竞争力，为企业和国家在全球市场中赢得优势地位，还积极促进了社会福利的增进与环境的持续改善，为民众创造了更加美好的生活环境；此外，知识还是推动政府治理现代化与机制创新的关键力量，有助于构建更加高效、透明、公正的治理体系。

在信息社会的大背景下，相较于有形的生产要素，从事信息处理工作的劳动力比例正持续攀升。与传统的识字能力相比，掌握计算机技能及网络设施的运用能力变得愈发关键。这一转变直接导致对技术型员工需求的激增，进而加剧了劳动者对更高层次教育的迫切需求。OECD 在 1996 年发布的《以知识为基础的经济》报告显示，教育程度与失业率之间呈现出显著的差异：中等及以下教育水平的劳动者平均失业率高达 10.5%，而拥有大学教育背景的劳动者平均失业率则仅为 3.8%。这一数据鲜明地揭示了教育对就业市场的积极影响。与此同时，高科技与科学领域的就业机会持续增加，服务业中知识密集型工作的比例也在不断提升。这些职位不仅技术含量高，而且往往有更为优厚的薪酬待遇，相较于技术含量较低的行业，其工资水平显著提升。值得注意的是，劳动力市场正逐渐呈现出两极分化的趋势：一方面，低技能劳动者的相对工资水平趋于下降；另一方面，高技术员工的工资水平则持续攀升。这一现象进一步强调了知识、技能与持续学习在当今社会中的重要性。

我们必须深刻认识到国家创新体系所承载的重大意义，它作为国家发展的核心引擎，在知识型经济体系中日益凸显其不可或缺的重要性。在这一体系中，公共研究实验室与高等教育机构成为科学体系的坚实基石，扮演着至关重要的角色。科学系统的主要功能可归结为三个方面：一是知识生产，即不断探索与开发出新的知识领域；二是知识传播，通过教育与培训，培育并开发人力资源，为社会的持续发展注入活力；三是知识转移，将这些知识有效地转化为解决实际问题的能力，从而推动社会进步。为实现这些功能，我们需要大力鼓励对研究与培训的投资，不仅要促进知识的广泛扩散，还要致力于提升人力资本的质量，增强个人与组织的学习能力，使之成为持续进步的驱动力。在此基础上，我们应高度重视正规基础教育的基础性作用，并积极鼓励个人与组织参与持续培训及终身学习，以适应快速变化的社会需求。此外，还需要努力改善劳动力市场的供求匹配关系，确保人才资源的优化配置。推动组织变革亦是不容忽视的一环，我们应尊重高技能劳动力的合理需求，为他们创造更加优越的工作与生活环境，从而将技术变革真正转化为生产率的提升，助力构建国家创新体系。

科学，作为知识体系中不可或缺的组成部分，是技术发展不可或缺的基石，其重要性不言而喻，应得到广泛而深入的传播。科学因其独特的公共品特性，常面临私营部门投资不足的困境，原因在于私营部门往往难以从中直接获取充分的经济回报。鉴于此，政府便承担起资助科学创新的重任，旨在通过科学进步增进社会福利。然而，值得注意的是，在 OECD 成员中，一个显著的趋势正在显现：工业界对研究与开发（R&D）的资助比例相对于政府资助正逐步上升。实际上，工业界现已资助了 OECD 内近 60%的研发活动，并主导了约 67%的研发项目执行。这一现象表明，即便基础研究存在潜在的竞争对手溢出效应，只要私营部门能够预见并捕获知识创造所带来的足够价值，它们同样愿意投身于基础研究的投资之中。科学体系，尤其是高等教育机构，在知识经济时代中扮演着教育与培训科研人员的核心角色。它们不仅是知识创新的摇篮，更是知识在整个经济体系中传播与扩散的关键节点。科学体系不仅致力于创造推动技术进步的新知识，更为信息的交流与共享搭建了坚实的基础平台。为了加速知识的流通与应用，所有 OECD 成员均高度重视科学系统与私营部门之间的紧密联系。为此，各国政府纷纷出台政策措施，鼓励大学与实验室开放合作，邀请工业伙伴共同参与研究活动，以期形成产学研深度融合的创新生态体系。

学者们详尽归纳了知识经济的显著特点①，具体体现在以下 11 个方面：

（1）知识经济以知识和信息的生产、广泛扩散及高效应用为根本基石，其中，知识、无形资产及知识型劳动者跃升为至关重要的生产要素。

（2）在生产模式上，知识经济呈现出信息化、网络化、虚拟化等鲜明特征，同时强调分散型布局、即时响应、敏捷制造及供需双方深度合作的设计模式，甚至包括用户直接参与指导企业生产的创新实践。

（3）组织结构层面，知识经济倡导建立学习型组织，促进紧密合作伙伴关系的形成，并倾向于采用灵活的网络结构以适应快速变化的市场环境。

（4）管理策略上，知识经济要求管理活动具备信息化、网络化、个性化、高度适应性及持续创新性等特点，以应对复杂多变的挑战。

（5）产品方面，知识经济时代的产品趋向于智能化、特色化、艺术化，且将知识视为其核心价值。

（6）市场特征表现为全球化趋势加速、市场变化迅速、非中介化趋势增强、网络化交易普及及电子商务的蓬勃发展。

（7）技术层面，知识经济以数字化、智能化、知识化、可视化及精益制造等先进技术为支撑，推动产业升级与变革。

（8）产业结构上，知识密集型产业、高技术产业及服务业占据主导地位，成为经济增长的主要驱动力。

（9）对于知识型劳动者而言，他们不仅享有较高的就业率，还普遍追求终身学习，以适应知识经济的快速发展。

（10）成功的企业典范往往具备知识密集、创新驱动、柔性制造及知识生产等核心特质，能够在激烈的市场竞争中脱颖而出。

（11）知识经济作为一种新型经济形态，致力于促进人与自然之间的和谐共生，推动经济社会可持续发展。

世界银行于 2012 年发布的全球知识经济指数，依据经济激励机制、创新、教育以及信息与通信技术（ICT）四大分类指标进行评估，结果显示，瑞典、芬兰、丹麦、荷兰、挪威、新西兰、加拿大、德国、澳大利亚、瑞士等国家或地区位列前十。而中国，在涵盖的 146 个国家和地区中，排名第 83 位。此外，欧洲复兴开发银行（EBRD）于 2019 年构建的知识经济指数同样基于以下四个核心分类指标：创新机构、创新技能、创新体系及 ICT 基

① 韩雪梅. 关于知识经济问题研究综述［J］. 学术交流，1998（6）：7.

础设施。

（1）创新机构。高效运作的正式与非正式机构体系，往往更专注于推动创新密集型产业的发展。强有力的产权保护机制、司法系统确保的法治环境及适宜的公共治理，是私营部门能够开展更高附加值活动的基石。这一指标涵盖三个关键维度：①经济开放度，包括贸易自由化、劳动力流动性提升及投资环境的优化，以更好地吸纳新技术与新理念；②商业环境的营造，如强化法治、减少腐败现象；③治理水平，包括政治稳定性及政策制定的有效性与前瞻性。

（2）创新技能。一个与私营部门紧密合作的、训练有素的劳动力队伍，对于促进知识转移、激发创新活力及推动技术升级至关重要。该指标分为两个方面：①基础技能，如较高的入学率及中等教育普及率，这是支撑所有经济活动的基础；②专业技能，特别是技术型人才的数量与质量，这是推动更高价值经济活动的关键所在。

（3）创新体系。知识经济的繁荣高度依赖主要创新参与者的协同作用及其资源的有效整合与互动。这一体系包含三个维度：①对创新体系的投入力度，如研发支出的规模；②创新体系的产出成果，如专利的申请与授权情况；③创新体系内部的紧密联系，包括科学合作网络的构建、风险投资的活跃程度及价值链上下游的深度融合。

（4）ICT 基础设施。信息与通信技术（ICT）基础设施及其广泛应用，构成了知识经济不可或缺的支撑体系，是实现高效知识交换与流通的基础。高速的宽带网络及其广泛普及，能够对经济增长产生显著的正向效应，并推动生产率的持续提升。随着创新型企业对 ICT 基础设施需求的日益增长，企业对 ICT 基础设施的速度与质量的要求也日益提高。这一指标涵盖两个关键维度：①信息与通信技术的普及与可及性；②ICT 基础设施的成熟度与先进性。

第二节　知识社会

在知识社会中，真正占据支配地位的资源与决定性的生产要素，已非资本、土地或传统意义上的劳动力，而是知识本身。这一转变导致知识工作者逐渐取代了往昔的资本家和工人角色，跃升为社会的主导阶层。人类社会历史的进程中，每隔数百年便会迎来一次深刻的变革，而依据德鲁克的深刻洞察，这一新兴的社会形态即为知识社会，或称之为后资本主义社会。德鲁克明确指出，在当今时代，知识已跃升为至关重要且不可或缺的资源。诚然，传统的生产要素——土地（自然资源）、劳动力及资本，并未退出历史舞台，但它们的地位已悄然降至次要。创造社会财富的核心活动，已聚焦知识的生产与应用之上。在此背景下，知识社会的主要构成群体，即知识工作者，如同昔日的资本家运用资本进行生产一般，擅长且精通于将知识转化为生产力。

知识社会对工作提出了高度专业化的要求，这一要求往往通过系统的正规教育得以满足。在此环境中，知识工作者倾向于以团队的形式协同作业，团队成员间秉持平等原则，各自承担特定职责，通过紧密的合作共同推进项目任务的完成。组织存在的目的与功能，在于将多样化的专业知识有效整合，聚焦共同的目标任务，以实现知识与力量的汇聚与升华。

在机器大工业时代，等级制或科层制的组织架构应运而生，它们致力于实现规模化、标准化与集中化，此类组织结构以其运作的准确性、严谨性和层级性为特点，显著提升了效率。科层制组织结构深刻体现了等级分明的权利关系、职能的高度专业化分工、标准化的操作流程及严格的规章制度。然而，随着知识经济时代的来临，新型组织形态追求的是前所未有的灵活性与应变能力，扁平化的网络组织结构逐渐取代了传统的科层制，这种网络化结构强调信息与知识的共享，重视横向的平等互动，组织中的每位成员作为知识的源泉，均占据举足轻重的地位，赋予了组织更大的灵活性和适应性。

德鲁克预见性地指出，未来企业的典型形态将是构筑于信息或知识之上的组织，它们由各领域的专家构成，能够依据同事、客户及上级的即时反馈，实现自主决策与自我管理。与传统工业时代科层组织中个体的被动性与可替代性不同，以知识为核心的组织视成员为知识的宝库，在组织中拥有不可或缺的独特地位，因为每位成员都拥有其专属的专业知识与社会网络。组织管理因此更加聚焦知识的分工与整合，管理重心从物质层面转向人才层面，高度重视各类具备专门知识的人才。

面对现代技术的飞速发展、知识更新的日新月异及日益复杂的组织环境，组织创新被赋予了前所未有的重要性。知识管理成为提升组织应变能力与适应性的关键，进而增强了组织的生存能力。创新活动离不开知识的应用，因此，富有创新精神的组织尤为注重知识的获取、整合与传播。人们愈发将组织视为一个持续学习与创新的生态系统，德鲁克则进一步提出，这样的组织应成为学习型组织，其学习能力对于组织的存续至关重要。随着技术知识更新速度的加快，组织的学习任务变得愈加紧迫，除传统的“干中学”外，在知识爆炸的时代，“学中学”同样不可或缺①。

欧盟委员会在其报告《走向知识化的欧洲》中明确指出：“未来财富的创造将紧密依托于知识的积累与传播，这首先取决于我们在研究、教育及培训领域的投入力度，以及我们推动创新的能力。”托夫勒则进一步阐述，工业经济时代的主要生产要素包括土地、劳动力、原材料及资本；而步入知识经济时代，核心资源则转变为知识本身，涵盖数据、信息、意象、符号、文化、价值观等要素。在此背景下，企业的价值日益凸显为其获取、创造、分配及运用知识的能力。工业经济以批量生产为标志，而知识经济则以其生产的多样性与少量化为特征。此外，工业经济中劳动力的高度可替代性在知识经济时代显著降低，企业的竞争力也从资本优势转向创新能力，公司规模亦呈现小型化趋势。在组织结构上，工业时代的科层制逐渐让位于知识经济的扁平化网络结构。

在基础设施方面，工业经济主要依赖交通、电力等传统设施；而知识经济的基础设施则聚焦通信网络，通过数字化网络将电脑、数据库及其他信息技术设备紧密相连②。

“知识产业”这一概念，最早由马克卢普（1962）在其著作《美国的知识生产与分配》的第三章“生产知识产业及其职业”中正式提出。马克卢普将知识产业定义为那些生产知识、特别是信息产品及提供信息服务的厂商、组织机构，在某些情况下也包括家庭和个人。他构建的知识产业范畴极为广泛，几乎涵盖了所有相关领域，并细分为教育、研究与发展、通信媒介、信息设备及信息服务五大分支，共包含30个具体产业（见表2-1）。基于这一分类，马克卢普建立了对美国知识生产与分配的早期测度体系。其研究显示，1958年美国知识产业的生产总值高达1 364.36亿美元，约占当年国民生产总值的28.5%~29%③。

---

① 林聚任，李蕴．知识社会与知识管理革命：论德鲁克的知识社会观［J］．山东大学学报（哲学社会科学版），2001（4）：5．

② 李洪军．关于知识经济问题研究综述［J］．学术交流，1998（6）：7．

③ 陈禹，谢康．马克卢普知识产业论及其影响［J］．图书情报工作，1997（7）：9-13．

表 2-1 马克卢普的知识产业分支

教育	研究与发展	通信媒介	信息设备	信息服务
家庭教育 职业培训 宗教教育 军事服务教育 中小学教育 高等教育 商业与职业培训 政府教育计划 公共图书馆 隐含的教育成本 　学生放弃的收入 　建筑物与场地的隐含租金 　免税学校的成本 交通、书籍与衣料	基础研究 应用研究 发展	印刷与出版 摄影、录音 戏剧、音乐和电影 广播、电视 广告、公共关系 电话、电报和邮政服务 会议	印刷业设备 乐器 电影设备 电话和电报设备 信号设备 测量、观察和控制仪器 办公用设备 计算机	专业服务 　法律服务 　工程建筑服务 　医疗服务 　会计 财政金融服务 　支票存款银行业 　证券经纪人 　保险代理人 　不动产代理人 批发商的知识服务 政府活动

第三节 知识与经济增长

在 Solow（1956）与 Swan（1956）所构建的新古典经济增长理论框架内，知识的增长被视为一种外生变量，其动力源自经济体系外部的力量，因而均衡状态下的人均产出增长率等同于外生的知识或技术增长率。Arrow（1962）针对这一外生知识假设提出了质疑，他主张知识增长实为“干中学”过程的产物，深植于经济系统内部，并强调知识作为一种公共物品，具有强烈的溢出效应。自 Romer（1986）与 Lucas（1988）发表其标志性的研究成果以来，经济增长理论领域迎来了革命性的突破，催生了新经济增长理论，亦称为内生增长理论。这一理论重点探讨了国家经济持续增长的内在驱动力，即经济系统内部如何自发地决定经济增长。内生经济增长理论将知识增长或技术进步视为推动长期经济增长的根本力量，并明确将 R&D 投入视为知识增长的关键驱动力。在此理论下，新知识的产生被视作追求利润最大化的企业在 R&D 活动上的投资成果，R&D 的成本与效益直接关联并影响着知识增长的速度，进而造成各国经济增长率的差异。此外，知识溢出在经济增长机制中扮演着不可或缺的角色，R&D 活动的溢出效应确保了 R&D 投资的边际收益不会递减，为持续的经济增长提供了重要保障。

长期以来，人们认为知识增长主要源自科学研究活动。然而，经济学家通过深入研究发现，将一般性知识转化为实际生产技术需要耗费巨额投入，这凸显了 R&D 及其成果在技术进步中的核心地位。Rosenberg（1963）在其研究中指出，机器工具的不断创新与发明，为 1840—1910 年推动美国制造业技术进步的根本动因。Landers（1969）针对产业革命的深入分析则进一步表明，技术进步在很大程度上是厂商为追求利润最大化而自然驱动的结果。Griliches 与 Lichtenberg（1984）在详尽分析美国制造业数据的基础上，明确指出全要素生产率与 R&D 之间存在显著的关联性。随后，Griliches（1986）通过考察 1957—1977 年约 1 000 家美国顶尖制造企业的数据，进一步证实了 R&D 支出对于提升生产率的显著作用。他们发现，一国的科学家与工程师数量及其 R&D 支出，几乎能够解释国际生产率差异的 50%。而 Lichtenberg（1992）的研究则揭示了 R&D 投资的高回报率，指出其回报几乎是设备投资回报的七倍多。这一系列研究成果，不仅深化了我们对技术进步驱动因素的理解，也强调了 R&D 在经济增长中的关键作用。

Wetizman（1996，1998）巧妙地运用了一个生动的比喻来阐述知识异质性与知识吸收能力如何影响新知识的产生。他将知识总量类比为一个国家所拥有的植物种类总数，而新知识的诞生则类似于通过杂交两种不同品种的植物而培育出的新品种。在这一比喻中，若人均植物品种数保持恒定，那么人口规模更为庞大的国家自然将拥有更为丰富的植物种类库。基于此逻辑，当一个国家能够充分利用其所有或绝大多数的植物品种进行杂交实验时，其植物品种的增长率相较于人口规模较小的国家将更为显著。将这个比喻映射到知识领域，知识异质性便相当于那些不同品种的植物，它代表了知识来源的多样性和差异性；而知识吸收能力，则恰如其分地对应于植物品种间的杂交能力，即一个系统或组织能够有效地吸收、整合并转化不同来源知识以创造出新知识的能力①。

R&D 的溢出效应是普遍存在的现象，且在经济增长中扮演着举足轻重的角色。Nadiri（1993）的研究揭示了一个重要事实：R&D 投资的私人回报率大致维持在 20%～30%的范围，而其社会回报率则显著更高，约达到 50%。这一发现强调了 R&D 活动不仅为投资者带来直接的经济利益，还广泛惠及社会整体。此外，R&D 投资还展现出显著的国际溢出效应。具体而言，大国的生产力水平主要受其本国 R&D 支出的直接影响，而小国则更为

① 潘士远. 知识、R&D 与经济增长［J］. 浙江社会科学，2003（3）：6.

依赖其贸易伙伴的 R&D 支出水平。在经济全球化的背景下，随着国际货物和服务贸易的频繁往来、外国直接投资的增加，以及国际知识、技术、文化的深入交流与全球知识扩散的加速，一国的生产率不再仅仅取决于其国内的 R&D 活动，而是同时受到国际 R&D 溢出的显著影响。值得注意的是，当一个国家与更为发达的国家建立双边贸易关系时，它能够通过吸收对方的 R&D 溢出效应而直接受益。这种益处不仅限于发展中国家，即便是像美国这样拥有强大 R&D 实力的国家，也同样能从国际 R&D 溢出中汲取养分，促进自身生产力的进一步提升。

知识具备一个核心特性，即非竞争性，这意味着一个经济主体对知识的利用并不会构成其他经济主体利用该知识的障碍。新知识的生产往往伴随着高昂的成本，一旦这些知识被创造出来，它们便能以极低的成本被无限次地复制和使用。因此，从理论层面分析，相较于人口规模较小的国家，人口规模庞大的国家，在人均基础上所承担的知识生产成本会显著降低。有一种理论观点认为，R&D 知识与经济增长之间存在着显著的人口规模效应。该理论假设，投入 R&D 领域的总人数在国家总人口中占有一个固定的比例，那么，人口基数更大的国家自然会在 R&D 领域投入更多的人力资源，进而促进知识增长率和经济增长率的提升。Kremer（1993）通过对公元前 1000 年至公元 1500 年间人口总量与技术发展关系的深入研究，为上述理论提供了实证支持。他发现，在那些缺乏技术交流机会的社会中，初始人口规模较大的国家展现出了更高的技术进步率和人口增长率，这一发现证明了知识增长与经济增长中人口规模效应的存在。进一步地，如果假设人群中高能力人才的分布遵循某种规律，那么人口规模的扩大自然会增加高能力人才的数量，从而有更多机会为知识总量的增长做出贡献。Jones（1995a）便持此观点，他认为知识的增长率是国家 R&D 总人数的递增函数，但同时也是该国知识总量的递减函数，即随着知识总量的累积，新知识产生的难度和成本会增加。Segerstrom（1998）则进一步指出，知识生产的过程本质上是一个由易到难的渐进过程。随着一个国家知识总量的不断积累，后续新知识的创造将面临越来越大的挑战，这在一定程度上限制了知识增长的速度。这一观点与 Jones 的递减函数思想相呼应，共同揭示了知识增长过程中的复杂性和动态性。

对于中国及其他发展中国家而言，知识和技术的外溢效应为其提供了宝贵机遇，使得这些国家能够获取并模仿发达国家的先进技术，从而显著降低技术进步的成本，并推动实现较高的经济增长速度。从外国 R&D 中获益的方式既可以是直接的，也可以是间接的。具体而言，通过外国直接投资（FDI），发展中国家可以直接学习并采纳新技术、新材料、先进的生产工艺及高效的管理模式，实现直接受益。同时，通过国际贸易进口富含 R&D 成分的商品和服务，则能间接受益于国外的知识和技术溢出。国际贸易与外国直接投资作为两大关键渠道，极大地促进了外国知识和技术的传播与扩散。对于发展中国家而言，其经济开放程度越高，特别是与发达国家之间的贸易往来越频繁，就越能从中获取更多的外国知识和技术外溢，进而对提升生产率和促进经济增长产生更为显著的影响。然而，随着我国技术水平的不断提升，工业化赶超进程也逐步进入新阶段，我国与国际先进技术之间的差距逐渐缩小。在这一背景下，知识和技术的外溢效应及模仿空间相应缩减，国内技术进步的难度随之增加。因此，我国亟须在创新驱动发展战略上实现新突破，致力于自主研发，创造更多具有自主知识产权的先进技术，以持续推动经济高质量发展。

中国在知识发展战略上，采取了四项核心举措。首先，致力于在全国范围内构建均等化的基本知识服务体系，确保全国各个地区、各个民族的人口在获取基本知识服务时享有平等的机会。这一体系涵盖了义务教育、成人教育及终身教育体系、就业培训等多个方面，旨在为全民提供持续的学习与发展机会。其次，中国聚焦提高知识创新能力。政府显著加大了对基础研究的投入力度，为科学攻关项目提供坚实的资金与政策支持，同时不断完善激励政策，鼓励企业积极参与技术研发，推动形成产学研用深度融合的创新体系，以激发全社会的创新活力。再次，中国强调增强吸收知识外溢的能力。通过扩大开放和国际交流，中国积极从国际贸易、外国直接投资、技术引进、留学生派遣及国际科研合作等多个渠道，广泛吸收来自技术先进国家的知识外溢。这些举措不仅促进了国内外知识资源的有效流动与共享，也为中国的技术进步和经济发展提供了重要的外部动力。最后，中国还致力于建立覆盖全国的信息基础设施，确保基本的信息服务能够惠及全国各地。这些举措为知识的广泛传播与应用提供了坚实的技术支撑，进一步推动了知识发展战略的深入实施。

第三章

信息经济

第一节 信息

英文单词“information”在《牛津高阶英语词典》中，被界定为传播的核心内容。而在日语语境下，它则被译作“情报”，这一词汇在情报学领域内，所涵盖的范围相较于“信息”而言更为狭窄，特指那些关乎各方利益、具备一定机密性质的资讯。

知识，作为信息的系统化形态，是人类在探索与理解世界过程中累积的智慧结晶。它源自信息，却又超越信息之上。当人们捕获到原始信息后，经过大脑的筛选、整合与深化处理，这些信息便逐渐转化为知识——一种经过精心组织、条理化的信息形态。

追溯至哲学层面，英国杰出的思想家弗朗西斯·培根曾精辟地提出：“知识就是力量。”这一论断深刻揭示了知识在社会进步与个人成长中的核心驱动力。再从经济学的视角审视财富观念的变迁：昔日，财富被简单等同于金银等贵金属；步入农业社会，威廉·配第则以“劳动是财富之父，土地是财富之母”的精辟论断，指出了劳动与土地作为财富主要源泉的时代特征；随着工业革命的到来，财富的来源进一步拓展至劳动与资本的紧密结合；而至今日的信息时代，信息与知识则跃升为创造财富的主要驱动力，引领着社会经济的全新发展模式。

客观世界由物质、能量与信息这三大基本要素共同构筑。信息，作为人类对周遭一切事物存在状态及特征的深刻反映，是连接主观认知与客观现实的桥梁。在《中国新闻实用大辞典》中，信息被精确定义为“一切事物状态和特征的反映”，这一阐述深刻揭示了信息的本质属性。人类在历史长河中不断探索与改造客观世界的过程，其本质即是一场持续不断的信息挖掘与发展之旅。信息，以其独特的力量，帮助人类减少乃至消除面对未知世界时的不确定性，为决策与行动提供坚实的基石。1948 年，信息论的奠基人克劳德·艾尔伍德·香农（Claude Elwood Shannon）提出了一个具有里程碑意义的定义：信息即能够减少或消除不确定性的内容。为了对信息进行更为精准的量化分析，香农引入了“熵”这一概念，用以衡量系统的混乱程度或不确定性水平。在他看来，信息正是那把能够削减随机不确定性的钥匙，是确定性程度提升的体现。因此，信息量的大小，可以直接通过其消除不确定性的多少来量化评估。

信息是经过加工处理的、具有意义的数据。信息是对客观世界中各种事物的运动状态和变化的反映，是客观事物之间相互联系和相互作用的表征。人们通过获得、识别自然界和人类社会的不同信息来认识和改造世界，信息是个人、组织或国家决策的基础。信息具有以下九个特征：

（1）普遍性。信息不是虚无缥缈的事物，只要有事物运动，有数据存在，就会有信息存在。信息普遍存在于自然界和人类社会，可以被人们感知、获取、传递和利用。

（2）客观性。信息是事物状态、特征及其变化的客观反映，信息以真实性表现其价值。

（3）传递性。信息可以在人际网络、信息网络中传递和扩散。

（4）非竞争性。信息作为一种资源，通过交流可以在不同个体或群体间共享。信息交流与实物交流有本质上的不同，实物交流，一方有所得，另一方必有所失。人们在信息交流时，向他人共享信息并不会减少本人对信息的拥有，即一个人占有信息并不减少他人对相同信息的占有。物质商品只能独占，而信息可以共享，信息不会因为使用次数增多而损耗其价值，分享只会增加信息的总量。

（5）载体依附性。信息需要借助某种载体来存储和传播，语言、文字、图像、声音、视频、数据、电波、声波等都可以是传播信息的载体。信息的收集、展示、传播和存储都必须依附于某种载体，以图像、文字、声音等符号表现出来。

（6）时效性。信息不是一成不变的东西，会随着客观事物的变化而变化。反映事物最新变化状态的信息的效用高于历史信息，越是新的别人不知道的信息，对信息拥有者来说越有价值，新闻信息的价值在于时效性。

（7）价值相对性。信息作为资源，具有相应的使用价值，能够满足人们某些方面的需要。但信息使用价值是相对的，取决于接收信息者的需求及其对信息的理解、认识和利用的能力。

（8）体验性。信息是经验产品，信息产品只有在被消费之后，才能确定其价值，被消费之前，其价值尚不能确定。

（9）规模经济性。信息具有高固定成本、低边际成本特征；信息生产是需要成本的，信息生产出来之后，多传播一份信息给他人，边际成本几乎为零。因此，信息分享的规模越大，其平均成本趋于下降。

第二节 信息社会

信息社会这一概念，可追溯至20世纪60年代的日本学界，彼时在日语中被称为“情报社会”，其对应的英文表述为“information society”。1963年1月，梅棹忠夫在其发表的《信息产业论》一文中，前瞻性地预言了未来社会将以信息产业为核心；1964年1月，神岛二郎在《论信息社会的社会学》一文中，首次正式提出了“信息社会”这一概念，为后续研究与讨论奠定了基石。1968年，松田米津出版了《信息化社会》一书，进一步探讨了这一新兴社会形态的轮廓与特征；1969年，林雄二郎则以“情报化社会”为题，深入剖析了信息社会对社会结构、经济模式及文化生态的深远影响。在梅棹忠夫的理论体系中，一个尤为引人注目的观点是：生物进化的高级阶段，如人类，其外层器官（如大脑、神经系统及感觉器官）占据了更大的比例。他认为，人类社会经济系统的演进亦遵循类似的逻辑，其中，信息、大众传播、电信、教育、文化等产业构成了社会经济系统的“外层器官”。随着经济的持续发展，特别是工业化的深入，信息产业的重要性日益凸显，犹如人的大脑、神经系统及感觉器官在生物体中的作用一般，这些产业将经历前所未有的快速发展。

所有产业的发展均旨在满足人类的需求，而信息产业的蓬勃兴起正是为了满足人类社会日益增长的信息需求，这一论断深刻揭示了信息社会形成的内在动力与核心价值。

1973年，著名学者丹尼尔·贝尔在其著作《后工业社会的来临：对社会预测的一项探索》中，对西方社会结构的深刻变迁进行了前瞻性的社会预测。贝尔巧妙地将社会划分为三个紧密相连且各具特色的阶段：前工业社会、工业社会及后工业社会。

（1）前工业社会。这一历史阶段以农业、矿业、渔业、林业等自然资源密集型产业为主导，经济活动的核心在于自然资源的开采与利用，因此，这些部门被归类为第一产业，构成了当时社会经济的基础框架。

（2）工业社会。这一历史阶段则见证了社会经济结构的根本性转变。这一时期，加工业、制造业、建筑业等成为经济体系的中流砥柱，机器化大生产取代了传统的手工劳作，极大地提升了生产效率，标志着人类社会生产力的飞跃。

（3）后工业社会。后工业社会是一个不折不扣的信息社会，人们的日常活动紧密围绕着信息的收集、传递、筛选与利用展开，信息技术如同一股无形的力量，不仅重塑了经济结构与劳动力市场的面貌，更深远地渗透至社会、政治、经济、文化乃至日常生活的每一个方面，引领着社会实现信息化转型。在后工业社会中，信息的收集、处理与分配成为劳动者工作的主要内容，信息作为社会的战略资源，其重要性不言而喻，虽然并非唯一资源，但其核心地位无可撼动。知识，这一信息的高级形态，正逐步成为推动社会经济发展的关键动力。贝尔进一步指出，后工业社会不仅是工业社会自然演进的产物，更是连接工业社会与未来社会的桥梁，预示着人类社会更加智能化、信息化的未来图景。

后工业社会的特征主要表现在以下五个方面：

（1）经济结构的转型。后工业社会标志着从产品经济向服务型经济的深刻转变。在这一阶段，服务业成为吸纳劳动力的主要产业，多数劳动力不再局限于传统的农业与制造业范畴，而是投身于蓬勃发展的服务业之中。

（2）专业与技术人员的主导地位。随着以科学为基石的“知识、技术密集型”产业的迅猛崛起，社会对于专业及技术人才的需求急剧上升，这一群体逐渐占据了社会的主导地位。他们以其扎实的专业知识与精湛的技术能力，成为推动社会进步与产业升级的关键力量。

（3）理论知识的核心作用。贝尔指出，后工业社会的发展动力源于科学知识的广泛应用与深度挖掘。科研机构、大学及智力机构等，作为理论知识的研究、整理与传播中心，构成了后工业社会的“中轴结构”，其重要性不言而喻。理论知识不仅是技术创新的源泉，也是政策制定的基石，对于社会发展具有决定性的影响。

（4）技术与经济发展的规划与控制。后工业社会强调对技术与经济发展的系统性规划与有效控制。这意味着在技术革新与经济增长的过程中，将更加注重目的性与计划性，通过广泛、综合且有效的评估与规划机制，减少盲目性，提升发展效率与质量。

（5）智能技术辅助政策制定。在后工业社会，智能技术的运用日益广泛，特别是在政策制定领域。运用先进的智能技术，可以更加科学地分析复杂的社会经济问题，为决策提供坚实的数据支持与理性判断，从而显著提升政策制定的科学性与有效性。

贝尔深刻地阐述了产业结构变迁作为科技进步与生产力发展之必然产物的观点，他尤为强调知识分子在后工业时代中的引领作用，预言专业技术人员将占据社会的核心地位。在他提出的理论框架中，理论知识、大学及研究机构被赋予了“后工业社会”中轴结构的崇高地位，这一论断凸显了教育、科研等智力活动在现代经济体系中的不可替代性。贝尔进一步指出，随着社会结构的转型，权利重心正逐渐从个人与家族向企业机构及政治机构转移，而在企业内部，权利的天平亦向具备技术与知识的经理阶层倾斜，技术精英与知识领袖的影响力日益彰显。同时，贝尔敏锐地洞察到科学技术对社会经济、政治领域的深远影响，既带来了前所未有的繁荣，也暗含了自由放任政策下可能引发的科技与经济盲目发展的隐忧。他警示说，这种无序发展已对资本主义社会构成了多重挑战，包括环境污染、生态平衡受损、人口激增及城市过度膨胀等问题。贝尔呼吁加强对现代技术与经济发展的战略控制与科学规划，以避免其潜在的负面效应，确保科技进步能够真正服务于社会的可持续发展与全体人民的福祉。

1970 年，阿尔文·托夫勒在其著作《未来的冲击》中，前瞻性地描绘了一个人类即将步入的超工业社会蓝图，这个社会将深刻依赖先进技术的支撑与后物质主义价值观的引导。他警示性地指出，随着这一转型的加速，人类机体的生理适应系统与决策机制正面临前所未有的挑战，包括感官的过度刺激（感觉轰炸）、信息的海量涌入（信息超载）及决策过程中的巨大压力，这些现象共同构成了对人类生理与心理层面的严峻考验，可能引发广泛的痛苦感受。

十年后的 1980 年，托夫勒再次以《第三次浪潮》一书震撼学界，书中他深刻分析了世界正经历的一场波澜壮阔的新技术革命。这场革命以电子计算机、全球通信、生物技术、宇航技术、海洋技术、新能源、新材料等一系列前沿科技为显著标志，其影响范围之广，深度之强，前所未有。它不仅在工业、商业、教育（学校）、政治（政府）、科学、艺术等传统领域引发巨大变革，更深刻地渗透至家庭生活乃至整个社会的每一个角落。托夫勒强调，这一系列变化并非孤立事件或偶然现象，而是相互关联、彼此促进的，它们共同构成了一个自我加强、不断演进的新浪潮——他称之为“第三次浪潮”。

托夫勒对人类文明的发展进行了深刻的划分，将其归结为三个主要阶段：农业社会的文明、工业社会的文明及超工业社会的文明。这一划分框架中，第一浪潮标志着农业革命的兴起，引领人类从原始的渔猎采集时代跨越至以农业为基础的稳定社会形态。紧接着，第二浪潮则是工业革命的浪潮，它带来了社会结构与生产方式的根本性变革。其特点可详细阐述如下：

（1）标准化。工业社会的显著特征之一是标准化生产，通过统一的标准流程，大规模地生产出成千上万、规格一致的产品，极大地提高了生产效率与产品质量。

（2）专业化。工业文明的深入发展促进了劳动分工的精细化，人们开始专注于各自领域内的专业技能，从事高度专业化的生产与管理活动，这种专业化趋势极大地推动了社会生产力的提升。

（3）同步化。工业化进程不仅改变了生产方式，也深刻地影响了人们的生活节奏。工厂制度的兴起使得劳动时间逐渐统一，人们的日常生活作息也趋于同步，这种同步现象成为工业社会的一个重要标志。

（4）集中化。在工业革命的推动下，劳动力逐渐从农村向城市中的工厂集中。同时，生产资料和财富也高度集中于大型企业和集团手中，这种集中化趋势加速了社会结构的变迁。

（5）大型化。为了追求更高的生产效率和经济效益，企业纷纷扩大生产规模，力求在市场中占据更大的份额。与此同时，公司的规模也不断扩大，形成了许多跨国企业和行业巨头。

（6）集权化。随着企业规模的扩大和社会结构的复杂化，企业管理方法和政治组织也趋向于集权主义。权力的集中有助于实现更高效的决策和资源调配，但同时也带来了新的社会问题和挑战。

第三次浪潮，即信息革命浪潮，标志着人类由工业社会迈向信息社会，这一转型由科学技术革命强力驱动。在超工业社会的文明框架下，社会生产的核心要素已转变为知识和信息，劳动者因此需要接受更为广泛和深入的教育与培训，以适应这一变革。第三次浪潮的主要特征体现为分散化和小型化的“非群体化”经济模式，它促使生产方式从工业社会的大规模、标准化生产向灵活多变的小批量、定制化生产转变。这一转变带来了产品的多样化、个性化和快速迭代，新事物层出不穷，满足了消费者日益增长的多元化需求。同时，企业规模也顺应这一趋势，趋向小型化、灵活化。

1990年，阿尔文·托夫勒在其著作《权力的转移》中，对权力的本质及其演变进行了深刻剖析。托夫勒指出，权力是具备目的性地支配他人的力量，其构成基石包括暴力、财富与知识三大要素。在这三者之中，暴力被视为最低层次的权力形式，主要作用局限于惩罚；财富则超越了暴力的局限，成为既能威胁惩罚又能提供奖赏的强大工具；知识则是最高质量的权力形式，代表着效率与创新能力。

托夫勒进一步指出，历史上工业国家的政治权力斗争主要聚焦财富的分配。然而，时至今日，权力的争夺已悄然转向知识的分配，全球范围内权力斗争的核心正演变为如何有效控制与利用知识。这一转变不仅深刻地影响了国家间的竞争态势，也重塑了社会结构与个体命运。

托夫勒强调，权力的转移并非简单地从一个个体、政党、机构或国家转移到另一个，其真正的深刻变革发生在暴力、财富与知识三者之间的动态平衡与相互转化之中。在权力的三角结构中，知识无疑占据了最为关键和核心的位置，它既是推动社会进步的重要力量，也是决定未来权力格局的关键因素。

1982年，约翰·奈斯比特在其颇具影响力的著作《大趋势——改变我们生活的十个新方向》中，深入剖析了信息社会的兴起与变革。奈斯比特明确指出，信息社会的滥觞可追溯至20世纪50年代的美国，其标志性的转折点在于从事信息活动的人口首次超越了从事传统物质生产活动的人口比例，标志着美国自1956年起便踏上了信息社会的征途。在奈斯比特的论述中，信息社会的核心驱动力不是传统的资本积累，而是信息与知识的爆炸性增长。他强调，知识已成为衡量生产力、竞争力和经济成就的关键标尺，技术知识更是被赋予了前所未有的价值，成为新时代下的“新财富”。虽然资源种类繁多，但信息在信息社会中无疑占据了最为核心的地位，是推动社会进步不可或缺的要素。

此外，奈斯比特还敏锐地观察到信息社会对时间观念的深刻影响。与工业社会追求稳定、标准和科学管理不同，信息社会更加注重变化与创新，强调面向未来并具备预测未来的能力。这种时间观念的转变，不仅反映了社会节奏的加快，也预示着人们思维方式和行为模式的根本性变革。在探讨生活目标的变化时，奈斯比特指出，随着社会的演进，人们的生活目标也在不断发生变化。在农业社会，人们的主要目标是与大自然抗争以求生存。而在信息社会里，生活目标则进一步演化为人与人之间的智力与知识的竞争。这种竞争不仅体现在职场中，也渗透到社会生活的方方面面，成为信息社会独有的风景线。

奈斯比特强调，信息社会并非一种理论上的构想或抽象的概念，而是一个实实在在、对经济生活产生深远影响的经济形态。随着计算机与通信技术的飞跃式发展，信息的传播速度得到了前所未有的提升，极大地缩短了信息传递的时间跨度，从而对经济社会活动的方方面面产生了巨大的推动作用。

信息技术作为这一变革的核心驱动力，正不断向更深层次和更广泛领域拓展。随着信息社会的深入发展，信息技术将日益渗透到社会生活的每一个角落，成为连接各个行业与领域的桥梁。在这样的背景下，越来越多的工作岗位将不可避免地与计算机技术产生紧密的联系，那些未能掌握计算机技能的人可能会面临就业和发展的困境。因此，在向信息社会转型的关键时期，我们必须高度重视教育的作用。一个信息密集、知识密集的经济社会，对劳动者的教育水平提出了更高的要求。只有通过提升全民的教育素质，培养更多具备高度专业素养和创新能力的劳动者，才能适应信息社会发展的需求，推动经济社会持续健康发展。

总之，以生产力作为标志，人类社会可分为游牧社会、农业社会、工业社会、信息社会。信息时代有以下四个基本特征：①信息、知识、智力越来越成为社会发展的决定性力量。②信息技术、信息产业、信息经济越来越成为科技、经济、社会发展的主导因素。③信息劳动者、脑力劳动者、知识分子的作用越来越大。④社会经济生活分散化、多样化、小规模化、个性化的趋势越来越强化。

工业革命以机器为工具，极大地减少了人类的体力劳动，但同时也使得人类活动在很大程度上受限于机器的运作节奏。这一转变促使社会经济生活趋向于集中管理、标准化操作、大规模生产及群体化协作。然而，随着信息革命的兴起，人类逐渐从机器的束缚中挣脱出来。电子计算机及其构建的通信网络，不仅极大地促进了信息的快速流通，更深刻地改变了人们获取、处理和应用信息的结构，为生产与生活的分散化、多样化、小规模化及非群体化提供了现实的可能性①。

第三节　信息经济

1977 年，美国经济学家马克·尤里·波拉特（Mark Ury Porat）发表了《信息经济：定义与测量》的九卷巨著，该著作深入探讨了信息经济的本质及其度量方法。信息经济，顾名思义，是以信息的生产、获取、处理及应用为核心的经济形态。波拉特创新性地将社会经济活动划分为四大产业部门：第一产业（农业）、第二产业（工业）、第三产业（服务业）及他首次提出的第四产业——信息业。

为了进一步细化信息经济的内部结构，波拉特依据信息产品或服务是否直接参与市场交易为划分标准，将信息部门区分为第一信息部门和第二信息部门。第一信息部门，作为信息经济的主体，专注于向市场提供具有明确价格标识的信息产品或服务，涵盖了诸如计算机制造业、电信业、印刷业、大众传媒、广告业、会计业、教育业、金融业及保险业等多个关键领域。而第二信息部门则聚焦向政府机构、企业等内部组织提供信息产品与服务，这些活动虽然具有显著的经济价值，但其生产、消费过程并不直接通过市场交换实现，而是在组织内部进行。这一分类方法不仅深化了人们对信息经济内部运作机制的理解，也为后续相关研究与政策制定提供了重要参考。

第一信息部门涵盖了广泛的市场导向型产业，这些产业专注于信息机器的制造及信息服务的提供，具体可细分为以下八类：

（1）知识生产与发明性产业，专注于新知识的创造与技术的革新。

（2）信息交流与通信产业，涉及信息的传递与沟通。

（3）风险管理业，如贷款、保险等领域，通过信息分析管理风险。

（4）市场信息与宣传调查业，负责市场趋势分析、宣传策略制定等。

（5）信息处理与传递服务业，采用电子及非电子手段，对信息进行高效处理与传递。

---

① 乌家培. 加强信息经济学的研究［J］. 经济学动态，1989（9）：5.

（6）信息商品产业，包括生产信息机器及相关产品的产业。

（7）具有直接市场性质的特定政府行政部门，如邮政服务、部分教育服务等，这些部门的服务直接面向市场。

（8）办公与教育等信息基础设施产业，专注于为信息业提供必需的建筑物等基础设施。

在国民生产总值（GNP）的构成中，1967 年美国的数据显示，第一信息部门贡献了 25.1%的份额，而第二信息部门则占据了 21.1%的比例，两者合计，信息活动对美国国民生产总值的贡献率达到了 46.2%。同年，从事信息工作的劳动者人数占到了就业总人数的 45%，值得注意的是，这些信息劳动者的总收入占据了就业者总收入的 53.52%，显示出信息部门人员的平均收入较非信息部门就业人员高出约 38%。

对于第二信息部门的测度，其复杂性显著增加。波拉特所采用的方法，是通过精确测量那些直接支撑第二信息部门运作所需的各种劳动力和资本投入的价值，进而推算出这些部门中那些不直接通过市场交易的信息服务的“准市场”价值。具体而言，第二信息部门的增加值由两个可量化的投入要素构成：一是第二信息部门中信息劳动者的薪资收入；二是该部门为获取信息资本而支出的折旧费用。表 3-1 为第二信息部门的产业内容。

表 3-1 第二信息部门的产业内容

产业内容	具体解释	提供的服务
电子数据处理	电子计算机、外围装置、程序设计、咨询	电子数据处理服务
广告	艺术家、照相排版技术、电视影片装置	广告、宣传
书信打字员	秘书、打字机、纸张	信、商业电函
复印	静电复印机、机械操作人员、纸张	复制品
印刷	印刷机、装订机、印刷装订技术人员	印刷物
直接邮递	地名印刷机、计算机、档案、印章机、信封	邮政服务
研究开发	研究室、电子数据处理、科学家、技术人员	新知识、发明专利
杂志剪贴	报纸、杂志、办事员	新闻信息服务
经营管理	管理职员、通信、电子数据处理、经营咨询	计划
会计	会计员、簿计、计算机设备、电子数据处理、通信	会计信息
法律	律师、通信、电子数据处理	法律咨询
专利、著作权	知识生产（著作、唱片、发明）	专利费
图书检索	图书、档案、橱柜、图书管理员	信息积累、检索

1985年，美国企业家保罗·霍肯在其著作《未来的经济》中，将信息经济描绘为一种深度渗透新技术、新知识与新技能于社会各领域的新型经济形态，其根本特性在于经济运作过程中，信息要素超越了物质要素，占据了主导地位。时至2005年，联合国发布的《信息经济报告》进一步阐述了信息经济的广泛内涵，指出："信息经济不仅仅局限于信息与通信技术（ICT）本身，也不仅仅是ICT在电子商务中发挥关键作用的领域，它更涵盖了因ICT（包括互联网和电子商业模式）的广泛传播与应用，所引发的深远社会与经济变革。"该报告强调，在信息经济的背景下，ICT的政策框架对于促进经济增长、提升生产率、优化就业结构及提高企业绩效具有决定性作用。此外，ICT基础设施的完善、企业对ICT的实际采纳程度，以及ICT产品与服务的国际贸易流通，均是推动信息经济蓬勃发展的关键因素。

2012年，经济合作与发展组织发布了《信息经济测度》报告。该报告明确了信息经济的构成，指出信息经济涵盖了信息及ICT产品在个人与商业领域的广泛应用。信息经济所体现的是ICT在更广泛范畴内所产生的深远影响，而信息经济部门则是ICT、数字媒体与内容行业的综合体现。信息经济对整体经济体系的贡献，主要源于以下三个方面：①对新信息技术领域的资源投入力度；②新信息技术在个人与商业环境中的实际应用模式；③具备运用这些技术所需技能的劳动力人口规模。这三个要素共同塑造了信息经济对整体经济增长与转型的积极作用。

国内学者乌家培等人在20世纪90年代初期，便着手对信息经济展开了系统性的深入研究。在其著作《经济信息与信息经济》中，乌家培明确指出，信息经济是以信息技术作为坚实的物质基础，以信息产业为核心部门，并以信息活动作用的显著增强作为其主要特征的经济形态。他进一步将信息经济划分为广义与狭义两个层面：广义上的信息经济，是指信息社会背景下的经济，它标志着信息产业已成为社会经济的主导力量；而狭义的信息经济，则专注于信息部门自身的经济活动，主要反映信息部门作为独立经济体的运行状况。此外，《中国信息年鉴》作为权威资料，也对信息经济进行了定义，将其阐述为以信息产业快速发展和信息化广泛应用为主要特征的经济系统和经济形态，这一界定进一步丰富了信息经济的内涵与外延。

中国信息通信研究院在《2015中国信息经济研究报告》中，对信息经济做出了如下定义：信息经济是一种以数字化信息资源为核心生产要素，依托信息网络作为运行平台，将信息技术视为经济增长的内生驱动力，并通过信息技术、信息产品、信息服务与其他经济领域的深度融合，所形成的一种新型经济形态。该形态的主要内容涵盖信息产业、融合性新兴产业的发展，以及信息化应用对传统产业产出与效率提升所带来的积极影响。

信息经济展现出以下三个鲜明特征：

首先，它是技术经济范式的一次全新飞跃，极大地拓宽并深化了人与人、人与物、物与物之间的联系。传感器、物联网、机器人网络等新兴技术构建了物与物之间的新型互动关系，而人机互动、通信网络、计算机网络则促进了人与人、人与物之间前所未有的紧密联系。特别是以互联网为代表的新一代信息技术，成功地将人类头脑中的隐性知识转化为显性知识，将零散的知识整合为系统体系，并进一步将抽象的知识和思想转化为具体的物质实践过程，搭建起连接认知世界与改造世界的坚实信息桥梁。

其次，信息经济代表了一种全新的经济社会发展形态，其核心在于信息通信技术在经济社会各个领域的深度渗透与应用。在信息通信网络实现广泛连接与普及的基础上，信息经济充分利用互联网等信息技术平台的优势，驱动技术进步、效率提升与组织结构的深刻变革，从而塑造出以信息为关键创新要素的经济社会发展新面貌。

最后，信息经济为新时代的信息化发展指明了更为清晰的实施路径与策略。它特别强调移动互联网、云计算、大数据、物联网等前沿技术在信息化进程中的基础支撑与创新引领作用；注重跨企业、跨行业、跨区域的网络化协同与信息流通，以消除信息不对称，实现供需双方的精准匹配，促进资源的优化配置。同时，信息经济也聚焦平台化数据的汇聚与深度挖掘，旨在构建开放合作、互利共赢的生态系统，汇聚社会各界的创新智慧，激发全民的创业创新热情①。

信息经济可划分为两个组成部分：其一，聚焦信息的生产与使用环节，涵盖信息技术创新、信息产品及信息服务的生产与供给，这构成了信息经济的基础部分；其二，这些活动对使用部门所产生的积极影响，具体表现为产出增加与效率提升，这被视为信息经济的融合部分。在信息经济的基础部分，其核心在于信息产品和信息服务的创造与供给。这一领域广泛涵盖了电子信息制造业、信息通信业、软件服务业，以及由信息技术深度融合催生的

① 中国信息通信研究院《2015 中国信息经济研究报告》。

新兴行业。其中，电子信息制造业细分为计算机、网络通信、数字视听、集成电路、元器件、应用电子等多个细分领域；信息通信业则主要涵盖基础电信服务和以互联网为核心的增值电信服务；软件服务业则涉及基础软件、应用软件及信息系统集成等多个方面。此外，新兴行业如云计算、物联网、大数据、互联网金融等，作为信息技术发展的新产物，也逐步成为信息经济的重要组成部分。

信息经济的融合特征显著体现在其他产业因信息产品的广泛应用与信息技术的深度融合渗透所实现的生产数量扩增与生产效率飞跃。具体而言，这一进程得益于信息通信技术的持续创新与进步，促使信息采集、传输、存储、处理等各类信息设备深度融入传统产业的生产、销售、流通、服务等各个环节，从而催生了全新的生产组织模式与流程，直接促进了产业产出的显著增加。信息技术与传统产业的深度融合，不仅拓宽了行业边界，更推动了产业结构的优化升级，实现了行业产出规模的显著扩大。此外，信息技术和信息产品的广泛扩散，还通过提升全要素生产率这一关键途径，为传统产业带来了生产效率的显著提升。以美国为例，自 1995 年以来，劳动力单位工时的产出以年均 2.5%~3%的速度稳步增长。相关研究表明，这一增长中的至少 65%可归因于全要素生产率中信息技术的广泛应用与高效利用，充分彰显了信息技术在推动生产效率提升方面的巨大潜力与重要作用。

信息经济在国民经济体系中的地位正日益凸显其重要性。根据中国信息通信研究院的权威测算，截至 2015 年，中国信息经济总量已高达 18.63 万亿元，占据国内生产总值（GDP）27.5%的份额，并对 GDP 的增长贡献率达到了 31.4%。这一数据源于中国信息通信研究院发布的《2015 中国信息经济研究报告》。进一步细分来看，在 2015 年的信息经济总量构成中，信息经济基础部分展现出了稳健的增长态势，其规模达到了 4.8 万亿元，同比增长率为 8.9%，占当年 GDP 的比重为 7.1%。与此同时，信息经济的融合部分则呈现出更为强劲的增长动力，其规模高达 13.8 万亿元，同比增长率达到了 20.7%，对 GDP 的贡献比重也显著提升至 20.4%，充分体现了信息技术与其他产业深度融合所带来的巨大经济效益与产业变革。

随着信息技术的持续创新、广泛扩散、深度融合与深度渗透，国民经济生产效率和组织效率均实现了显著提升。在此背景下，信息经济作为一种新兴的、充满活力的经济形态，正逐步成为我国经济稳定增长的核心引擎与结构转型升级的关键驱动力。中国信息通信研究院指出，一个全新的“信息技术-经济范式”正在加速形成之中，这一范式不仅持续颠覆并重构着创新的形态、经济的面貌及社会的结构，还推动着信息经济生态系统的日益成熟与完善。

第一，创新形态的深刻变革。

在信息经济时代，创新生态的演变已成为国家创新体系不可或缺的基石。数据驱动型创新正如潮水般涌向经济社会与科技研发的广阔领域，引领着国家创新发展的新航向。同时，网络化协同开放式创新的兴起，更是为创新活动注入了前所未有的活力与效率。

互联网作为新时代的催化剂，正深刻重构着全球创新网络的面貌。在这一背景下，信息经济创新生态系统凭借其跨领域、协同化、网络化的独特优势，逐步稳固了其作为国家创新体系基石的地位。国家重大科技基础设施的开放与共享步伐显著加快，为创新资源的优化配置与创新成果的快速转化提供了有力支撑。

数据驱动型创新模式的普及，不仅推动了工业、农业、服务业等传统产业的精细化管理、精益生产、精准营销与精确规划，还极大地提升了产业供应链的整体效能与资源配置的科学性。科研机构则通过数据模拟与验证技术，实现了科学假设与推理的模态还原与仿真测试，促进了数据密集型科学研究范式的形成与发展。此外，政府与公共服务机构也积极拥抱数据驱动的创新理念，通过数据监测与数据共享机制，推动社会治理与公共服务向“量化决策”与“数据治国”的现代化方向迈进。

网络化协同开放式创新的潮流势不可挡。众多企业借助互联网平台的强大力量，实现了创新资源的广泛连接与高效整合，推动了电子商务、网络众筹、创客行动、移动互联网等新兴产业的蓬勃发展。这种创新模式不仅加速了经济效益向 IT、营销、物流、设计等周边行业的溢出与扩散，还激发了全社会范围内的创新活力与创业热情，成为当前最为引人注目的基本创新形态之一。

第二，经济形态的深刻变革。

“平台+生态”模式正蓬勃兴起，并展现出爆发式的增长态势。这种新兴的经济模式不仅重塑了信息经济的格局，更预示着未来经济发展的新方向。线上线下融合发展的战略，已成为引领信息经济持续健康发展的主导力量。

在信息经济领域，“平台+生态”的组织结构日益受到重视，其增长速度之快令人瞩目。几乎所有涉足信息经济的企业都将平台化和生态化视为发展的必由之路，这一现象在垂直领域内尤为显著，催生了大量具有影响力的平台企业和生态系统。在数字经济时代，这种组织结构不仅能够有效促进供给侧结构性改革的深化，优化资源配置，还能够极大地拓展新消费市场，为经济增长注入新的动力。同时，它也成为连接供给侧与消费侧的重要桥梁，为经济的平稳运行提供了有力保障。

线上线下融合发展的趋势日益明显，将成为引领信息经济未来发展的主导力量。回顾信息经济的发展历程，前几十年主要聚焦信息技术产业自身的壮大，而未来几十年则将步入线上线下融合产业主导的新阶段。无论是传统ICT巨头，如IBM、英特尔、微软，还是新兴互联网领军企业，如谷歌、苹果、Facebook，均见证了信息技术产业独立崛起的辉煌。然而，近年来，互联网企业积极向线下拓展，如阿里巴巴与腾讯的“支付宝+”与“微信+”战略；同时，传统企业也加速向线上转型，如通用电气、海尔等企业的智能制造战略，均彰显了线上线下融合发展的强劲势头。

此外，信息技术的深度融合与广泛应用，为分享型经济的迅猛发展提供了强大动力。这一过程类似于包产到户与承包制所实现的所有权分离，正深刻改变着生产关系，使得生产资料得以接近零成本地无限复制，为经济注入了新的发展活力。

同时，交换式贸易正逐步向统一聚合的信息经济市场转型。互联网的普及彻底颠覆了传统的链条式交换贸易模式，将设计、生产、流通、贸易、消费等各个环节紧密聚合于互联网之上，简化了贸易流程，降低了交易成本，促进了企业间及企业与消费者之间的即时按需交易，实现了采购、销售与消费的即时对接。

第三，社会形态的全面变革。

当前，一个以民主参与、集体协作、去中心化及自组织为核心特征的网络社会正以前所未有的速度构建成型。社交网络、移动互联、即时通信及线上线下融合应用的广泛普及，极大地拓宽了人际交往的边界，使得网络社会的互动打破了地域与文化的局限。网络亚文化群体、网络自律组织等新兴社群不断涌现，推动着传统社会组织结构向更加扁平化、多中心化的方向演变。此外，基于在线合作与分享互助的知识性协作社区正逐步重塑人们知识创造与经验分享的方式，开启了一个全新的知识共享时代。

信息技术的深度融合与广泛渗透，正深刻改变着治理体系的格局。互联网已成为舆论宣传、诉求表达、组织动员的重要平台，为公众行使知情权、参与权、表达权、监督权提供了全新的渠道，有力推动了政府治理方式由传统模式向公开透明、精简高效的现代化方向转型。

在信息经济融合渗透的背景下，就业结构亦经历着显著变化。信息技术为各类职业赋予了更高的灵活性，促使新的职业边界逐渐形成。同时，信息技术的普及有效减少了信息不对称，促进了供需双方的精准对接，为就业市场带来了更多的匹配机会。这一趋势不仅推动了按需就业、按兴趣就业、按时间就业等多种灵活就业方式的发展，也为个人职业生涯规划提供了更加多元和灵活的选择。

信息经济的经济学含义主要体现在以下四个方面：

一是信息经济交易费用显著降低。信息经济以其独特的方式促进了交易的优化与变革，从而催生了新兴的经济及组织模式，并对需求端、供给端及市场端带来了深刻的结构优化，有力地推动了经济的增长与转型发展。具体而言，信息技术对经济运行机制的影响，首先体现在搜寻成本的显著降低上。随着信息技术的广泛应用与发展，搜寻成本得以大幅度削减，这直接释放了众多因高昂搜寻成本而被抑制的经济活力，进而催生了多种多样的新经济模式。这些新经济模式凭借其创新性与高效性，在需求端、供给端及市场端均展现出显著的结构优化效应，为经济增长注入了新的活力与动力。同时，信息技术在降低交易达成与履行成本方面也发挥了重要作用。在“信息技术-经济范式”的引领下，信息不对称问题得到了有效解决，使得交易双方能够更加高效地沟通与合作，进而降低了交易达成与履行的成本。这一变化为众多原本受约束或抑制的新经济组织模式的涌现提供了契机，它们通过各自的独特优势，进一步促进了经济结构的优化与升级，为经济增长开辟了新的道路与方向。综上所述，信息技术在优化交易过程、催生新经济模式及推动经济结构优化等方面均发挥着不可或缺的作用，是信息经济时代经济增长与转型发展的重要驱动力。

二是信息经济网络外部性作用显现。在“信息技术-经济范式”的框架下，信息技术的广泛应用催生了显著的网络外部性，这一特性日益成为信息经济的核心要素。个体的边际收益与网络外部性相互叠加，不断拓展了个体总边际收益的边界，由此产生的外部效应（无须额外支付即可获得的收益或效用）在信息经济生态系统中，随着参与者和连接者数量的激增而迅速放大，梅特卡夫定律在此得到了充分验证，其影响力深远地影响了信息经济的生产与消费两大领域。

信息技术的网络外部性体现出以下三大效应：首先，溢出效应显著，它超越了经济活动本身的范畴，为社会带来了广泛的外部经济；其次，正反馈机制凸显，网络外部性激发了局部的自我增强效应，形成了一种自我强化的良性循环；最后，路径依赖现象普遍，经济主体往往会被锁定在特定的技术或市场路径上，这一现象对决策制定与市场演进产生了深远影响。

这三种效应共同作用于信息经济的各个层面，引发了全方位的变革。在需求端，消费者因享受了更多无须直接付费的额外收益，其总体效用显著提升，进而吸引了更广泛的消费群体，进一步增强了网络外部性，最终促成了效应规模报酬的递增。在供给端，企业则通过技术外溢效应提升生产效率，利用规模经济降低单位产品固定成本，并根据产品效用随用户增长而增强的特点灵活定价，甚至通过向第三方（如广告商）索取更高价值以拓宽收入来源。整体上，市场的新增效应远超替代效应，推动了整体利润的增加，实现了生产规模报酬的递增。在市场端，网络外部性往往催生了一定程度的市场垄断，率先达到临界市场规模的厂商更易成为市场领导者，其构筑的进入壁垒增加了后来者的竞争难度，信息技术正以前所未有的速度重塑着信息经济的市场格局。

三是信息经济分工协同精细化。人类社会的发展进步，是一个在社会分工不断深化驱动下，生产、组织及模式持续创新演进的过程。随着技术的不断飞跃，社会分工已从初期的产业间简单划分，逐步向产业内部的精细化分工演变。在信息经济蓬勃发展的当下，这一分工细化的趋势尤为显著。回溯人类社会初期，企业生产多呈现自给自足的状态，生产链条上的每一个环节均由企业内部独立完成。在这一模式下，企业的专业化程度有限，生产效率低下，与产业链其他环节的互动亦不频繁，因此所产生的交易费用相对较低。然而，随着人类社会的持续发展，自给自足的生产方式已难以满足日益增长的需求，企业开始探索将部分生产环节剥离，通过与其他企业的合作来提升整体生产效率。这一变革催生了局部的分工体系，推动了生产的专业化进程，促进了产业链的延伸，并相应地增加了交易费用。进入信息经济时代，技术的飞速进步为分工的进一步细化铺设了道路。时空的界限被技术所打破，各主体之间的联系变得前所未有的紧密与便捷。在这一背景下，企业愈发倾向于专注于生产链条中的某一特定环节，而将其他环节外包给更为专业的合作伙伴。这种高度的分工合作不仅实现了企业的完全专业化生产，还极大地提升了生产效率，推动了产业链的迅速扩张。然而，与此同时，企业间的交易频率与复杂性也随之增加，导致交易费用相应上升。

信息经济的蓬勃发展，在分工规律的深刻影响下，孕育了诸多新兴产业，其中大数据产业便是典型代表。该产业从原有产业链中脱颖而出，专注于大数据的挖掘、分析及应用，实现了数据的深度价值开发。同样，平台经济亦是在分工细化的浪潮中逐渐发展，专注于信息的精准撮合与供需两端的高效联接，进一步促进了资源的优化配置。概括而言，信息经济所展现的分工特征，对供给、需求及市场三大领域均产生了深远影响。在供给端，分工的进一步细化和专业化趋势显著，这不仅有助于各主体减少资源浪费，提升投入产出效率，还显著增强了其市场竞争力，为实现生产的规模经济与范围经济奠定了坚实基础。转向需求端，信息经济下的分工精细化与专业化，有效满足了社会日益多样化的消费与投资需求，催生了新的消费与投资领域，极大地提升了消费者的整体效用水平，实现了需求效益的最大化。而在市场端，分工的细化促使企业在各自专业领域内的竞争力得到显著增强，进而推动了市场集中度的提升，使得市场竞争格局愈发复杂多变，充满了挑战与机遇。图 3-1 为分工演进示意。

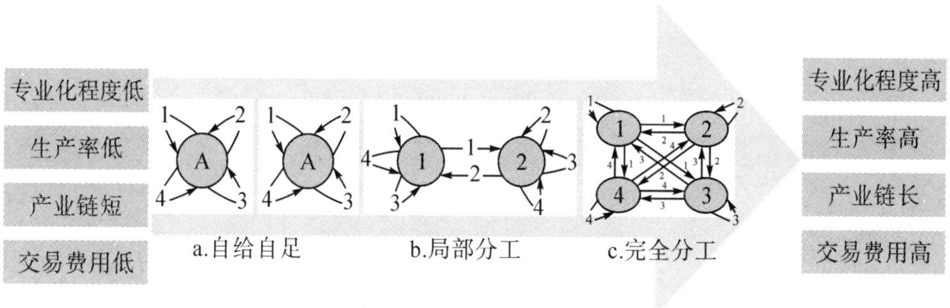

图 3-1 分工演进示意

四是信息经济产权组合更为丰富。在产权组合的领域内，传统经济模式中，所有权、使用权、处置权及剩余追索权等因受限于较高的信息成本，往往统一集中于所有权拥有者手中。然而，随着信息技术的飞速发展与信息成本的持续下降，这一现象发生了显著变化，所有权与使用权等权益逐渐趋向分离，为新兴经济形态如分享经济的兴起奠定了基础。步入数字经济时代，数字技术的广泛应用更是极大地增强了产权分享的便捷性。通过数字技术，供需双方能够实现高效、精准的匹配与撮合，交易过程得以简化与优化，从而推动了共享经济模式的快速发展。以共享单车为例，其所有权归属公司所有，但在车辆闲置时，公司能够利用数字技术将使用权灵活地分享给有需求的个体，并根据实际使用情况收取费用，这既提高了资源利用效率，又满足了用户的即时需求①。

① 中国信息通信研究院《中国信息经济发展白皮书（2016 年）》。

第四章

网络产业

第一节　网络的界定

由一条公路构成的交通系统极易遭受摧毁，而相比之下，四通八达的公路网络则在交通安全方面展现出显著优势。互联网的设计理念正是基于这一思想，它构建了一个网络体系，即便该体系的部分环节遭受军事行动或破坏活动的打击，整个网络依然能够维持正常运行①。在鲁滨逊式的理想世界中，个体或许能够自给自足，但在现实社会中，人与人之间的相互依赖构成了社会运转的基石。企业依赖其他企业的中间产品作为生产投入，城市之间的资源交流不可或缺，国家之间更是频繁建立战略协作伙伴关系。因此，人们实际上生活在一个高度联结的世界里，这种联结，无论是物质上的还是精神上的，都构成了一个广泛而复杂的网络。

网络时代，各式各样的节点（这些节点可以是个人、团队、组织、计算机乃至任何物体）通过多样化的方式紧密相连。这种联结机制不仅促进了人员与观念的自由交流与持续流通，还在人与人之间、观念与观念之间的深度对话与碰撞中催生了丰富的创造性成果。网络，作为联结人与物共同活动的框架，深刻地反映了当代社会的特征，即一切人、一切物体均通过某种形式的网络相互关联，成为该网络中不可或缺的一部分节点②。值得注意的是，不同领域的学者对节点的理解存在差异。在电信领域，计算机或电话交换机常被视作节点，而用于连接这些硬件设备的电缆或其他传输设备则被称为链路，节点与链路共同构成了电信网络的基础。此外，宫泽健一（1990）从“联结经济性”的视角出发，将组织间的相互关系也视为一种网络结构③。在这一框架下，组织成为节点，而企业间的各种关系则构成了联结这些节点的链路。

《牛津现代高级英汉双解词典》对“net”的注释为：为某种用途而用绳、铁丝等编织成的网状物；亦指精神或心理上的束缚、陷阱、圈套；对“network”的注释则是：网状的组织或系统，如铁路网、运河网，也指由多

---

① 加里·P. 施奈德. 电子商务［M］. 成栋，韩婷婷，译. 北京：机械工业出版社，2004：25.

② 芮鸿程. 跨国公司网络化运作研究［M］. 天津：天津社会科学院出版社，2003：24.

③ 黄泰岩，牛飞亮. 西方企业网络理论评述［J］. 经济学动态，1999（4）：5.

个部分相互联结而成的系统，如情报网、情报系统、通信系统等。美国经济学家 Nicholas Economides（1996a）将网络定义为一种提供特定服务的系统，该系统由相互联结的节点（nodes）与链路（links）组成，呈现出网状结构；其中，节点与链路互为补充，共同构成网络的基础元件①。

网络，简而言之，是由一系列节点通过直接或间接的链路联结而成的网状结构。这一结构的核心要素包括节点与链路，它们作为互补的组成部分，共同构建了网络的基础框架。节点与链路的不同排列与组合方式，能够形成多样化的网络结构。以电话网为例，用户的电话机即为节点，而用于连接这些电话机的电缆及其他传输设备则构成了链路；在铁路网中，各城市的车站扮演着节点的角色，而连接这些车站的铁道则成为链路；至于企业网络，其节点通常指的是独立的企业实体，而联结这些企业的链路则可能包括物理介质，如电话线路、公路等，也可能涉及非物理形式的契约关系。

从多元视角出发，网络可划分为多种类型，如物理网络与经济社会网络、有形网络与虚拟网络、单向网络与双向网络、单星型网络与双星型网络等。

物理网络，作为经济活动不可或缺的有形传递媒介，其构成节点广泛涵盖了车站、码头、电话设备、计算机终端乃至水龙头等物理终端。这些节点通过公路、铁路、自来水管道、电缆等多种物理媒介紧密相连，共同编织成一张庞大的网络。鉴于物质、能源、信息在社会经济活动中的核心地位，物理网络进一步细化为物质网、能量网与信息网三大类别。

物质网，顾名思义，主要承担着物质商品的流通任务，其典型代表包括航空网、铁路网、公路网及海运网等，它们构成了全球物质交换的基石。能量网则专注于能源的输送，电力网、输油管道网、天然气输送网等均为其重要组成部分，它们确保了社会生产的持续动力。而信息网，作为信息传递的主渠道，涵盖了电话网、电报网、传真网、有线电视网、计算机局域网、城域网及互联网等多元形态，极大地促进了信息的流通与共享。同时，经济社会网络的节点聚焦经济主体，它们之间错综复杂的关系构成了经济社会网络的核心。经济主体在分工合作的基础上，通过各种方式紧密联结，形成了一个相互依存、协同发展的分工网络。这一网络不仅反映了经济主体间的经济

① NICHOLAS ECONOMIDES. The economics of networks [J]. International Journal of Industrial Organization, 1996 (14): 2.

联系，还蕴含了广泛的社会关系。值得注意的是，物理网络与经济社会网络并非孤立存在的，而是相互融合、相互影响、相互促进的。电话网、铁路网、航空网、传真机网络等有形网络，通过物理连接实现了节点间的直接沟通；而CD机网络、游戏网络、Macintosh用户网络等虚拟网络，则依托无形连接，在同一标准或界面下实现了节点的互联互通。这种多元并存的网络格局，共同推动了社会经济的繁荣发展。

根据网络链路性质的差异，我们可以将网络明确划分为物理联结网络与契约联结网络两大类。在物理终端作为节点的物理网络中，其联结方式不仅包含直接的物理联结，还涉及契约联结的层面。具体而言，物理联结通过公路、铁路、自来水管道、电缆等实体媒介实现，而契约联结则依赖各种标准或协议，如互联网的TCP/IP协议、移动通信领域的统一标准，以及有线电视的制式规范等。对于以经济主体为节点的经济社会网络而言，其联结手段同样涵盖物理联结与契约联结两种形式。其中，物理联结依旧依赖公路、铁路、自来水管道、电缆等物理媒介；而契约联结则体现为经济主体之间订立的各种契约，这些契约既可以是具有法律效力的正式合同，也可以是基于信任与默契的非正式协议。在经济社会网络中，这两种联结方式相互交织，共同构建了一个复杂而又稳固的网络体系。

依靠链路把节点联结起来构成网络，不同的节点和链路可以构成不同的拓扑结构，常见的拓扑结构包括以下几种：

（1）星形拓扑结构

星形拓扑结构由中心节点和外围节点组成（见图4-1a）。只有一个中心节点的星形拓扑结构叫单星形结构；有两个星形拓扑结构的中心结点由“桥”连接在一起的结构叫双星形拓扑结构。逻辑上，更多的“桥”可以把更多的星形拓扑结构连接在一起，组成更为复杂的网络结构。

（2）总线形拓扑结构

由一条通道，把多个节点联结在一起，构成总线形拓扑结构，计算机的硬件系统，就采用了总线形拓扑结构（见图4-1ab）。美国128公路地区的企业群，逻辑上也是总线形拓扑结构。

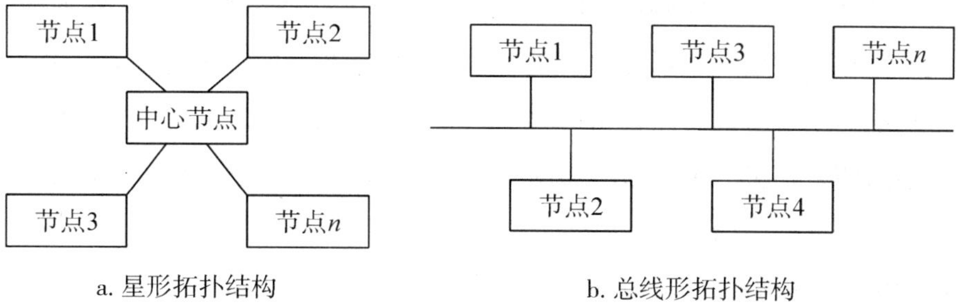

图 4-1 星形拓扑结构与总线形拓扑结构

（3）环形拓扑结构

由多个节点通过链路相互连接，构成一个串联环路，这种结构常见的应用是串联电路（见图 4-2a）。

（4）互联形拓扑结构

由多个节点组成的网络，其中每一个节点都与网络中任何节点相互联结，小企业集群可认为属于这类结构（见图 4-1b）。

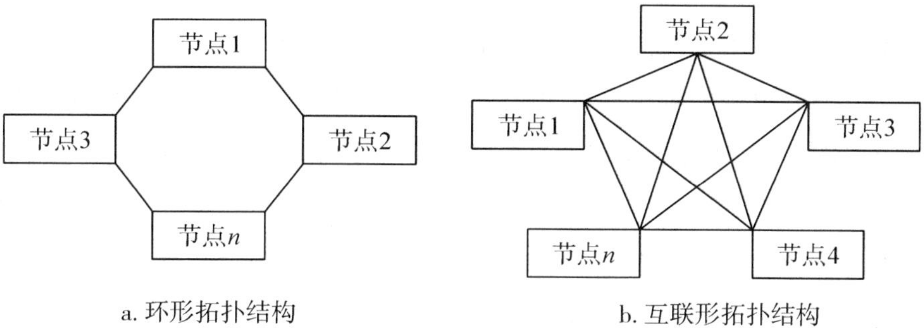

图 4-2 环形拓扑结构与互联形拓扑结构

第二节 网络外部性

网络外部性，指的是新加入网络的消费者对网络中既存消费者产生的正向外部效应。这一特性决定了个人使用某种网络商品的效用会随着使用该商品的其他消费者数量的增加而增加。网络产品通常具备双重价值体系：首先是自有价值，如电脑即便在离线状态下也能发挥其基本功能；其次是连网价值，即通过网络连接，用户能够实现与其他用户的互动，参与各种互联网活动，包括但不限于互发邮件、共享文件等，从而显著提升使用体验。

网络外部性在表现形式上可细分为直接网络外部性和间接网络外部性。直接网络外部性直观展现为用户间的互联与数据共享所带来的价值增值。例如，在电话网络中，每当新用户加入，所有既存用户都能因此获得与该新用户通话的能力，实现了价值的直接提升。间接网络外部性则体现在网络规模的扩大对互补品市场的深远影响上。随着用户基数的增加，更多互补品生产商被吸引进入市场，推动内容和服务的丰富化，而这些新增的互补品又反过来吸引更多消费者的加入，形成良性循环。值得注意的是，间接网络外部性并非由用户间的直接连通所引发，而是网络规模扩大后，为互补品创造了更多的市场机会，进而刺激了互补品的生产与供应。以计算机网络为例，其规模的扩大促进了计算机硬件、软件、网络元件及互联网商业服务的供给增加与成本降低。在互补品领域，间接网络效应尤为显著。例如，录像机与录像带之间的需求关系就体现了这一点：对录像机的需求受到市场上现有录像带数量的影响，而录像带的需求也依赖于录像机的普及程度，二者相互依存，共同促进了市场的繁荣。

网络外部性有正的网络外部性和负的网络外部性。正的网络外部性是积极的网络外部性，有利于网络中已有消费者的福利和网络价值的提高。负的网络外部性是消极网络外部性，如网络拥塞、假新闻、暴力信息、信息噪声等。

网络外部性与网络效应，虽常被混为一谈，但实则存在微妙的差异。网络价值随着用户数量的增加而提升的特性，被称为网络效应。这一效应包含了新用户加入所带来的正面影响，是网络整体规模扩大后所展现出的总体效果。相比之下，网络外部性则更侧重主体之间的外部性作用，即新用户的加入对既有用户产生的正面影响，而非网络整体层面的变化。简言之，网络外部性是网络效应的基础层面，它体现在新用户加入产品网络时，不仅对已有消费者有利（此为网络外部性），也促进了网络总体价值的提升（此为网络效应）。这样的区分有助于我们更清晰地理解这两个概念在经济学与网络科学中的不同应用与含义。

网络外部性的根源深植于网络的系统性与互补性之中。网络系统由多个具备不同且互补功能的元素或元件构成，其运作效果往往展现出显著的“1+1>2”协同效应。这一系统遵循统一的标准化原则，确保了符合标准的元件能够实现无缝对接与即插即用。在此系统内，信息的传递模式呈现出双向并行的特征，而非单向串联，这种架构确保了系统的灵活性与鲁棒性，即使移除某一元件，也不会对系统的整体运行造成根本性影响。相比之下，在如流水线生产般的单向串联网络中，网络外部性与网络效应均显得较为有限。进一步而言，网络的互联性与双向性越强，其所能激发的网络外部性与网络效应也就越为显著。这种特性不仅促进了信息的高效流通与共享，还增强了用户之间的协同效应，为网络价值的持续提升奠定了坚实基础。

网络商品的支付意愿取决于消费数量 n 和预期的网络规模 n^e，反需求函数为 $p(n,\ n^e)$，p 与 n 的关系符合传统的需求曲线特征，支付意愿是 n 的减函数，因为网络外部性及网络效应，支付意愿是 n^e 的增函数。在简单的单期情况，市场均衡实现在 $n = n^e$ 时，即预期实现的均衡，形成需求函数 $p(n,n)$，见图 4-3。

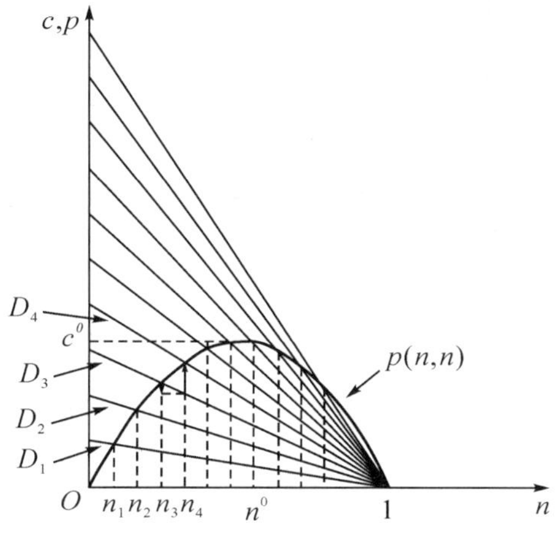

图 4-3　p 与 n 的需求曲线

如图 4-3 所示，每条传统需求曲线 D_i，$i = 1$，…，4 表示给定产品网络规模的预期 n^e 为 n_i，支付意愿随 n 的增加而下降。在 $n = n_i$ 时，预期得到实现，这时 $p(n_i,n_i)$ 成为预期实现的需求曲线 $p(n,n)$ 上的一点。

假设某产品市场上有 1 000 个消费者，标记为 $v = 1$，…，1 000，v 是第 v 个消费者对这个商品的保留价格。如果商品的价格是 p，那么 $1\ 000 - p$ 就是愿意购买这个商品的消费者人数，这是传统的向右下方倾斜的需求曲线。

假设上述产品是网络产品，存在网络外部性，该商品对第 v 个人的价值为 vn，v 是他的保留价格，n 是网络规模的人数，说明产品对消费者的价值不仅取决于他的保留价格，也取决于加入网络的人数。

对于边际个体 v^*，当市场价格 $p = v^* n$ 时，买不买是无差异的。相对于 v^*，对该商品具有更高评价的消费者均将购买，该产品的需求量 $n = 1\,000 - v^*$。

因为 $v^* = 1\,000 - n$，代入 $p = v^* n$，则得到 $p = n(1\,000 - n)$。

图 4-4 是反映了网络外部性的网络产品的需求曲线，给出了商品价格与网络使用者数量之间的关系，是一条倒“U”形的需求曲线。与传统需求相比，网络产品的需求曲线存在向右上方倾斜的一段，在这一段，随着加入网络的消费者增多，网络的价值提升，因而愿意支付的价格也提高。

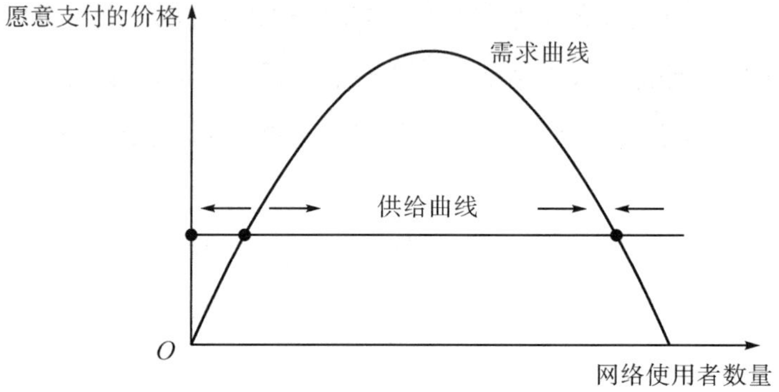

图 4-4　愿意支付的价格与网络使用者数量之间的需求曲线

网络型产品一般具有恒定的较低的边际成本，其供给曲线可以表示为一条水平线。可以看出，网络型产品市场有三个可能的均衡点：一个是供给量和需求量都为 0 的均衡点，表明这个市场不存在。供给曲线和需求曲线的两个交点也是可能的均衡点：一个较小规模的均衡点和一个很大规模的均衡点。

如果消费者的支付意愿高于成本，消费量将增加，市场规模将扩大；反之，消费者支付意愿低于成本时，消费量将减少，市场规模将缩小，见图 4-5。图 4-5 中的箭头展示了这个调整过程。容易看出，低水平均衡（网络使用者数量为零）和高水平均衡（网络使用者数量很多）都是稳定均衡，但中间那个较小规模的均衡是不稳定的，最终均衡不可能是中间那个较小规模的均衡。假设成本随时间变化，一开始成本较高，但是由于技术进步，成本会降低。当成本较高时，只有一个稳定均衡，即需求等于零的均衡；当成本大幅下降时，市场存在两个稳定均衡。

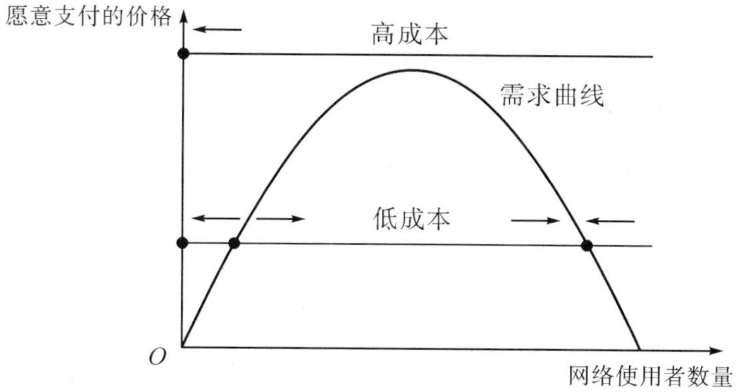

图 4-5　愿意支付的价格与网络使用者数量之间的需求曲线

假设一个产品网络从 $n=0$ 时起步，采取某种商业策略，例如对消费者给与折扣或者其他促销措施，随着成本逐渐降低，当降低到一定程度，消费者人数就会启动临界数量（critical mass），系统跳过中间那个较小规模的均衡，并且快速达到高水平均衡（见图 4-6）。

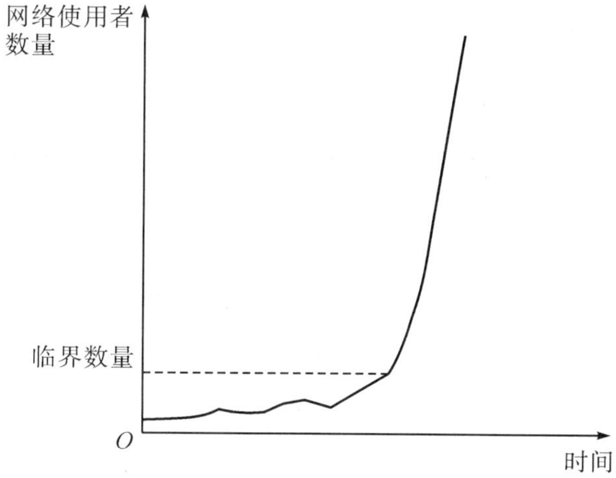

图 4-6　临界数量图

图 4-7 说明了传真机的价格和销售量。在较长一段时间内，传真机的需求量很小。当传真机价格大幅下降后，触发临界容量，需求突然增加，鲜明地体现了网络产品的成长特点。

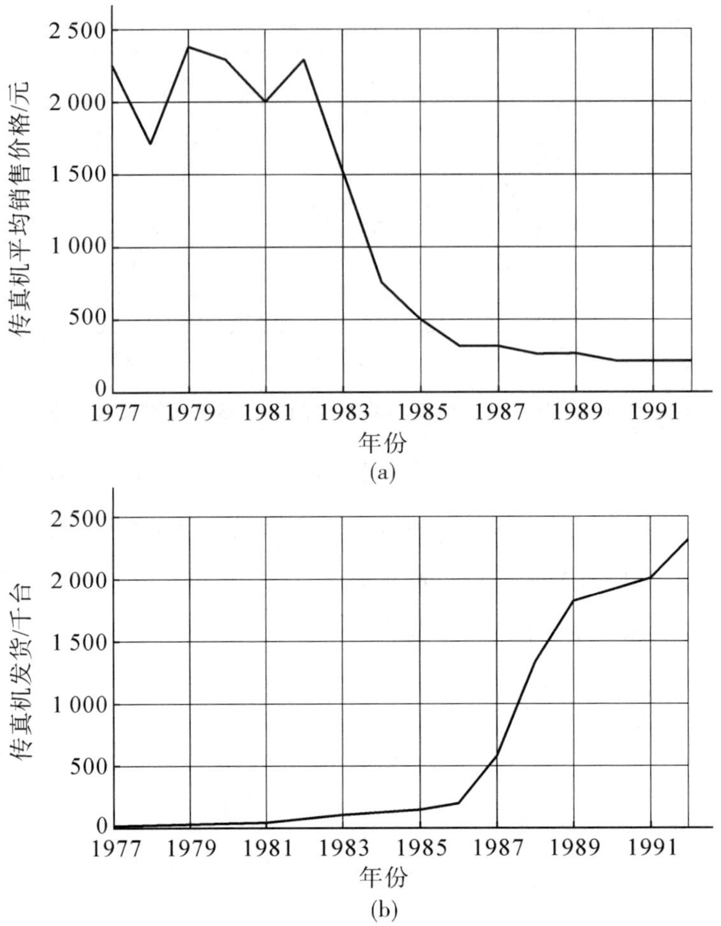

图 4-7 传真机销售价格与销售数量的关系

计算机软件销售领域显著体现了网络外部性的特征，这源于使用同一软件的用户能够便捷地交流与共享数据文件。因此，软件的市场份额对于其成功至关重要，促使软件厂商不遗余力地竞争以扩大其市场版图。Adobe 公司便是一个典型例证，该公司斥巨资研发了 PostScript 技术，并采取了独特的策略：它故意允许竞争对手克隆该程序，旨在迅速营造一个竞争激烈的市场环境，从而加速达到临界用户规模，这一策略最终取得了显著成效。随着多个竞争企业的涌现，PostScript 技术在桌面出版领域得到了广泛应用，极大地提升了其市场渗透率。值得注意的是，Adobe 公司在这一过程中虽开放了部分技术，但仍保留了关键专利，这些专利成为其在高端市场保持领先地位的重要基石。Adobe 的成功案例，从根本上讲，是巧妙利用了网络效应的结果，即通过鼓励竞争来加速市场的成熟与扩张，最终实现了自身的市场领导地位①。

对于网络产品而言，临界容量问题占据着举足轻重的地位。当潜在用户对某一网络产品的需求深受已采用用户数量的影响时，如何在产品生命周期的早期阶段有效激发市场需求便成为关键。为此，众多企业倾向于采取低价销售策略，旨在培育尚不成熟的市场环境，促进产品的初步接纳与普及。此外，政府政策同样可以成为推动特定产品网络发展的有力因素。通过制定和实施相关政策措施，政府能够加速用户规模的扩张，直至达到临界容量这一关键节点。一旦用户数量跨越这一门槛，网络对于新用户的价值将实现质的飞跃，进而促使消费者的踊跃加入，实现良性循环。这一过程不仅促进了产品的快速普及，也为市场的持续繁荣奠定了坚实基础。

无论是有形网络还是虚拟网络，均显著展现出网络外部性与网络效应的特性。一个网络的价值，往往与其已连接用户的数量紧密相关，即连接到一个网络的价值取决于已经连接到该网络的其他用户的数量。这一规律在交通与通信行业尤为显著，大型网络通过整合小型网络，不仅扩大了自身的覆盖范围，更极大地提升了整体网络的价值。为了最大化网络价值，各种策略应运而生，包括但不限于互联互通、兼容性提升、标准化推进及行业联盟的建立等。其中，互联互通被视为激发网络效应潜能的关键策略。当原本独立的小网络相互联通，不仅实现了网络规模的扩张，还能促进信息的自由流动与资源的优化配置，从而带来了更为显著的网络效应价值。以 1996 年美国《电信法》为例，该法案明确要求电话公司向竞争对手开放其网络，这一举措极大地促进了电话网络的互联互通。不同地区、不同公司的电话网络因此得以无缝对接，不仅提升了通信效率，更显著扩大了整个电话网络的价值范畴，为消费者带来了更为便捷、高效的通信体验。这一案例充分证明了互联互通策略在网络价值提升中的重要作用。

由于网络效应的显著影响，企业在推广产品时，采取寻找合作伙伴、构建战略联盟、开放技术、建立技术标准等策略变得至关重要。这些举措不仅有助于加速产品的普及，还能增强产品的市场竞争力。众多公司选择遵循广泛接受的技术标准来参与竞争，因为技术标准化不仅促进了产品的互补性与

① 哈尔·R. 范里安. 微观经济学：现代观点［M］. 9 版. 费方域，朱保华，等译. 上海：格致出版社，上海三联书店，上海人民出版社，2015：478-481.

互联性，还通过网络效应的放大作用，使得即便是小型公司也能在激烈的市场竞争中得以生存与发展。以腾讯会议与微信平台为例，两者作为互补性应用，实现了无缝对接。用户通过微信账户即可轻松登录腾讯会议，这一便捷性不仅提升了用户体验，还促进了微信好友间对腾讯会议的使用。用户只需要在微信中分享会议链接，接收方即可直接点击加入会议，极大地简化了会议邀请与参与流程。同样，问卷星与微信平台的互补性应用也展现了网络效应的优势。用户可以通过微信将问卷链接发送给好友，对方在微信环境中即可完成问卷填写，这一流程简化了数据收集与反馈的步骤，提高了效率。这些案例充分说明了在通用标准与大型网络生态系统下，即便是不同领域的应用也能通过互补性实现共赢，共同推动网络价值的提升。

第三节　正反馈

传统经济学理论构筑于报酬递减的假设基石之上，该假设指出经济行为会触发一种负反馈机制，该机制促使价格与市场份额最终趋向于一个可预测的均衡状态。负反馈机制是经济稳定性的重要保障，因为它能够自动抵消任何大幅度的经济波动，通过产生的反向作用力使系统回归平衡。以石油市场为例，当石油价格飙升时，这一上涨趋势会激发能源节约运动的兴起，并激励增加石油开采量，从而可预见地导致石油价格的回落。传统的报酬递减观念还隐含着经济体系中仅存在一个均衡点的思想，且这一均衡点被视为给定环境下的最优结果，代表着资源的最优化配置状态。这一理论框架为经济分析与政策制定提供了基础性的指导原则。

传统经济理论的核心信念之一是报酬递减规律，该规律揭示了产业竞争的结果往往是市场份额的分享，各竞争者会占据一个相对可预测的市场份额。以水力发电与火力发电之间的竞争为例，当水电站寻求扩大电力产能以占据更大市场时，它们不得不选择次优的地理位置进行建设，因为最优的选址早已被先行者占据。这一现象直接推高了水力发电的成本，从而限制了其市场份额的进一步增长。同理，火力发电站在追求市场份额的扩张过程中，也面临着煤炭资源的约束，需要支付更高的煤炭采购价格，并承担更多的污染控制费用。这些额外成本最终可能促使市场天平向水利发电倾斜。在这样的竞争态势下，两种发电技术往往会达成一种市场均衡，各自稳定在一个可预测的市场份额范围内。值得注意的是，马歇尔作为这一时期的代表性经济学家，其观点深受当时经济环境的影响。马歇尔所处的时代，农业和采矿业是经济的主要支柱，而这些行业的特点恰恰是资源有限性显著，尤其是优质土地和高品位矿藏，其开发利用往往遵循报酬递减的规律。因此，马歇尔对报酬递增的概念持怀疑态度，认为那些以自然资源为基础的行业本质上属于报酬递减行业。这一观点在当时的经济背景下具有合理性。

正反馈理论被视为理解高技术经济学的一个恰当的理论。在后工业社会的众多经济部门中，正反馈机制显著放大了微小的经济波动，这一现象与传统经济学中的负反馈有所不同。在报酬递增的效应下，经济系统中涌现出多个潜在的均衡点，而缺乏一种确定的机制来确保这些均衡点中的任何一个必然代表最优资源配置。因此，正反馈经济的一个显著特征是，一旦某个随机事件为特定发展路径提供了初始动力，该路径便有可能被锁定，使得系统难以转向更为先进或合适的替代路径。这一现象在竞争性市场中尤为明显，当某种产品或某个国家因某种机遇或偶然因素取得领先地位时，正反馈机制将加剧这种优势，导致其持续领先并不断扩大市场份额或影响力。这种“领先者优势”的累积效应，使得后来者难以超越，市场格局在动态中呈现出路径依赖的特征。因此，在高技术经济及后工业社会的背景下，理解和应对正反馈机制的影响，对于制定有效的经济政策和企业战略至关重要。

盒式录像机（VCR）的发展历程，无疑是正反馈机制的一个生动例证。在这一市场中，VHS 与 Beta 两大制式展开了激烈的竞争，每一方的市场份额扩张均鲜明地体现了报酬递增的原理。具体而言，随着 VHS 录像机用户的增多，商家倾向于增加 VHS 录像带的供应，而录像带的丰富又反过来提升了 VHS 录像机的吸引力与价值。Beta 制式录像机亦遵循着相似的逻辑轨迹。两者几乎同时问世，起初各占半壁江山，价格亦不相上下。然而，正是这一时期内市场份额的微小波动——或许源于外部环境的变化、营销策略的差异，甚至仅仅是运气的青睐——为 VHS 制式播下了初始优势的种子。随后，报酬递增机制开始发挥作用，VHS 的竞争力随之增强，并逐渐拉大了与 Beta 制式之间的距离。这一过程形成了典型的正反馈循环，最终，VHS 全面主导了录像机市场。值得注意的是，在竞争的早期阶段，预测哪一方将最终胜出几乎是不可能的。若仅从技术层面考量，Beta 制式或许还占据一定优势，但市场竞争的结果却并未导向资源的最优配置。这个正反馈的实例深刻揭示出，即便是在产品市场份额的微小提升背后，也可能隐藏着生产成本进一步降低的潜力。换言之，一个偶然的、早期的市场优势，借助正反馈的力量，足以使某一产品击败所有对手，实现市场的垄断。因此，一个好的开端，往往能够触发一连串的积极反应，最终引领整个市场走向一个看似“必然”的结局。

以知识为核心驱动力的行业，无疑属于报酬递增的范畴。在这一领域内，诸如计算机、药品、导弹、飞机、软件、光导纤维及通信器材等高科技产品，其设计与生产过程均展现出高度的复杂性与创新性，这要求企业在初期投入巨额资金用于研发与生产线建设。然而，一旦产品进入商业生产阶段，其边际成本较低，即每多生产一件产品所增加的成本微乎其微。这种成本结构的特点在于，随着生产规模的扩大，平均成本逐渐降低，而收益则呈现出加速增长的趋势。换言之，生产的产品数量越多，单位成本就越低，企业所能获取的利润也就越丰厚。因此，在知识密集型行业中，企业往往致力于通过技术创新与规模扩张来不断巩固并扩大其市场优势，从而实现报酬递增的良性循环。

产量的增加不仅直接降低了单位成本，还带来了宝贵的生产经验积累。随着生产数量的增加，企业能够更深入地理解生产流程，发现降低成本的新途径，并不断优化生产工艺。这些宝贵的经验不仅限于当前产品，还能被有效地转移到下一代或类似产品的生产中，形成知识传承与创新的良性循环。此外，网络效应在高科技产品市场中扮演着至关重要的角色。计算机、通信产品等高度依赖网络互联的产品，其市场接受度往往与网络的兼容性和普及程度紧密相连。当某一品牌的产品在市场上占据较大份额时，其网络效应便开始显现：消费者倾向于选择这一品牌，以便与已使用该产品的亲友、同事等顺畅交流信息，共享资源。这种趋势进一步促进了该品牌产品的销量增长，形成了一个正反馈循环。以日本为例，其产业转型路径清晰地展示了经验积累与网络效应的双重作用。从精密仪器业起步，逐步转向家用电器业，再涉足集成电路等高科技领域，每一次转型都伴随着生产经验的深厚积累和技术创新的不断突破。同时，随着日本企业在全球市场的份额扩大，其产品所构建的网络生态系统也日益完善，吸引了更多潜在消费者的加入，进一步巩固了其市场领先地位。

当多个规模相当的企业几乎同时涌入同一市场时，市场格局的初步形成往往受到一系列偶然小事件的微妙影响。这些随机事件，虽看似微不足道，却能在正反馈机制的放大作用下，对最终的市场结果产生决定性影响。正反馈与随机事件的交织，构成了一个复杂的非线性动态过程，其中，微小的初始差异能够迅速累积，导致市场领导地位的显著分化。幸运的是，随着数学与经济学交叉领域的不断发展，科学家们已经探索出一系列有效的数学工具和方法，用以分析和预测这一非线性动态过程。

正反馈机制与路径依赖之间存在着紧密的联系，这一观点在硅谷的崛起历程中得到了淋漓尽致的体现。20 世纪 40 年代至 50 年代初期，美国电子工业的先驱者——Varian 兄弟、William Hewlett、David Packard、William Shockley 等人，在斯坦福大学周边地区创立了一系列小型工厂。这些早期企业的存在，不仅为区域带来了技术创新的活力，还促进了工程师、材料及组件等资源的汇聚，形成了一个良性循环。这一良性循环通过正反馈机制不断放大，吸引了 900 余家企业的入驻，共同铸就了硅谷今日的辉煌。值得注意的是，硅谷的崛起并非必然，其背后的推动力中不乏随机事件的影子。试想，如果这些电子工业的先驱者们当初选择了其他地点作为创业基地，那么电子产业的聚集之地或许就会另有所属。这一现象进一步印证了路径依赖的原理：早期的微小、偶然事件往往能够成为影响未来发展方向的关键因素。同样地，城市的形成与发展也深受地理因素与路径依赖的影响。许多城市因地理位置的优越（如港口、河流湖泊交汇处）而兴起，但更重要的是这些地理优势如何通过历史进程中的一系列随机事件与正反馈机制，逐步塑造出今日的城市格局。

在产业竞争中，路径依赖与正反馈的相互作用同样显著。以日本汽车制造业为例，20 世纪 70 年代初期，日本汽车制造商凭借在美国市场推出的小型汽车迅速获得认可。随着产量的增加，日本工程师与生产工人积累了丰富的经验，进一步推动了成本降低与品质提升，形成了强大的市场竞争力。这一过程中，正反馈机制发挥了关键作用，使得日本汽车制造商在小型车市场中的地位日益巩固，直至几乎完全占据该市场。这一案例充分展示了路径依赖与正反馈如何共同作用于产业竞争，推动优势方不断巩固其市场地位。

针对具有报酬递增与正反馈特性的高技术产业，政策制定时应聚焦鼓励产业扩张、提升产量以及优化生产过程。这要求加大国内研究力量的投入力度，为高技术产业奠定坚实的创新基础。同时，政策应倡导产业内企业间的紧密合作，通过共同分担前期成本，共享营销网络、技术知识与标准，以及促进战略联盟的形成，来增强整体竞争力。这种合作模式有助于企业间优势互补，加快技术创新与市场推广的步伐。

报酬递增机制在推动经济增长的同时，也潜藏着一种风险，即可能导致经济体系被锁定在一条劣等且难以自拔的发展路径上。具体而言，这种机制有时会忽视那些初始发展虽显缓慢但实则蕴含巨大发展潜力的技术或产业。一旦市场选择了相对成熟但潜力有限的技术或路径，便可能因报酬递增的强化作用而难以转向更为优质的选项，从而使得经济陷入一种次优且难以摆脱的境地。因此，在利用报酬递增机制促进经济发展的过程中，必须保持高度的警惕性与灵活性，以确保经济体系能够适时调整方向，避免被锁定在劣等的发展路径上。

一般而言，技术的普及程度与其改进速度呈正比，即使用某种技术的人越多，该技术就越有可能得到持续优化，而企业也在此过程中积累了丰富的经验，以进一步推动技术革新。这一过程形成了一个正反馈循环：技术的广泛应用促进了其不断完善，而技术的改进又增强了其吸引力，从而吸引更多人使用。当两种技术在市场上展开竞争时，正反馈机制往往会导致市场格局的失衡。若其中一种技术仅凭偶然因素在市场上取得了领先地位，其后续发展可能会因正反馈的加速作用而迅速扩大优势，最终可能实现市场垄断。此外，技术惯例或标准的形成与稳固也深受正反馈机制的影响。一旦某种技术标准被广泛采纳并确立，新进入市场的参与者往往需要遵循这些既定标准，以便与既有市场参与者进行信息交换或产品兼容。在这种情况下，即使后续出现了更为先进的技术标准，由于既有标准的锁定效应和转换成本，其推广难度往往较大，难以取代先前确立的标准。

在信息技术领域，正反馈现象尤为显著，它加剧了市场中的马太效应，即强者愈强、弱者愈弱。这一现象的背后，网络效应扮演了至关重要的角色，使得正反馈在网络经济环境中展现出更为强大的力量。以微软与英特尔携手构建的 Wintel 联盟为例，随着其在个人电脑（PC）市场份额的持续攀升，网络效应逐渐显现，Wintel 系统对消费者的吸引力与日俱增，形成了一个典型的“鸡生蛋，蛋生鸡”的正反馈循环，每一次成功都为其后续发展注入了更强的动力，最终使其取得了更为辉煌的成就。对于处于优势地位的技术和组织而言，正反馈构成了一个良性循环的引擎，能够将初始的微弱优势转化为高速增长的动能。然而，对于弱势方而言，正反馈则可能成为一个恶性循环的加速器，将其拖入“死亡螺旋”之中，难以自拔。在这种机制下，市场往往趋向于极端化，一家企业或一种技术可能最终主宰整个市场，形成“赢者通吃”的局面。这种垄断趋势的根源，既可能源自技术上的绝对优势，也可能是先发优势或运气的眷顾。而“赢者通吃”的另一面，则是“输家通赔”，正反馈市场中的竞争因此变得更加残酷，风险倍增。与正反馈形成鲜明对比的是负反馈机制，它倾向于平衡市场力量，使强者变弱、弱者变强。在传统工业组织中，大型企业往往受到资源限制、管理复杂度提升及边际报酬递减等多重因素的制约，其市场优势逐渐被削弱。相反，小型、灵活的企业则更容易找到成长的空间，市场格局普遍趋向于形成寡头竞争而非单一垄断。正反馈推动下的技术成长轨迹，通常遵循“S”形曲线的发展模式。在产品初入市场时，由于消费者认知度低、市场接受度有限，其渗透速度相对缓慢。然而，一旦达到某个临界容量点，正反馈机制被激活，产品将迅速进入快速成长阶段，市场份额迅速扩大。但随着市场逐渐趋于饱和，增长动力减弱，曲线再次趋于平缓，进入成熟稳定期。这一过程深刻揭示了正反馈机制在技术创新与市场拓展中的重要作用及其动态演变规律。

正反馈机制在市场中既可源自供给方，也可源自需求方。从供给方视角来看，规模经济是触发正反馈的关键因素之一。随着生产规模的扩大，平均成本得以降低，从而增强了产品对消费者的吸引力。消费者的增加进一步放大了规模效应与学习效应（包括“干中学”效应及经验曲线效应），促使成本进一步削减。然而，值得注意的是，供给方规模经济并非无限制发展，其最终会受到资源有限性和管理能力的制约，当规模扩张至某一临界点后，可能引发负反馈效应。相比之下，信息技术产品的生产虽同样呈现出供给方规模经济的特性，但其核心驱动力更多地体现在需求方规模经济上。以计算机生产为例，硅原料等并不像传统工业中的钢筋、水泥那样受资源稀缺性所限，而软件产品的边际生产成本在开发完成后几乎为零，仅需要简单地复制即可实现批量生产。微软操作系统的成功便是一个典型例证：随着用户数量的激增，固定开发成本得以广泛分摊，平均成本持续下降，这充分体现了需求方规模经济的优势。在此过程中，网络效应扮演了至关重要的角色。微软操作系统的广泛应用极大地提升了其网络价值，进而吸引了更多潜在消费者的关注与选择。当市场普遍采用某一系统时，其竞争对手往往难以跨越临界容量的门槛，从而加剧了市场的正反馈效应，即强者愈强、弱者愈弱。这种趋势并不受资源稀缺性和管理能力限制，进一步强化了市场集中与垄断的趋势。

在网络经济环境中，需求方规模经济与供给方规模经济相辅相成，共同放大了正反馈的效能。具体而言，需求的增加，不仅直接降低了供给方的成本，还显著扩展了产品网络的价值。这种双重作用机制极大地增强了产品对潜在用户的吸引力，进而触发了极为强烈的正反馈循环。值得注意的是，技术的规模经济效应越强，其越有可能在市场竞争中占据主导地位，形成"赢者通吃"的局面。这是因为强大的规模经济为领先者构筑了坚实的壁垒，使得后来者难以逾越。然而，市场需求的多样性也是影响"赢者通吃"现象的关键因素。当市场需求呈现出高度的多样化特征时，不同消费群体可能偏好不同的产品或服务，这为多个竞争者提供了共存的空间，从而降低了单一赢家垄断市场的可能性。

消费者预期在正反馈机制中占据着举足轻重的地位。当市场普遍预期某种产品将流行时，这种心理预期往往能够自我实现，形成一股不可忽视的市场力量。具体而言，对产品成功的预期会激发更多消费者的兴趣与购买意愿，进而吸引他们加入使用者的行列。随着用户基数的扩大，网络效应逐渐显现，产品网络的价值得到显著提升，这反过来又进一步增强了产品对潜在消费者的吸引力，形成了一个良性循环的正反馈机制。鉴于消费者预期对正反馈机制的深远影响，网络产品常采用预期管理作为营销策略的重要组成部分。通过巧妙的预期管理，企业能够引导市场形成对产品积极正面的预期，从而激发消费者的购买热情，推动产品市场的快速扩张。

一项新技术能否成功打入市场并站稳脚跟，关键在于其能否顺利启动并维持正反馈机制。在一个由已有在位者主导的网络市场中，新技术要想建立起稳固的用户基础，无疑是极具挑战性的，这无异于从强大竞争对手的口中争夺市场份额，其难度可想而知。面对这样的情况，消费者往往倾向于依附于现有的网络体系，不愿轻易放弃由网络效应所带来的价值。这种消费者惰性成为新技术推广过程中必须克服的一大障碍。为了有效应对消费者的这种惰性，市场上主要存在两种基本策略：一是采取兼容性的演化策略，即努力使新技术与现有网络体系相兼容，以减少用户转换成本，吸引他们平稳过渡；二是采用革新策略，通过提供前所未有的创新功能来吸引那些追求最新、最先进技术的用户群体。然而，这两种策略并非没有其内在的权衡与取舍。革新性越强的产品，往往越可能选择舍弃与现有安装基础的直接兼容性，以追求技术上的突破与领先。相反，那些强调与现有安装基础兼容性的产品，则可能需要在某些革新性能上做出妥协，以确保用户能够无缝迁移至新技术平台。

第四节　兼容

在充满网络外部性与网络效应的网络世界中，兼容性作为一项关键经济行为，其重要性不言而喻。兼容性旨在通过促进不同产品、服务、模块、流程、系统之间的输入/输出相互接纳，增强网络效应，实现更高的适应性与耦合性。兼容可细分为前向兼容、后向兼容、单向兼容及双向兼容等类型。前向兼容指的是较低版本的产品或服务能够在较高版本的环境中正常运行，确保了技术升级过程中的平稳过渡。相反，后向兼容则是指较高版本能够兼容并运行于较低版本的环境，为用户提供了更高的灵活性和更大的选择空间。单向兼容则是一种特殊情形，即新技术能够兼容并使用老产品，但老技术却无法直接使用新产品。例如，Word 97 能够读取 Word 95 的文件，但反向操作则不可行，这便是单向兼容的一个实例。在铁路、电力、电话等具有显著网络效应的基础设施领域，以及计算机、通信、消费电子等网络产品领域，技术的兼容性被视为至关重要的因素。它不仅是小部分网络或元件融入大网络、共享网络效应价值的必要策略，也是不同模块、产品之间实现互补配套、互联互通、协同作业的基础。随着技术的不断进步和市场的日益复杂化，兼容性问题正变得愈发重要，需要各方共同努力，以推动技术生态的和谐共生与繁荣发展。

为扩大用户网络规模并提升技术网络价值，主导厂商采取策略，将所持有的专利、版权等知识产权以合理、非歧视性乃至免费的方式开放许可，鼓励更多中间件与互补配套品的兼容。此举旨在使主导厂商的技术成为行业广泛采纳的标准，进而带来超额利润。同时，技术的开放与兼容促进了技术的快速传播，提升了整个产业的技术水准与生产效率。随着市场的逐渐放开，市场价格得以降低，最终惠及消费者，增加了消费者剩余。

网络外部性强弱对产业竞争结构具有深远影响。当网络外部性强时，市场倾向于形成兼容行为，厂商倾向于加入同一标准或联盟，以共享庞大的用户基数，从而通过网络效应获取更多生产者剩余。然而，随着联盟成员的增加，内部同质竞争也愈发激烈，不同联盟间可能因技术标准差异而分化。厂商在采取兼容性策略时需要权衡利弊：若联盟内网络效应带来的剩余增量不足以弥补同质竞争导致的剩余损失，厂商可能选择放弃兼容性，转而追求联盟差异化带来的剩余。在网络外部性较弱的环境下，联盟内部的激烈竞争会进一步压缩各厂商的剩余空间，促使厂商采取不兼容策略并退出联盟。这一过程可能导致联盟用户规模缩减，联盟整体价值下降，进而引发更多厂商脱离，形成恶性循环。最终，市场可能达到完全不兼容的均衡状态，各厂商采用不同标准生产差异化产品，消费者则享受产品多样化的价值。

在网络产业中，用户常出现多重消费行为，即同时使用多个相互竞争的产品，如个人电脑上同时安装 Word 和 WPS 办公软件，以应对文档格式不兼容带来的困扰。这种多重消费模式在一定程度上替代了对兼容性的需求。在不兼容的环境下，多重消费增加了用户的成本和不便，减少了消费者剩余，但同时也缓解了厂商间的同质竞争，减缓了生产者剩余向消费者剩余的转移。由于需求价格弹性的降低与需求量的增加，多重消费为厂商创造了更大的利润空间，因此厂商有时会倾向于鼓励用户进行多重消费，而非积极采取兼容性策略。然而，值得注意的是，在多重消费现象普遍存在的背景下，网络兼容性的社会价值不容忽视。例如，银联通过提升各类银行卡之间的兼容性，极大地便利了消费者的交易和结算，避免了因多种银行卡不兼容而给消费者带来的不便。因此，在推动多重消费的同时，也应关注并加强网络兼容性建设，以促进社会福利的整体提升。

转换技术作为实现兼容性的关键机制，其引入旨在促进新数字产品的普及，同时提高网络外部性的效益，并有效削减技术同质化所带来的社会成本。在软硬件系统中，后向兼容策略虽可能减少高端用户的消费者剩余，但仅当低端用户数量显著超过高端用户时，这种策略才能为新用户创造更多的消费者剩余，进而使新产品厂商通过后向兼容实现更丰厚的利润。

在利润与研发竞赛的驱动下，厂商推出新产品的动力过强，可能导致研发过度，进而造成社会福利整体水平的下滑。这是因为过度的竞争可能损害后向兼容性和网络效应，从而降低市场效率。同时，全球贸易自由化虽促进了技术兼容与标准化，却也可能过度限制产品多样性，影响消费者选择，进而潜在地减少消费者剩余。

在网络经济中，兼容性对产业竞争格局具有深远影响。它为用户共享更广泛的网络外部性提供了可能，从而增强了消费者对兼容性产品的偏好。兼容性增强了产品间的可替代性，进而可能引发过度竞争。在兼容性较低的市场环境中，厂商为争夺用户而展开激烈竞争，力求成为市场领导者。相反，在兼容性较高的市场下，领先厂商的垄断地位会受到削弱。为应对市场竞争，厂商会从市场准入、价格策略、产品质量提升及产业联盟构建等多个维度发力。产品差异度是决定竞争策略的关键因素之一：当产品差异显著且兼容成本高昂时，不兼容行为往往占据主导地位；若兼容成本相对较低，则兼容行为更受青睐。而对于差异度小且兼容成本高的产品，新进厂商可能会选择退出该市场，以避免不必要的竞争压力。

在存在双向转换器时，若兼容带来的产业总剩余超越不兼容状态，即构成双向兼容均衡的充分条件。对于单向转换器，若技术涉及私有产权，市场均衡将受网络外部性及单边支付情况的影响。在位厂商可能构筑技术壁垒，尤其在外部性弱且无单边支付时，不兼容成为唯一的市场均衡。而在单边支付条件下，厂商通过支付费用建立单向转换器，实现单向兼容，进而融入技术网络并获取其价值。

在软件、通信等新兴网络产业中，强网络外部性促使厂商间的竞争聚焦于用户规模的扩张。为保持竞争优势，拥有庞大用户基数的厂商常采用差别定价或价格歧视策略，以抵制兼容。通信运营商之间高昂的网间互联结算费用，实则旨在减弱本网用户为他网用户带来的网络外部性效应，从而避免自身用户规模优势被竞争对手间接利用与削弱。

产品兼容度是衡量产品质量的关键指标之一。高质量产品因提升兼容度所需成本较高，故厂商在提高兼容度时可能导致价格上涨，进而缩减高端消费者的剩余。相反，低质量产品通过提升兼容度，往往能利用高质量产品产生的网络外部性，增加低端消费者的剩余。因此，性能卓越的系统往往倾向于避免与低质量技术产品兼容，而低质量技术产品则有着强烈的动机去兼容高技术产品。

厂商通过显性联盟或隐性合谋来引导产品兼容性选择，这是推动市场结构从垄断竞争向寡头垄断转变的关键因素。大厂商间通过相互妥协，在产品兼容性技术标准上展开合作，共同推动产业标准化，进而形成寡头垄断格局。为扩大网络外部性，寡头垄断厂商常采取兼容性战略，如向配套商提供技术援助、将产品与互补品捆绑销售等。微软操作系统与英特尔处理器的捆绑便是典型案例，它们共同构建了市场上难以撼动的事实标准——Wintel。此外，为排挤潜在竞争者，寡头垄断厂商还常采用阻止竞争产品、中间产品及互补配套品兼容的策略，以构筑高市场进入壁垒。

在统一技术标准规范下，兼容性显著提升了模块化技术创新的竞争效率，为系统集成商提供了更多元化的选择，进而推动了产业的技术创新和开放式发展。兼容性竞争不仅促进了产业整体效率的提升，还使得技术的系统集成与模块的局部调整成为可能。新产品的后向兼容性通过利用旧产品的用户基础，降低了转换成本，加速了新技术的市场导入和采用。高兼容度的新技术能更有效地利用前期技术经验及互补配套技术的协同效应，提升厂商绩效，提高新技术的接受度。然而，也有学者指出，兼容与标准化对技术创新具有双重影响。一方面，新技术若仅局限于在原有标准体系下进行兼容性改良，则可能会限制技术的多样化发展。另一方面，互为兼容的产品生态群落可能滋生产业技术革新的惰性，阻碍突破性技术变革的涌现。此外，用户对兼容软件的强烈需求在一定程度上加剧了软件产业的垄断趋势，若新版本软件未能提供显著增值，将难以赢得用户青睐。在位厂商可能通过服务策略等手段诱导用户以更高价格购买非技术升级类新版本，这在某种程度上抑制了技术创新与技术进步的步伐。

产品兼容性的基石在于不同类型技术间的相互接纳与紧密耦合，其核心在于知识产权的许可关系。厂商利用知识产权政策维护对私有技术、端口及标准的控制权与剩余索取权，而兼容规制则旨在防止知识产权的滥用。若具有市场支配力的专利池拒绝其他厂商加入，导致未获许可厂商在相关产品市场丧失有效竞争力，且专利池主导厂商在相关市场形成垄断，采取垄断定价、限制产量、市场划分等行为，则可能触犯反垄断法，面临法律制裁。因此，推动关键性互联互通兼容性技术的开放与兼容，积极参与网络产业国际标准的制定，需要综合考量反垄断规制与知识产权保护之间的微妙平衡。过度追求高额的知识产权许可回报，不仅会增加产品兼容的成本负担，还可能对后续创新及整个产业的健康发展造成不利影响。

推出新技术时，与现有设备安装基础的兼容性是不可或缺的关键考量。CBS 彩色电视系统因未能与黑白电视机兼容而遭遇失败便是明证。面对庞大的现有安装基础，新技术的兼容性尤为关键，需要确保为消费者提供顺畅过渡到新技术的路径。其核心在于降低转移成本，以激发消费者的采纳意愿。演化策略的智慧在于，通过保持与旧网络的兼容性来构建新网络，但此举亦有风险：为追求后向兼容，可能在技术性能上做出妥协，为竞争对手的革新技术提供市场渗透的契机。演化型技术需要在兼容既有产品与提升性能之间找到平衡点，既要降低顾客的转移成本，又要超越现有技术，提供更佳的质量或性能。优秀的设计能够兼顾兼容性与性能提升，而拥有老一代技术知识产权的领导者在实施此类演化时更具优势，但也可能因过度依赖旧范式而错失创新机遇，甚至面临被突破性技术颠覆的风险。因此，市场领导者在追求与前代产品兼容性的同时，也需要警惕这一策略可能带来的局限性，以免成为自身发展的绊脚石。

老技术用户面临无法兼容新技术文件的困境时，往往会成为推动其升级至新技术的动力。消费者升级的动因通常包括拉动与推动两类：新技术所展现的诱人新特性构成升级的拉力，而确保与他人兼容的需求则形成升级的推力。然而，部分消费者因惰性而抗拒升级，这导致两个不兼容的用户群体共存，不仅削弱了网络效应，还可能对品牌形象造成损害。为解决这一问题，转换器成为关键工具。例如，模拟电视用户可通过安装转换器接收数字信号，而 Word 95 用户也能借助转换程序打开 Word 97 的文件，从而确保技术过渡的顺畅进行。

当革新技术提供远超现有技术的卓越产品时，众多消费者甘愿承担转移成本，以体验这些创新产品。技术爱好者往往率先尝试革新技术，他们的积极反馈形成了强大的示范效应。在快速成长的市场中，革新技术的推广尤为有利，即便现有技术用户保持观望，仅凭新顾客的加入也足以推动技术达到临界容量。若市场增长强劲或现有技术锁定效应较弱，此时技术的卓越性能将成为首要考量，超越了对后向兼容性的需求。以游戏产业为例，每年新增的青少年群体作为低转移成本的潜在用户，他们可能直接拥抱革新技术产品，为市场注入新的活力。

革新技术通常遵循“S”形成长曲线，关键在于如何突破现有技术，激发正反馈效应。在此过程中，开放与控制是两大策略选择。开放策略意味着允许他方使用技术界面和标准，通过建立广泛的产品联盟，扩大产品网络的网络效应，进而提升整体网络价值，力求尽早达到临界容量，从而形成正反馈的良性循环。这一策略能有效缓解消费者对于技术锁定的担忧，吸引更多联盟成员与竞争者加入市场，增强消费者信心。在性能相当的情况下，若技术选择封闭而非开放，可能面临被市场淘汰的风险，正如索尼 Beta 录像系统败于开放的 VHS 系统，后者最终成为行业标准。

控制策略指的是独家掌握技术，若技术革新足够显著，仅凭独家之力亦能触发正反馈机制，通过限制市场准入来独占网络价值。然而，在开放与控制之间做出选择时，核心目标应是实现价值最大化，而非单纯为了控制。单个供应商所获价值，实为行业市场价值与其市场份额之乘积。开放策略倾向于提升行业整体市场价值，而控制策略则侧重扩大单个供应商的市场份额。技术供应商面临抉择：是在小市场中占据主导地位，还是在更广阔的市场中保持较小份额？前者是控制策略的结果，后者则是开放策略的自然产物。通常，唯有市场领导者，拥有最强势的地位与最具潜力的革新技术，才会倾向于保持控制，因为他们强大到足以单方面设定产品标准和界面。值得注意的是，即便是微软这样的行业巨头，在追求价值最大化的过程中，也选择了开放策略。它们深知，吸引独立软件供应商利用微软平台优化 Windows，不仅能提升整个系统的竞争力，还能通过争夺新用户来蚕食 Unix 的市场份额。这一案例充分说明，在开放与控制之间，开放策略对于实现长期价值最大化具有不可忽视的优势。

在信息技术领域，系统由多元部件构成，任一元件的增值均离不开互补品的协同发展。因此，与互补品供应商紧密合作，能显著提升整体市场价值。新技术保持开放姿态，更易激发正反馈机制，从而最大化价值实现。例如，Adobe 公司开放 PostScript 语言，Sun 公司开放 Java 语言，均是开放策略的成功应用。放弃对技术的独占控制，推动其普及流行，若多家互补品生产商亦采取此道，将共同构建一个充满活力的生态网络，进一步提升整个市场的价值。

针对兼容与开放的二维选择，存在以下四种策略：

（1）独家控制且不兼容。对于下一代卓越技术，若保持对其独家控制，既不兼容也不开放，由于技术远超现有水平，独家所有可带来最大利润。

（2）独家控制但兼容。独家拥有新技术但不开放，同时保持与现有技术的兼容性，此举能降低现有用户的转移成本，促进快速达到临界容量，从而启动正反馈循环。

（3）不兼容但开放。若革新技术与现有技术不兼容，但选择开放市场竞争，新一代技术可通过开放策略吸引多方参与，加速正反馈的启动。

（4）兼容且开放。许多供应商选择此策略，既提供兼容现有技术的新产品，又保持技术开放。此模式不仅转移成本低，还能吸引众多联盟伙伴，极易激发临界容量和正反馈效应。

优势技术厂商需要警惕过度追求后向兼容而阻碍技术进步，以免为不兼容的革新技术腾出市场空间。后向兼容虽然重要，但不应成为新版本设计的累赘。厂商应在为老客户提供优惠升级服务的同时，勇于创新，设计无须兼容的革新技术。为加速技术革新，可采用开放策略，同时紧握对技术改进与扩展的控制权，通过自主研发或并购拥有扩展功能技术的公司来增强竞争力。此外，激发互补品市场的竞争与商品化亦至关重要，低价且创新的互补品能繁荣整个技术生态系统，进而带动对核心产品需求的增加。

模块化作为网络经济的基础架构，要求模块间共享界面兼容规范的显性知识，而模块内部则具备知识隐藏功能，有效降低了核心技术泄露风险，提高了网络经济的耦合度与开放性。在新兴网络产业中，系统集成商能够灵活挑选并整合多元模块供应商，为终端用户量身打造系统解决方案。模块供应商亦受益于庞大的潜在需求群体，颠覆了传统“一对一”的厂商与零部件供应商关系，构建起生态网络，实现了互补兼容，极大提升了网络经济的组织灵活性与差异化能力。通过模块间知识的兼容与耦合，网络经济中的离散节点被编织成一体化架构，模块化与兼容性相辅相成，共同促进规模经济与差异化的融合，进而加速全球数字经济的蓬勃发展。

模块作为具备特定小功能的子系统，通过既定规则与其他子系统相互联结，共同构建更为复杂的系统架构。模块化过程本质上是一个动态的分解与重组过程，涵盖技术、产品设计、生产及产业组织等多个层面的模块化。此过程赋予系统灵活性，使得特定模块可轻易替换而不影响整体，从而增强了对市场变化的适应性。所有模块均须遵循既定的设计规则，这些规则明确了模块间的相互依存关系，并确保了模块间及模块与系统间的兼容性。一旦系统设计规则确立，各模块的设计优化与改进工作即可独立进行，互不干扰。

模块化生产聚焦生产流程的整合与优化。以汽车为例，其由多个独立的子系统组成，涵盖电子系统、燃油系统及制动系统等模块化单元，每个模块自身即为一个功能完备的子系统。模块化生产方式借助大规模定制与流程简化，在有效控制成本、提升效率的同时，满足了消费者对产品多样化和个性化的需求。这一过程深刻重塑了现有产业与企业的组织结构。

模块化产品设计根植于产品平台，该平台集成了子系统与界面，支撑起多样化产品系列的开发与生产。这些系列产品共享公共组件，为客户提供了丰富的选择空间，既丰富了产品多样性，又满足了消费者的个性化需求。模块化与产品族策略有效规避了冗余研发，通过提升标准化水平，实现了少量设计满足多变需求的目标。同时，对相同模块的重复利用显著降低了产品系列的整体成本。通用模块的广泛应用促进了规模经济的形成，而产品多样性则灵活应对了消费者需求的多样性与市场的不确定性，有效分散了风险。产品族内部共享的参数、特征、组件、流程、知识、人员及关系等资源，在降低成本的同时，并未降低产品的灵活性。

模块化是实现大规模定制的关键途径，它将个性化与规模化生产巧妙融合，开创了大规模定制的新纪元。相较于传统大规模生产模式下消费者被动接受标准化产品的局限，模块化生产能够深入产品开发设计阶段，精准捕捉并满足消费者的个性化需求，实现按需定制。此模式不仅促进了产品多样化，还保留了规模经济的优势，仅需要对模块进行灵活组合，即可为消费者提供丰富多样的选择。功能各异的模块通过高效重组与持续优化，能够快速响应市场，制造出贴合消费者个性化需求的产品，有效调和了生产规模化与需求个性化之间的矛盾。

模块化趋势推动了模块外包的兴起，促使企业专注于核心业务，而将非核心模块外包给专业供应商。在系统界面清晰界定的基础上，模块化程度越高，企业实施外包战略的便捷性也随之增强。外包策略有效降低了企业成本与投资负担，使企业能更聚焦核心竞争力的培育。模块化产品架构与战略性外包策略相结合，能够助力企业优化供应链资源配置，激发供应商间的良性竞争，同时降低自主研发与投资的不确定性风险。然而，企业需要更加重视与供应商的关系管理，通过紧密合作与供应链强化，构建稳固的合作伙伴关系与联盟网络，这已成为企业获取竞争优势的关键所在。

模块化组织结构显著激发出创新活力。在模块化设计框架下，产品开发周期得以缩短，模块供应商间的竞争犹如淘汰赛，激励各方不断推陈出新。

在遵循共同界面标准的基础上，模块商独立开展研发活动，这种“背对背”的竞争模式更易于激发创新火花，唯有成功的创新方能赢得模块价值的认可。

模块化生产作为一种柔性生产方式，相较于传统大规模生产，其优势在于能够跨越国界分割生产流程，构建全球分工体系，实现产品内部的精细化分工。此模式摒弃了纵向一体化的束缚，不再局限于企业内部完成所有生产工序，而是灵活利用外部资源，通过外包策略汇聚全球顶尖供应商的技术优势，实现强强联合。在模块化组织体系中，各独立模块得以自主发展，极大丰富了产品多样性。同时，模块化降低了产品复杂度，减轻了零部件管理负担，转而聚焦少数模块及供应商的管理，有效降低了质量控制成本。

第五节　标准

在网络经济背景下，标准被界定为确保不同产品与技术间兼容性的核心规范。举例而言，根据特定标准录制的音乐，仅能在兼容该标准的设备上顺畅播放，而无法在非标准设备上使用。网络外部性的存在，进一步强化了市场向标准化发展的倾向。标准化即指某一技术市场内所有参与者共同采纳并实施单一标准，此举不仅促进了技术产品间的无缝兼容，还显著扩大了技术网络的覆盖范围，增强了网络效应，进而提升了整个网络体系的价值。技术标准间的竞争，即所谓“标准战”，是市场常态，最终获胜的技术标准将主导市场。

两种不兼容技术为争夺市场标准而展开的激烈竞争，被称为“标准战”。这类竞争往往以双方和解共存或一方彻底胜出告终。在数字无线电话领域，标准战的一个显著结果是 GSM 与 CDMA 两种技术并存。而一方完胜的标准战案例则比比皆是。铁路轨距之争是标准战中的经典案例，由于火车无法在不同轨距的轨道上运行，统一轨距对于扩大铁路网络规模、发挥网络效应价值至关重要。美国历史上，南方曾采用 5 英尺（1 英尺 = 0. 304 8 米，下同）轨距，而北方则普遍使用 4. 85 英尺轨距，虽然统一轨距对全社会益处明显，但选择何种标准却引发了激烈的标准战。轨距标准化面临三大障碍：高昂的改造成本、双方均希望对方妥协及依赖既有不兼容性谋生的工人的抵制。最终，随着南北战争中北方的胜利，4.85 英尺轨距战胜了 5 英尺轨距，成为全国统一的标准。

标准具有显著价值，其建立与实施能够构建一个兼容的用户网络，从而扩大网络外部性及效应，增强兼容性，并促进网络规模的扩大，为用户创造更丰富的网络价值。例如，枪支的零部件按标准生产以实现拆解与重组的灵活性；消防软管与消防栓遵循统一标准，确保连接顺畅；标准轨距则保证火车在相连轨道上无障碍运行。在竞争技术不兼容的情况下，消费者倾向于选择相同技术标准的产品，以享受网络效应带来的收益，从而推动事实上的标准化，如 QWERTY 标准键盘在打字机中的广泛应用。统一标准降低了不确定性，减少了消费者的技术风险担忧，加速了新技术的普及。消费者担忧被锁定在不兼容或前景黯淡的技术中，而统一标准的确立则消除了这一不确定性。在开放标准环境下，消费者对锁定的顾虑减少，预期市场将涌现更多竞争与标准化的产品服务，降低了转移成本，使技术系统转换更为便捷。因此，消费者普遍接受统一标准，以规避选择失败技术的风险，减少被锁定的可能，并最大化享受网络效应。然而，标准化也可能对消费者产生不利影响，主要体现在产品多样性的降低。例如，苹果计算机与 IBM 计算机的不兼容性意味着各自独特的功能与服务无法互享，消费者在选择时可能错失某些特定优势。此外，标准有可能基于次优技术而制定，这也是需要关注的问题。

标准可划分为有发起人标准与无发起人标准。有发起人标准仅其产权拥有者可使用，而无发起人标准则对公众开放，无使用限制。在无发起人标准中，消费者的决策是推动新标准采纳的唯一动力，其预期及相互间的协调至关重要。相反，有发起人标准的采纳不仅受需求方决策影响，还深受标准拥有厂商策略行为的影响。这些厂商出于自身利益考量，常运用多种价格及非价格手段来影响消费者的决策。

标准也可区分为事实标准与法定标准。事实标准是市场竞争的结果，即在标准战中脱颖而出的标准。而法定标准则是通过产业内部的一致同意确立的，这种同意可以是口头或非正式的，也可以通过产业标准委员会或国家标准委员会等正式机构进行表述或批准。在全球范围内，众多标准组织通过正式程序设立标准，这些组织遍布全球，数量达数百个。正式标准的设立过程往往标志着新技术的启动，其设立过程对所有参与者开放，旨在促进技术选择上的共识。虽然这些标准组织负责设立标准，但它们通常并不具备执行标准的权力。

当新技术进入市场并与旧技术完全不兼容时，厂商面临两种主要选择：一是与其他竞争性技术展开标准战，争夺成为市场标准的制定者；二是与竞争对手共同决策，采纳一个共同的标准，并在该标准框架下展开竞争。若厂商选择标准战并成功胜出，将能获取更大的市场份额与收益，但同时也承担着技术可能失败的风险。相比之下，若选择与其他厂商共同采用某一标准，虽能提高成功的概率，但也可能因此限制预期的收益增加。

根据新、旧技术之间的兼容性，标准战可划分为竞争演化、竞争革命及演化革命三类。当相互竞争的新技术之间不兼容，但各自均与旧技术保持兼容时，此类标准战称为竞争演化。若新技术不仅与彼此不兼容，且与各自的旧技术亦不兼容，则称为竞争革命。而当某新技术与旧技术兼容，而与之竞争的新技术则与旧技术不兼容时，这种标准战则被称为演化革命。

新技术的创新者普遍欢迎标准的建立，因为标准能够扩大市场规模，促进技术的快速发展。当一群创新者能够共同从标准中获益时，他们便有动机推动标准的形成。同样，互补品的生产者也对标准持欢迎态度，因为兼容的互补品能够从标准所带来的网络效应中受益。例如，调制解调器的标准化对互联网服务商而言是有利的，它简化了用户的使用流程，避免了因不同格式调制解调器而带来的困扰，同时也减少了用户被单一厂商调制解调器锁定的风险。然而，新技术的标准对现有技术的市场在位者构成了严峻挑战。新技术的崛起往往意味着旧技术被替代，这些在位者可能不愿看到新技术向后兼容，以便从现有的安装基础中获取最大利益。在选择应对策略时，在位者可以选择推出自己的新一代技术参与标准战，或者与新技术厂商合作，在新的技术网络中寻求共赢的机会。

在标准战中，技术竞争的核心逐渐从单纯的市场存亡之争转变为市场份额的激烈争夺，各厂商在共同的标准框架下竞相提升市场地位。在标准化之后，竞争焦点从产品功能转向了价格竞争，因为标准化产品普遍具备相同的基础功能，导致产品差异化能力减弱，进而加剧了价格层面的竞争态势。标准的实施促使竞争领域从整个系统层面转向系统内部的组件层面。在标准形成之前，系统竞争是决定优胜者的关键；而在标准确立后，系统中各组件间的兼容性得以确保，由接口标准催生的组件市场随之兴起。以英特尔为例，其开放的界面和诸如即插即用等标准确保了组件间的无缝兼容，系统性能的提升（如速度、成本效益、稳定性及便捷性）直接促进了对英特尔芯片需求的增长。微软亦遵循此道，与英特尔携手打造的 Wintel 系统通过确保所有组件的协同运作，巩固了市场地位。在标准化市场中，虽然基础功能的竞争趋于饱和，但商家在保持一定程度后向兼容性的同时，仍积极开发独家扩展功能，以实现产品差异化，为消费者带来新颖的功能与产品体验。成功的标准发起者能够巧妙地将组件商品化，既维持了市场的兼容性与竞争性，又通过掌控关键技术或产品来攫取利润。

标准战可能会出现两种无效率的结果：“惰性过大”（excess inertia）和“冲力过大”（excess momentum）。我们可以通过一个简单的博弈来对这两种现象进行说明，如图 4-8 所示。

		乙：新标准		乙：旧标准	
甲	新标准	a	b	c	d
	旧标准	e	f	g	h

图 4-8　新旧标准的博弈

假设消费者无论是采用较好的标准还是采用较差的标准都存在着网络外部性，这意味着 a，$g > c$，e；b，$h > d$，f。这样，这个博弈存在着两个纳什均衡：（新标准，新标准）和（旧标准，旧标准）。假设 $a + b \neq g + h$，其中一个均衡显然是缺乏效率的。如果这两个消费者都采用了旧标准，而（旧标准，旧标准）这个均衡是缺乏效率的，也即 $a + b > g + h$，则这种情况就是“惰性过大”。若两个消费者能够相互协调合作，共同转换到新标准，他们的福利状况会变好。在消费者之间没有合作的假设下，没有任何一个消费者会首先行动，“惰性过大”表明消费者被“锁定”在一个旧的、较差的标准之中。消费者和厂商通常会从产品的标准化中获得收益，假设市场中存在另一个更好的标准，当信息不完全时，“惰性过大”就会发生。即使采用新标准的收益超过了采用旧标准的收益，这种新标准也并没有被市场采用。对于兼容性很强的网络型产品，安装基础会影响产品创新的可能性和愿望。如果用户使用一种新的更好的技术，可能失去一些兼容性收益，除非当前的其他用户以及进入市场的新用户也采用这个新技术，这会引起“惰性过大”，采用当前的标准具有很强的网络外部性时，整个社会不愿意转换到一种新的更好的标准。假设从长期看，新技术相比旧技术要先进得多，但是需要花费很长时间才能将新网络构建起来。新技术的早期采用者会承担暂时不兼容的成本，他们可能不愿意采用新技术。在这种情况下，均衡就是新技术没有被采用，虽然从长期看采用新技术会有很大的收益。如果旧技术的安装基础很大，或者新技术由于用户很少而缺乏吸引力时，这种情况更容易发生，这些用户选择了旧技术，新技术的网络就难以启动。因此，旧技术的安装基础会造成“惰性过大”，例如，Dvorak 键盘没有取代效率较低的 QWERTY 键盘就是这种情况。

如果这两个消费者都选择了新标准，而 $a+b<g+h$，则这种情况就是“冲力过大”。“冲力过大”的情形采用了一种无效率的新技术。新技术给早期潜在的采用者提供了一种超过当前技术的优势，他可能愿意采用新技术，但新技术网络的构建需要很长的时间。不同技术的成本是不同的，一些消费者被迫购买更昂贵的技术产品，放弃一种具有较大安装基础的技术产品，新技术的早期采用者至少造成短暂的不兼容。新技术网络可能是由新用户建立起来的，新网络的崛起由获得足够多的新用户所花费的时间决定；新技术网络也可能通过旧用户的转换来建立，新网络的崛起由旧用户转移的时间决定。

因此，网络外部性有可能对创新产生抑制作用。当存在稳固的安全基础，且向新标准的转换过程呈现渐进性时，早期的采用者往往会面临不兼容成本的问题，这一现象可能引发“惰性过大”的困境。法瑞尔和塞隆纳（1986）将此形象地比喻为“企鹅效应”：企鹅在寻找食物时，虽然必须下水，但出于对潜在掠食者的恐惧，它们常常会犹豫不决，每个企鹅都期望有同伴率先下水，从而避免成为第一个冒险者。

已采用某标准的消费者总数被称为“安装基础”。新技术的引入往往会对旧技术的用户产生影响，导致旧技术网络规模的停滞甚至缩减，部分既有用户可能会转而采用新技术。新技术的早期采用者不仅增强了新技术对后续潜在用户的吸引力，也削弱了旧技术的吸引力。这种安装基础现象造成了新技术采纳过程中社会动机与个人决策私人动机之间的不一致性。在标准战的过程中，消费者面临着被“搁浅”的风险，即新标准的采纳可能使旧标准的安装基础变得不再适用或失去价值。竞争失败的标准采纳者将失去网络效应带来的优势，其网络规模逐渐缩小，而消费者可能需要承担额外的成本来转换到获胜的网络中。

为了获取兼容性带来的收益，厂商可能会选择使其产品与竞争对手的产品保持兼容，以此扩大网络外部性的正面影响。然而，这种策略也可能导致产业陷入难以转换至更优新标准的困境。以 QWERTY 打字机键盘标准为例，虽然许多人认为，即便计入学习成本，Dvorak 标准在效率上可能更胜一筹，但 QWERTY 标准却因兼容性的巨大优势而持续至今。这种“惰性过大”的现象，显著阻碍了产业从现有共同标准向潜在更优新标准的转变。在不完全信息的背景下，每个厂商对于其他厂商的转换意愿知之甚少。那些对转换持有更强偏好的厂商可能会率先行动，而偏好较弱的厂商则倾向于持观望态度。若观察到其他厂商开始转换，这些观望的厂商可能会跟随采用新标准；但若未见其他厂商行动，早期转换的厂商可能会因孤军奋战而遭受损失。因此，即便所有厂商在私下均对新技术表示出一致的偏好，却可能因彼此转换意愿的不足而缺乏启动转换的动机，最终导致产业维持现状不变。

为规避高风险且成本高昂的标准战，厂商通常可采取以下三种策略：

（1）在推出新技术之初，厂商间即达成共识，共同采用一个统一的标准。此举有助于减少因标准分歧而引发的市场混乱与竞争消耗。

（2）确保不同技术产品之间保持一定程度的兼容性。然而，兼容性选择对厂商而言犹如“双刃剑”，常表现为时间上的不一致性。在技术的初始阶段，厂商普遍倾向于兼容性以扩大市场接纳度；但一旦某厂商取得市场优势，其可能转而追求不兼容策略以巩固其市场地位。大厂商因需要保持其网络优势而更偏好不兼容策略，而小厂商则因资源有限而倾向于保持兼容性以扩大市场份额。

（3）实施开放许可使用策略。当预期网络效应显著时，新技术的开放许可使用能够减轻消费者对技术锁定风险的担忧，从而激发消费者对新技术的需求。同时，开放许可还能促进新技术的广泛采用，使更多厂商参与其中。新技术的发起人则可通过控制技术的关键部分来实现盈利，确保其在市场中的竞争优势。

在存在显著网络效应的产业中，标准的产权问题在标准战中显得尤为重要。若某技术的发起人拥有其产权，他们便更有动力进行投资以优化和完善该技术；反之，若相互竞争的技术均缺乏明确的发起人，那么当前表现较优的技术将凭借策略优势占据上风。然而，当竞争双方中仅有一方拥有技术发起人时，即便该技术在初期表现相对逊色，其发起人也可能凭借策略优势推动该技术的采用。最复杂的情况是，当两个相互竞争的技术都各自拥有发起人时，未来预期表现更佳的技术将更有可能凭借策略优势脱颖而出。

相互竞争技术的相对吸引力往往受到其历史销售情况的影响，这主要归因于需求方规模经济的存在。当前使用某产品的消费者数量越多，该产品对潜在消费者的吸引力就越大。在具有网络效应的市场环境中，消费者在选择技术时，不仅会考虑当前的市场状况，还会关注哪些技术标准在未来更有可能取得成功。因为消费者从产品消费中获得的收益，部分依赖未来采用该产品的消费者数量。因此，在标准战的结果尘埃落定之前，消费者就必须做出自己的选择。这种早期的技术选择对最终的市场均衡具有深远的影响，导致市场呈现出路径依赖的特性。对于那些已经采用旧技术的消费者而言，他们可能会因为习惯、信任或其他因素而保持一定程度的忠诚或锁定，这进一步加剧了市场向特定技术标准的倾斜。

一般而言，参与标准设定过程被视为明智之举。市场参与者通过出席标准设定会议，能够积极影响标准的制定，避免出现对自己不利的标准。同时，持续保持市场竞争力并预先建立稳固的安装基础，有助于稳固自身在标准设定过程中的地位。成功进行标准战的能力往往依赖于以下七种关键资产：

（1）用户安装基础的控制。拥有庞大且忠诚的顾客基础的公司，在标准战中占据显著优势。它们可以通过提供后向兼容性并实施演化策略，巩固并扩大其市场份额。

（2）知识产权。掌握有价值的新技术专利或版权是标准战中的关键优势。这些知识产权不仅为公司提供了技术壁垒，还为其在标准制定过程中争取更多话语权。

（3）创新能力。具备未来独家扩展能力的公司能够在标准战中保持领先地位。这种创新能力不仅体现在技术层面，还包括市场策略、产品设计等多个方面。

（4）先发优势。利用学习效应和经验曲线，公司可以在标准战初期保持低成本和高质量的优势。这种先发优势有助于公司快速占领市场并树立品牌形象。

（5）生产能力。低成本的生产者因规模经济或高效的生产能力而在标准战中占据有利地位。它们能够灵活应对市场需求变化，确保产品供应的稳定性。

（6）互补品的影响力。核心部件的生产者，如英特尔的 CPU 制造商，在标准战中处于重要地位。它们有动力积极推动标准的达成并保持开放态度，以吸引更多厂商加入生态系统，共同推动产业发展。

（7）声誉和品牌。良好的声誉和品牌在标准战中发挥着不可估量的作用。顾客更倾向于相信那些具有良好声誉和品牌影响力的公司能够取得成功。因此，公司应注重品牌建设和声誉管理，以提升自身在标准战中的竞争力。

先发制人和预期管理构成了标准战中的两种核心策略。先发制人的优势在于能够更早地启动正反馈循环，利用“干中学”效应降低成本，并争取到宝贵的早期客户。然而，过早地进入市场也可能带来风险，如产品质量上的妥协和更多的故障问题。特别是当更优越的技术即将问世时，过早的市场介入反而可能不利于长期发展。为了建立稳固的安装基础，企业常采用的一种策略是低于成本的定价，这被称为“渗透定价”。在标准战中，这种策略通过低价折扣吸引具有影响力的顾客群体，从而加速市场渗透。值得注意的是，负价格现象也时有发生，例如某些节目制作人会向电视台支付费用以播放其节目。网景公司便是一个典型案例，它不仅将浏览器免费提供给用户，甚至向设备制造商支付费用，以确保其浏览器能够预装在新机器上。这种策略的核心在于通过扩大安装基础来增强网络效应，进而提升整个网络的价值。随着网络规模的扩大，企业可以从互补品销售中获得可观的利润，形成良性循环。

预期管理作为标准战中的另一关键策略，其重要性不容忽视。预期是顾客购买决策中的核心考量因素，因此，巧妙地管理预期能够显著影响市场格局。宣布即将推出的产品不仅能够冻结竞争对手的销售势头，还能通过大肆宣扬产品的当前及未来普及度，以及与有影响力的企业结成联盟，来进一步塑造市场预期。Sun 公司在推广 Java 时便采用了这一策略，通过整版广告列出 Java 联盟的成员公司，极大地提升了市场对新技术的期待值。此外，一些公司还会通过宣称自身为最大、最流行或市场份额领先者等方式，来实施预期管理。这些手段旨在塑造积极的品牌形象和市场地位，进而影响消费者的购买决策。在标准战中，消费者预期扮演着至关重要的角色。厂商的预告策略能够直接影响标准战的结果，因为它会提前通知消费者新标准的到来，从而改变他们的标准采用决策。这种预告效应可能导致原本会选择旧标准的消费者转而等待新标准的发布，进而加剧了旧标准用户被“搁浅”的现象。进一步考察不同时间进入市场的用户之间的博弈，我们可以发现，每个用户的决策都受到其他用户选择的影响。均衡结果取决于多个因素，包括新技术推出时旧技术的安装基础、新技术网络效应收益的实现速度，以及新技术的相对优越性。这些参数值的不同组合会导致三种可能的均衡情况：一是新技术被采用，成为唯一的纳什均衡；二是新技术未被采用，成为唯一的纳什均衡；三是新技术被采用与新技术未被采用。最终，均衡结果的形成高度依赖于新采用者对其他采用者行为预期的准确性。如果用户普遍预期其他用户会采用新技术，那么他们自己也更倾向于采用新技术；反之，如果预期其他用户不会采用新技术，则他们也可能选择保持现状。因此，在标准战中，有效地管理市场预期、塑造积极的品牌形象，并准确判断市场趋势，对厂商来说至关重要。

安全基础对技术采用的深远影响，使得它可能成为一个显著的进入障碍。这种影响促使厂商采取一系列策略行动，如过早宣告或掠夺性预告，旨在阻碍消费者转向其他供应商，并鼓励潜在购买者保持观望态度，避免成为旧技术安装基础的一部分。因此，预告机制在某种程度上促进了新技术的成功采用。当部分用户决定等待新技术问世时，新技术引入市场后所能产生的网络效应收益往往比没有预告时更为显著。这是因为等待的用户群体削弱了旧技术的安装基础，为新技术提供了更大的发展空间。在某些情况下，若缺乏预告，市场可能陷入一种均衡状态，即新技术未被广泛采用。然而，在预告的作用下，市场则可能转变为另一种均衡状态，即新技术被普遍接受并成功采用。

在标准战之后，失败者往往会在下一代技术的研发中蓄势待发，同时为现有安装基础寻找新的出路。他们可能通过开发适配器等技术手段，实现与更广泛网络的互联，从而提升网络效应的价值。例如，一些文字处理软件通过设计专门的适配器，成功与微软的 Word 软件实现兼容，用户不仅能读取 Word 文件，还能将文档保存为 Word 格式，极大地提升了软件的兼容性和用户体验。对于标准战的胜利者，即主导厂商而言，若其采取禁止小网络互联、违背开放承诺、实施垄断行为或进行不正当竞争等举措，则可能引发法律层面的挑战。在此类情况下，受损方有权通过法律途径反对这些不当行为，以维护市场公平和自身权益。微软公司曾因其将浏览器与操作系统捆绑销售的行为，被指控将操作系统市场上的优势地位不当地延伸至浏览器市场，这一行为最终引发了与网景公司之间的法律诉讼。此类案例表明，在市场竞争中，遵守规则、维护公平竞争环境是每一家企业都应遵循的基本原则。

第六节　联盟

对于网络型产品而言，通过组建联盟以实现抱团发展是一种常见且有效的策略。这类产品往往依赖于联盟的力量来触发正反馈机制，促进技术的广泛采用和市场的迅速扩大。当一群公司为了共同推动某项技术产品的发展而结成联盟时，它们会携手建立统一的标准，并就产品标准、界面设计、协议规范及规格要求等方面进行深入协商与合作。在联盟内部，关键专利的相互授权成为常态，这不仅有助于消除技术壁垒，还能促进技术的共享与创新。同时，共享保密的设计信息也是普遍现象，这种高度的信任与合作氛围为联盟成员提供了宝贵的资源与支持，加速了产品的研发与市场推广进程。

联盟根据其组织结构和运作方式，可以明确区分为无中心联盟和有中心联盟两种类型。无中心联盟是一种技术自由开放的合作形式，它向所有成员开放技术资源，鼓励成员间的信息共享与协作，不设立特定的控制中心或主导者。相比之下，有中心联盟则围绕一个核心发起人构建其网络体系。在这个体系中，发起人扮演着中心角色，它不仅负责联盟的组建与协调，还可能从其他成员处收取特许权使用费，并保留对某些关键部件或技术的独占权。这种结构使得发起人在联盟内部具有较大的影响力和控制权，能够引导联盟的发展方向和速度。

以具体案例为例，苹果公司就是 Macintosh 网络的有中心联盟发起人，它在该网络中占据了核心地位，对网络的发展和技术标准具有重要影响。同样地，Sun 公司也是 Java 网络的有中心联盟发起人，通过其技术实力和影响力，推动了 Java 技术的广泛应用和发展。

联盟战略积极倡导构建广泛的合作关系，这一战略不仅限于同行业内的合作，还涵盖了顾客、供应商、竞争对手及互补品制造商等多个层面。与关键或具有强大影响力的顾客建立联盟，能够显著提升企业的市场影响力和品牌知名度。在结交盟友的过程中，企业往往采取向早期支持者提供特别优惠的策略。这种策略旨在通过给予早期合作伙伴以实质性的利益，激发他们对企业和产品的信心与热情。同时，这些早期的支持者还可能成为正反馈的催化剂，他们的成功案例和积极评价将进一步增强市场对企业的预期，促使更多人相信并加入这一行列，从而推动企业的成功。

在任何网络环境中，互联问题都是不可避免的议题。网络的本质决定了其物质、能量或信息的流动需要跨越不同的网络边界，以实现连续传输与交互。无论是传统的邮政系统还是现代的电话系统，都必须建立有效的互联机制，以确保全球范围内的顺畅运行。联盟作为一种合作形式，在网络互联中发挥着重要作用。通过联盟，不同网络之间的发送方和接收方可以统一标准，这不仅加快了信息的传输速度，还显著降低了传输成本。联盟还负责制定计费和结算方式，为网络间的经济往来提供了规范和便利。以邮政系统为例，当一个邮政系统的邮件需要交由另一个系统处理时，互联问题便凸显出来。为了解决这一问题，经过长期的历史演进和多方协商，终于在 1874 年诞生了《伯尔尼协议》，这一里程碑式的多边协议标志着万国邮政联盟的成立。万国邮政联盟通过制定统一的规则和标准，极大地简化了跨国邮件的传输流程，降低了互联成本，为全球邮政系统的协同发展奠定了坚实基础。

在并行竞争的网络环境中，互联策略成为企业获取竞争优势的重要手段。这种策略性的互联不仅关乎网络间的互联互通，更在于如何利用互联来巩固和加强自身的市场地位。以 AT&T 为例，该公司通过其长途电话网络与地方电话公司的互联，成功地巩固了在美国大部分地区市话业务上的主导地位。然而，并非所有企业都采取开放互联的策略。苹果公司就是一个典型的反例。在 PC 市场网络效应显著的情况下，苹果公司拒绝向其他兼容技术制造商授权，也未能采用适配器来实现与其他 PC 网络的连接。这种强硬的控制策略虽然在一定程度上维护了苹果产品的独特性和品牌价值，但也限制了其市场扩张的潜力。相比之下，那些掌握了关键技术并愿意开放授权的企业，往往能够吸引更多的合作伙伴和用户，从而更容易达到市场临界容量。这是因为开放策略有助于构建更加广泛和兼容的网络生态系统，使得技术得以更快地普及和应用。苹果公司在 PC 市场上的控制策略就是一个深刻的教训。其拒绝将硬件和软件授权给第三方的做法，最终导致了在市场份额上败给了由 IBM、Intel 和 Windows 组成的强大联盟。这一案例充分说明了在网络效应显著的市场中，开放和互联对于获取竞争优势的重要性。

即便面对激烈的竞争，甚至是势不两立的对手，也可能为了共同利益而结成联盟，旨在避免双方陷入毁灭性的价格战或市场争夺战。在联盟框架下，各方的收益直接关联于行业整体价值的增长及其在其中的份额占比。建立统一的技术标准，能够显著提升技术的市场总价值，犹如将蛋糕做大，使得联盟内的每一方都能分得更多份额。为了实现这一目标，联盟成员可能采取一系列策略来强化网络效应，包括但不限于选择兼容的技术标准、相互授权专利、提供最优顾客待遇及坚守开放承诺等。这些举措有助于促进技术交流与资源共享，加速技术创新与扩散，从而进一步提升整体市场价值。在专利权管理方面，拥有核心技术的各方可通过达成专利交换联盟，实现专利权的免费内部共享，而对联盟外部则保留收取特许权使用费的权利。这种机制既促进了联盟内部的紧密合作，又确保了联盟对外部竞争者的技术优势与议价能力。此外，联盟谈判时，各方都会充分利用自身的技术优势、网络规模优势等作为谈判筹码，以争取在联盟中获得更有利的地位与条件。

PostScript 是开放标准成功建立的典范。Adobe 公司深刻认识到，PostScript 的成功离不开开放性，因此公开宣布不限制其页面描述语言的使用权，任何人均可自由编写与销售 PostScript 程序。这一举措吸引了众多开发商的加入，他们基于 PostScript 开发了各具特色的软件，共同推动了 PostScript 标准的广泛采纳与联盟的形成。Adobe 公司则通过这一扩大的市场，从互补产品的销售中实现了盈利。然而，值得注意的是，开放标准虽好，但仍需要明确的发起人引领方向。缺乏发起人可能导致标准发展方向模糊、技术进步缓慢、兼容性问题频发及投入不足等，进而阻碍技术的持续发展。此外，开放标准也面临着分裂的风险，一旦标准内部出现严重分歧，可能导致整个标准的崩溃。因此，对于开放标准的主导者来说，信守开放承诺至关重要。只有当主导者能够保持开放姿态，确保标准技术的公正、透明与兼容，其盟友才会更加信任并乐于接受其领导，共同推动标准技术的未来发展。

开放策略在实践中可细分为完全开放与联盟开放两种模式。在完全开放模式下，任何个人或企业均有权生产符合既定标准的产品，无须考虑其对产品技术的实际贡献程度。这种开放方式促进了市场的充分竞争与技术创新。而联盟开放则是一种更为受限的开放策略，它仅限于联盟成员之间。非联盟成员若想提供相关技术产品，可能会面临市场准入限制，如被阻止进入或支付高额的授权费用。联盟成员通常都对产品技术有所贡献，并相互间进行技术授权，以加强合作与协同效应。此外，部分技术供应商会采取逐步开放的策略，先是对内部开放，随后扩展至联盟成员，最终才实现完全开放。对于新企业而言，开放策略往往被视为一种抵消其在安装基础或市场份额上劣势的有效手段。特别是在那些具有显著网络效应的行业，如电信、铁路、互联网等，开放策略尤为明智。这些行业高度依赖互联互通，通过建立联盟标准，可以吸引更多供应商进入市场，提供多样化的互补品，从而加速行业的整体发展与创新。

第七节　锁定

网络系统中的各种元件是互补运行的，转换任何一个元件通常也需要转换其他元件，这意味着网络型产业的转换成本可能非常高。当转换成本非常高时，用户被之前的选择锁定（lock-in）了。例如，如果你已经选择了某个互联网服务商，以后再转换到另外一个服务商时，就非常不方便，因为你需要重新安装硬件及程序，还需要将新电子邮件告诉你的亲朋好友及同事等。转换成本会增加在位厂商的垄断势力，可以对被锁定的用户索取高于边际成本的价格，因此被锁定的客户是公司价值很高的资产。

用户想转移到一个新的系统时需要支付很高的成本，甚至几乎无法进行转换，这种被锁定的局面对消费者是不利的，但对系统厂商来说意义重大。因为被锁定的用户需求价格弹性非常小，厂商可以提高元件的价格来获取更多的消费者剩余。明智的消费者会极力避免被锁定，或者在被锁定之前会努力争取足够的补偿。一般来说，销售者为了赢得消费者的认可会采取压低价格的策略，而被成功锁定的消费者则会在后续为企业提供稳定的收入流，以弥补厂商在最初阶段为争夺消费者所投入的成本。

假设互联网服务商向一个客户提供服务的成本为 c 元/月。假设市场是完全竞争的，这类服务商的数量很多，而且服务基本同质。如果不存在转换成本，则提供上网服务的价格就是 $p = c$。

假设更换服务商引起的转移成本为 s 元；为吸引新客户，任何服务商现在对新客户第一个月给予 d 元的优惠，即价格为 $p - d$；在某个月开始，消费者考虑是否转换服务商。如果转换，第一个月的价格为 $p - d$ 元，从第二个月起价格为 p 元。除此之外，他还必须承担转换成本 s。如果不转换，那他必须一直向服务商支付 p 元 / 月。

只有当

$$(p-d)+\frac{p}{r}+s<p+\frac{p}{r} \tag{4-1}$$

其中，r 为利率，消费者会调整服务商。

服务商之间的竞争会使消费者在转换和不转换这两个选择之间无差异，这意味着：$p-d+s=p$。

由此可得 $d=s$，这就是说服务商提供的优惠额恰好能补偿消费者的转换成本。

由于市场是完全竞争的，每个服务商的利润现值为零。每个服务商的利润现值等于第一个月利润加上未来利润的现值，令 r 表示利率，由于 $d=s$，因此零利润的条件可以写为

$$(p-s)-c+\frac{p-c}{r}=0 \tag{4-2}$$

重新整理式（4-2），可得到均衡价格的两种等价表达方法：

$$p-c+\frac{p-c}{r}=s \tag{4-3}$$

$$p=c+\frac{r}{1+r}s \tag{4-4}$$

从消费者身上获取的利润现值恰好等同于消费者的转换成本。换言之，服务价格设定为在边际成本之上的加价，此加价与转换成本是正比关系。显然，在存在转换成本的情况下，服务价格会高于边际成本。然而，服务商之间为争夺利润流而竞争，往往会压低初始价格。为确保未来能获得加价部分，服务商需要向消费者提供金额为 d 的优惠①。

在信息技术采纳过程中，转移成本常导致采用者被锁定于现有技术之中。当前的选择往往预设了未来的选择路径，因为购买者从一种系统转换至另一种系统时需要承担高昂的转换成本。例如，长期使用苹果电脑的用户在更换设备时，往往倾向于继续选择苹果电脑，这源于其积累的苹果软件与文件、对苹果操作系统的熟悉度，以及苹果打印机等的兼容性。若转向其他系统，将面临高昂的转换成本。当品牌间技术转移成本极高时，用户即陷入锁定状态。转移成本与锁定现象在信息系统领域尤为普遍，因信息存储、控制

① 哈尔·R. 范里安. 微观经济学：现代观点［M］. 9版. 费方域，朱保华，等译. 上海：格致出版社，上海三联书店，上海人民出版社，2015：475-477.

及流通均依赖于由多种硬件与软件构成的复杂系统。任何单一部件的更换往往伴随其他部件的同步转换需求，且特定系统的使用还需要专门培训。

手机号码的不可携带性是锁定效应的一个典型例证。手机运营商限制用户在更换运营商时保留原号码，此举大幅提升了用户的转换成本，因为用户需要向亲友通报新号码。面对高昂的转换成本，运营商得以向用户索取高价。为争夺用户，运营商间展开激烈竞争，包括提供免费手机、话费赠送、亲情号码间通话优惠等促销手段。

大额专用性资产投资常导致高度锁定，转向其他系统几无可能，因系统衍生产品、售后升级及维修服务均严重依赖原供应商，赋予其市场支配地位，可能引发高价策略。组织在采用某品牌计算机及软件系统后，系统更换尤为谨慎，因转移成本高昂，可能导致系统中断乃至崩溃风险。信息系统供应商在争取新用户时，需要克服用户惰性及竞争对手的锁定效应。同时，供应商亦面临被大客户锁定的风险，尤其是涉及为大客户进行的专用投资。如煤矿为火电厂修建专用铁路，即面临被锁定的风险，此情形可能导致双边锁定。在双边锁定下，大额投资项目应持谨慎态度，以防被“敲竹杠”风险剧增，或因对方破产而遭遇专用性投资无法回收的困境。

转移成本，即顾客从当前供应商或技术产品转向另一供应商或技术产品所需承担的费用，是衡量顾客锁定程度的关键指标。总转移成本涵盖顾客与新供应商双方的成本：顾客需要面对时间消耗、操作繁琐及可能的服务中断等成本；而新供应商则需投入营销与安装成本。供应商在争取来自其他网络的顾客时，需要综合考量上述两项成本之和，并基于预期从新顾客处获取的收益流与成本，来决定给予新顾客的补贴额度。

锁定的根源多样，涵盖合同约束、耐用品购买、针对特定品牌的培训、信息数据库依赖、专属供应商绑定、搜寻成本高昂及忠诚顾客计划等。这些因素共同构成了总转移成本，赋予在位者强大的市场力量，使顾客深陷于现有网络之中，难以轻易脱离。

（1）合同约束。在合同期限内，要更换供应商将面临违约损失。当然，新的供应商可能承担这些违约损失。

（2）耐用品购买。耐用品及其互补资产显著提升了转移成本。昂贵耐用品的更换成本很高，而必需的互补品（如配套硬件或软件）也会增加转移成本。因此，掌握设备使用寿命尤为关键，但互补设备寿命周期的不一致性却加大了系统更换的难度。若能灵活选择其他供应商的互补品，则锁定效应将大为减弱。此外，若耐用品设备可采用租赁而非购买方式获取，同样能有效降低锁定风险。市场上，为争取客户，销售新设备的竞争对手常提供高于市价的优惠以回收旧设备并降低顾客的转移成本。

（3）针对特定品牌的培训。此类培训显著增加了信息系统的转移成本。用户需要投入学习成本及培训费用以掌握特定设备的使用，一旦更换设备，先前的投资便告作废，且需要再次承担相似的学习与培训开销。此类成本随时间累积而上升，因用户对新设备日益熟练。尤为值得注意的是，即便设备已废弃，与学习和培训相关的转移成本仍将持续存在。

（4）信息数据库依赖。信息系统的运行会累积大量信息，若更换系统后这些信息无法在新设备上直接使用，则会导致高昂的转移成本和锁定效应。随着时间推移，这些信息的不断增加，将进一步加强锁定效应。因此，新设备的后向兼容性至关重要，它能确保旧信息得以利用，从而有效降低客户的转移成本。

（5）专门供应商绑定。选择其设备及互补品常因高度专业化而缺乏替代品，形成路径依赖与锁定，即今日之选预设明日之路。对于大额长期采购，建议采用双头或多头采购策略，以保持选择权开放，激发供应商间的竞争，促进降价，并考虑资助多家供应商的研发，以进一步激发市场活力与竞争力。

（6）忠诚顾客计划。供应商借此锁定消费者，通过优惠奖励重复购买行为，如航空常客计划、超市积分兑换、酒店常客折扣等，从而提高顾客忠诚度。随着线上数据分析的广泛应用，实施此类计划变得更为便捷。为降低顾客转移成本，潜在商家可接纳并延续现有商家的积分与优惠计划，从而降低锁定成本。

新产品上市时，商家可推出优惠计划，提供免费试用机会。试用后，消费者将熟悉产品的技术特性与使用方式，培养品牌偏好，并可能进行互补性投资。此过程中，顾客的转移成本悄然累积，于无形中步入品牌确立阶段，锁定效应随之形成。

买方应主动防范被锁定的风险，在交易初期积极议价，力求获得最优待遇及长期保障措施，如折扣优惠、延长保修期、明确的服务与支持承诺、免费升级政策及最惠客户待遇等。为削弱锁定效应，买方应保持选择权的灵活性，并明确强调转向新供应商所涉及的高昂转移成本，包括再培训费用与服务中断损失，同时强调当前系统的实用性，以降低顾客的更换意愿。作为具有潜在锁定价值的客户，买方可能吸引供应商提供后续大宗采购的优惠，因供应商期望通过额外投入争取此类长期客户。买方应争取在整个锁定周期内获得全面保护，不仅关注价格承诺，还需要确保服务质量承诺的落实。同时，需要警惕锁定效应的逐渐加强，随着互补品购置增加、数据积累及客户使用习惯的固化，锁定程度将不断加剧。在此过程中，买方应持续争取有利条件，并坚决维护对信息资产的所有权，以便在未来可能发生的转移中保持灵活性与便利性。

在竞争激烈的市场环境中，公司吸引新顾客初期往往需要承担一定成本（投资），但期望通过顾客的长期锁定效应来收回这些投资。然而，值得注意的是，在整个锁定周期内，公司并不期望获得超出正常水平的投资回报率。若顾客对锁定效应持谨慎态度，而对折扣优惠等激励措施不甚敏感，卖方则可考虑采取系统开放承诺的策略。在此策略下，即便系统拥有高市场份额，也不必然意味着高转移成本，从而有助于缓解顾客的锁定担忧。

顾客购买产品后，下一关键阶段在于精心管理客户关系，通过提供卓越的服务增强顾客对产品、技术及服务的依赖度，进而逐步提升顾客的转移成本。这包括在产品中持续融入新功能与服务，为顾客创造更高价值的体验。针对累积购买的顾客，实施折扣优惠、积分累积及 VIP 等忠诚顾客计划，旨在进一步加固顾客的转移壁垒。对于已稳固的安装基础，企业应积极推广互补品或服务，同时开放接入机会给市场，如微信凭借其庞大的用户基础，向第三方服务商出售流量导入服务，不仅获取了可观的收入，还吸引了众多互补市场的加入，从而不断拓展微信的生态系统，进一步增强了对微信用户的锁定效应。

为了有效扩大安装基础规模，企业可能需要对竞争对手的顾客及新顾客提供折扣优惠，这一举措有时可能引发老顾客的不满，尽管这些老顾客在初期也曾享受过类似优惠。为安抚老顾客的情绪，企业可提供增值服务作为补偿，以体现对其忠诚度的认可与回馈。

在强化锁定策略方面，企业应充分利用规模经济的优势。随着规模的扩大，潜在竞争对手在获取规模经济上将面临更大挑战。针对关键大客户，企业应努力争取签订长期合同，并在合同到期前积极促成续约，同时有意识地错开不同大客户的合同期限，以减少客户流失风险。此外，企业还应精心控制新版本产品发布、互补品升级的频率与时机，通过合同期限、耐用设备使用寿命周期及互补品更换周期等因素的巧妙安排，错开不同大客户的锁定周期，以维持稳定的客户基础并优化资源配置。

第八节 路径依赖

锁定效应会导致技术选择中的路径依赖现象，即过去的选择对现在乃至未来的决策产生了深远影响。以“键盘的寓言”为例，技术采纳中的路径依赖清晰可见：当前广泛使用的 QWERTY 键盘布局，其持续存在并非完全基于其本身的优劣，而是历史沿袭的结果，即人们因习惯于过去这种排列的键盘而继续使用。类似地，美国铁路采用的 4.85 英尺轨距，其根源可追溯至古罗马时代的马车道宽度，这一尺寸最初是为了适应马拉车时的效率最大化，大约是两匹马的并排宽度。这一看似微不足道的历史事件，却对后世技术选择产生了持久且深远的锁定效应，充分展示了路径依赖现象的普遍性。

打字机键盘配置是锁定与路径依赖的经典案例，其中 QWERTY 布局作为当前标准键盘的典范，其顶端一排字母的特定排列（QWERTY）源自早期机械打字机的设计考量。彼时，该排列旨在减缓打字速度，以防机械故障，尤其是防止因连续快速按键导致的机器阻塞。显然，QWERTY 布局在提升打字效率上并非最优选择，而是一种为应对技术局限而采取的妥协方案。时至今日，随着技术进步，机械打字机已被淘汰，快速打字不再受机器阻塞的制约。尽管如此，更为高效的键盘排列方案，如 1932 年取得专利的 Dvorak 键盘，却未能撼动 QWERTY 布局的主导地位。

“键盘的寓言”实则揭示了转移成本与锁定机制的深刻关联。学习新键盘（如 Dvorak 键盘）所需的成本是主要的转移障碍。若 Dvorak 键盘的优越性未能显著超越这一学习成本，则难以激发人们主动转移至新系统的动力。市场上既有的打字员已习惯于 QWERTY 键盘，而未受训练的潜在打字员也倾向于追随这一传统，因为他们的指导者同样基于 QWERTY 键盘体系进行学习与操作。这一连锁反应进一步巩固了 QWERTY 键盘的市场地位，体现了锁定效应的顽固性与持久性。

具有网络外部性的市场一个基本特征是，在标准采纳过程中常出现多重均衡现象，不同技术间的竞争往往导致多样化的市场均衡状态。以通信网络中的传真机为例，若市场上无人拥有传真机，则无人愿意率先购买，“无人使用传真机”即成为一种市场均衡。然而，亦可能存在其他均衡状态，即传真机被众多消费者采纳。“锁定”现象可阐释为：经济主体选择某一技术（均衡）时，相较于其他可选标准，可能导致较低的社会福利水平，而另一可选标准同样具备形成市场均衡的潜力。锁定与路径依赖常被相提并论，市场有时可能因路径依赖而被锁定在非效率标准之上。若市场参与者能协调行动，则能共同选择一个更为高效的标准；反之，协调失败则可能引发锁定现象。

阿瑟（Arthur，1989）较早地探讨了锁定的形成机制。他分析了消费者在无发起人介入下，于两种技术间的选择行为。在此过程中，网络外部性（阿瑟称之为边际报酬递增）会显著地影响选择：采用相同技术的消费者数量增长，将提升每位采用者的收益。技术与技术间的竞争常受微不足道的历史小事件的影响，赋予某一技术初期竞争优势。此优势促使该技术获得更多改进，吸引更多潜在消费者。随后，该技术的采纳者数量增加，进一步推动其改进。因此，偶发的微小事件若能使某项技术初步占据领导地位，便有可能最终主导市场，将其他技术排挤出局。阿瑟所述的历史小事件，包括消费者事先未知的技术性能突破、早期开发者的即兴创意、政治环境变动等。这些事件在不同情况下能促使不同技术获得广泛采纳、持续改进，并最终占领市场。

假设市场中有两个没有发起人的技术标准 A 和技术标准 B 相互竞争。消费者是同质的。消费者一旦进入市场就要立即选择技术 A 或者技术 B。消费者在技术 A 或者技术 B 的采用过程中都存在网络外部性，采用人数越多，相应技术对消费者的价值越大，如表 4-1 所示。

表 4-1 技术 A 与技术 B 的采用支付

以前的采用者数量	0	10	20	30	40	50	60	70	80	90	100
技术 A 的采用支付	10	11	12	13	14	15	16	17	18	19	20
技术 B 的采用支付	4	7	10	13	16	19	22	25	28	31	34

当第一个消费者进入市场时，采用技术 A 给他带来的收益是 10，采用技术 B 给他带来的收益是 4，因此消费者将选择技术 A。第一个消费者选择

技术 A 的同时也会增加未来消费者选择技术 A 的收益，因此消费者也将选择技术 A。

若技术 A 以前的采用者数量为 10 时，边际采用者采用技术 A 会给每个采用者（包括边际采用者自身）分别带来 11 的支付。同理，技术 B 以前的采用者数量为 10 时，边际采用者采用技术 B 会给每个采用者（包括边际采用者自身）分别带来 7 的支付，此时的潜在消费者还是会选择 A。这种情况持续一段时间后，技术 A 始终会被选择，而技术 B 的市场则一直没有被启动。结果就是技术 A 垄断了市场，而技术 B 被市场淘汰。

如果两种技术的网络外部性收益以相同的比例增加，技术的采用过程就是一个有效率的路径。一旦在初始情况下采用技术 A 的收益大于采用技术 B 的收益，在任何相同的网络规模下，消费者选择技术 A 的收益都会大于选择技术 B 的收益。但是，如果两种技术的网络外部性收益以不同速度增加，技术的采用过程就很容易变成无效率的路径。如表 4-1 所示，当两种技术的采用人数都为 30 时，采用技术 A 和采用技术 B 的网络外部性收益相同，都是 13。但当技术的采用人数超过 30 时，采用技术 B 的收益大于技术 A，若技术 A 的采用者转换为采用技术 B，则会获得更大的收益。但是，由于技术 B 的市场一直没有启动，所有的消费者都跟随第一个消费者选择技术 A，市场被锁定在初始的路径之中。

在阿瑟的模型中，假定消费者一旦选定了某项技术标准就不会再转换到其他标准。随着采用技术 A 的消费者数量增加，消费者采用技术 A 所获得的网络外部性收益与采用技术 B 所获得的启动收益之间的差距就会越来越大，这样市场就会变得越来越被锁定在一个较差的标准上。

为了分析历史小事件对技术选择的影响，阿瑟将消费者分为类型 A 和 B，前者偏好技术 A，后者偏好技术 B。假设哪种类型的消费者先进入市场是随机的，如果第一个进入市场的消费者类型为 A，则技术 A 首先会被选择；相反，如果第一个进入市场的消费者类型为 B，则技术 B 首先会被选择。偶然的历史小事件的影响，使这种技术选择发生根本性的变化。在网络外部性作用下，市场可能存在被锁定在技术 A 或技术 B 或两种技术并存三种结果。

在阿瑟的分析中，消费者对技术标准的采用呈现出路径依赖。当前消费者的技术采用决策在很大程度上依赖以前的消费者的决策，市场很有可能出现早期的消费者选择了缺乏效率的标准的情况，在某个时点，不同的采用路径给采用者带来的收益可能更大。这表明，消费者被锁定在一个缺乏效率的技术标准之中。

路径依赖发生时，即使在一个自主决策和个体最优化行为的世界中，某项技术、产品或标准的一个很小的或者短暂的优势，或者表面上不合逻辑的领先，也会对最终的市场资源配置产生重要的、不可逆的影响。经济行为人的决策对初始状况有很敏感的依赖。路径依赖表明，消费者被历史事件，特别是可能被那些无关紧要的历史事件所锁定。单个行为人的边际调整并不能确保最优化路径的实现，这隐含着市场的失灵。

利博维茨和马戈利斯（Liebowitz and Margolis，1995）区分了三种程度的路径依赖，只有第三种程度的路径依赖才是真正无效率的。对初始状况敏感的依赖可能会有三种可能的效率结果。第一种，这种敏感性不会给社会带来损害，初始状况进入的路径正好是最优的。第二种，一个从前有效率的决策在现在看来是缺乏效率的情况。最初人们做决策时并不知道自己选择了一个较差的路径，但后来认识到某个可选择的其他路径会带来更大的福利，因此需要花费成本去转换到新的路径。因为信息不完全，从前的消费者在知识上具有局限性，他们不可能具备我们现在的知识，就像我们不能具备对未来的完全知识一样，第二种路径依赖显然不能说是无效率的。第三种路径依赖是无效率的，过去或现在都存在着一些可行的安排并可以获得一个更好的结果，但这个结果并没有实现。

第五章

网络经济

第一节 网络经济概述

信息网络作为网络型产业的核心形态，其支撑下的经济活动构成了网络经济的广阔范畴。网络经济这一概念，可从广义与狭义两个维度进行阐释。广义上，网络经济根植于信息网络，以信息资源的深度挖掘与信息技术的广泛应用为鲜明特征，其中信息与知识扮演着驱动经济发展的关键角色。而狭义上，网络经济则特指依托互联网平台展开的经济活动，即国内普遍认知的互联网经济（internet economy），它涵盖了人们通过互联网进行的一系列经济交易与服务行为。在此框架下，互联网，尤其是智能化信息网络，已跃升为不可或缺的生产力要素。

1999 年 10 月，美国德克萨斯大学携手思科公司共同发布了《测量网络经济》报告。该报告将互联网经济细分为四个层次：第一层，互联网基础结构层，此层聚焦互联网的基础设施建设，涵盖互联网主干网络运营商、互联网服务提供商、互联网硬件与软件开发商、个人终端与服务器制造商、光纤及线路硬件制造商等关键组成部分。第二层，互联网应用层，此层面致力于提供技术支撑，确保在线商业活动的顺畅运行，包括互联网咨询机构、互联网商业软件开发商、多媒体软件商、搜索引擎提供商、在线教育培训、网络应用数据库服务等丰富多样的产品和服务。第三层，互联网中介层，该层聚焦构建交易便利化的桥梁，涵盖在线旅行代理、在线经纪服务、门户网站、内容提供商、互联网广告代理及在线广告发布等中介机构。第四层，互联网商务层，作为互联网经济的核心活跃区域，此层直接涉及通过互联网平台进行的商品与服务的交易活动，如网上零售商、在线产品销售与订购平台、在线机票预订服务、在线娱乐体验以及各类在线专业服务等，展现了互联网经济在促进商品流通与服务创新方面的巨大潜力。

计算机产业紧密遵循摩尔定律的轨迹发展，而互联网相关产业则展现出典型的网络型产业特征，深受梅特卡夫法则的影响。相较于传统经济模式，互联网经济因其计算机及互联网技术的独特性，呈现出以下五个特征：

（1）全天候运作的经济。得益于信息网络不间断的 24 小时运行特性，基于网络的经济活动几乎不受时间限制，能够全天候、连续不断地进行，极大地提升了经济活动的灵活性和效率。

（2）全球化经济。信息网络将全球紧密连接成一个“地球村”，极大地缩短了地理距离，加速了经济全球化的进程。各国经济之间的相互依赖程度前所未有地增强，促进了国际贸易、投资与合作的深化。

（3）去中介化趋势。在网络经济中，传统中介机构的角色逐渐淡化，组织结构趋向扁平化。生产者与消费者能够直接建立联系，减少了中间环节，降低了交易成本。同时，信息服务中介和数字中介等新兴形态取代了部分传统中介的功能。

（4）虚拟经济的崛起。随着信息网络的普及，越来越多的经济活动在虚拟空间中进行，逐渐摆脱了对物理实际空间的依赖。例如，电子商务平台能够汇聚海量商家和消费者，其规模远超传统百货大楼，展现了虚拟经济巨大的潜力和活力。

（5）速度型经济的特征。现代信息网络以光速传输信息，极大地缩短了信息传递的时间，使得技术变化和经济活动的节奏显著加快。网络年相对于传统日历年的时间价值被大幅压缩，创新周期和产品生命周期不断缩短，竞争日益成为时间上的赛跑。

网络经济是创新型经济。其核心在于对研发和教育培训的高度重视，通过持续不断的创新来构建竞争优势。这一创新过程不仅局限于技术层面，还涵盖了制度、组织、管理及观念等多个维度的综合创新。正如英特尔公司联合创始人安迪·格罗夫（Andrew S. Grove）所提出的“10 倍速时代”理论所强调的，要引领技术革命，新技术的效能必须实现对现有技术的十倍超越。

网络经济是小型化经济。与传统工业生产追求的大规模、稳定性和科学管理不同，在网络经济时代，由于信息获取的便捷性和市场需求的快速变化，对企业创新能力与应变速度的要求显著提升。因此，组织结构趋向小型化，“弹性专精”的生产模式成为主流，体现了“小而美”的经营哲学。

网络经济是可持续经济。网络技术对信息的高效处理和传递，极大地减少了纸质材料、交通和能源等资源的消耗。信息技术产品以其低污染、低能耗、低噪音的特性，对环境保护展现出友好态度。人们能够实现在家办公、远程网络会议等，有效减轻了交通和能源负担。计算机和网络系统的自动化数据处理能力，减少了人为干预和物质材料的消耗。供应链管理的自动化运营，则进一步降低了存货等成本。值得注意的是，斯坦福大学的乔纳森·库梅教授（Jonathan Koomey）提出的库梅定律，揭示了单位运算电耗量每一年半减半的规律，自计算机诞生以来持续有效，证明了信息技术在节能减排方面的巨大潜力。这一发现进一步印证了网络经济在促进可持续发展方面的积极作用。

网络，作为互联网经济的基石，为日新月异的应用与服务提供了坚实的支撑平台。高速网络已跃升为经济社会运转不可或缺的基础设施，它不仅充当着经济体系内部沟通与交易的桥梁，还成为推动各行业生产力跃升的强大引擎。在此背景下，宽带建设成为政府决策层关注的焦点，各国在网络发展规划中纷纷设立明确目标，力求实现宽带网络的广泛地理覆盖与高速传输能力的双重提升。互联网的发展正沿着两大趋势稳步前行：一方面，在人口密集区域加速部署超高速光纤网络，以满足日益增长的数据传输需求；另一方面，针对日益庞大的移动用户群体，不断推出新型高速无线连接技术，以提供更加便捷、高效的互联网接入体验。光纤宽带以其卓越的传输速度成为理想选择，而无线宽带则凭借其灵活性与普及性，逐渐成为宽带接入的主流方式。此外，随着5G网络的逐步商用，移动网络速度再获提升，为对网速要求严苛的新型服务铺平了道路。

与此同时，接入互联网的个人设备也呈现出明显的移动化与小型化趋势，笔记本电脑、平板电脑及智能手机正逐步取代传统台式电脑，成为主流的网络接入工具。这一转变不仅改变了用户的使用习惯，还促进了计算需求的云端迁移，即云计算的兴起。云计算作为一种创新的计算服务模式，通过灵活的资源配置与按需付费的方式，极大地降低了用户在IT基础设施与软件上的投入成本，使计算资源更加普及与高效。云计算提供商则凭借规模经济效应，搭建起公共计算平台，进一步推动了计算能力的社会化与普及化。

随着移动设备上网用户的激增，操作系统整合应用程序的能力成为锁定或吸引用户的关键要素。应用程序分发平台在此过程中扮演了至关重要的角色。以苹果公司的iOS操作系统和谷歌的Android操作系统为例，两者均建立了自己的应用程序商店——App Store与Android Market。这些商店汇聚了包括书籍、商务、教育、娱乐、金融等在内的众多应用程序，极大地丰富了用户的数字生活。以App Store为例，其应用程序的多样性与丰富性不仅吸引了大量用户，还促进了智能手机使用频率与应用深度的提升。而Android Market则以其庞大的下载量——如2011年12月即达到100亿次下载，并以每月 10 亿次的增速持续扩大——彰显了无线应用市场的蓬勃生机与无限潜力。

在当今时代，人们无论身处何地，均能借助移动或固定终端，通过移动电话轻松畅游互联网，实现了前所未有的连接自由。无线宽带用户数量已超越固定宽带用户数量，成为近年来互联网迅猛扩张的主要驱动力。宽带的接入速度显著提升，同时价格却持续走低，这一趋势极大地促进了互联网的普及。平板电脑与智能手机的普及，让计算设备触手可及，而云服务和移动互联网的兴起，则确保了数据的无缝访问，为新服务与新应用的诞生奠定了坚实基础。在网络效应之下，网络的价值与其节点数的平方成正比，因此，扩大联网规模对于网络经济的繁荣具有不可估量的价值。互联网已从最初连接计算机的有线数据网络，演化为如今覆盖各类新型便携式设备的无线网络，其中，无线互联网的连接是推动近年来互联网发展的核心力量。平板电脑、智能手机等便携式设备，让人们能够随时随地、高效利用碎片化时间接入互联网，享受数字世界的便利。

与此同时，随着无线网络的飞速发展，物联网（IoT）正逐步崛起，电视机、汽车、GPS 设备、空调、手表等日常用品纷纷接入互联网，预示着万物互联时代的到来，这被誉为互联网的第三次连接浪潮，前两次分别为计算机联网与移动终端联网。物联网的兴起，离不开数据转换、传输及大数据分析能力的全面提升，它是互联网技术生态整体进步的必然结果。

互联网产业本身已发展成为庞大的经济体，数字内容呈爆炸式增长，互联网作为关键基础设施，其广泛覆盖的网络、强大的数据传输能力、经济实惠的终端设备以及多样化的连接方式，共同促进了互联网应用的极大丰富，进而推动了互联网服务业的快速增长。电子商务在零售总额中的占比持续攀升，企业通过互联网进行销售和采购的比例也显著增加。人们通过互联网获取信息、社交互动、休闲娱乐、求职就业等，生活方式发生了深刻变革。企业则利用互联网优化业务流程、创新商业模式，以更精准的方式匹配供需。金融、教育、医疗等传统服务业也纷纷拥抱互联网，网络银行、手机银行、在线炒股、在线保险等新兴业态不断涌现，深刻改变了传统金融业的面貌；在线慕课、在线挂号、线上医疗咨询与诊断等创新服务，则重塑了教育与医疗行业的服务模式。此外，在移动设备及全球定位系统（GPS）的支持下，基于位置的服务如交通导航、地理社交等蓬勃发展，网约车系统更是通过精准匹配顾客与服务车辆，实现了出行方式的革命性改变。

第二节　数字基础设施

基础设施是指对生产或生活提供共同条件和公共服务的设施和机构。在基础设施中，有些直接为企业生产提供服务，如铁路、公路、电力系统等，这些基础设施被称为生产性基础设施，它们的主要功能是提高别的企业的生产率。有些基础设施主要功能是为城乡居民生活提供服务的，如城市绿化、路灯等，这些被称为生活性基础设施。诸如教育、科研、环境和公共卫生等基础设施部门间接为企业服务。司法、国防和行政管理系统有时也被称为社会基础设施。本节所论及的基础设施主要是指生产性基础设施。

基础设施是经济发展和现代化的基本条件。基础设施的状况如何，决定着一个国家和地区经济结构的优劣，进而决定其经济发展的水平和速度，以及现代化的进程。除提高私人部门的生产效率这一直接作用外，基础设施还能在生产多样化、扩大贸易规模、改善环境条件、解决人口增长和减少贫困等方面为国家的发展做出重大贡献。基础设施具有如下四个特点：

第一，先行性和基础性。基础设施所提供的公共服务是所有商品与服务生产所必不可少的，若缺少这些公共服务，其他商品与服务的生产便难以进行。

第二，不可贸易性。绝大部分基础设施所提供的服务几乎是不能进口的。一个国家可以从国外融资和引进技术，但很难从国外整体引进电厂、机场、公路和港口等基础设施。

第三，技术上的整体不可分性。一般而言，基础设施只有在达到较大规模时才能有效地提供服务，因此需要大规模的投资，由此导致了较高的资本-产出比。像公路、港口和电信这样的基础设施，小规模的投资是不能发挥作用的，因为两个城市间的公路不能只修一半、大坝不能只修到河中间、机场跑道不能留半截不修完等。

第四，准公共物品性。有一部分的基础设施提供的服务具有相对的非竞争性和非排他性，类似于公共物品。一部分人对基础设施的消费或使用不影响他人的消费或使用。例如公路，在道路足够宽敞的情况下，每个人都可以使用而不受影响。我们不可能禁止他人使用基础设施所提供的服务，或要花费很高的成本才能禁止。例如，小区健身器材属于公共物品，通常难以阻止居民使用。

基础设施的这些特性具有重要的经济含义。由于非排他性，使用者不付费就可享用基础设施所带来的好处，因此也不愿付费，而寄希望于他人付费或投资兴建，自己则免费获益，这就是我们常说的“搭便车”行为。相应地，基础设施的投资者在提供服务后较难向使用者收取费用而获得足够回报，再加上基础设施建设需要大规模投资，私人企业投资意愿低导致完全依靠私人提供基础设施服务就不可能充分满足社会的需要。所以，基础设施建设需要政府投资，由政府向不同私人企业分摊成本。基础设施建设一般投资回报周期长，因此，分摊的另一层含义是在时间维度上通过当前以及未来较长一段时间回报来分摊当前的投资成本。近期流行的 PPP（政府与社会资本合作）模式部分解决了单纯依靠政府运营基础设施过程中效率较低的问题。

数字基础设施顾名思义就是“数字化”的基础设施，主要是指以网络通信、大数据、云计算、区块链、人工智能、量子科技、物联网以及工业互联网等数字技术为主要应用的新型基础设施。数字基础设施是在数据成为关键生产力要素的时代背景下，在软硬件一体化的基础上，以知识产权为核心价值，用数据表达新型生产力结构和生产关系，并用以支撑数字中国建设的底层架构和技术基础。

数字基础设施的作用主要表现在为经济发展赋能。一是优化经济发展结构，孕育新动能。新型数字基础设施建设能推动数字经济和实体经济深度融合，促进经济结构转型升级，培育新增长点，进而推动经济高质量发展。通过打通经济社会发展的信息“大动脉”，其将进一步促进传统行业数字化转型升级，为经济社会数字化转型提供关键支撑和创新动能，持续优化相关布局、结构、功能和发展模式。二是增加就业，实现经济增长。新型数字基础设施建设涉及诸多领域，能产生众多新兴职业，提供更多就业机会，实现经济持续稳定增长。三是带动产业快速发展。一方面，带动新兴产业发展。数字基础设施能够带动通信网络设备、人工智能等新兴产业的发展，既能优化产业结构，又能完善产业发展链条。另一方面，优化传统产业。数字基础设施可以带动传统制造业智能升级，通过对制造技术的改造和对传统制造设备的更新，为传统制造业转型升级提供数据技术支撑。四是加快建设智慧城市。一方面，为智慧城市建设提供决策支持。数字基础设施建设能提高大数据水平，能全方位挖掘城市地理、气象等自然信息和经济、社会、文化、人口等信息，为城市规划决策提供强大的数据信息支持，强化城市智能化服务的前瞻性。另一方面，促进城市智慧民生工程建设。数字基础设施能全面监控城市交通情况，并对突发状况快速做出响应，能创新在线服务技术与载体，既有利于推进智慧交通建设，又能推进智慧医疗、智慧教育等民生建设。

数字基础设施在赋能经济发展过程中具有以下四个重要特征：

第一，技术性。数字基础设施能加快信息技术本身创新迭代速度并改变研发模式，使新内容、新形式不断涌现；推动全流程的产业服务及商业模式创新，为各行业的数字化转型赋能，提高产业链各环节中企业的研发效率；帮助企业降低新兴技术的现有壁垒，提升获取完备信息的可能性，重塑交易平台，提高匹配速度，实现商业生态的可持续发展。

第二，泛在性。将生产设备连接至数字基础设施云平台，可以实现远程操纵、实时监控、设备调整、任务分配。物联网、工业互联网结合云计算，能实现多方互联，催生新产业、新业态、新模式，形成跨设备、跨行业、跨地区的互联互通。

第三，渗透性。数字基础设施可以促进产业间相互渗透，提高产业的生产效率与交易效率，也能促进空间上相互渗透，加速数据流动，提高资源配置效率。新型基础设施建设注重数据信息的传输，强调数字空间与物理空间的结合，因此需要软件和硬件的协同参与，如集成电路、传感器、光纤网、5G 基站、数据中心、网络终端等基础硬件设施，以及系统软件、算力软件、应用软件等对数据进行加工处理的软件系统等。硬件可为新型基础设施建设数字化应用提供保障和支撑，软件则能够满足算力、应用等方面的实际需求。新型基础设施建设可以对工业、农业、交通、能源、医疗等垂直行业赋予更多的发展动能，有效推动产业生态多方面融合。

第四，安全性。数字基础设施的安全性至关重要，主要体现在以下三个方面：第一，平台安全。基础设施平台安全包括介质、芯片、板卡等硬件设备安全，操作系统、数据库、固件等软件安全，以及网络、协议等安全。第二，数据安全。数据安全是指基础设施为支撑数据存储、传输、处理等全生命周期过程提供的数据安全保护能力。第三，隐私合规。隐私合规是指基础设施为保障数据存储、移动、再利用等过程中的合规提供的能力，如数据脱敏、违规分析、密文搜索、动态加密等。

第三节　新型基础设施建设

2018 年 12 月，中央经济工作会议重新定义了基础设施建设，把 5G、人工智能、工业互联网、物联网定义为“新型基础设施建设”。国家发展改革委指出新型基础设施主要包括三方面内容：一是信息基础设施，如 5G、工业互联网、人工智能、云计算、区块链、智能计算中心等。二是融合基础设施，如智能交通基础设施、智慧能源基础设施等。三是创新基础设施，如重大科技基础设施、科教基础设施、产业技术创新基础设施等。随着技术革命和产业变革，新型基础设施的内涵、外延并不是一成不变的。在数字经济时代，信息基础设施是构建数字社会的基础。

新型基础设施建设（以下简称“新基建”）投资是缓解我国经济下行压力的重要力量，能够推动我国全社会数字化转型。

（1）第五代移动通信（5G）。《国民经济和社会发展第十三个五年规划纲要》提出，“积极推进第五代移动通信（5G）和超宽带关键技术研究，启动 5G 商用”。5G 基站是 5G 网络的核心设备，能够实现有线通信网络与无线终端之间的无线信号传输。截至 2022 年 5 月，中国已建成 5G 基站近 160 万个，成为全球首个基于独立组网模式建设 5G 网络的国家。5G 网络通信的技术特性是高速率、大连接、低时延、高可靠。随着移动互联网和物联网的蓬勃发展，人与人、人与物、物与物的互联互通得以实现，数据量呈现爆发式增长。未来的物联网、工业 4.0、产业互联网、智慧城市建设等，都需要大规模的传感器和连接，5G 网络可以支撑起这类连接。在 5G 技术和国家政策双重加持下，我国平台经济也将迎来爆发式发展。5G 网络促进大规模社会化协作体系的建立，为平台经济高质量发展提供强劲动力，对数字中国建设产生巨大的推动作用。

（2）工业互联网。互联网革命由消费领域向生产领域快速延伸，工业经济向网络化、数字化、智能化深度拓展，催生了工业互联网。工业互联网是新一代信息通信技术与工业经济深度融合的新型基础设施、应用模式和工业生态，通过对人、机、物、系统等的全面连接，构建起覆盖全产业链、全价值链的制造和服务体系，为工业及产业网络化、数字化、智能化发展提供实现途径，是第四次工业革命的重要基石。工业互联网对我国制造业数字化转型升级、实现制造业高质量发展，具有十分重要的战略意义。工业互联网能够促进制造业资源配置和使用效率提升，降低企业生产运营成本，增强企业竞争力，推动工业生产制造体系智能化，推动产业链延伸和价值链拓展，带动整个产业向高端发展。工业互联网能催生网络化协同、规模化定制、服务化延伸等新模式新业态，推动制造业和服务业深度融合。

（3）人工智能。人工智能是指机器可模仿人类智能来执行任务。人工智能可划分为四个层次：第一层是计算智能。在这一层里，计算资源、存储资源、网络资源共同构成基础资源，包括云计算、大数据、区块链和 SDN（软件定义网络）在内的一系列技术支撑计算智能的发展。第二层是感知智能。感知智能包括人脸识别、语音识别、机器翻译、AR/VR、机器人等，致力于模仿人类感知能力的智能技术都属于感知智能。第三层是认知智能。“赋予概念”是人类的能力，在做任何事情之前，会构建一个概念，然后用这个概念去对比、映射和逻辑推理。目前 AI 行业的发展成果主要聚焦在感知层面，认知层面的突破较为困难，认知智能的技术包括自然语言理解、语义网、知识图谱等，这些技术主要应用于金融、聊天机器人与客服、智能音箱、搜索与大数据商务智能等领域。第四层是创造智能。创造智能处于金字塔塔尖的位置，在这一层里，机器的智能将达到甚至超越人类的高度。人工智能的发展方向，既不是简单的人类制造、控制、利用机器，更不可能是人工智能取代人类，而是人机协同和人机共生，见图 5-1。

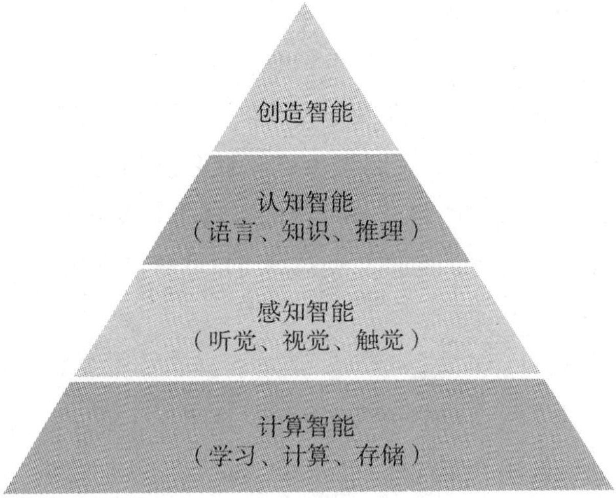

图 5-1　人工智能的四层图谱

2005 年，库兹维尔在《奇点临近》一书中预测，按照当时的发展速度，“技术奇点”可能会在 2045 年左右到来。“技术奇点”是指技术发展将会产生极大的接近于无限的进步。数学家用“奇点”表示一个超越了任何限制的值，例如函数 $Y=1/X$，随着 X 的值无限趋近于零，对应的 Y 值将激增并趋近于无穷大。技术进步遵循收益递增规律，“技术奇点”是收益递增规律的必然结果。技术创新进入加速状态，信息技术、人类知识、智慧的总量正以指数级速度增长，技术变革的速度将不再受限于人类智能增长的速度。进入人工智能时代，一般认为“技术奇点”由超越现今人类且自我进化的机器智能或其他形式的超级智能所引发。由于其智能远超人类，因此技术发展可能完全超乎人类的理解能力，甚至无法预测其发生和走向。之所以被称为“奇点”，就是因为超出一般正常模型所能预测的范围。

按照库兹维尔的逻辑，“技术奇点”也会走向“经济奇点”，人工智能等技术按指数增长的同时，也会向经济领域快速扩张，从而引发“经济奇点”的来临。“经济奇点”是指由于技术按指数增长，社会生产力也按指数增长，到达一个关键点以后，近乎无穷的生产力将推动经济实现近乎无限的增长。

（4）物联网。物联网即“万物相连的互联网”，是在互联网基础上延伸和扩展的网络，将各种信息传感设备与网络连接成一个巨大网络，实现任何时间、任何地点的人、机、物的互联互通。物联网是物物相连的互联网，其核心和基础仍然是互联网，用户端延伸和扩展到了任何物品与物品之间进行信息交换和通信。物联网的应用领域涉及方方面面，如工业、农业、环境、交通、物流、安保等领域，其应用大大提高了效率。

（5）大数据中心。5G、工业互联网、人工智能、物联网等新基建加速建设，意味着海量数据的产生，海量数据的处理和分析的背后，离不开大数据中心的支撑。大数据中心是数据存储、处理和交互中心。大数据中心被称为数字经济时代的数字枢纽，肩负着数据流的接收、处理、存储与转发功能。我国的大数据中心有三大中心、八大节点，三大中心分别是北京的中心基地、贵州的南方基地和乌兰察布的北方基地；八大节点是指北京、上海、广州、沈阳、南京、武汉、成都、西安八个城市的核心节点。

（6）云计算。云计算是一种大规模计算资源共享模型，它是以虚拟技术为核心技术，以规模经济为驱动，以互联网为载体，按照用户需求动态地提供虚拟化的、弹性的商业计算服务。云计算基于数字技术构建一种服务模式，不同种类的IT服务按照用户的需求动态地提供，用户一般以即用即付的方式支付其利用资源的费用。数据中心的软硬件设施（资源池）就是云。云是虚拟计算资源，通常是一些大型服务器集群，包括计算服务器、存储服务和宽带资源等。云计算的核心思想是资源池，其规模可以动态扩展，而使用资源池中的软硬件资源像煤气、水和电等一样，取用方便，即用即付。美国国家标准与技术研究院（national institute of standards and technology，NIST）定义云计算是一种资源利用模式，它以按需访问的方式通过网络访问计算机资源池（例如网络、服务器、存储、应用程序和服务）。这种模式可以快速供应并以最小的管理代价提供服务。可见，云计算这种公共计算模式，可以节省单个企业对计算能力的投资和资源浪费。

（7）区块链。区块链是一种块链式存储、不可篡改、安全可信的去中心化分布式账本，具有去中心化、不可篡改、透明、安全等特征。每个数据块前后相连，形成连续的链，保障了交易历史的完整性。中本聪在《比特币：一种点对点电子货币系统》一文中，提出了一种基于哈希证明的链式区块结构，即区块链的数据结构。“区块”（block）是指一个个数据结构单元，而链（chain）是指连接区块的哈希链表。区块通过不断增长的数据块链记录交易和信息，确保数据的安全、完整和透明性。英国《经济学人》杂志发表了《信任机器——比特币背后的技术如何改变世界》一文，将区块链称为“创造信任的机器”。区块链让那些彼此特别没有信心的人无须通过中立的中央机构进行合作。区块链本质上是一个共享的、可信任的、公共的、每个人都可以检查的账本，但没有一个用户可以控制它，区块链系统中的参与者共同保持账本的最新状态，只能根据严格的规则和普遍同意才能修改。区块链包括三个基本要素，即交易（一次导致账本状态发生改变的操作）、区块（记录一段时间内发生的交易和状态结果，是关于当前账本状态的共识）和链（由一个个区块按照发生顺序串联而成，是整个状态变化的日志记录）。每个区块保存规定时间段内的数据记录，并通过密码学方式构建一条安全可信的链条，形成一个不可篡改、全员共有的分布式账本。因此，区块链是一个收录所有历史交易的账本，不同节点各持一份，所有人的账本是一致的。所有交易的细节都被记录在一个任何节点都可以看得到的公开账本上，如果想要修改一个已经记录的交易，需要所有节点的账本同时被修改。

区块链的典型特征包括：①去中心化。区块链网络通常由数量众多的节点组成，少量节点的离线或者功能丧失并不会影响整体系统的运行，避免了传统中心化机构可能造成的数据丢失、对数据进行篡改等滥用权限的问题。②开放性。区块链系统是开放的，它的数据对所有人公开，整个系统的信息高度透明。③匿名性。在区块链中，数据交换的双方可以是匿名的，各个节点无须知道彼此的身份和个人信息即可进行数据交换。④可追溯性。区块链采用带时间戳的块链式存储结构，可以追溯交易从源头状态到最近状态的整个过程。⑤透明性。区块链系统的交易及其历史都是透明的，账本由所有参与者共享。⑥不可篡改性。区块链账本的每一页都记录了上一页的一个摘要信息，如果修改了某一页的账本，其摘要信息就会跟下一页记录不匹配，要完成这个修改就要连带修改下一页的内容，如此循环，一个交易的篡改会导致后续所有区块摘要的修改，且要让所有人承认这些改变，这将是工作量巨大、几乎不可能完成的事。正因为如此，区块链具有不可篡改的特性。与传统网络相比，区块链具有数据难以篡改和去中心化特性，使得区块链所记录的信息更加真实可靠，可以帮助解决人们互不信任的问题。⑦多方共识。区块链作为一个多方参与维护的分布式账本系统，参与方需要约定数据校验、写入和冲突解决的规则，这被称为共识算法。正是因为区块链满足了对可靠记录的需求，彼此不了解或不信任的人可以通过区块链系统建立起信任。Werbach（2018）把信任结构分为点对点（P2P）模式、利维坦模式、中介模式，利维坦模式和中介模式都是由中心机构权威支持的信任结构，而区块链模式则是去中心化的信任结构。

第六章

数字信息市场

第一节 数字信息

数字信息指的是任何经过数字化处理（编码成一系列二进制字符）的信息，此类信息能够在互联网等数字媒介上进行传播。这些信息以“1”和“0”为基本单元的二进制比特数据形式展现。比特技术彻底革新了信息的生产、存储、转换、传输及应用方式，进而深刻影响了人际交往的模式与商业运作模式。“信息的 DNA 正逐渐取代原子，成为人类社会不可或缺的基石”“计算已不再局限于计算机本身，而是关乎我们的生存方式”①。数字经济学主要聚焦对消费者具有实用价值的信息，在这些信息中，有的蕴含娱乐价值，有的则具备商业价值，消费者愿意为此支付费用或投入注意力。

数字信息，本质上仍属于信息范畴，是经过数字化处理并通过网络或数字化介质进行传播的信息。与信息产品相比，后者更侧重产品的信息内容及特性描述，而数字信息则着重强调其数字化的存在形式及独特性质。值得注意的是，数字信息必然包含信息内容，但信息产品则不一定非得是数字化的形态。随着网络时代的全面到来，图书、电影、报纸、音乐等传统信息产品纷纷实现数字化，并在互联网上迅速传播。同时，传统的物质产品也能够在数字平台上展示其信息内容，从而推动线上销售量的增长。

信息产品是数字产品的先驱实例，包括但不限于软件、新闻、地图、音乐、图书、视频、游戏等，它们可以脱离实物形态，以纯数字化的方式在互联网上运行。此外，诸如信件、票据、门票、机票、明星卡、政务表格等原本以实物为载体的信息，也被转化为数字化信息，极大地便利了远程线上操作。一些原本不属于信息产品的传统商品也逐步融入数字经济领域。这里所说的非信息产品数字化，主要是指这些产品的特征信息被数字化处理，如产品的名称、品牌、价格、成分、尺寸、物流等关键信息，均以数字化编码的形式在电商平台上展示。这些数字化信息不仅便于消费者进行搜索和比较，还易于修改和展示，甚至能以多媒体形式呈现，为消费者提供个性化的信息体验。数字产品实例见表 6-1。

---

① 尼葛洛庞帝. 数字化生存［M］. 3 版. 胡泳，范海燕，译. 海口：海南出版社，1997：3.

表 6-1 数字产品实例

1. 信息和娱乐产品
纸上信息产品：报纸、杂志、书箱
产品信息：产品说明、用户手册、销售培训手册
图形图像：照片、卡片、日历、地图、海报
音频产品：音乐唱片等
视频产品：电影、电视节目
2. 象征、符号和概念
订票：航班、旅馆、音乐会、体育馆
财务工具：支票、电子货币、信用卡、有价证券
3. 过程和服务
政府服务：表格、福利金支付
电子消费：信件、传真、电话
商业过程：订货、簿记、盘点、签约
拍卖和电子化市场
远程教育、远程医疗和其他交互式服务
数字咖啡馆和交互式娱乐

在数字化时代，人们得以通过计算机与移动终端，随时随地便捷地获取信息。数字技术设备海量收集数据，并对图形、图像、视频、音频、文本（包括文字、数字、数值、字符等）进行高效的存储、深度挖掘与精准分析，以丰富多彩的多媒体形式记录和展示信息，充分满足了人们对信息直观化、可视化的迫切需求。

互联网技术的飞速发展极大地加速了数据的生成与传输，促使数据量呈现爆炸式增长。在物联网的背景下，各式各样的传感器不断采集着海量数据；而在社交网络中，人们的交流互动则进一步推动了数据的海量传输。这标志着，在互联网时代，数据正以前所未有的速度持续增长，物联网每日生成的新数据更是浩如烟海。从这些数据中提炼出有价值的信息，不仅能够极大地便利人们的日常生活，而且对推动科技进步、产业升级乃至社会整体发展具有不可估量的重大意义。

数据，作为现实世界客观事物的符号化记录，构成了信息的基础，同时也是计算机进行识别、存储与加工处理的核心对象。在日常生活中，人们习惯于使用各种符号来表达纷繁复杂的客观事物；而在计算机科学领域，数据则被定义为所有输入计算机并被其识别、存储、处理的各种符号的总称，它架起了现实世界与计算机世界之间的桥梁。无论是图形、图像、视频、音频，还是文本（文字、数字、数值、字符）等数值性与非数值性符号，均可被计算机转化为二进制数，进而通过一系列复杂的逻辑运算，转化为对人类有意义的数据信息。随后，这些经过计算机运算处理的二进制数又能被巧妙地转换成人们所能感知的视觉、听觉乃至触觉信息。

进入大数据时代，数据不仅承载着信息的传递功能，更成为人们提取信息、制定决策的重要依据，成为人类认识与理解现实世界客观事物不可或缺的重要资源。将现实世界的事物符号化、数据化，是一个涉及理解、抽象与推理的复杂过程，而这一过程的实现离不开计算机的强大支持。计算机能够将这些符号转化为由 0 和 1 组成的二进制编码，并基于这一编码体系进行高效的算术运算与逻辑运算处理。

在计算机科学中，数据展现出以下四个基本特征：①二进制性。数据在计算机内部以二进制的形式进行存储与加工处理。②语义性。数据符号记录着客观世界事物的本质特征。③分散性。数据以分散的形式记录着不同客观事物的运动状态。④多样性与感知性。数据记录的形式丰富多样，既可以是可视的图形、图像、视频，也可以是可听的音频，或是可感知的文本等。

数字信息作为数据与信息的交汇点，兼具数据特征与信息特征，其典型特征包括：①可复制性。数字信息极易复制，且复制成本极低，几乎为零，同时复制过程不会造成数据损害。②可变性。数字信息易于修改，修改成本低，能够个性化呈现，但也存在被篡改的风险，需要对真伪性进行鉴别。③时空突破性。数字信息的传递打破了时间与空间的限制，使人们能够随时随地获取所需信息。④集成性。在智能算法的支持下，数字信息能够被自动集成为对特定用户更有价值的信息。⑤公共物品性。由于数字信息易于复制与传播，因此具有接近无排他性与无竞争性的公共物品属性。⑥网络效应。新加入的消费者能够扩大数字产品网络的规模，为现有消费者带来正效用，从而提升整个数字网络的价值。

综上所述，数据、信息、知识与智慧之间存在着逐渐递进的关系，前者是后者的基础与前提，而后者则是前者的抽象与升华。数据作为现实世界客观事物的符号化记录，是信息的源泉；信息则是经过加工处理、具有特定意义的数据；知识则是人们对信息进行系统化提炼、研究与分析的结晶；而智慧则是人们运用知识解决实际问题的创新思维能力。数据、信息、知识和智慧的相互关系见图 6-1。

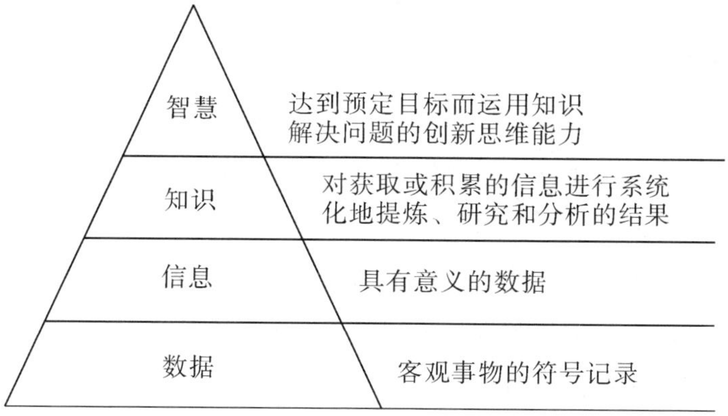

图 6-1　数据、信息、知识和智慧的相互关系

第二节　数据系统

现代数字技术源于计算机技术的诞生，并因互联网的兴起而得到显著强化，最终因移动互联网的普及而达到新的高度。初期的计算机主要聚焦高速运算，对于信息的存储与检索功能则相对有限。直至 20 世纪 50 年代早期，磁芯存储器的问世实现了数字信息的高效存储，采用比特作为信息的基本单位，不仅促进了计算能力的提升，还极大地降低了信息复制的边际成本。随着时间的推移，存储技术、软件与硬件领域的持续进步，使得信息的处理与复制变得日益普遍，进而推动了相关行业的蓬勃发展。

计算机在初期并未对经济产生显著影响，但互联网的诞生彻底改变了这一局面，使得计算机之间的广泛通信与商业化应用成为可能。互联网的兴起根植于 20 世纪 60—70 年代美国军方资助的关键技术突破，特别是包交换技术的发明，该技术将长消息分割为短消息进行网络传输，并在接收端重新组装，极大地提高了通信效率。随后，研究者们确立了包交换的标准（TCP/IP 协议），为互联网的通信奠定了坚实基础。美国科学基金会自 20 世纪 80 年代起采用该协议建立并管理网络，初步构建了一个专为研究人员服务的可靠网络体系。

1990—1995 年，现代商业互联网迅速在全球范围内扩散，至 2000 年，在美国已实现广泛普及与深入应用。基于 TCP/IP 协议的互联网不断催生出一系列新技术，如浏览器、搜索引擎、在线购物平台、社交网络、移动通信协议、安全标准以及客户关系管理系统等，这些技术的涌现极大地增强了数据的搜集与利用能力。

信息技术，作为涵盖信息获取、表示、传输、存储与加工等各个环节的综合技术体系，自电子计算机诞生以来，经历了以个人计算机为核心向以互联网为核心，再向以数据为核心的演进历程。这一历程深刻地影响了社会的经济结构与生产方式，加速了全球范围内的知识更新与技术革新。信息技术与社会的深度融合，促使数据量急剧增长，数据在社会生产与民众生活中的作用日益凸显，其价值不可估量。

数据系统是由硬件、软件及网络等多元组件共同构成的复杂系统。在数字时代，技术结构的核心要素包括计算机、互联网与软件。这些要素的相互作用与协同发展，引领了信息生产、分发与消费模式的深刻变革，这一变革被誉为“数字革命”。比特作为数字信息的载体，与原子有着本质的区别：比特可以近乎无成本地复制，以光速在全球范围内传播，且永不变质。相比之下，由原子构成的物理世界则面临着高昂的生产与运输成本，以及不可避免的损耗与变质问题。

信息技术以系统的形式存在，这一系统由多个独立元件组成，这些元件往往由不同的厂商生产，通过相互组合才能形成完整的系统价值。在数字技术领域，互补品市场现象尤为显著，如中央处理器与操作系统共同构成电脑系统的核心，DVD 播放器与 DVD 光盘、操作系统与应用软件、网络服务器与网络浏览器等亦是如此。互补品之间的紧密关联意味着一种元件的价值往往受到另一种元件发展的影响。在系统性网络产品中，主要技术产品的进步离不开互补品的同步发展。以彩色电视系统为例，彩色电视机的普及离不开电视台彩色播放设备与彩色节目内容的支持。在彩色电视技术初现之时，由于黑白电视系统仍占主导地位，若缺乏丰富的彩色节目内容，家庭购买彩色电视机的价值将大打折扣，电视台的彩色播放设备也难以充分发挥其效用。因此，彩色电视系统与彩色电视机迫切需要丰富的彩色节目内容作为支撑。

互补品 1 和 2 组成一个系统，例如英特尔的中央处理器和微软的操作系统，价格分别是 p_1，p_2，任何一种产品的需求都同时取决于两种产品的价格，即系统的价格为 p_1+p_2，对该系统的需求量为 $D(p_1+p_2)$。假设系统符合线性需求函数 $Q=a-b(p_1+p_2)$，假设两个厂商的边际成本恒为 c_1，c_2，固定成本分别是 F_1，F_2。

厂商 1 的利润最大化问题为

$$\mathrm{Max}(p_1 - c_1)[a - b(p_1 + p_2)] - F_1 \tag{6-1}$$

厂商 2 的利润最大化问题为

$$\mathrm{Max}\ (p_2 - c_2)[a - b(p_1 + p_2)] - F_2 \tag{6-2}$$

特别地，信息技术产品具有高固定成本、低边际成本特征，可视 c_1，c_2 为零。

求解厂商 1 的最优利润，在利润函数中对 p_1 求一阶导数，可得到：

$$p_1 = (a - bp_2)/2b \tag{6-3}$$

同理可得：$p_2 = (a - bp_1)/2b$

两式联立求解，可得：$p_1 = p_2 = a/3b$，系统的价格为 $p_1 + p_2 = 2a/3b$

这里得到两个元件的价格相同，是基于假定它们的边际成本恒为零，而它们的固定成本作为常数不会影响其最优化决策，相当于沉没成本。

假设生产这两种元件的厂商 1 和厂商 2 合并为一家厂商，一体化厂商以系统来定价 p，此时利润最大化问题相当于：

$$\mathrm{Max}[p(a - bp)] \tag{6-4}$$

求一阶导数后，可得：$p = a/2b$

可见，一体化厂商制定的最优化系统价格小于两家厂商独自制定的最优化价格。由于系统价格较低，消费者可以购买更多的数量，消费者的境况变好。与合并前相比，一体化的系统生产厂家可以实现更低的价格和更高的利润。

系统化产品的价格要足够低，才能增加销量。因此，元件生产要考虑的一个问题是，在一个较大的市场中占据较小的份额，还是在一个很小的发展不成熟的市场占据一个大的份额。技术集成商有时采取与某一元件供应商协商其元件价格的策略，集成商从整体利润最大化角度出发定一个合适的价格，和元件制造商分享特定的收益份额，彼此都能从市场发展中获益。

使互补元件充分商业化是很好的策略。考虑利润函数 $p_1[a - b(p_1 + p_2)] - F_1$，厂商 1 提高自身元件的价格不一定能增加利润，但降低 p_2 一定会使厂商 1 收益和利润增加。技术集成商促进技术的标准化，同一标准强化了元件产业的竞争性，从而有助于互补元件价格下降①。

① 哈尔·R. 范里安. 微观经济学：现代观点［M］. 9 版. 费方域，朱保华，等译. 上海：格致出版社，上海三联书店，上海人民出版社，2015：471-474.

第三节　数字信息市场策略

数据信息的生产成本高昂，但其复制成本却极低。例如，耗资上亿美元的电影，其录像带拷贝成本仅需要几美分；而花费数万美元精心撰写的书籍，再印一本的成本也仅为一两美元。数字产品这种高固定成本、低边际成本的特性，赋予了其巨大的规模经济效应——生产量越大，平均成本越低。与传统工业产品受资源稀缺性制约的规模经济不同，数字产品的规模经济几乎不受此限制。数字产品生产的固定成本中，绝大部分为沉没成本，因此，制定营销策略以尽可能扩大销售规模成为这些厂商的不二选择。

鉴于边际成本近乎为零，数字产品的生产者无法单纯依赖成本定价原理，而需要依据顾客价值来设定价格，并力求将产品售予出价最高的顾客。然而，准确识别消费者的支付意愿是一项挑战。由于人们对特定数字产品的价值评价存在显著差异，差异定价策略在数字产品市场中尤为典型。尽管如此，市场竞争的加剧将推动数字产品价格向边际成本靠拢。

对于数字产品的生产商而言，其竞争策略可归结为两类：一是凭借规模优势，享受规模经济带来的成本优势；二是采取差异化竞争策略，创造独一无二的数字产品，从而获取价格优势。在传统行业中，降低成本往往意味着优化管理、降低原材料采购成本、优化生产流程、降低库存及分销成本等；而在数字产品市场，由于生产成本几乎可忽略不计，扩大销量、实现规模经济成为降低成本的主要途径。因此，数字产品的规模经济主要源自需求方，可称之为需求方规模经济。数字产品具有非竞争性，同一产品可无限次销售。

鉴于数字产品的强规模经济效应，先行者通过低价策略抢占市场领导地位往往能取得成功。低价不仅能有效阻止潜在进入者，还能通过增加销量减少未来对类似产品的需求，并锁定一批用户，为未来带来稳定的收入流。一次有力的降价行动足以向潜在竞争者传达明确信号：进入市场将难以回收沉没成本。

数字技术还具备搜索、过滤、组织、多媒体展示及集成等功能，能够精准满足消费者对特定信息的需求。通过高效的组织、个性化的用户界面及即时性等特点，数字产品的附加值得以显著提升。因此，个性化策略，如个性化定制、个性化广告等，对于提升产品对顾客的价值至关重要。数字产品供应商通过注册、账单处理及追踪用户的搜索、点击行为等技术手段，收集用户个人信息，从而从个性化策略中获益。然而，随着高支付意愿用户的加入，吸引边际购买者的营销成本将逐渐攀升。在数字经济中，注意力成为一种稀缺资源，生产者必须加大营销投入力度，以吸引潜在消费者的关注。

个性化定价作为数字产品供应商的核心个性化策略之一，在经济学上属于价格歧视的范畴。供应商针对不同消费者收取不同价格，旨在最大化销售规模及利润。数字产品生产者常采用价格歧视策略，对支付意愿高的消费者（需求价格弹性小）定高价，对支付意愿低的消费者（需求价格弹性大）定低价。然而，企业在实施差别定价时需要防范消费者转售套利行为，以免破坏价格歧视的有效性。

向每位顾客收取其刚好愿意支付的价格，称为完全价格歧视。在理论上，完全价格歧视在现实中难以实现。但借助大数据分析技术，若能全面掌握每个消费者的个性特征，实现完全价格歧视亦非不可能。近年来，“大数据杀熟”现象便是这一理论的现实例证。

相比之下，传统产品，尤其是工业产品，多为标准化生产，统一陈列于货架之上，难以实施价格歧视。偶尔，企业会通过会员卡、优惠券或折扣卡等方式，区分不同需求价格弹性的消费者。但获取这些优惠凭证的消费者往往对价格较为敏感，需求价格弹性较高，支付意愿相对较低。降价促销、优惠券、折扣卡、会员卡等促销手段的有效性，往往取决于顾客为获取优惠所付出的额外成本，这些成本实则是识别消费者需求价格弹性的手段。例如，电商平台的秒杀活动仅在特定时间开启，可能要求用户分享链接给一定数量的朋友后才能获得优惠券，填写表格并提交后方能领取折扣卡。

在智能收银系统的辅助下，若能精准识别消费者的需求价格弹性，并通过提供定制化优惠券来实现差别定价，特别是当消费者考虑购买竞争对手产品时，提供优惠以吸引其下次购买本公司产品，将更具竞争力。在服务业的在线销售中，基于个体信息的个性化定价策略更易实施。例如，旅行社若通过大数据分析得知顾客偏好深海钓鱼，则可推荐高价位的深海旅行套餐；若知晓顾客钟爱浮潜与沙滩活动，则推荐价格更为亲民的海边一日游产品。

数字产品因其独特的属性，易于实现差异化和个性化定制。在互联网的广阔平台上，通过追踪用户的搜索、点击及购买行为，个性化定价成为自然而然的营销策略。降价、打折、抛售、拍卖等线上促销手段的实施极为便捷，价格调整几乎可以即时完成，且伴随着极低的菜单成本。个性化定价策略有时基于群体特征进行，这种针对不同群体实施的不同定价被称为三级价格歧视。不同人群的需求价格弹性各异，弹性低者支付意愿高，因而可收取高价；反之，弹性高者支付意愿低，则宜采取低价策略。

对于全球性数字产品，如软件和教科书，在不同国家销售时面临的市场环境差异显著。为应对这一挑战，并在防止消费者套利的同时优化销售策略，供应商常推出本地化版本，如在中国销售中文版，而在美国则销售英文版。电影译制片也是采用此类策略的典型代表。

组织内部使用统一数字产品，不仅能够促进文件与经验的共享，还便于统一管理和提供维护、售后服务。因此，组织往往倾向于信息产品的标准化。数字产品供应商可通过授权方式，结合数量折扣，吸引组织单位采用其产品。虽然使用者数量的增加能带来网络效应的价值提升，但供应商仍需要利用规模经济效应，制定具有吸引力的价格策略。

部分数字产品通过打折促销吸引年轻用户，旨在培养他们对品牌的忠诚度，从而在早期阶段形成用户锁定。例如，财经读物为商学院教师提供免费订阅服务，通过教师的使用带动学生使用，并为学生提供低价订阅服务，以此从学生时代开始培养其忠诚度。一旦成功锁定一批用户，供应商将在规模经济、网络效应及差别定价等方面占据优势。

数字产品的销售策略还体现在对个人与组织用户的差异化定价上。对个人用户定价较低，而对组织用户则定高价，原因在于组织用户往往允许其成员免费或低价共享产品。图书馆和录像带出租店就是此类策略的实例。虽然组织用户支付高价，但其成员却能免费或低价享受服务，这种定价模式实则也是一种价格歧视策略，旨在根据用户对产品的评价高低来分配使用权限。

为了更有效地实施价格歧视，版本划分成为数字产品常见的市场策略。通过设计不同版本的产品，满足不同层次的消费者需求，供应商能够扩大销售规模并获取更多潜在利益。这些版本在价格上可能存在显著差异，但实际成本差异往往远小于价格差异所反映的幅度。版本划分强调的是不同消费者群体的需求差异，通过自我选择，消费者能够找到最适合自己的产品版本。

以软件为例，供应商常提供专业版和家庭版，两者在功能和服务上存在差异，价格也相去甚远，但实际成本差异并不如价格差异那般显著。对于明星作家的著作，通过设计精装版和平装版，可以有效区分粉丝与一般读者的支付意愿，实现更精准的市场定位和定价策略。同时，为避免高端客户流向低版本产品，供应商常采用时间延迟等策略，如先发行精装版后推出平装版。

版本划分作为价格歧视的一种手段，旨在针对支付意愿差异显著的消费群体实施精准定价。在设置高版本产品价格时，需要谨慎把握，避免定价过高而导致高端用户流失至低版本产品。此外，为确保价格歧视策略的有效性，必须严格区分各版本产品的使用体验，防止低版本用户享受高版本的质量。以快递服务为例，即使同城急送与隔天送达的快件同时抵达小区，也不应提前交付隔天送达的快件。同样，头等舱与经济舱旅客所享受的服务也应严格区分，确保服务质量的差异化。

对于数字产品而言，在线版与离线版是常见的版本划分方式。在线阅读或播放往往受限于设备屏幕、网络环境等因素，难以完全媲美纸质图书或立体声音乐的阅读体验。因此，是否允许在线版本数字产品的下载保存，以及是否同时出售在线与离线内容，成为商家需考虑的重要问题。在线内容的提供，由于其边际成本极低，甚至可考虑免费提供，但这需要基于其是否会对离线版销售造成挤出效应。若两者为替代关系，如图片、画报、新闻等，免费在线内容可能减少离线版销量，故应对其收费；若两者为互补关系，如在线图书预览促进线下购买，则免费或允许下载在线内容可视为离线版的广告效应和网络效应，有助于提升整体销售。

在设定数字产品版本数量时，需要平衡细分市场的需求与消费者选择的复杂性。版本过少难以充分覆盖不同市场，而版本过多则可能导致消费者选择困难，注意力分散。一般而言，两三个版本较为适宜，如软件产品的专业版、标准版、简易版，既满足了不同消费者的需求，又避免了选择过多。此外，设置一个价格奇高的高端版作为参照，可有效引导消费者选择中等价位的产品，从而增加销售额。

数字信息的灵活性还体现在其易于组合销售的特点上。微软的 Office 软件的组合销售策略便是一个典型例子，通过整合 Word、Excel、Powerpoint 等多个程序，满足不同用户的差异化需求，并因消费者支付意愿的分散性而提升了整体收益。例如，消费者 A 更喜欢 Word，消费者 B 更喜欢 Excel，如果分开销售，都只能定价 100 美元，消费者 A 和消费者 B 都购买，商家可获得 400 美元。如果组合销售，则可定价为 220 美元，消费者 A 和消费者 B 都购买，商家可获得 440 美元。在组合销售中，若消费者对不同组件的偏好和支付意愿存在差异，且这些差异能够被有效识别和利用，商家则可通过差别定价策略进一步提高收益。然而，当面临统一低价的市场环境时，捆绑销售则成为提高总收益的有效手段，通过降低消费者支付意愿的分散程度，实现整体销售的提升，见表 6-2。

表 6-2 消费者 A 和消费者 B 差别定价 单位：美元

消费者	Word	Excel
A	120	100
B	100	120

杂志由数篇文章精心合编而成，音乐专辑则是数首歌曲的和谐汇聚，这两者均体现了典型的组合销售策略。读者或听众可能仅对其中少数内容情有独钟，却需要为整体买单，此举有效降低了消费者支付意愿的离散性，进而促进了总收入的显著提升。若无销售组合，消费者或许只会挑选个人偏好的少数产品。

商家深谙此道，常将某些产品作为赠品，免费附加于主要购买品之上。例如，消费者在选购 Word 软件时，商家慷慨赠送 Excel，鉴于数字产品的边际成本微乎其微，此举对商家而言并无重大损失，却能借此机会向消费者推荐新产品，夯实软件安装基础，利用网络效应提高产品价值，同时有效抵御竞争对手的客户争夺。

数字产品的易复制性与集成性，为实现组合销售开辟了广阔天地。新闻、文章、音乐等数据库内容丰富，商家可根据用户需求，定制个性化新闻页面、精选文章集或专属音乐 CD，确保消费者获得的全为其心仪之选，从而大幅提升产品价值。商家更可运用非线性定价策略，如定制音乐 CD 以 5 首歌 10 元为起点，每多选一曲仅增一元，利用几乎为零的边际成本，鼓励消费者消费，实现双赢局面。

数字信息产品的复制与分销成本大幅削减，为知识内容生产者带来了前所未有的机遇。知识产权的创造者与所有者应将数字化视为拓展市场的契机，而非威胁。数字技术能够轻松复制出与原版几乎无异的完美复制品，无论是 CD 还是其他数字内容，生产即复制，线上传输成本几乎为零。加之规模化、数字化的物流体系，有介质数字产品的运输成本也显著降低，使得数字产品得以迅速、便捷、经济地分销至全球市场，分销成本的减少进一步促进了数字产品的销售。

信息作为体验型产品，其价值需要亲身体验方能感知。然而，免费展示信息却可能遭遇悖论：潜在顾客在了解信息后可能假装不感兴趣，从而逃避支付。书店通过允许顾客浏览书籍，以免费体验的方式吸引顾客，虽难以保证顾客完整阅读，却能有效提升书籍销量。在互联网上，免费分享信息样品同样简便，边际分销成本为零，这些免费内容可视为产品广告，吸引潜在顾客进一步了解并购买。

人们往往乐于反复回味喜爱的内容，儿童尤为如此。电台播放的免费歌曲，往往能激发听众的购买欲，成为 CD 销售的强大广告。一些流行的数字产品更是从免费赠送起步，通过向幼儿园、学前班等场所赠送尚未广泛流行的产品，并附上购买信息，成功吸引儿童兴趣，进而带动家长购买。对于数字产品而言，是否严格保护知识产权成为一个值得深思的问题。

数字信息产品的销售商还常通过免费发送相似但不完全相同的产品样品来吸引顾客，如画报上的免费图片样品，旨在促进画报的整体销售。数字信息发送免费样品的成本极低，若能吸引大量浏览者，还可通过网页广告等渠道获得额外收益。

同时，免费试用策略在软件领域尤为有效。商家先提供免费试用版或试用期，让消费者亲身体验产品。由于数字产品的体验性与几乎为零的边际成本，免费试用不会增加额外成本，反而能显著提升产品销量与用户满意度。

数字产品供应商巧妙地利用互补关系进行营销，图书经销商在电商平台上展示的图书索引和目录便是一个典型例子。这些目录与图书销售相辅相成，它们提供了体验性知识，帮助消费者做出购买决策，其作用与电影预告片异曲同工。在某些情况下，数字产品的核心内容可能免费，但其组织结构才是价值的真正所在，搜索引擎便是一个很好的例证，它提供了免费的、有价值且组织有序的知识。

在数字产品领域，盗版问题不容忽视，但其难以根除的特性迫使厂商将其视为正常销售的另一种形式广告，利用盗版的体验效应和网络效应来推广产品。幸运的是，盗版存在一个天然的限制：盗版商必须留下自己的信息，这为执法部门提供了追踪线索。此外，对于时效性强的数字产品，盗版的危害相对较小，因为正版内容能够持续更新，保持竞争力。

随着复印和分销成本的显著降低，图书、音像等出版物的市场容量得到了极大扩张。虽然复印机曾被视为出版业的潜在威胁，但实际上，它降低了获取内容的门槛，从而刺激了对印刷内容的需求。类似地，广泛且廉价的阅读体验提升了图书的价值和定价，而录像带的普及也促进了电影内容的需求量、价值和定价的增长。

图书馆起初被视为出版业的竞争对手，但最终却极大地推动了出版业的发展。免费或低成本的图书阅览激发了公众的阅读兴趣，培养了阅读习惯，进而壮大了图书市场。读者在图书馆中形成的阅读网络，不仅扩大了读者群体，还催生了明星作家，进一步促进了图书内容的繁荣。录像带和录像机的普及也遵循了类似的路径，它们虽然减少了电影院的上座率，但却通过提供便捷的观影体验，激发了人们对电影和电影明星的热爱，推动了电影市场的整体繁荣。

在网络平台上，人们可以免费观看电影、电视剧和综艺节目，但这并未成为这些产业的终结。相反，廉价的观看体验扩大了受众范围，增加了观看次数，即使不直接付费，平台也能通过广告获得丰厚收益。流量的增加为塑造超级明星提供了土壤，推动了这些产业的持续发展。

在数字产品领域，知识产权保护确实面临着挑战。一方面，担心轻易复制、篡改和销售会打击生产者的积极性，这是基于正外部性理论的合理担忧。另一方面，也有观点认为，过度强调知识产权保护可能忽视了其价值最大化的可能。免费发布内容或廉价出租、复印数字产品可能带来正面的体验效应和网络效应，提升产品价值，从而吸引更多消费者并可能提高售价。然而，这也可能减少原版的销售量。因此，在知识产权管理方面，需要权衡利弊，综合考量价格上升与销量减少的影响，以最大化总收入①。

---

① 卡尔·夏皮罗，哈尔·R. 范里安. 信息规则：网络经济的策略指导［M］. 孟昭莉，牛露晴，译. 北京：中国人民大学出版社，2017：11.

第四节 知识产权问题

知识产权法旨在通过控制版权来最大化作者的权益，同时提升整个社会的福祉。这一双重目标之间存在微妙的平衡，需要在保护脑力劳动的价值与促进全社会对信息的自由使用之间找到恰当的平衡点。

在划定知识产权的保护范围时，法律制定者需要持谨慎态度。原创性是作品受保护的前提，非原创作品自然不应纳入保护之列。同时，正当使用是知识产权法的重要原则，它确保了诸如讨论、报道、教学、研究等必要的知识活动不会受到知识产权法的无理限制。社会需要知识的滋养，而这些活动正是知识传播与创新的源泉。

知识产权法赋予作者对其知识作品的垄断权，根本目的在于激发全社会探索与创作的热情。然而，也有人主张知识创造是全人类共同的财富，应促进信息的自由流通。诚然，思想与知识具有公共物品的特性，其免费使用能带来广泛的社会收益。但在知识经济时代，知识的创造过程往往伴随着巨大的资源与时间投入，这些投入需要得到合理的经济回报，以激励更多的创作者投身于知识的海洋中。

进入数字时代，虽然数字媒体与信息的形态发生了巨大变化，但知识产权保护的基本原理依然适用。数字信息创作者的权利与创作动力同样需要得到法律的保护。与此同时，新技术与工具的出现也为数字产品知识产权的保护提供了新的可能。

知识产权包括财产权和著作权。前者保护著作者的市场和收入，激励其继续提供高质量作品，后者保护著作者知识上的权利。二者需要严格的机制来控制作品的浏览、储存、检索、修改、复制和传播等。数字产品具有易复制、易传播、不可破坏性、可变性等特性，因此其版权保护面临更多挑战。数字产品复制更容易、传播更快速且没有质量问题。因此，复制技术可能侵蚀产品市场，损害创作者的利益；如果用于转售或散布数字产品的复制，减少了原创产品的市场销售量，则构成知识产权侵权。对于不出售或不散布的复制，并没有影响受版权保护作品的市场大小，购买者只是增加一些备份以提高产品的安全性，可归入正当使用的范畴。

首次销售原则（the first sale doctrine）是对版权人的一种权利限制，源于权利用尽原则，容许一个版权作品拷贝的购买者将其拷贝出售或租借给他人，意指合法获得作品的权利人可以对该作品进行包括转售、出租或其他方式的处分。受知识产权保护的产品经权利人售出后，权利人不再就该产品后续的使用或流转主张权利，后续的行为不视为侵权。权利人在第一次售出时已经得到了足量经济回报。禁止权利人对首次售出后的其他环节主张权利，有利于促进产品的自由流通并保护消费者权益。就像我买的书向第三方出借或作为二手书卖给第三方，这种没有复制的转售在首次销售原则中是允许的。

然而，面对数字产品易于复制、传播迅速且质量无损的特性，首次销售原则的合理性在数字领域显得捉襟见肘，甚至可能对数字产品的销售造成不利影响。数字产品的特性允许其在极短时间内被多次或无限次地转售，这无疑对产品的市场稳定性构成了潜在威胁。以软件为例，购买者 A 在完成使用后，可能将软件复制并转售给有相同需求的 B，而 B 又可能重复此过程转售给 C，如此循环往复，严重扰乱了正常的市场秩序。相比之下，传统知识产品如纸质书籍，在复制后质量下降且难以在线传播，使得复制与转售变得相对困难。

面对这一挑战，软件供应商纷纷采取应对措施，如在版权声明中明确禁止转售，或在许可合同中严格限定用户权限，禁止任何形式的未经授权转移。此外，针对具有时间敏感性的数字产品，其价值的快速衰减也促使消费者更倾向于从生产者处直接购买新品，而非选择二手市场。因此，一些数字产品开始采用按次付费的模式，以替代传统的一次性销售价格，并严格禁止下载和转售行为，以维护市场稳定。

著作权在保护作品完整性方面发挥着至关重要的作用。任何对作品的篡改或质量下降都可能损害作者的声誉和利益。对于数字产品而言，由于其易复制、易传播和可变性的特性，保护作品的完整性显得尤为重要。幸运的是，加密技术的发展为保持数字产品的完整性提供了有力支持，而各种鉴定技术的出现也进一步增强了版权保护的效果。

在处理具有公共物品性质的知识产品时，我们需要找到一个平衡点，既要激发创作者的积极性，又要鼓励知识的广泛传播。为此，政府的资助和支持显得尤为重要，如通过政府基金支持基础学术研究等。同时，对于不同类型的数字产品，我们应采取不同的版权保护策略。例如，对于交互性服务、受时间限制或一次性使用的数字产品，由于其个性化或特定性较强，转售问题相对不那么突出；而对于不受时间限制的通用产品如音乐、软件、游戏等，则需要加强版权保护以防止复制和转售的泛滥。

新闻作品作为另一种重要的知识产品形式，其创作过程往往充满艰辛甚至危险。如果新闻作品能够轻易被复制、篡改和传播而创作者却无法获得应有的收益回报，那么这将严重挫伤内容生产者的积极性，进而影响整个互联网内容生态的质量。然而，也有人认为定制和价格歧视等市场机制能够激励内容生产者提供更好的产品和服务。但无论如何平衡各方利益都应谨慎行事以免过度保护市场而损害社会整体福祉。

对于具有网络外部性的数字产品而言，其价值的提升往往依赖用户规模的扩大和网络的兼容性。在这种情况下，低价或免费使用策略可能有助于扩大产品网络规模进而提升整体价值。因此，生产者可能会将更多精力放在产品升级、定制和价格歧视等策略上以提升产品的适时性和附加值而非单纯依赖版权保护来打击盗版行为。此外，互联网作为匿名、自由、民主的传播媒介其天性决定了过于严格的版权保护可能会阻碍其发展并损害基于互联网的电子商务等新兴产业。因此，我们在制定版权保护政策时需充分考虑这些因素，以确保既能有效保护创作者权益又能促进互联网和电子商务等产业的健康发展。

第七章

数字经济

第一节　数字经济概述

数字经济是信息经济的最新发展阶段，唐·泰普斯科特（1996）最早提出“数字经济”一词，泛指与互联网相关的各种经济形式。美国商务部（1999）认为，数字经济是指“在互联网技术基础之上的电子商务、数字商品和服务以及有形商品的销售”①。2016 年杭州 G20 峰会将数字经济定义为，“以使用数字化的知识和信息作为关键生产要素、以现代信息网络作为重要载体、以信息通信技术的有效使用作为效率提升和经济结构优化的重要推动力的一系列经济活动”②。

中国信息通信研究院将数字经济定义为：以数字化的知识和信息作为关键生产要素，以数字技术为核心驱动力量，以现代信息网络为重要载体，通过数字技术与实体经济深度融合，不断提高经济社会的数字化、网络化、智能化水平，加速重构经济发展与治理模式的新型经济形态。数字经济产业包括四大部分：一是数字产业化，即信息通信产业，具体包括电子信息制造业、电信业、软件和信息技术服务业、互联网行业等；二是产业数字化，即传统产业应用数字技术所带来的产出增加和效率提升部分，包括但不限于工业互联网、智能制造、车联网、平台经济等融合型新产业、新模式、新业态；三是数字化治理，包括但不限于多元治理，以“数字技术+治理”为典型特征的技术与管理的结合，以及数字化公共服务等；四是数据价值化，包括但不限于数据采集、数据标准、数据确权、数据标注、数据定价、数据交易、数据流转、数据保护等。

数字经济是继农业经济、工业经济之后的主要经济形态，是以数据资源为关键要素，以现代信息网络为主要载体，以信息通信技术融合应用、全要素数字化转型为重要推动力，促进公平与效率更加统一的新经济形态。数字经济发展速度之快、辐射范围之广、影响程度之深前所未有，正推动生产方式、生活方式和治理方式深刻变革，成为重组全球要素资源、重塑全球经济

---

① 参见《数字经济的定义是什么?》，http://www.china-cer.com.cn/shuzijingji/2021021711353.html。

② 李国杰，等. 数字经济干部读本［M］. 北京：国家行政学院出版社，2017：3.

结构、改变全球竞争格局的关键力量。“十四五”时期，我国数字经济转向深化应用、规范发展、普惠共享的新阶段。党的十九大报告指出：“数字经济等新兴产业蓬勃发展，高铁、公路、桥梁、港口、机场等基础设施建设加速推进。”党的二十大报告指出：“加快发展数字经济，促进数字经济和实体经济深度融合，打造具有国际竞争力的数字产业集群。”2022 年中央经济工作会议强调“要大力发展数字经济”。2023 年政府工作报告提出大力发展数字经济，促进数字经济和实体经济深度融合。

《中华人民共和国国民经济和社会发展第十四个五年规划和 2035 年远景目标纲要》对数字经济有较大篇幅阐述。笔者对其主要内容做了如下梳理：

加快数字化发展，建设数字中国。迎接数字时代，激活数据要素潜能，推进网络强国建设，加快建设数字经济、数字社会、数字政府，以数字化转型整体驱动生产方式、生活方式和治理方式变革。

打造数字经济新优势。充分发挥海量数据和丰富应用场景优势，促进数字技术与实体经济深度融合，赋能传统产业转型升级，催生新产业新业态新模式，壮大经济发展新引擎。加强关键数字技术创新应用，加快推动数字产业化，推进产业数字化转型。数字经济重点产业见表 7-1。

表 7-1 数字经济重点产业

01	**云计算** 加快云操作系统迭代升级，推动超大规模分布式存储、弹性计算、数据虚拟隔离等技术创新，提高云安全水平。以混合云为重点培育行业解决方案、系统集成、运维管理等云服务产业。
02	**大数据** 推动大数据采集、清洗、存储、挖掘、分析、可视化算法等技术创新，培育数据采集、标注、存储、传输、管理、应用等全生命周期产业体系，完善大数据标准体系。
03	**物联网** 推动传感器、网络切片、高精度定位等技术创新，协同发展云服务与边缘计算服务，培育车联网、医疗物联网、家居物联网产业。
04	**工业互联网** 打造自主可控的标识解析体系、标准体系、安全管理体系，加强工业软件研发应用，培育形成具有国际影响力的工业互联网平台，推进“工业互联网+智能制造”产业生态建设。

表7-1(续)

05	**区块链** 推动智能合约、共识算法、加密算法、分布式系统等区块链技术创新，以联盟链为重点发展区块链服务平台和金融科技、供应链管理、政务服务等领域应用方案，完善监管机制。
06	**人工智能** 建设重点行业人工智能数据集，发展算法推理训练场景，推进智能医疗装备、智能运载工具、智能识别系统等智能产品设计与制造，推动通用化和行业性人工智能开放平台建设。
07	**虚拟现实和增强现实** 推动三维图形生成、动态环境建模、实时动作捕捉、快速渲染处理等技术创新，发展虚拟现实整机、感知交互、内容采集制作等设备和开发工具软件、行业解决方案。

加快数字社会建设步伐，适应数字技术全面融入社会交往和日常生活新趋势，促进公共服务和社会运行方式创新，构筑全民畅享的数字生活。提供智慧便捷的公共服务，建设智慧城市和数字乡村，构筑美好数字生活新图景。主要数字化应用场景见表7-2。

表7-2　主要数字化应用场景

01	**智能交通** 发展自动驾驶和车路协同的出行服务。推广公路智能管理、交通信号联动、公交优先通行控制。建设智能铁路、智慧民航、智慧港口、数字航道、智慧停车场。
02	**智慧能源** 推动煤矿、油气田、电厂等智能化升级，开展用能信息广泛采集、能效在线分析，实现源网荷储互动、多能协同互补、用能需求智能调控。
03	**智能制造** 促进设备联网、生产环节数字化连接和供应链协同响应，推进生产数据贯通化、制造柔性化、产品个性化、管理智能化。
04	**智慧农业及水利** 推广大田作物精准播种、精准施肥施药、精准收获，推动设施园艺、畜禽水产养殖智能化应用。构建智慧水利体系，以流域为单元提升水情测报和智能调度能力。
05	**智慧教育** 推动社会化高质量在线课程资源纳入公共教学体系，推进优质教育资源在线辐射农村和边远地区薄弱学校，发展场景式、体验式学习和智能化教育管理评价。

表7-2(续)

06	**智慧医疗** 完善电子健康档案和病历、电子处方等数据库，加快医疗卫生机构数据共享。推广远程医疗，推进医学影像辅助判读、临床辅助诊断等应用。运用大数据提升对医疗机构和医疗行为的监管能力。
07	**智慧文旅** 推动景区、博物馆等发展线上数字化体验产品，建设景区监测设施和大数据平台，发展沉浸式体验、虚拟展厅、高清直播等新型文旅服务。
08	**智慧社区** 推动政务服务平台、社区感知设施和家庭终端联通，发展智能预警、应急救援救护和智慧养老等社区惠民服务，建立无人物流配送体系。
09	**智慧家居** 应用感应控制、语音控制、远程控制等技术手段，发展智能家电、智能照明、智能安防监控、智能音箱、新型穿戴设备、服务机器人等。
10	**智慧政务** 推进政务服务一网通办，推广应用电子证照、电子合同、电子签章、电子发票、电子档案，健全政务服务“好差评”评价体系。

提高数字政府建设水平，将数字技术广泛应用于政府管理服务，推动政府治理流程再造和模式优化，不断提高决策科学性和服务效率。加强公共数据开放共享，推动政务信息化共建共用，提高数字化政务服务效能。

营造良好数字生态，坚持放管并重，促进发展与规范管理相统一，构建数字规则体系，营造开放、健康、安全的数字生态。建立健全数据要素市场规则，营造规范有序的政策环境，加强网络安全保护，推动构建网络空间命运共同体。

2021 年 12 月 12 日，国务院印发《“十四五”数字经济发展规划》。笔者对其主要内容做了如下梳理：

“十三五”时期，我国深入实施数字经济发展战略，不断完善数字基础设施，加快培育新业态新模式，推进数字产业化和产业数字化取得积极成效。2020 年，我国数字经济核心产业增加值占国内生产总值（GDP）比重达到 7.8%，数字经济为经济社会持续健康发展提供了强大动力。

①信息基础设施全球领先。

②产业数字化转型稳步推进。

③新业态新模式竞相发展。

④数字政府建设成效显著。

⑤数字经济国际合作不断深化。

与此同时，我国数字经济发展也面临一些问题和挑战：关键领域创新能力不足，产业链供应链受制于人的局面尚未根本改变；不同行业、不同区域、不同群体间数字鸿沟未有效弥合，甚至有进一步扩大趋势；数据资源规模庞大，但价值潜力还没有充分释放；数字经济治理体系需进一步完善。

当前，新一轮科技革命和产业变革深入发展，数字化转型已经成为大势所趋，受内外部多重因素影响，我国数字经济发展面临的形势正在发生深刻变化。

①发展数字经济是把握新一轮科技革命和产业变革新机遇的战略选择。

②数据要素是数字经济深化发展的核心引擎。

③数字化服务是满足人民美好生活需要的重要途径。

④规范健康可持续是数字经济高质量发展的迫切要求。

立足新发展阶段，完整、准确、全面贯彻新发展理念，构建新发展格局，推动高质量发展，统筹发展和安全、统筹国内和国际，以数据为关键要素，以数字技术与实体经济深度融合为主线，加强数字基础设施建设，完善数字经济治理体系，协同推进数字产业化和产业数字化，赋能传统产业转型升级，培育新产业新业态新模式，不断做强做优做大我国数字经济，为构建数字中国提供有力支撑。

一是优化升级数字基础设施。加快建设信息网络基础设施，推进云网协同和算网融合发展，有序推进基础设施智能升级。

二是充分发挥数据要素作用，强化高质量数据要素供给，加快数据要素市场化流通，创新数据要素开发利用机制。

三是大力推进产业数字化转型，加快企业数字化转型升级，全面深化重点产业数字化转型，推动产业园区和产业集群数字化转型，培育转型支撑服务生态。

重点行业数字化转型提升工程见表 7-3。

表 7-3 重点行业数字化转型提升工程

1. 发展智慧农业和智慧水利。 加快推动种植业、畜牧业、渔业等领域数字化转型，加强大数据、物联网、人工智能等技术深度应用，提升农业生产经营数字化水平。构建智慧水利体系，以流域为单元提升水情测报和智能调度能力。 **2. 开展工业数字化转型应用示范。** 实施智能制造试点示范行动，建设智能制造示范工厂，培育智能制造先行区。针对产业痛点、堵点，分行业制定数字化转型路线图，面向原材料、消费品、装备制造、电子信息等重点行业开展数字化转型应用示范和评估，加大标杆应用推广力度。 **3. 加快推动工业互联网创新发展。** 深入实施工业互联网创新发展战略，鼓励工业企业利用 5G、时间敏感网络（TSN）等技术改造升级企业内外网，完善标识解析体系，打造若干具有国际竞争力的工业互联网平台，提升安全保障能力，推动各行业加快数字化转型。 **4. 提升商务领域数字化水平。** 打造大数据支撑、网络化共享、智能化协作的智慧供应链体系。健全电子商务公共服务体系，汇聚数字赋能服务资源，支持商务领域中小微企业数字化转型升级。提升贸易数字化水平。引导批发零售、住宿餐饮、租赁和商务服务等传统业态积极开展线上线下、全渠道、定制化、精准化营销创新。 **5. 大力发展智慧物流。** 加快对传统物流设施的数字化改造升级，促进现代物流业与农业、制造业等产业融合发展。加快建设跨行业、跨区域的物流信息服务平台，实现需求、库存和物流信息的实时共享，探索推进电子提单应用。建设智能仓储体系，提升物流仓储的自动化、智能化水平。 **6. 加快金融领域数字化转型。** 合理推动大数据、人工智能、区块链等技术在银行、证券、保险等领域的深化应用，发展智能支付、智慧网点、智能投顾、数字化融资等新模式，稳妥推进数字人民币研发，有序开展可控试点。 **7. 加快能源领域数字化转型。** 推动能源产、运、储、销、用各环节设施的数字化升级，实施煤矿、油气田、油气管网、电厂、电网、油气储备库、终端用能等领域设备设施、工艺流程的数字化建设与改造。推进微电网等智慧能源技术试点示范应用。推动基于供需衔接、生产服务、监督管理等业务关系的数字平台建设，提升能源体系智能化水平。

四是加快推动数字产业化，增强关键技术创新能力，提升核心产业竞争力，加快培育新业态新模式，营造繁荣有序的产业创新生态。

数字技术创新突破工程见表 7-4。数字经济新业态培育工程见表 7-5。

表 7-4 数字技术创新突破工程

1. 补齐关键技术短板。 优化和创新“揭榜挂帅”等组织方式，集中突破高端芯片、操作系统、工业软件、核心算法与框架等领域关键核心技术，加强通用处理器、云计算系统和软件关键技术一体化研发。 **2. 强化优势技术供给。** 支持建设各类产学研协同创新平台，打通贯穿基础研究、技术研发、中试熟化与产业化全过程的创新链，重点布局 5G、物联网、云计算、大数据、人工智能、区块链等领域，突破智能制造、数字孪生、城市大脑、边缘计算、脑机融合等集成技术。 **3. 抢先布局前沿技术融合创新。** 推进前沿学科和交叉研究平台建设，重点布局下一代移动通信技术、量子信息、神经芯片、类脑智能、脱氧核糖核酸（DNA）存储、第三代半导体等新兴技术，推动信息、生物、材料、能源等领域技术融合和群体性突破。

表 7-5 数字经济新业态培育工程

1. 持续壮大新兴在线服务。 加快互联网医院发展，推广健康咨询、在线问诊、远程会诊等互联网医疗服务，规范推广基于智能康养设备的家庭健康监护、慢病管理、养老护理等新模式。推动远程协同办公产品和服务优化升级，推广电子合同、电子印章、电子签名、电子认证等应用。 **2. 深入发展共享经济。** 鼓励共享出行等商业模式创新，培育线上高端品牌，探索错时共享、有偿共享新机制。培育发展共享制造平台，推进研发设计、制造能力、供应链管理等资源共享，发展可计量可交易的新型制造服务。 **3. 鼓励发展智能经济。** 依托智慧街区、智慧商圈、智慧园区、智能工厂等建设，加强运营优化和商业模式创新，培育智能服务新增长点。稳步推进自动驾驶、无人配送、智能停车等应用，发展定制化、智慧化出行服务。 **4. 有序引导新个体经济。** 支持线上多样化社交、短视频平台有序发展，鼓励微创新、微产品等创新模式。鼓励个人利用电子商务、社交软件、知识分享、音视频网站、创客等新型平台就业创业，促进灵活就业、副业创新。

五是持续提升公共服务数字化水平，提高“互联网+政务服务”效能，提升社会服务数字化普惠水平，推动数字城乡融合发展，打造智慧共享的新型数字生活。

六是健全完善数字经济治理体系，强化协同治理和监管机制，增强政府数字化治理能力，完善多元共治新格局。

七是着力强化数字经济安全体系，增强网络安全防护能力，提升数据安全保障水平，切实有效防范各类风险。

八是有效拓展数字经济国际合作，加快贸易数字化发展，推动“数字丝绸之路”深入发展，积极构建良好国际合作环境。

九是保障措施，加强统筹协调和组织实施，加大资金支持力度，提升全民数字素养和技能，实施试点示范，强化监测评估。

《中国数字经济发展研究报告（2024 年）》中指出，2023 年，中国数字经济规模达到 53.9 万亿元，2012 年只有 11.2 万亿元，11 年间数字经济规模扩张了 3.8 倍。2023 年，我国数字经济同比名义增长 7.39%，占 GDP 比重达到 42.8%。具体来说，2023 年，我国数字产业化规模为 10.09 万亿元，同比名义增长 9.57%，我国产业数字化规模为 43.84 万亿元，同比名义增长 6.90%。

中国信息通信研究院提出发展数字经济的“四化框架”。数字经济是以数字化的知识和信息作为关键生产要素，以数字技术为核心驱动力量，以现代信息网络为重要载体，通过数字技术与实体经济深度融合，不断提高经济社会的数字化、网络化、智能化水平，加速重构经济发展与治理模式的新型经济形态。具体包括四大部分：一是数字产业化，即信息通信产业，具体包括电子信息制造业、电信业、软件和信息技术服务业、互联网行业等；二是产业数字化，即传统产业应用数字技术所带来的产出增加和效率提升部分，包括但不限于工业互联网、智能制造、车联网、平台经济等融合型新产业新模式新业态；三是数字化治理，包括但不限于多元治理，以“数字技术+治理”为典型特征的技管结合，以及数字化公共服务等；四是数据价值化，包括但不限于数据采集、数据标准、数据确权、数据标注、数据定价、数据交易、数据流转、数据保护等。

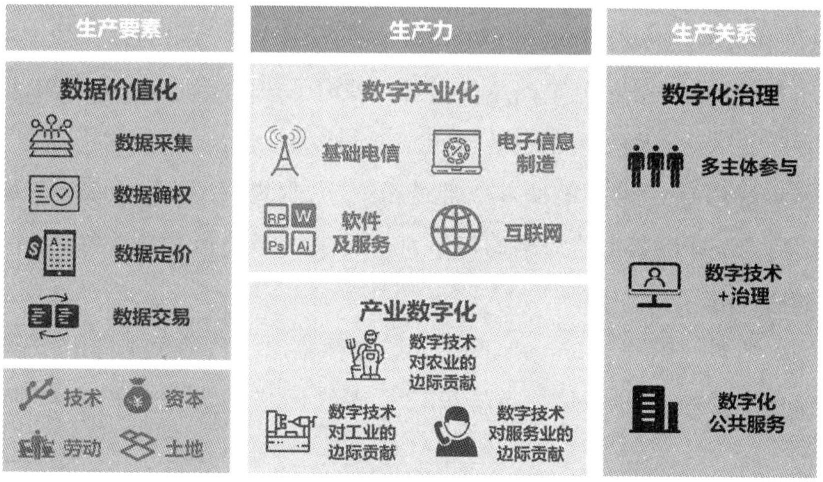

图 7-1 中国信通院数字经济“四化框架

资料来源：中国信通院（CAICT）《中国数字经济发展研究报告（2024 年）》

第二节　数字经济的特征

数字经济的特征体现在信息技术进步遵循的定律和经济效应中。信息技术进步遵循以下九条定律：

（1）摩尔定律（Moore's Law）。摩尔定律由英特尔公司的联合创始人戈登·摩尔（Gordon Moore）于1965年提出。该定律指出，在价格保持不变的情况下，集成电路上所能容纳的元器件（主要是晶体管）数量每18个月就会翻倍，相应地，其性能也会得到显著提升。摩尔定律不仅揭示了信息技术进步的惊人速度，还预示着微处理器将持续集成更多晶体管，以达到更高的性能标准，并伴随着成本的降低。

（2）贝尔定律。贝尔定律由戈登·贝尔提出。该定律表明，如果保持计算机的整体计算能力不变，那么每隔18个月，微处理器的市场价格和物理体积将会减半。这进一步强调了技术进步带来的成本效益。Google的前首席执行官——埃里克·施密特提出，如果一个IT公司在当前与18个月前售出相同数量和类型的产品，其营业额可能会因市场竞争加剧和技术快速迭代而减半。这强调了IT行业持续创新的重要性。

（3）吉尔德定律（Gilder's Law）。1997年，被誉为“数字时代三大思想家”之一的乔治·吉尔德预测，在未来25年内，主干网的带宽将每6个月增长一倍，吉尔德定律预测的增速远超摩尔定律所预测的计算能力增长，并预言未来上网服务可能趋向免费。这一预测已在一定程度上得到验证，上网速度日益提升，而费用则逐渐降低。

（4）尼尔森定律。1998年，雅克布·尼尔森（Jakob Nielsen）提出，高端用户的互联网带宽将以平均每年50%的速度增长，意味着每21个月带宽速率将翻倍。

（5）巴特尔定律（Butter's Law）。该定律指出，从单根光纤中传输的数据量每9个月就会翻一倍，直接导致了光纤网络中数据传输成本的相应减半。

（6）库帕定律（Cooper's Law）。库帕定律由移动电话之父马丁·库帕（Martin Lawrence Cooper）提出，无线网络容量每30个月增加一倍。库帕强调，无线射频传递的信息量不受物理空间限制，关键在于提高频率使用效率。这一观点自无线电报时代至5G通信技术广泛应用，均得到了验证。

（7）Edholm带宽定律。菲尔·埃德霍尔姆（Phil Edholm）观察到，在过去25年中，短距离无线通信系统的带宽需求每隔18个月便翻倍。为应对这一挑战，需要采用更高效的调制技术和多种复用方式以增加信道容量。

（8）香农定律（Shannon's Law）。该定律由美国电信工程师克劳德·香农（Claude Shannon）于1948年提出。在有噪声的信道中，信息传输的最大速率与信道带宽、信号功率和噪声功率有关，信道带宽越宽、信号功率越大、噪声功率越小，则信息传输速率（信道容量）越大。该定律为现代信息论和数字通信技术奠定了理论基础。

（9）达维多定律。该定律由曾任英特尔公司副总裁的威廉·H. 达维多（William H. Davidow）于1992年提出，强调企业要在市场中占据领先地位，就必须率先推出新一代产品，甚至不惜淘汰自身现有产品。市场第一代产品往往能自动获得较大市场份额，如英特尔和微软等公司的成功实践所示，持续创新与市场先机至关重要。

数字经济的经济效应主要包括规模经济效应、范围经济效应、网络效应、长尾效应、马太效应、蒲公英效应。

（1）规模经济效应。数字产品、数字平台具有高固定成本、低边际成本特征，例如，Windows系统第一张软盘的问世花费了微软公司5 000万美元，而第二张和随后的软盘只需要3美元。平均成本随着销量增加而不断降低。F为固定成本，c为边际成本，平均成本 $AC=(F+c\times N)/N=c+F/N$，随着产量增加，平均不断下降，且趋向边际成本c。互联网创造的虚拟空间打破时空、物理的限制，实现全球范围大规模用户聚集；淘宝、京东等数字平台虚拟市场聚集了数百万供给者和数亿消费者，远远超过实体百货大楼所能承载的规模，基本不受物质资源的限制。

（2）范围经济效应。数字平台产品种类的丰富性大大提升。若平台集中经营多种产品和服务的联合成本低于经营单种产品和服务的成本之和，两种产品的数量分别是q_1，q_2；若 $[c(q_1)+c(q_2)-c(q_1,q_2)]/c(q_1,q_2)>0$，则存在范围经济效应。对平台来说，可以避免产品销售大幅波动，部分产品销售减少可以被另一些产品销售增加抵销。因为平台受众规模很大，一些小众的利基市场也有生存空间。同时，长尾效应会显现，广泛的小众利基市场加总之后，所获得的收益并不比热门商品差。微信就建立了一个基于自身网络的生态系统，除基本的通信功能之外，朋友圈、支付、购物、游戏等全方位生活服务功能，扩大了网络的范围经济效应。

（3）网络效应。数字产品表现出很强的网络外部性。新消费者加入某产品网络时，为网络中已有消费者带来正的效用。网络的价值随加入网络的消费者增加而增加，这叫网络效应。梅特卡夫法则（Metcalfe Law）表明，网络的价值与网络节点数的平方成正比，即网络的价值 $V=K\times N^2$（K 为价值系数，N 为用户数量）。网络价值与联网用户数量的平方成正比，说明网络价值随着网络用户的增加而呈指数增长，这就是网络效应。梅特卡夫法则是由乔治·吉尔德 1993 年提出的，以计算机网络先驱、3Com 公司的创始人罗伯特·梅特卡夫的姓氏命名，以致敬他在以太网方面的贡献。网络的连接数可以表示为 $L=n(n-1)/2$，当 $N=5$ 时，有 10 个连接，当 N 增加到 10 时，连接达到 4 950 个。互联驱动经济价值，可称为联结经济性。网络型产品追求用户网络规模，千方百计地吸引消费者加入网络。

（4）长尾效应。长尾效应最初由美国《连线》的总编辑克里斯·安德森提出。只要流通的渠道足够多、市场范围足够广、市场规模足够大，需求不多或销量不佳的冷门产品共同占据的市场份额就可以和那些热卖品相媲美甚至更大。长尾理论认为，由于成本和效率的因素，过去人们只会关注重要的人或事，如果用正态分布曲线来描述，受精力与成本等客观因素的限制，人们通常只会关注曲线的“头部”，而选择忽略曲线的“尾部”。在网络时代，由于关注成本大大降低，人们能以很低的成本关注正态分布曲线的“尾部”，而关注“尾部”产生的总体效益甚至会超过“头部”。网络零售商可以销售各种类的图书，在亚马逊网络书店的书籍销售额中，25%是来自排名 10 万以后的“冷门”书籍。只要市场规模足够大，利基市场也存在发展的空间，利基市场是高度专门化的需求市场。因为数字平台的虚拟性，平台可以同时集中热门产品和小众产品，从而获得更大的范围经济效应和规模经济效应。

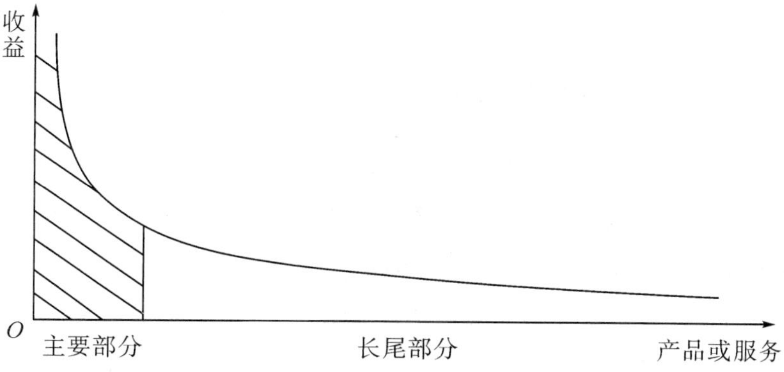

图 7-2　长尾效应

（5）马太效应。马太效应出自《圣经·新约·马太福音》中的一则寓言，从前，一个国王要出门远行，临行前，交给 3 个仆人每人一锭银子，吩咐道："你们去做生意，等我回来时，再来见我。"国王回来时，第一个仆人说："主人，你交给我的一锭银子，我已赚了 10 锭。"于是，国王奖励他 10 座城邑。第二个仆人报告："主人，你给我的一锭银子，我已赚了 5 锭。"于是，国王奖励他 5 座城邑。第三仆人报告说："主人，你给我的 1 锭银子，我一直包在手帕里，怕丢失，一直没有拿出来。"于是，国王命令将第三个仆人的 1 锭银子赏给第一个仆人，说："凡是少的，就连他所有的，也要夺过来。凡是多的，还要给他，叫他多多益善。"马太效应旨在说明强者愈强、弱者愈弱的现象。在数字经济领域，网络效应会导致正反馈，往往出现"强者恒强、赢者通吃"的情况。

（6）蒲公英效应。技术和创业的扩散像蒲公英一样随风飘荡，落在合适的土地上生根发芽。例如，硅谷有 92 家公司可以直接追溯到 1957 年成立的仙童半导体公司，仙童半导体公司前员工创立或成立的公司参股、投资的仙童"校友"公司有 2 000 多家。史蒂夫·乔布斯曾这样形容仙童半导体公司："仙童半导体公司就像个成熟的蒲公英，你一吹它，这种创业精神的种子就随风四处飘扬了。"

第三节　数字经济学

经济学家在探究数字技术如何重塑经济活动时，一个核心议题聚焦数字化如何显著降低经济成本，这构成了数字经济的核心本质。数字技术以比特形式表示信息，极大地降低了数据存储、计算及传输的各项费用。数字经济学的研究深入探讨了数字技术如何以及是否改变了经济活动的面貌。具体而言，数字经济活动在五个关键维度上实现了成本的降低：搜索成本、复制成本、交通成本、追踪成本及验证成本①。

（1）降低搜索成本

线上搜索相较于线下搜索，成本显著降低，这得益于线上环境对潜在交易信息的高效搜寻与比较能力。此变化直接影响了线上商品的价格及价格离散度。线上搜索成本的下降促使线上产品价格走低，因为消费者能更便捷地进行价格比较，从而对同质或相似商品的价格形成下行压力。一般来讲，线上商品的价格低于线下商品的价格。虽然搜索成本降低理论上应缩小价格离散度，但实证研究显示线上价格离散依然存在，这主要归因于两方面：一是商家特征差异，如品牌效应、购物体验、物流服务等，使得即便是同质商品，因商家不同而价格有别；二是内生的搜索成本，当搜索涉及多维信息（价格、质量、声誉、运费、交货时间等）时，商家可能通过操控搜索过程来维持较高利润。

搜索成本的降低还引发了长尾效应，使得小众化利基产品的搜索与购买变得更为容易，进而扩大了这类产品的市场份额。对比同时拥有线上与线下销售渠道的零售商数据，不难发现线上渠道销售的产品种类更为丰富。此外，低搜索成本还促进了明星效应，消费者更倾向于选择质量上乘的产品。这一变化不仅丰富了消费者的选择，还提升了整体福利水平。

互联网媒体的多样化发展同样受益于搜索成本的降低，它使得媒体信息更易被发现与分享。然而，这也带来了媒体势力的多极化现象，部分小众媒体可能出于利益驱动而传播误导性信息。互联网中的“回声室效应”也愈

① GOLDFARB A, TUCKER C. Digital economics [J]. Journal of Economic Literature, 2019, 57 (1): 81-87.

发显著，人们倾向于仅接触与自身观点相符的信息。

低搜索成本极大地促进了交换活动的便捷性，提高了市场参与者之间的匹配质量。这一过程往往由大型数字平台推动实现，如消费者能更轻松地找到所需书籍，房东与租客之间的匹配效率也显著提升，从而降低了房屋空置率。搜索成本的下降还催生了P2P（点对点）平台的兴起，覆盖求职、买卖、住宿等多个领域，这些平台共同构成了“共享经济”的重要组成部分，有效促进了闲置资源的高效利用。在供需波动较大的情境下，共享平台亦能实现有效匹配，确保市场的稳定运作。基于家政服务的双边市场研究表明，需求的大幅变动主要影响供给数量而非价格，这进一步印证了低搜索成本在优化市场资源配置方面的积极作用。

为何数字平台如此盛行？作为经济主体间交换的桥梁，数字化浪潮极大地推动了平台市场的蓬勃发展。数字平台经济的崛起，主要归因于两大核心优势：一是平台在匹配效率上的卓越表现。平台凭借显著降低的搜寻成本，高效地促进了市场参与者的精准对接。这一特性不仅加速了资源的优化配置，还促进了市场的繁荣与多样性。二是平台对交易效率的显著提升。其中，互通性（interoperability）作为关键特征，尤为引人注目。以软件平台为例，它赋予了应用程序提供商前所未有的能力，能够迅速响应市场需求，为海量客户提供定制化服务。这些应用程序不仅满足了客户的特定需求，还以几乎为零的边际成本进行复制与生产，通过简单的调整即可适配平台，服务于更广泛的用户群体。

此外，低成本的数字信息流通极大地增强了企业总部与管理层对远程运营情况的洞察力，进而可能提升组织的集权程度。然而，低成本的通信技术也赋予了基层员工前所未有的信息获取能力，使他们能够接触到以往仅限于高层管理的信息资源，这在一定程度上又促进了组织结构的去中心化，降低了集权度。一项针对欧洲与美国制造企业的深入研究进一步证实了这一点：信息技术往往强化了集权趋势，而通信技术则倾向于削弱集权，促使更加扁平化管理结构的产生。

（2）降低复制成本

数字产品的边际成本几乎为零，这是其与传统非数字产品的根本区别。数字产品的非竞争性特点意味着个体消费不会减少或损害他人的消费体验，信息的分享亦不会造成信息量的减少或质量的下降。在缺乏法律或技术排他性限制的情况下，任何人都能以零成本复制任何信息。

针对非竞争性、零边际成本的数字产品，捆绑定价成为一种有效的定价策略。生产者通过将不同产品组合销售，以单一价格出售，从而实现对消费者偏好的深度挖掘与价格歧视。消费者对商品偏好的负相关性是捆绑定价成功的关键前提。数字产品的非竞争性特征使得捆绑销售成为可能，且不会显著增加成本。然而，捆绑定价也可能在一定程度上削弱市场竞争。

如果数字产品提供者选择非排他性策略，具有非竞争性的数字产品便自然而然地转化为公共物品，典型的例子包括开源软件、维基百科等。那么，商家及个人开发者提供这类数字公共物品的动机何在？对于软件开发者而言，免费分享代码往往是一种向潜在雇主展示自身技能与才华的信号，有助于在业界建立良好的声誉。对于公司而言，提高开源软件的质量则可能间接促进其互补产品或服务的销售，从而开辟新的收入来源。在维基百科的情境中，数字公共物品构建了一个社会利益的良性循环：更多的编辑贡献促进了内容的丰富与准确，进而激发了更多用户浏览，而这种活跃的社区氛围又会反过来激励更多的编辑加入，形成正向循环。然而，数字公共物品的决策也可能带来福利下降的风险。由于存在非排他性和非竞争性，生产信息商品的动机可能会更小。此外，开放数据的政策还可能伴随数据泄漏或侵犯隐私等负外部性，这些都需要政策制定者审慎考量。

随着互联网技术的迅猛发展，音乐与书籍等版权内容正面临前所未有的挑战，原因在于网络空间内免费下载现象的普遍存在。数字产品的独特属性——零边际成本与非竞争性，为盗版行为提供了温床，严重侵蚀了音乐与书籍行业的销售收入，进而使得版权制度在数字经济时代成为社会各界关注的焦点。早期的研究多聚焦在线免费复制行为如何直接导致销售收入下滑，这一现象在音乐、视频及书籍等多个文化产品领域均有所体现。然而，近期有少量研究揭示了在线免费复制在特定情境下可能带来的正面效应，具体表现为三种情况：首先，免费复制版本仅作为样品存在，且能有效激发消费者兴趣，促使其购买正版产品；其次，提供免费在线版本的同时，推出与之互补的商品或服务，以此拓宽收入来源；最后，在涉及网络效应显著的产品中，免费版本的传播可能增强产品的整体吸引力，间接促进销售。

关于版权制度对创新及其质量的影响，学术界尚未形成统一结论。经济史领域的文献倾向于认为，版权制度能够激励创造性产出的提升，并保障其质量。然而，也有研究指出，在某些情况下，在音乐领域出现线上免费版本后，虽然盗版问题加剧，但音乐质量却并未如预期般持续下降，这引发了关于版权制度与创新质量之间复杂关系的进一步探讨。总体而言，版权制度在维护版权持有者经济权益、激发潜在创新动力方面发挥着不可替代的作用。即便在数字化时代，边际复制成本几乎为零，但创意产业并未因此走向消亡，反而因生产与发行成本的降低而获得了新的发展机遇。因此，如何在保护版权与促进创新之间找到平衡点，成为数字经济时代亟待解决的重要问题。

（3）降低交通成本

降低交通成本是数字时代的一个显著特征，无论是数字产品的即时传输还是线上购买实体产品后的物流配送，相较于传统的线下购买模式在交通成本上展现出明显优势。这种变化极大地改善了以往受位置或距离严重约束的经济活动。Cairncross（1997）提出的“距离之死”概念与 Friedman（2005）所言的“扁平的世界”均深刻揭示了数字化对地理距离影响力的削弱。然而，在探讨距离对数字经济的实际作用时，我们需要认识到其并未完全丧失重要性。虽然距离在预测在线和线下交易量时仍是一个考虑因素，但其在网络环境中的影响已显著减弱。在以下情况中，距离依然保持着其独特的重要性：首先，消费者与线下实体店的距离会显著影响其线上购物行为。对于那些和实体店距离较远的消费者而言，线上购物提供了极大的便利与成本节约，尤其是对那些对实体店忠诚度不高的消费者，价格敏感度往往促使他们转向线上购物。其次，品味的空间相似性也是一个不可忽视的因素。虽然互联网理论上能够连接全球用户，但互联网冲浪行为却随着地理距离的增加而减少。用户更倾向于浏览和消费与自身地域相近的媒体内容，即便上网冲浪的交通成本几乎为零，人们仍倾向于选择本地或文化相近的媒体资源。再次，社会网络的本地化特征在数字时代依然显著。虽然社交媒体和在线平台打破了地域界限，但许多在线社交行为仍表现出高度的本地化特征。社交网络中的用户互动、信息传播往往以地域为基础，形成紧密的社区联系。最后，信任本地化特征在交易中尤为关键。当验证成本较高时，消费者更倾向于信任本地或附近来源的产品与服务。同城交易的比例之所以较高，正是因为部分产品需要亲自观察或现场交付，而网友间的推荐也往往更倾向于关注附近人的评价与建议。虽然数字化技术极大地降低了交通成本，弱化了地理距离对经济活动的影响，但在特定情境下，距离依然是一个不可忽视的重要因素。

（4）降低追踪成本

降低追踪成本是数字技术带来的显著优势之一，它极大地优化了企业获取用户信息的过程。追踪成本，即记录和追踪不同个体行为轨迹的成本，在数字化时代得到了显著降低。这一变化不仅促进了完全价格歧视（也称为一级价格歧视）的实现，如个性化定价策略的应用，还使得企业能够基于消费者历史行为进行更加精细化的价格歧视。在低追踪成本的背景下，数据隐私保护成为日益重要的政策议题。企业利用数字技术追踪个人行为，以实现更加精准的个性化定价和营销策略，但同时也引发了公众对数据隐私的深切关注。在垄断市场中，企业可能从额外的信息收集中获益匪浅，但消费者的数据隐私敏感度也随之提升；而在竞争激烈的市场环境中，信息的透明化则可能进一步加剧竞争态势。与此同时，消费者往往能够免费获取部分数字产品，而企业则通过向异质性消费者展示更加精准、相关性更高的广告来实现盈利。消费者注意力作为稀缺资源，成为广告商竞相争夺的对象。在线广告因其低成本和高效能，对实体零售商的销售产生了积极影响。然而，消费者也拥有关闭在线广告的技术选项，广告屏蔽技术的普及可能对企业收入造成一定影响，并促使企业提高对未屏蔽广告用户的曝光度。在数字环境中，拍卖作为一种有效的产品定价工具，同样被广泛应用于广告定价领域。互联网公司普遍采用关键词拍卖的方式来确定广告价格，这种方式能够灵活应对买家对数字商品估价随时间和位置变化的情况，有效发挥了价格发现功能。低追踪成本还引发了广泛的隐私问题讨论。在消费者效用函数中，隐私既可被视为中间品也可被视为最终产品，而政策制定者则更倾向于将隐私视为最终产品，以保护消费者免受隐私侵扰。一些理论文献则将隐私视为实现个性化定价等商业目标的中间手段。隐私政策的福利效应复杂多变，既可能带来积极效果，如提升消费者信任度和在线广告效果，也可能产生负面影响，如限制在线追踪导致广告效果下降或影响其他领域的发展。因此，在制定隐私政策时，需要综合考虑其多方面影响，以寻求最佳平衡点。

（5）降低验证成本

降低验证成本是数字经济时代促进网络虚拟空间交易信任建立的关键因素之一。在质量与信息不对称的互联网交易环境中，买卖双方如何有效达成市场交易，成为亟待解决的问题。在传统经济模式中，品牌声誉曾是传递商品质量信息的主要途径。然而，随着数字市场的蓬勃发展，众多无品牌的小型商家涌现，消费者难以仅凭传统方式识别其声誉。在线声誉系统的出现，为网络信任的实现提供了有力支持。评级系统能够在没有重复互动的情况下，通过等级评定向消费者传递商品质量的可靠信号，从而在远距离交易中构建起信任基础。具体而言，评分较高的卖家往往能以更高价格销售商品并获得更多收入，这进一步激励商家提升服务质量。同时，在线评级系统也为平台带来了益处，它帮助消费者快速识别平台内的优质产品，提升了整体交易效率和用户满意度。在线声誉系统显著降低了传统线下场景中的验证成本，使得消费者能够更便捷地获取商品质量信息并做出购买决策。然而，值得注意的是，在线声誉系统并非完美无缺，也存在失灵的风险。这主要源于两方面的原因：首先，存在选择性偏误。并非所有消费者都会主动进行评分或评价，特别是那些遭遇不良购物体验的消费者，他们可能选择默默离开而不再在该平台购物，也不对卖家进行评级。在这种情况下，卖家的服务缺陷可能产生负外部性，影响整个平台的声誉。其次，存在人为操纵评级系统的可能性。企业或其竞争对手可能出于自身利益考虑，故意给予自己高评价而贬低竞争对手，导致评级失真。

为了应对这些挑战，平台应不断优化和完善在线声誉系统，以提升其公正性、准确性和有效性。具体措施包括加强对评价数据的审核与监控、建立更加科学合理的评级算法、鼓励消费者积极参与评价等。通过这些努力，平台不仅能够更好地保护消费者权益，还能在激烈的市场竞争中脱颖而出，实现自身价值的不断提升。

第四节　数字经济成为国家发展的助推器

《“十四五”数字经济发展规划》（以下简称《规划》）是国家“十四五”规划的重要组成部分，是我国数字经济领域的首部国家级规划。《规划》以习近平新时代中国特色社会主义思想为指导，在对我国数字经济发展环境深入剖析的基础之上，清晰设定了未来数字经济发展的基本原则和目标，从数据基础、数据要素、产业数字化、数字产业化，到公共服务、治理体系、安全体系、国际合作等诸多方面都提出了明确的任务，并提出了相关领域内的保障措施，以保证发展目标的顺利实现。

随着全球政治经济形势变化和数字技术的飞速发展，数字经济已经成为国民经济发展的新动能。数字经济对国民经济的支撑在新冠疫情时期尤为显著，当实体企业受到极大冲击时，数字经济却异军突起，涌现出远程办公、教学直播、远程医疗等一批推动经济恢复和发展的新业态新模式。一直以来，党中央、国务院高度重视数字经济发展。党的十九大报告指出“我国经济已由高速增长阶段转向高质量发展阶段，正处在转变发展方式、优化经济结构、转换增长动力的攻关期”，数字经济在这一攻关期发挥的重要作用日益明显。《中共中央关于制定国民经济和社会发展第十四个五年规划和二〇三五年远景目标的建议》也提出要“发展数字经济，推进数字产业化和产业数字化，推动数字技术和实体经济深度融合，打造具有国际竞争力的数字产业集群”。《规划》的出台是加速推动我国数字经济高质量快速发展的重要举措，具有非常鲜明的时代特色。

一、数字经济将为中国经济的高质量发展提供有力支撑

《规划》首先指明，数字经济是继农业、工业经济之后的主要经济形态，这是对数字经济的明确定位。在中国经济由高速增长转向高质量发展的过程中，数字经济要发挥重要作用。

一是创新驱动作用。通过发挥数据要素的催化作用，传统经济动能转为创新驱动。数字经济发展能够充分释放数据要素的价值，促进数据生产、分配、流通、消费各环节实现创新发展。鼓励市场力量挖掘数据价值，必将有力推动符合国情的新数字商业模式、协同创新机制、产业生态等。创新驱动将成为经济成长的核心动力，数字经济“蛋糕”也会越做越大。

二是降本增效作用。产业数字化能够加快实现数字技术在传统产业中的广泛应用，对传统产业进行全链条的改造升级。数据要素在融合劳动、资本、土地、资源和环境等传统生产要素之后能够释放巨大价值，将不断提高全要素生产率，推动传统产业迈向高端化、智能化、绿色化，持续增强传统产业的竞争力，实现降本增效目标。

三是有助于绿色低碳发展。对于生产领域，尤其是能源、电力、化工、制造、交通等行业，释放行业大数据的价值潜力，可以减少市场资源错配，

同时结合产业数字化和数字产业化，能够有效实现降本增效，有效降低能耗，进而减少碳排放。在消费领域，数字经济的高效率能够大大缩减中间环节及消费周期，也可以促进实现能源节约。因此，数字经济的发展，可以从供给侧及消费侧为完成双碳目标提供有力支撑。

四是有利于实现共同富裕。影响共同富裕的一个重要因素是区域间发展不平衡，以往偏远及落后地区难以及时获得市场信息并做出反应。随着数字经济的发展，落后地区不再受制于交通、气候和地理等因素，能够更及时和精准地获得有助于当地发展的各类市场信息、数据和技术。当地特色农产品和依托绿水青山提供的旅游服务，也会在数字技术的助力下走向全国乃至全球市场，从而加快实现共同富裕的步伐。

二、数字基础和数字能力的提升为数字经济的快速增长提供了良好环境

我国数字经济发展的内外部环境正在发生深刻变化，做强做优做大数字经济已成为把握新一轮科技革命和产业变革新机遇的战略选择。数字技术正在给越来越多的产业领域带来深刻变革，支持经济发展的强劲动力充分彰显。

数字基础体现在基础设施、数据资源和政策环境等方面，是数字经济的根基和决定数字经济发展的必要条件；数字人才、数字创新和数字安全是数字能力的重要体现，为数字经济保驾护航，同样也是发展数字经济不可或缺的条件。当前，全国的数字基础设施建设卓有成效，大数据、人工智能、云计算、5G、物联网、量子信息和区块链等新技术与实体经济的深入融合，提高了资源配置效率，提高了对需求变化的适应性和灵活性，有利于供给侧结构性改革的扎实推进。

同时，数字支付、智慧城市、数字商城、数字政府等应用场景日益为大众所熟悉，伴随它们发展起来的一些数字新技术、新产业、新模式、新业态等已具有广泛的群众应用基础，形成了不容忽视的市场力量。因此，从供给侧和需求侧两方面来看，我们都可以认识到我国数字经济快速增长的必然性。

三、坚持高速增长与高质量协调发展并行

《规划》提出，到 2025 年，我国成为具有重要国际竞争力和影响力的

数字经济大国。各项指标基本都要保持高速增长预期，千兆光纤用户数从640万增加到6 000万，工业互联网平台应用普及率从14.7%提升到45%，网络零售总额从11.76万亿元增长到17万亿元，在线政务服务实名用户规模从4亿扩大到8亿。这些目标的达成，需要社会各界的共同努力，相关政府部门要制定更多引导措施，运营商要加大基础设施建设力度，龙头企业需要加快数字化转型和新平台建设进程等。更重要的是，要通过相关基础设施和公共服务建设，为数字经济广泛渗透至各行各业、实现深度融合提供有力支撑，保障数字经济价值的进一步发挥。

《规划》在提出高速增长目标的同时还明确了质量要求，在数据资源质量、数据服务商、数据资源标准化等方面，提出建设数据质量提升工程。在加快数据资产、服务及安全领域标准研制的同时，持续完善国家基础数据库建设、管理和服务，支持社会化服务机构依法开展各类数据的采集、整理和分析等业务，确保高质量发展。

数字经济的协调发展，要平衡好制定数据规制和开发数字能力之间的关系。数据规制过于严格、约束性程度过高，会限制数字能力的长远发展；数字规制约束性程度相对较低，则容易出现数字治理能力不足等问题。因此，《规划》从协调发展的视角出发，在数字规制、人才、技术等方面都提出了相应规划和保障手段，将促进数据在开放利用和隐私安全之间、科技创新和公平服务之间实现平衡，助力我国数字经济高速高质量发展。

四、不断完善数字经济治理体系

数字经济与实体经济的深度融合，涉及经济体系的各个层级、各个方面，必须对数字经济治理体系的各环节进行协调。《规划》体现了政府主导、市场参与的协同发展模式。当前，相关部门和企业已开始合力推动数据规制、信息对接、开放资源、能力扶持以及针对性金融支持等服务保障措施的实施。

一是坚持公平竞争、安全有序。健全完善各项法律法规，监管调控手段，为数字经济发展打下基础。

二是确保各参与主体依法依规开展数字经济活动，规范数据交易管理。完善准入机制、备案制度和问责机制，严厉打击虚假交易行为，防范化解交易安全风险。

三是构建完善市场化机制，加快数据要素市场化流通，创新数据要素开发利用机制。以实际应用需求为导向，鼓励市场力量挖掘商业数据价值。到2025年，数据要素市场体系初步建立，完成数据要素市场培育试点工程，包括开展数据确权及定价服务试验、推动数字技术在数据流通中的应用、培育发展数据交易平台等。

四是有效拓展数字经济领域国际合作，凝聚发展共识，积极参与国际数字规则的制定。努力拓展与各国、尤其是“数字丝绸之路”沿线国家的数字经济贸易，积极参与全球数字生态建设，构建数字经济领域国内国际双循环相互促进的发展格局。

“十四五”时期是我国实现第一个百年奋斗目标之后，开启全面建设社会主义现代化国家新征程的第一个五年，数字经济将成为国家发展新征程的有力助推器，释放出源源不断的新动能。总体来看，《规划》强调数字经济对社会经济发展的推动作用，基本思路符合经济发展规律，政策方向针对性强，各项举措实践性可期。相信《规划》的实施，必将为我国数字经济的下一步发展指明方向。

第五节 边际收益递增

布莱恩·阿瑟于1996年所著的《收益递增与新商业世界》[①]中，深刻探讨了在网络经济环境下，经济规律从传统的边际收益递减向边际收益递增的深刻转变。

以马歇尔为代表的新古典经济学家，其理论基石建立在边际收益递减的假设之上，认为市场中领先的产品或企业终将遭遇限制，进而达到价格和市场份额的静态均衡。这一理论在马歇尔时代的“烟囱经济”——以大规模生产为主的工业体系中，大致上是适用的，并至今仍广泛体现在经济学教科书中。

然而，自后工业时代起，经济形态发生了根本性变化，从大规模原料加工转向了技术的设计与应用，从资源的简单加工升级为信息的精细处理，从初级能量的利用进化为思想智慧的运用。这一转型促使经济行为的根本驱动

① ARTHUR W B. Increasing returns and the new world of business [J]. Harvard Business Review, 1996, 74 (4): 100-109.

力从边际收益递减转向了边际收益递增。

边际收益递增现象，简而言之，即领先者优势进一步巩固，而落后者则加速落后。这构成了一种“正反馈循环”，使得强者益强。与此相对应，边际收益递增带来的并非均衡状态，而是持续的不稳定性。一旦某种产品、公司或技术凭借机遇或精妙的战略在市场中脱颖而出，边际收益递增机制将显著放大其优势，甚至推动其成为行业标准。

值得注意的是，在现实经济中，收益递减与收益递增两种机制往往并存，但各自影响的领域有所不同。传统经济领域，尤其是加工工业，多受收益递减规律支配；而以知识为基石的新兴行业，则更多地展现出收益递增的特性。因此，现代经济被划分为两个截然不同的商业世界：收益递减的世界与收益递增的世界。

（1）收益递减的世界。19 世纪 80—90 年代马歇尔所描绘的那个世界，是一个大规模生产的世界，即一个收益递减的世界。金属矿石、化学品、生铁、煤炭、木材等资源密集型商品，知识与技术含量相对较低。在此情境下，若咖啡种植园欲扩大生产，终将不得不利用次优土地，面临收益递减的困境。若多家种植园相互竞争，扩张将遭遇限制，进而导致成本上升或利润下降，市场被众多竞争者瓜分，价格趋于稳定且接近平均生产成本，鲜有暴利可言。这样的世界是均衡的、有序的、稳定的，变化缓慢而平稳，缺乏戏剧性的暴富故事，整体氛围显得温文尔雅。

即便在现代经济中，仍有大量企业专注于大批量加工，如谷物、牲畜、重化工、金属矿石、食品及零售商品等领域。这些行业的运作大多具有重复性，产品差异化和品牌效应使得特定市场中仅少数商家竞争。若这些公司试图扩张，同样会遇到各种限制，市场难以被单一企业独占，价格趋于标准化，利润微薄，追求的不是一夜暴富，而是稳定的经营与微薄的利润。这样的状态虽非马歇尔意义上的完全竞争，但已颇为接近。

（2）收益递增的世界。在收益递增的世界，领先的产品会如同滚雪球般进一步巩固其领先地位。以 20 世纪 80 年代初个人电脑操作系统市场的激烈竞争为例，CP/M、DOS 与苹果公司的 Macintosh 三足鼎立，这一市场鲜明地展现了收益递增的特性：一旦某个操作系统取得初步优势，便能吸引更多软件开发商和硬件制造商的青睐与采用，进而拥有更为稳固的市场地位，形成良性循环。

历史进程验证了这一点。最初，CP/M 率先亮相市场，Macintosh 紧随其后，而 DOS 则是在 1980 年微软与 IBM 合作的背景下应运而生，为 IBM 个人计算机量身打造的。起初，谁能笑到最后尚属未知。然而，随着 DOS/IBM 系统用户基数的不断增长，Lotus 等重量级软件开发商纷纷选择为 DOS 平台开发程序，这一选择无疑为 DOS 的普及添上了浓墨重彩的一笔。DOS/IBM 系统的流行如同野火燎原，最终占据了市场的绝大部分份额。一旦 DOS/IBM 体系确立了领先地位，它便通过用户转移成本的壁垒牢牢锁定了市场，即便其并非技术上的最优解，甚至一度成为计算机专家们的调侃对象。但正是这份锁定效应，让微软公司能够将高昂的研发成本分摊至庞大的用户群体之中，实现了可观的盈利。

收益递增市场的显著特征在于其内在的不稳定性与对领先产品的偏好。成功在初期往往难以预料，市场充满了多种可能的发展路径，不同的历史偶然性足以改写最终的产品竞争格局。锁定市场的能力成为制胜的关键，即便是品质上有所欠缺的产品，在恰当的时机与策略下，亦有可能主宰市场，而胜利者往往能收获巨额的利润。

这一理论挑战了传统经济学家的认知框架，如英国经济学家约翰·希克斯所警示的，承认收益递增可能会动摇许多经济学理论的基础。然而，实践证明，收益递增理论非但没有摧毁标准经济学理论，反而为其增添了新的维度与解释力。数学工具的发展也为分析收益递增市场提供了有力支持。

高科技领域尤为显著地遵循着收益递增法则，这主要归因于以下三个方面：

一是前期资金投入多。高科技产品如医疗设备、计算机软硬件、航空航天器、通信设备以及生物工程药品等，其设计复杂度高，知识密集型特征显著，对资源的依赖相对较低。这类产品的研究与开发费用往往远高于单位生产成本，如 Windows 系统首个版本的推出便耗费了微软公司 5 000 万美元，而后续版本的边际成本则大幅降低至几美元。这种高固定成本、低边际成本的模式使得平均成本随销售量的增长而不断下降，形成了显著的规模经济效应。

二是网络效应的凸显。众多高科技产品构成了错综复杂的网络产业生态，网络规模的不断扩张直接提升了网络的整体价值，进而吸引更多新用户加入。一种产品的流行程度越高，其成为行业标准的可能性就越大。

三是用户习惯的黏性。高科技产品的使用往往伴随着一定的学习成本，用户一旦掌握了某项技能或习惯了某种产品，便倾向于保持现状而非转换至其他产品，因为转换意味着新的学习投入与适应成本。因此，市场占有率的提升为产品未来的市场巩固奠定了坚实的基础。

在高科技产品市场中，上述机制共同作用，使得已经取得市场优势的产品能够持续扩大其优势，进而引发市场的不稳定和市场锁定现象。然而，值得注意的是，这种锁定并非不可打破，随着技术的不断进步，新的革新性技术终将取代旧有技术，锁定状态往往只能维持至新一轮技术浪潮的兴起。

我们可以构想存在两个经济体系或领域：①大批量制造领域，其生产的产品以资源密集型为主，知识含量相对较低，运作机制遵循马歇尔的收益递减规律。②以知识为核心的经济领域，该领域的产品高度知识密集，对自然资源的依赖较小，主要受收益递增规律的影响。值得注意的是，这两个体系并非孤立存在，而是相互交织。高科技企业便是一个例证，它们既涉足知识密集型业务，也经营大批量生产业务。鉴于两种业务模式的本质差异，企业往往会将这两种业务分开管理。同样，传统制造业公司的业务范畴也广泛，其中物流、品牌建设、市场开发与分销等环节，在很大程度上融入了知识经济的元素，而生产制造环节则更贴近马歇尔所描述的世界。

在这两个截然不同的商业世界中，大批量生产与知识经济领域因遵循的基本经济规律不同，导致了竞争性质与管理文化的显著差异。

在大批量生产领域，市场往往形成了一套相对稳定的价格体系，生产过程高度重复，年度间的变化较为有限。这里的竞争核心在于确保生产顺畅进行，同时不断提升产品质量并降低成本。这种环境下的管理文化倾向于追求稳定与可控，等级分明的组织结构、严格的计划与控制机制占据主导地位，旨在实现生产的持续优化与效率最大化。马歇尔所描绘的世界，正是这样一个偏爱等级、计划与控制的优化世界。

相比之下，以知识为基础的公司则置身于一个“赢家通吃”的市场环境中，它们的管理目标直指成为下一个技术领跑者，争夺下一个“现金牛”项目，并不断探索“下一件大事”。在这种情况下，管理重心转向了新思想的培育与应用，而非单纯的生产导向。组织结构的扁平化并非出于民主理念的突然觉醒或技术进步的简单替代，而是为了提高决策效率与响应速度，让那些负责推动公司发展的关键人物能够像突击队一样直接向 CEO 或董事会汇报工作。这些员工被赋予了更多的自由与责任，被视为公司创新过程中的平等伙伴而非传统意义上的雇员，从而推动了等级组织的逐渐淡化与解体。

值得强调的是，大批量生产领域无须盲目模仿硅谷等知识经济中心的管理风格。在收益递减的行业中，管理的精髓在于以低成本持续产出高质量产品；而在收益递增的领域，竞争则更像是一场充满变数的赌博，需要企业具备敏锐的洞察力与果断的决策力。

以知识为核心的经济体系，除强调扁平化的组织结构与明确的使命导向外，更关键的是需要具备敏锐的方向感。在收益递增的生态环境中，尤其是高科技领域，每当市场环境或技术趋势发生变化时，企业必须迅速做出调整，以适应新的竞争格局。在此情境下，马歇尔时代所推崇的标准最优化策略往往显得力不从心。因此，企业需要时刻保持对行业动态的高度敏感，紧盯即将到来的技术浪潮，灵活调整战略定位，以抢占先机。

在大批量生产的传统领域，竞争策略多聚焦价格竞争、成本控制与品质提升。然而，在收益递增的知识经济中，这些策略虽仍具有重要性，但正反馈战略同样不可或缺。正反馈机制能够提升企业的市场渗透与品牌影响力，形成良性循环。

在以知识为驱动的市场中，率先进入市场并持有卓越技术固然是宝贵的竞争优势，但仅凭此尚不足以确保最终成功。新产品必须在价格、速度、便捷性等方面展现出两三倍于竞品的优势，方能有效打破市场锁定状态。因此，拥有优质产品并尽早推向市场固然重要，但还须辅以对递增收益的积极管理策略。

一种积极的竞争策略是在产品初入市场时采取大幅度折扣或免费策略，以迅速扩大用户规模。网景公司便是成功运用此策略的典范，通过免费赠送其因特网浏览器，成功赢得了高达 70% 的市场份额，随后便依托庞大的用户基础，在派生软件和应用软件领域实现了可观的盈利。遗憾的是，许多企业常因急于回收高昂的研发成本，在产品上市初期便设定了过高的价格，从而错失了快速占领市场的良机。

技术产品从不是孤立存在的，它们相互依存，共同构成一个复杂的生态系统。各种互补组件相互协作，形成一个完整的系统。这种相互依存性对竞争战略具有深远影响。以软件产品为例，其成功与否往往取决于能否吸引大量能够在其平台上运行的软件和应用程序。这些外部应用程序构成了一个企业难以完全控制的生态系统，但其繁荣与否却直接关系到软件产品的市场竞争力。因此，若能成功激励其他软件开发商为自己的平台而非竞争对手编写程序，便能显著提升自身产品的市场吸引力和竞争力。

一旦产品成功占领并锁定了市场，企业便可利用正反馈机制，通过版本升级、衍生软件开发以及自身应用软件的销售等途径，持续获取丰厚利润。在基于知识的市场中，心理预期同样扮演着至关重要的角色。企业可运用多种心理策略，如预先宣布新产品、技术造势、招揽未来重要合作伙伴等，营造积极的市场预期，以威慑竞争对手并巩固自身市场地位。

关于收益递增世界中市场支配力的争议，确实存在支持与反对的两种声音。支持者认为，市场锁定有助于提供便利的单一标准，促进资源集中与效率提升。若锁定是基于产品性能的卓越，则这种成功是公平的，不应受到惩罚。然而，反对者则担忧，若锁定的是性能不佳的产品，将阻碍技术创新与市场竞争。此外，市场锁定往往伴随着低价策略，这可能导致已确立的低价格水平难以提升，进而引发对垄断定价的担忧。然而，在收益递增的行业中，由于技术进步和市场竞争的推动，垄断定价问题通常并不显著。因此，在制定相关政策时，应综合考虑各方因素，寻求市场效率与竞争活力的最佳平衡点。

在收益递增的世界里，反垄断管制必须严格遵循两大核心原则：

其一，切勿对成功者施以惩罚。在收益递增市场中，短期内的市场垄断应被视为对创新精神与风险承担行为的合理回报与嘉奖。与马歇尔时代普遍采用的将市场支配者视为打击对象的反垄断策略不同，收益递增市场若采取类似做法，无异于设立了一个“露头即打”的管制机制，这将严重削弱创新的驱动力，阻碍经济的持续发展。

其二，确保竞争起跑线的公平与透明。当新的市场刚出现时，应避免赋予已掌控标准、操作系统及关键技术的企业以不正当的先发优势，使其与新市场参与者之间拉开过大的距离。所有企业应能在同一平台上，基于平等、透明的原则展开竞争，共享市场机遇。

在科技发展的每一轮浪潮中，“赢家通吃”的现象正是收益递增经济规律的直观体现。因此，确保每位竞争者都能站在同一起跑线上，拥有公平竞争的机会，是至关重要的。若行业内部无法自发形成有效的管制机制以维护这种公平性，那么政府就应当主动介入，制定并执行相应的反垄断政策，以促进市场的健康竞争与长远发展。

第八章

电子商务经济学

第一节 电子商务市场

电子商务，作为一种新兴的市场形态，其核心在于买卖双方借助数字化手段完成产品或服务的交易过程。随着在线支付系统的日臻完善，数字化信息产品呈现出井喷式增长，涵盖了电子图书、线上报刊、新闻资讯、数据库资源、数字音乐、视频内容、电影、游戏、图片素材、海报设计、日历应用、天气预报服务、政务信息公示、在线股市交易、票务预订（如火车票、机票、各类门票）等广泛领域。同时，传统实物产品或服务亦逐步向数字化、智能化转型，诸如智能汽车、智能锅炉、智能家居系统、智能电表等，均能以数字化形式在电商平台展示与销售，实现线上交易的全流程覆盖。

电子商务的精髓在于其数字化商务模式，它标志着市场、交易主体及产品的全面数字化与虚拟化，与实物市场存在本质差异。在虚拟市场中，商家规模不再是竞争的决定性因素，无论规模大小，均可入驻电商平台，其店面设计亦完全电子化，摆脱了传统物业对规模与设计的物理限制。互联网为所有商家提供了均等的机会，打破了实物市场中“大即优”的固有观念，因为在此环境中，商家规模与产品质量无直接关联，有效降低了小商家的进入门槛。

此外，电子商务市场中，地理距离的界限被显著淡化。理论上，电商平台上的商家能够触达全球消费者，而消费者则能跨越地域限制，在互联网上自由搜索、比较产品服务信息并下单购买。物流行业的飞速发展更是进一步削弱了地理距离的影响。

从经济学角度来看，电子商务市场趋近于完全竞争市场的理想状态。这要求市场中存在大量的买卖双方，任何一方均无法单独影响市场价格；市场准入与退出自由，无显著进入障碍；产品高度同质化；买卖双方信息完全对称，对产品价格与质量有清晰认知。数字平台强大的聚合能力，使得这些条件在电子商务市场中得以基本实现，促进了市场信息的完全性与交易的高效性。

值得注意的是，在电子商务市场中，商家与消费者之间的直接交流成为可能，传统商业中介的角色被削弱，厂商可采用直销模式，根据消费者个性化需求定制并提供产品服务，实现直接交付。然而，功能性服务中介（如物流、支付、金融、第三方评估等）仍不可或缺，且因专业化和规模效应而得到长足发展。电商平台本身也可视为一种电商中介，它汇聚了海量供需双方及功能性服务提供商，共同推动市场的高效运作。

市场效率的提升高度依赖信息的数量与质量，包括产品信息与消费者需求信息的全面性与准确性。相较于实体市场，电子虚拟市场在信息的充分性上可能存在挑战，尤其是产品质量的不确定性问题。因此，电子商务市场初期更倾向于销售标准化产品，如亚马逊、京东、当当等电商巨头多从图书等标准化商品起步，以规避质量不确定性带来的交易风险。

第二节　信息不对称问题

在互联网环境中，产品信息的真实性往往难以甄别，存在夸大其词的倾向，而销售者的身份同样难以明确，商家可能迅速涌现又迅速消失，给消费者带来困扰。电商平台虽通过身份认证机制在一定程度上减少了欺诈行为，但产品质量的不确定性仍然是电子商务市场面临的一大挑战。

对于数字产品而言，其质量不确定性问题尤为突出。由于数字产品多为经验型产品，其质量往往在使用后才能得知，且许多信息类产品具有一次性消费的特点，这导致了一个悖论：消费者因对产品质量心存疑虑而不愿购买，除非能预先获知其内容；而一旦生产者透露了信息内容，消费者又可能声称信息无用以逃避支付，尽管他们实际上已获取信息。经验型产品的特性使得广告和产品描述难以建立起有效的信任基础。

产品质量的不确定性确实构成了市场失灵的潜在风险。在线下市场，消费者能够直观地检查并试用实物产品，从而对其质量有较为准确的判断；而在电子商务的线上交易中，消费者往往只能依赖图片、描述或用户评价等间接信息，难以全面把握产品质量，这已成为电子商务市场面临的主要问题之一。

在传统市场中，大厂商、价格、品牌以及标准化产品等因素往往能够作为质量信号的传递者，帮助消费者建立对产品的信任。然而，在电子商务市场中，这些声誉机制的有效性可能大打折扣。特别是随着个性化定制产品的兴起，其质量评估变得更加主观和个性化，难以形成统一的标准。此外，电商平台上的生产者种类繁多，其中不乏短期供应商，这些供应商往往缺乏长期品牌建设和信誉积累，进一步加剧了质量不确定性的问题。

对于数字产品而言，其作为体验商品的特性使得质量评估更加复杂。许多数字产品只有在被消费后才能了解其真实质量，而这类产品往往又具有一次性消费的特点，使得消费者在购买前难以做出准确的判断。同时，由于数字产品及供应商的数量庞大且分布广泛，加之部分产品价值较低，传统的第三方评估机构可能因成本过高而难以覆盖所有产品，导致产品评估的可行性受到限制。

为了应对这些问题，实物市场中的一些做法值得电子商务市场借鉴。例如，二手车市场中的第三方质量检测报告、政府或行业组织设立的质量标准与认证制度等，都在一定程度上解决了实物市场的质量不确定性问题。在电子商务领域，虽然面临诸多挑战，但通过建立更加完善的信誉评价体系、加强第三方质量检测与认证、增强消费者自我保护意识等措施，仍有望降低产品质量不确定性带来的风险，促进市场的健康发展。

因为信息不对称而引发的逆向选择现象，往往导致市场上劣质商品逐渐驱逐优质商品，最终使市场陷入“柠檬市场”困境，即充斥着次品，难以维持正常运作。在理想的市场环境中，价格被视为传递质量信息的重要机制，高价往往被视作高质量的象征，被对产品有一定了解的顾客接受。而那些对产品质量了解较少的顾客，则会通过观察市场上已接受高价的顾客行为，间接判断产品质量。当市场中了解产品质量的顾客比例足够高时，不诚信的企业将难以在市场上立足。然而，在互联网这一虚拟交易平台上，价格作为质量信号的传递作用受到了明显限制。由于大多数顾客无法直接接触到产品实物，低质量产品有可能伪装成高质量产品并索取高价。

为了解决“柠檬市场”问题，关键在于消除信息不对称，使卖方能够有效地向消费者传递产品质量信号，从而增强消费者的购买信心。具体而言，可以采取以下四条措施：

（1）生产者主动披露信息。生产者应通过发布广告、建立良好声誉或提供质量保证等方式，积极向消费者传递产品质量信息。

（2）政府与行业协会监管。政府监管部门及行业协会应制定并执行严格的质量标准，确保市场上流通的产品达到一定的质量标准，从而保护消费者权益。

（3）第三方质量认证。可信赖的第三方机构应提供客观、准确的产品质量信息，帮助消费者更好地了解产品性能和质量。这些第三方的质量信息往往比卖方直接提供的信息更受消费者信赖。

（4）转售市场惩罚机制。转售市场中的信息公告牌功能可以作为一种惩罚机制，对产品不满意的顾客可以将二手商品再次出售，并通过信息交流揭露欺骗行为，使欺骗者失去未来的交易机会。

在电子商务领域，为了进一步解决"柠檬市场"问题，需要建立起有效的信息渠道。具体而言，产品质量信息可以通过以下三种渠道进行传递：

（1）销售商发布产品信息。销售商可以利用广告、网站、社交媒体等多种渠道，主动向潜在顾客发布产品信息，包括产品性能、规格、材质等。

（2）消费者自主查询与比较。消费者可以通过搜索引擎、比价网站等工具，查询并比较不同产品的质量和价格信息，从而做出更加明智的购买决策。

（3）第三方组织测试与评估。第三方组织可以对产品进行独立测试与评估，并将结果公之于众，为消费者提供客观、专业的质量参考。这些第三方信息对于消费者来说具有重要的参考价值，有助于他们更好地了解产品质量。

消费者在搜寻产品信息时，不可避免地会面临非零的搜寻成本，这些成本包括时间、精力以及可能产生的费用，它们最终会反映在商品价格上，导致价格高于完全竞争市场下的水平。公司因其对产品信息的深入了解而拥有市场控制权，能够利用这种信息优势来影响市场定价。消费者在做出购买决策前，通常会广泛调查多个商店，细致比较产品的质量和价格。这一过程不仅耗时耗力，还需要消费者付出查询费用和精力。幸运的是，随着网络技术的发展，消费者可以通过浏览不同的网络商店或利用比价网站来降低时间和交通成本。计算机化的查询系统让消费者能够轻松访问并比较更多商店和产品的信息，查询过程也因此变得更加智能化和自动化。虽然信息技术极大地提升了信息获取的便利性，但电子商务市场并未因此达到完全竞争的理想状态。一方面，商家可能选择性地提供信息，导致信息不完整；另一方面，技术限制也可能使得部分信息难以被搜索到。虽然网络查询的费用可以大幅降低，但搜寻成本始终存在且非零。这种成本和信息处理的难度，使得部分消费者缺乏动力去深入搜寻信息，从而为一些公司提供了提高价格的机会。

为了弥补这一缺陷，卖方通过建立网站或网页、发送电子邮件广告以及在门户网站上投放广告等方式，主动向潜在顾客提供产品信息。然而，消费者往往对卖方提供的信息持怀疑态度。因此，供应商常采用提供免费产品、试用产品或测试版产品的策略，让消费者亲身体验产品，从而建立信任。

对于经验产品而言，其质量特性往往需要通过实际使用才能得以全面展现，这使得在未充分了解产品质量之前，顾客往往持谨慎态度，不愿轻易购买。为此，试用或提供免费产品成为一种广泛采用的营销策略，旨在让消费者亲身体验产品，从而增进对其品质的了解与信任。在信息产品领域，由于产品的核心价值在于其包含的信息内容，而消费者在购买前往往难以准确判断这些信息是否对自己有用，因此决策过程更为复杂。此时，生产者若直接披露信息内容，可能会遭遇消费者以“信息无用”为由拒绝支付价格的尴尬。试用制度因此成为解决这一信息不对称问题的有效途径。通过提供试用软件等方式，消费者能够在付款前充分评估产品的适用性，这不仅促进了交易的达成，也激励了生产者不断提升产品质量以满足市场需求。值得注意的是，对于数字产品这类特殊的信息产品，传统的退款、退货政策可能难以发挥其应有的作用。因为数字产品一旦被消费者查看或下载，其信息内容即被视为已被消费，难以再恢复原状进行退回。因此，生产者需要探索更为灵活多样的营销策略来吸引消费者。

试用产品对于经验产品而言，具有多重意义。它不仅是商家向消费者传递产品质量信号的有效手段，还能帮助商家区分不同类型的消费者，实现差异化定价。对于高支付意愿的消费者，商家可以收取更高的价格；而对于低支付意愿的消费者，商家则可能选择放弃或提供其他优惠措施以促成交易。然而，并非所有产品都适合采用试用策略。对于一次性使用的产品，如画报等，由于其使用价值的即时性和不可重复性，试用并不现实。此时，生产者需要依靠长期积累的声誉和口碑来赢得消费者的信任。此外，反捆绑销售和微付款模式等创新策略也为消费者提供了更多选择和灵活性，有助于促进市场的繁荣与发展。

最后，以盈利为目的的私人第三方机构在质量检测领域发挥着重要作用。它们将质量检测信息作为产品来销售，为消费者提供了可靠的质量参考依据。这些中介机构不仅可以直接为产品提供质量担保，还可以通过其标识和信誉向消费者传达间接的质量信号。以中介为基础的市场机制通过有效传递产品质量信息，降低了交易双方的信息不对称程度，为市场的顺畅运行提供了有力保障。

第三节　信息中介

中介，作为连接卖方与买方之间的桥梁，涵盖了广告代理商、保险公司、银行、物流公司以及批发零售平台商等多种市场代理商和机构。它们虽不直接消费产品，却通过提升交易效率在市场中扮演着不可或缺的角色。当公司选择依赖中介而非独立完成外部任务时，往往是因为利用中介能够显著降低成本。

理论上，厂家能够直接处理订单并发货至消费者手中，但在实际操作中，将货物先售予批发商往往更为经济高效。这是因为中介商凭借与顾客的紧密联系及高效的分销系统，能够有效降低存货、宣传及运输等成本，从而使分摊到每件产品上的分销成本也随之减少。然而，在数字产品领域，由于不存在远程运输和存货成本，批发销售模式对其意义不大，中介转售给消费者的费用可能并不低于厂商直销的费用。

电子商务市场中的中介，其核心功能在于提供详尽的产品质量信息，旨在消除市场中因质量不确定性所引发的市场失灵现象。为履行这一职责，中介需要投入大量技术和知识资源。对于经验产品而言，中介机构甚至可能需要亲自试用各类产品，以直接评估其质量水平。当质量测试过程变得复杂，对专业知识和经验的要求也随之提升，此时，具备专家身份的中介在市场中的作用便愈发凸显。在产品质量参差不齐的市场环境中，对中介服务的需求尤为迫切。当低质量与高质量产品并存时，消费者更加依赖中介提供的质量信息来做出购买决策。然而，若市场整体产品质量普遍较高，则中介的作用可能相应减弱，但仍不失为一道质量保障的重要防线。以二手车市场为例，车辆质量评估机构作为专业中介，负责对二手车进行严格的质量检测与评估，并向买方提供独立、客观的第三方质量信息报告，有效降低了交易双方的信息不对称程度。对于价格较为低廉的产品，虽然中介进行质量评估的成本可能高于收益，但市场依然通过消费者的抱怨、投诉及负面评价等机制来间接保障产品质量。这些负面评价信息如同一种“市场警察”，驱使潜在消费者远离那些提供劣质产品或服务的供应商。在此情况下，中介扮演了信息公告牌的角色，促进了消费者之间关于产品评价的交流与分享，使得不诚信及劣质产品的供应商难以立足。

一般而言，中介通过提供众多供应商的产品质量信息，不仅为消费者提供了丰富的选择空间，也进一步强化了中介自身的诚信形象。值得注意的是，若中介仅服务于单一产品，存在与厂商合谋作假的潜在风险；但当中介成为众多供应商的合作伙伴时，其一旦出现不诚信行为，将立即面临消费者对其所有服务产品的全面抵制，这种“连坐”机制有效促进了中介对服务对象欺骗行为的零容忍态度，激励其积极维护良好的市场声誉。此外，像美国有线电视新闻网（CNN）这样的权威媒体机构，也可被视为一种特殊类型的中介。它们通过筛选和发布高质量的作品，以自身的声誉为其所传播的内容背书，虽然消费者可能无法直接评估单个作品或作者的质量，但基于对CNN 品牌的信任，他们愿意相信并接受其所传递的信息。

在网络查询的广阔领域中，个人搜索往往导致信息获取的重复与浪费，因为每位用户均需要独立向网络发起查询请求。相比之下，中介机构的介入使得这一过程得以优化，它们负责信息的收集、处理与存储，从而显著减少了查询中的重复与浪费现象。网络中介不仅通过降低网络传输成本提升了效率，还扮演了信息过滤器的关键角色。它们能够汇聚并储存海量产品信息，运用智能化技术匹配消费者需求，精准提供最具价值的信息内容。

在电子商务市场这片信息海洋中，信息的过剩而非稀缺成为新的挑战。在信息超载的时代背景下，搜寻并处理相关信息变得愈发艰难。此时，信息中介成为消费者的得力助手，它们不仅帮助用户高效查询所需信息，还通过智能代理技术，实现个性化信息推送，确保用户获得的信息既匹配又精准。

信息中介，作为信息的保管者与发送中心，承担着对收集到的信息进行细致归类、集成与评价的职责。它们作为独立的第三方，有效协调了买方与卖方在质量与服务方面的分歧与争议。为提升用户体验，信息中介致力于提高信息收集的精确性与准确度，确保用户仅需要提交一次查询，即可获得准确无误的信息反馈。

为了实现这一目标，信息中介需要不断研发专门技术，强化其信息处理能力，以赢得用户的信赖与好评。信息中介的成功，在很大程度上依赖于其信息处理的效率以及服务可靠性的良好声誉。

搜索引擎，作为信息中介的杰出代表，其核心价值在于为用户提供完整、快速、精确且客观的搜索体验。然而，搜索引擎亦非完美无缺，它们可能面临广告利益与搜索质量之间的平衡挑战，导致搜索结果中广告优先展示，影响搜索的客观性。此外，随着网站内容的快速更新，搜索引擎也可能遭遇信息不准确或过时的问题，为用户呈现无效链接。同时，搜索技术的局限性也可能导致部分结果与关键词的相关度不高。因此，持续优化搜索算法并提升搜索质量，将是搜索引擎未来发展的关键所在。

第四节　声誉机制

戴尔科技公司（以下简称“戴尔”）通过直销模式，直接省略了中介环节及昂贵的分销网络和实体店，实现了生产者与消费者的直接对接、沟通与反馈。然而，这一模式也引发了消费者的疑虑：他们如何知道戴尔产品的质量？在直销模式下，若消费者不幸遭遇次品，其个体层面的惩罚机制往往成本高昂，实施困难。

在供应链管理中，有两种常见的合作方式：一是竞标，顾客可基于价格因素选择供应商；二是签订供应合同，此类合同往往建立在过往交易关系的基础上，通过长期合作促使供应商维护产品质量。在此模式下，频繁的质量检查并非必要，因为长期的合作关系本身就是对产品质量的隐性保证。一旦发现假冒伪劣产品，购买方有权中止合作，这种惩罚机制有效地维护了市场的公平与秩序，确保了高质量合作的持续性，同时将无信誉供应商逐出市场。

电商平台作为现代商业的中介力量，汇聚了众多供应商与消费者，构建了一个完整的交易生态系统。平台与供应商之间建立了基于声誉的合作关系。面对种类繁多、价格不一的商品，电商平台无法对每一件商品进行质量验证，因此，它建立了合作合同机制，依据消费者反馈与评价来界定供应商质量。随着电商平台的长期运营，其与重复购买的老顾客之间形成了稳固的信誉基础，这种信誉并非源自品牌广告，而是根植于过往交易的真实体验。

产品的良好声誉具有溢出效应，能够惠及同一厂商的其他产品。对于尚未建立声誉的新产品，可通过贴牌销售等方式，借助已有声誉厂商的背书来提升消费者信任。电商平台作为连接供给者与消费者的桥梁，尤其擅长解决小商家商品质量不确定的问题。小供应商通过电商平台租用其声誉，从而获得消费者的信赖。电商平台凭借自身的规模、运营时间及积累的声誉，为平台上的商品提供了额外的质量保证，并通过严格的质量管理措施，维护了自身作为中介的公信力。

第五节 广告

广告作为传递产品质量信息的常规手段，其信息内容需要详尽至足以让购买者信服其质量，同时又需要避免直接泄露销售敏感信息。随着消费者在互联网上停留时间的显著增加，网络广告在广告领域中的地位愈发重要。互联网广告的核心逻辑在于将产品信息精准送达消费者，或诱导其访问特定站点。电子化市场以其广告形式的多样性、修改的便捷性、传播的广泛性以及相对较低的成本，加剧了市场竞争。

广告的经济功能广泛，包括向顾客提供信息、刺激产品需求、降低产品需求的价格弹性、构筑市场进入壁垒以阻止潜在竞争者，以及创造产品差异化。广告在寡头市场和垄断竞争市场中尤为有效，而垄断厂商因市场地位稳固，通常无须依赖广告；完全竞争市场则基于完全信息的假设，同样无须广告介入。当企业销售差异化产品并定价高于边际成本时，广告成为吸引消费者、促进销售的重要工具。

广告可细分为信息型广告和说服型广告。前者专注于传达价格、产品质量及用途等具体信息，倾向于直接描述产品特性；后者则旨在改变消费者偏好，通过关联产品与时尚、成功、快乐等积极意象，有时甚至激发原本不存在的消费欲望。广告内容的侧重点往往随产品类型而异：对于非经验商品，其质量在消费前即可直观判断，广告多采用信息型；而对于经验商品或复杂难以评估质量的产品，即便提供详尽的专业信息，也难以完全消除质量不确定性。

广告常被视为提升厂商市场势力、增加市场进入难度的因素。新进入者需要投入大量广告资源，方能引导消费者放弃既有品牌，选择新产品。广告不仅强调产品的独特之处，可能涉及质量、品牌或形象，还通过夸大产品间的差异来抑制竞争，降低需求价格弹性，从而支持高于边际成本的定价策略。

广告的辩护者认为，广告通过向顾客提供信息，促进了市场向完全竞争状态的趋近，提高了市场资源配置的效率。广告增强了消费者对市场上厂商的了解，帮助其寻找性价比最优的产品，进而促进了厂商间的竞争。同时，广告是质量的信号，企业通过大额广告投入向消费者传递产品质量保障的信息，低质量产品因成本效益考量而难以效仿。品牌建立于广告之上，成为产品质量的有力背书，激励品牌厂商持续提供高质量产品以维护其声誉。

关于广告对价格的影响，学界尚无定论。一方面，广告增加了厂商成本，构成提价压力；另一方面，广告促进了信息透明和市场竞争，可能促使价格下降。一般而言，信息型广告倾向于降低价格，而说服型广告则可能提高价格。品牌厂商因广告投入更大，其产品定价也往往更高。

在视觉吸引力方面，互联网广告以其丰富的色彩、多媒体及交互式形式脱颖而出，有效吸引消费者注意力。个性化、针对特定顾客群体的广告效果更佳，且内容需对消费者具有实际价值。互联网的优势在于能够轻松收集用户信息，使广告更加精准，提供对消费者真正有用的内容。同时，广告应强化品牌和公司形象，通过有趣或实用的内容吸引顾客访问。需要明确的是，广告仅是公司营销策略的一环。在互联网时代，企业还可利用新闻、邮件、公告牌、论坛等多种渠道，全面提升公司及产品的市场竞争力。

对于信息产品而言，详细描述产品信息会暴露其核心内容，进而削弱其价值。因此，信息产品的真实性和有用性验证极为困难，除非直接展示内容，但此举又会导致产品价值骤减。信息内容生产者需要在展示产品价值与质量的同时，保护其具体内容不被提前泄露。为此，可采用间接信号，如股票分析师展示其个人投资成果作为能力证明。数字产品同样面临质量不确定性的挑战，广告虽能在一定程度上解除消费者对非经验商品的质量疑虑，但对经验商品的效果有限。此时，质量保证书、赔偿金、品牌声誉等机制成为解决质量不确定性的重要手段。

广告策划需要明确目标定位，对于面向大众的快消品，广播媒体因其广泛的覆盖面而成为理想的投放平台。而对于小众产品，则应将广告聚焦于更为精准的渠道，如专业杂志，以实现更有效的市场触达。互联网技术的兴起，赋予了广告前所未有的个性化与精准性，通过收集并分析消费者的个人信息，能够实现目标广告的精准投放。例如，利用兴趣论坛、搜索关键词定向广告以及基于市场调研的消费群体定位，均能显著提升广告的有效性。

广告可以明确区分为推广告和拉广告两种截然不同的模式。推广告模式是指销售者不论顾客兴趣与否，单方面将广告信息推送给顾客，这是一种典型的单向信息传播方式。在互联网环境下，实施单向传输虽然便捷，但互联网同时也赋予了广告更多的交互性。消费者带着明确的目标在网络上搜索信息时，如果广告内容能够精准匹配并满足其需求，那么这些广告就更有可能吸引顾客的注意，这便是拉广告模式的精髓所在。然而，值得注意的是，由于很多人将互联网视为廉价的媒体，推广告模式在互联网上大行其道，尤其是电子邮件等形式的积极、侵入性广告，往往造成了资源的极大浪费。相比之下，从精准投放的角度来看，拉广告模式显然更为有效。它能够根据消费者的个性化需求，将广告内容精准推送给潜在顾客，从而提升广告的效果和转化率。从另一个维度来看，推广告模式在广播等传统媒体中，由于其广泛的覆盖面和针对大规模受众的概率营销特点，仍然具有一定的优势。但在信息泛滥、消费者注意力碎片化的今天，拉广告模式无疑展现出了更为广阔的发展前景。它鼓励顾客根据自己的需求主动寻求信息，这些个性化的需求信息被传递给广告商后，网站便能呈现出与之高度相关的广告内容，顾客对感兴趣的广告进行点击阅读，从而实现了广告效果的精准量化与评估。

从信息供给的角度来看，广告和搜索在信息渠道上具有一定的替代性。广告作为单向传播的信息渠道，其信息传递方式相对简单直接；而搜索则是一种双向交流的信息渠道，它能够为消费者提供更完整、更精确的信息匹配服务。在电子商务领域，广告和搜索相辅相成，共同作用于减少产品质量不确定性的过程中。当广告成本较低时，企业倾向于通过降价宣传来吸引顾客，从而引发价格竞争，推动市场形成竞争性价格（Bertrand 模型）。同样地，当搜索成本较低时，消费者能够轻松获取全面的产品信息，这也会促使市场价格趋于竞争性水平。然而，在实际市场中，广告和搜索的成本均非零。这意味着市场定价往往高于边际成本，且总有部分消费者因信息不完全而面临价格劣势。因此，供给者有时会利用这一信息不对称现象来抬高价格。但随着搜索技术的不断进步和搜索成本的持续降低，搜索在信息获取方面的优势将更加明显，从而有可能替代部分广告的功能。一个高效的搜索市场即使没有广告的介入也能有效驱动价格竞争并减少广告的浪费。因此，搜索引擎作为电子商务市场中的重要信息工具的地位不可忽视①。

---

① SOON-YONG CHOI, DALE O. STAH I, ANDREW B. WHINSTON. 电子商务经济学［M］. 张大力，刘维斌，译. 北京：电子工业出版社，2000.

第九章

共享经济

第一节 共享经济概述

一、共享经济的定义

共享是新发展理念的重要内容。党的十八届五中全会首次提出发展分享经济。2016 年政府工作报告提出以体制机制创新促进分享经济发展。2017 年党的十九大首次提出共享经济。2018 年政府工作报告提出发展平台经济、共享经济。2019 年政府工作报告指出，坚持包容审慎监管，支持新业态新模式发展，促进平台经济、共享经济健康成长。党的二十大提出“加快发展数字经济，促进数字经济和实体经济深度融合”。

2017 年 7 月印发的《关于促进分享经济发展的指导性意见》提出：“分享经济在现阶段主要表现为利用网络信息技术，通过互联网平台将分散资源进行优化配置，提高利用效率的新型经济形态。”腾讯研究院认为，分享经济是指公众将闲置资源通过社会化平台与他人分享，进而获得收入的经济现象。阿鲁·萨丹拉彻认为分享经济是一群消费者通过一个平台与一群供应商相匹配，并获得服务的经济形式。雷切尔·博茨曼、路·罗杰斯把共享经济概括为“我要，你有，有效，信任”。

总之，共享经济是指利用网络平台将闲置资源基于数字技术向他人分享的经济模式。共享是指将闲置资源供他人有偿或无偿使用，或者从他人处获得闲置资源的有偿或无偿使用。这是超越所有权获得产品或服务使用权的协同消费模式。个人、闲置资源、网络平台、收益是共享经济的四要素。滴滴出行创始人程维（2016）认为，分享经济这种“不求拥有，但求所用”的新经济模式是中国经济发展的一股新动能。罗宾·蔡斯认为，“过剩产能+共享平台+人人参与”可以在稀缺的世界里创造出富足。个人存在闲置资金、闲置物品、闲置时间，企业存在闲置库存、闲置产能和闲置资金等，激活经济剩余是社会财富增长的一个新途径。随着数字网络技术的进步，闲置资源的分享变得便捷，信息不对称和交易成本大大降低。共享经济强调所有权与使用权的相对分离，倡导共享利用、集约发展，利用互联网平台将分散资源优化配置，提高资源利用效率、便利群众生活。

综上所述，共享经济可定义为：将闲置资源基于信息网络技术向他人分享的经济模式。“共享经济”“分享经济”这两个词经常等同使用。根据字面意思，二者存在细微差异。共享经济一般只涉及使用权的共同享用，不涉及所有权问题。分享经济是指闲置的所有权或使用权的转移分享。分享经济与所有权有关，包括所有权的转移，也包括所有权不转移、只转移使用权的情形①。因此，共享经济的外延更广，包括分享经济。共享经济的精髓是个体对个体分享闲置物品或服务，共享经济也被称为朋辈协作经济体系，即个体以闲置资源为他人免费或有偿使用的合作行为②。

二、共享何物？

闲置资源的供给方将闲置资源的所有权或使用权转移给需要的人，从而获得收入，这有利于盘活闲置资源，提高资源使用效率，增加资源所有者的收入。“你有”闲置资源，这些资源的边际效用为零；“我要”这些闲置资源，因为边际效用为正。因此，将这些闲置资源由你转移给我，将提高社会总效用，即“有效”③。闲置资源的分享可分为三种，即使用权剩余的分享、时间剩余的分享、所有权剩余的分享④。

其一，闲置物品所有权转让。在二手物品交易平台上，闲置物品的所有者选择将不再使用的资源有偿或无偿地转让给有需求的人群，从而为这些物品找到新的、真正需要它们的主人。以儿童用品为例，鉴于儿童成长迅速，新购置的儿童车、衣物、玩具及图书等物品很快便不再适用，直接丢弃这些尚显崭新的物品实为可惜。因此，通过二手交易平台，这些物品能够流转至其他家庭，不仅延长了物品的使用寿命，也显著提升了资源的整体利用效率。部分二手物品交换平台更进一步，鼓励用户将闲置物品无偿赠予他人，同时，赠予方也有机会获得自己所需的物品，实现了资源的双向流动。此外，一些平台还引入了网络虚拟货币系统，用户可利用在平台内累积的虚拟货币进行交易结算，提高了交易的趣味性和便捷性。

其二，闲置物品使用权转让。对于个人拥有的闲置财产，如房产与汽

① 例如，共享单车属于共享经济范畴，单车产权是单车租赁公司的，共享的是使用权；网约车服务是分享经济，所有权是私人车主的，分享的是私人车主的闲置资源（包括车和车主时间）的使用权。闲鱼网这样的二手物品交易或赠送，是分享经济，涉及物品所有权的转让。

② 赵昌文. 平台经济的发展与规制研究［M］. 北京：中国发展出版社，2019.

③ 雷切尔·博茨曼、路·罗杰斯（2015）将其概括为“我要，你有，有效，信任”。

④ 马化腾. 分享经济：供给侧改革的新经济方案［M］. 北京：中信出版社，2016.

车，在其未被充分利用时，不仅造成资源浪费，还需要承担维护、折旧及税费等额外负担。例如，拥有多处房产的房主，在任一时刻都仅需要居住于一处，其余房产在空置期间即失去了创造价值的机会。通过将闲置房屋出租给租客，房主能够获取稳定的租金收入。同样，私家车在多数时间内处于停放状态，车内座位也常有空余。车主可通过将闲置车辆或空余座位出租给有需求的人士，获得额外收益。此外，共享单车、共享充电宝等企业，通过高效利用自身资产，向用户出租服务以覆盖成本并寻求盈利，闲置则意味着成本的增加与亏损的扩大。

其三，闲置时间使用权转让。时间作为宝贵的资源，其价值不言而喻。鉴于人们忙碌程度的差异及时间机会成本的不同，拥有较多空闲时间的人群可通过出租其时间使用权，获取一定的经济回报。以职业篮球运动员姚明为例，他若亲自处理如修剪草坪、接送子女等日常琐事，将产生高昂的机会成本。此时，聘请有空闲时间的专业人士代为处理，不仅能有效节约其个人时间，还能为服务提供者创造收入。类似地，代驾服务也是利用个人空闲时间增加收入的一种方式。

其四，闲置知识使用权转让。知识是无形资产，其价值在于应用与分享。通过学习与积累获得的专业知识，若未能得到有效利用，则相当于知识资源的闲置。部分知识源自实践经验，如旅行攻略，分享此类知识既能满足他人的需求，又能体现分享者的价值。在知识共享的过程中，知识的非竞争特征尤为显著，即知识的分享不会减少知识拥有者的存量。因此，教师、医生、律师、厨师等专业人士可在空余时间，通过提供专业服务，如上门烹饪、在线答疑、远程诊疗等，实现知识价值的变现。此外，随着技术的发展，人们甚至能在碎片化的时间内，如乘坐地铁、短暂休息时，通过回答专业问题获得收入。

其五，闲置空间使用权转让。在日常生活中，车位、办公室、运动场地等空间资源常因各种原因而处于闲置状态。例如，当私家车被停放于单位或住宅以外的地点时，其原本占用的车位便成为闲置资源。通过共享平台，这些闲置空间得以被有需求的人群有效利用，不仅提高了资源利用率，还为空间的所有者带来了额外的经济收益。共享车位、共享办公室等模式的兴起，正是对这一理念的生动实践。

三、为何共享?

人们闲置的资产、时间、空间具有交换价值，对闲置资源所有者没用的东西可能正是别人需要的东西。人们通过共享来获得这些资源而不是购买它们，至少有以下三个原因：

其一，可以省钱。闲置资源的价格较低。任何物品只要进入二手市场，其价格都会大大降低，信息经济学对此已有解释。资源闲置意味着对其所有者来说，边际效用为零甚至为负（要付出维护成本、占用储存空间等），因此，所有者对闲置资源的价值评价会降低。人们乐意从二手货市场淘一些物美价廉的物品。有些物品特别是耐用品具有不可分割性，如即使只需要使用一次锤子服务，且锤子的使用寿命是一万次，我们也没办法把锤子分割成一万份，购买其中一份，我们只能买一把完整的锤子。但是，耐用品的服务具有可分割性，我们不需要为了使用一次锤子就购买一把锤子，只需要共享一次锤子的服务。如果购买一把锤子的价格是 100 元，锤子的使用寿命是 1 万次，则租用一次锤子的价格只需要 1 分钱。同样的逻辑，人们没有必要为了出席一次晚宴而买一套礼服，以低得多的价格共享租赁 1 次就可以了。享受汽车共享服务的价格比自己拥有私家车的成本低 70%以上，而居民投入的资金不到购车款的 1/5①。人们共享昂贵的设备，如实验室、医疗设备等，可以以更低的价格完成手上的工作。

人们共享他人闲置时间的使用权，一定是价格低于使用自己时间的机会成本。例如，若要将一个重要文件从你的住所送到某个地方，你没有时间，因为你有其他很重要的事要做，而同城物流平台上，有人正好有时间或正好要去那个地方。显然，由这个人来完成这一任务比你亲自送过去更有效率，也更省钱，因为规模效应降低了边际成本。人们共享他人闲置知识的使用权，可以显著降低学习成本，实现术业有专攻。

其二，促进消费的多样性与灵活性。共享经济赋予了消费者前所未有的选择权，使他们能够在不实际拥有物品的前提下，轻松获得这些物品所提供的服务。这种模式极大地拓宽了消费者的选择范围，使他们能够以更加自由、经济的方式享受多样化的产品与服务。

① 杰里米·里夫金. 零边际成本社会［M］. 赛迪研究院专家组，译. 北京：中信出版集团，2017.

共享经济满足了不同消费者的多样化偏好。当消费者追求高品质服务时，他们可以租用高端产品或服务；而当需求较为基础时，则可选择普通品质的产品。这种灵活性让人们的生活更加丰富多彩。例如，在日常出行中，人们可以选择租用经济型汽车以节省开支；而在特殊场合，如婚礼或重要商务活动，他们也能轻松租用到豪华汽车，甚至可以尝试多种豪车品牌，体验不同的驾驶乐趣。若仅限于购买产品才能享受其带来的消费体验，那么许多高端消费品，如豪华套房、豪华汽车、豪华游艇及高档礼服等，可能会成为许多人一生难以触及的梦想。然而，在共享经济的推动下，这些曾经遥不可及的体验变得触手可及。普通民众只需要在合适的场合，通过租用一次即可满足自己的愿望，享受那份专属的奢华与美好。此外，共享经济还为旅行者带来了前所未有的住宿体验。在共享短租平台上，如爱彼迎（Airbnb），旅行者可以找到各式各样的房源，从传统的公寓、别墅到独具特色的树上小屋、冰屋、游艇等，几乎涵盖了所有可能的住宿形式。这些房源均由世界各地的所有者共享而出，为旅行者提供了丰富的选择空间。更有甚者，如沙发客等平台，更是让旅行者有机会免费入住在独具特色且充满人情味的房主家中，体验一种全新的旅行方式。

其三，加强社交互动与社群建设。信息网络技术的飞速发展，不仅催生了各类社交平台，还极大地促进了陌生人之间的分享与合作。以沙发客平台为例，它搭建了一个桥梁，让旅行者能够跨越地域界限，与全球各地的人建立联系。这一共享平台的用户群体构成了一个紧密联系的社群网络，在寻找住宿的同时，也为用户提供了结识新朋友、拓展社交圈的机会，且这一切均建立在非商业化的基础之上，没有金钱交易的介入。即便是付费的房屋共享平台，也往往超越了简单的租赁关系，赋予了更多的社交属性。房主常常乐于分享当地的旅游信息、出行攻略乃至美食推荐，而房客也会回馈以家乡的特产或邀请房主共进晚餐，这种互动不仅丰富了旅行的体验，更增进了人与人之间的情感交流。共享出行领域同样如此，许多司机在加入平台前，社交圈子相对有限，生活较为封闭。而共享出行则为他们打开了一扇窗，使他们有机会接触到形形色色的人，拓宽了视野，丰富了生活。此外，时间共享平台通过设立虚拟货币等机制，鼓励人们之间的互助与协作。例如，照看儿童或宠物等服务的交换，不仅解决了实际需求，还促进了社区内部的互助氛围。服装共享平台组织的服装交换活动，更是让人们在享受时尚的同时，体验到了分享的乐趣和社交的温暖。农产品共享平台则通过“蜂巢”等创新模式，将农民与社区居民紧密联系在一起。在约定的时间和地点，人们不仅完成了农产品的交易，还建立了基于共同兴趣和需求的社群，实现了商业与社交的双重价值。联合办公空间则是另一番景象，它将咖啡馆的休闲氛围与工作室的专业性完美融合，既满足了人们共享办公资源的需求，又促进了社群成员之间的互动与交流。正如雷切尔·博茨曼与路·罗杰斯在《共享经济时代：互联网思维下的协同消费商业模式》一书中所指出的，共享经济不仅仅是一种商业模式，更是一种促进社交、增强社群凝聚力的有效手段①。人是社会性动物，对社交的需求与生俱来。然而，工业革命和私有产权制度的兴起，曾一度将人们推向了原子化的生活模式，邻里之间变得陌生而疏远。但共享经济的兴起，正在悄然改变这一现状。马克思指出：“人的本质并不是单个人所固有的抽象物，在其现实性上，它是一切社会关系的总和。”② 马斯洛的需求层次理论也告诉我们，社交需求是高于生理需求和安全需求的重要层次③。因此，共享经济中促进社交活动的属性，无疑为其增添了更为深远的社会价值。

四、自购还是共享？

在决定是否对特定物品或服务采取自购或共享的方式时，两者实际上是互为替代的选择。这一决策主要取决于物品或服务的三个核心特征：竞争性、使用频率以及交易成本。

其一，竞争性越低，共享模式越具优势。竞争性衡量的是单一用户对该物品的使用对其他用户使用的潜在影响。对于诸如知识、信息等非竞争性资源，共享非但不会减少原有用户的占有与使用，反而能扩大其传播范围，因此具有广阔的共享前景。新闻媒体的报道便是典型例证，一家媒体发布的新闻能够迅速被其他媒体共享。同样，闲置资源，如未使用的汽车、房屋、衣物、玩具及图书等，由于其闲置特性，竞争性较低，自然成为共享的理想对

① 雷切尔·博茨曼，路·罗杰斯. 共享经济时代：互联网思维下的协同消费商业模式［M］. 唐朝文，译. 上海：上海交通大学出版社，2015.

② 中共中央马克思恩格斯列宁斯大林著作编译局. 马克思恩格斯选集：第 1 卷［M］. 北京：人民出版社，1972.

③ MASLOW A. H. A theory of human motivation［J］. Psychological Review，1943，50（4）：178-200.

象。以共享单车为例，当车辆供应充足、易于获取时，其共享属性得以凸显；反之，若用户频繁遭遇无车可用的困境，则可能转而选择购买个人单车。同理，若消费者常常约不到共享汽车，说明闲置汽车并不多，这会坚定人们想自己购买一辆车的想法。

其二，使用频率越低，共享模式的优势越为明显。在日常生活中，我们常会遇到一些物品或服务只是偶尔需要，例如偶尔需要使用锤子、电钻等工具。若每次使用都购买新产品，从经济角度来看显然是不划算的。设想一个锤子的设计使用寿命为 1 万次，但若仅被使用 1 次，则其实际利用率仅为万分之一，且还需要占用家庭宝贵的存储空间。同样，对于只计划外出野营一次的家庭而言，购买整套装备显然过于奢侈，且之后很可能长期闲置。耐用品的服务特性在于其可分割性，这为共享提供了可能。以锤子、电钻为例，通过共享机制，社区内的一把锤子即可满足成千上万户家庭偶尔的使用需求，极大地提高了资源利用效率。具体而言，家庭只需要根据实际使用次数进行租用，无须承担额外的购买和存储成本。而对于那些经常需要使用此类工具的专业师傅而言，购买并拥有自己的工具则更为合理。此外，使用频率也是决定自购与共享选择的重要因素。家庭对电冰箱等高频使用的电器通常倾向于购买，以满足日常生活的持续需求。而对于打印等低频需求，则更适合通过文印店等共享服务来满足，这样既节省了成本，又避免了资源的闲置和浪费。文印店作为共享服务的提供者，正是基于这一市场需求而存在的。

其三，交易成本越低，共享模式的吸引力越大。共享物品或服务，本质上仍是一种交易行为，而交易成本则是这一过程中不可避免的一环。正如科斯在《企业的性质》中所深刻阐述的，虽然经济个体能够通过市场交易实现生产合作，但市场交易的成本往往促使企业这种一体化组织的出现，通过内部交易来替代成本高昂的市场交易，从而实现交易费用的节约[①]。基于科斯的理论框架，我们可以推断，对于那些交易成本较高的物品或服务，家庭更倾向于直接购买并持有，以规避高昂的交易费用。相反，交易成本较低的物品或服务，则更适合通过共享租赁的方式来满足需求。以共享单车为例，其便捷性体现在扫码即开、关锁即停、实时定位、自动计费等多个方面，极大地降低了用户的交易成本，使得共享单车成为众多城市短途出行的优选。然而，并非所有物品都适合共享。例如，闲置资源如汽车、房屋等虽然具有

① COASE R. H. The nature of the firm [J]. Economica, 1937 (4): 386-405.

共享潜力，但其共享过程往往伴随着较高的物流成本，需要专门的配送与回收机制。相比之下，电冰箱等大宗家电由于体积庞大、搬运不便，物流成本通常较高，因此不太适合共享。特别是对于那些交换价值较低的物品，如锤子等小型工具，当物流成本远高于其购买价值时，消费者往往更倾向于直接购买而非共享。值得注意的是，信息网络科技的飞速发展极大地降低了共享交易的成本。在技术进步之前，人们共享房屋、汽车等资源的难度极大，主要受制于高昂的信息搜寻与匹配成本。而今，随着移动互联网、大数据、云计算等技术的广泛应用，共享经济得以在全球范围内迅速普及，并呈现出蓬勃发展的态势。未来，随着技术的不断进步和交易成本的持续降低，共享经济模式有望进一步拓展其应用范围，成为推动社会经济发展的重要力量。

并非所有资产都适用于共享经济，丽莎·甘斯基用横轴表示资产的价值，用纵轴表示资产的使用频率，认为右下角领域与共享经济的契合度最高，即高价值、低使用频率的资产最合适共享（见图9-1）。需要注意的是，即使是同一资产，也可能会因使用频率的差异而被归入不同象限。以住宅为例，如果常年都住在某住宅中，该住宅就属于右上象限，如果全年只使用一周的别墅，就会被归入右下象限。

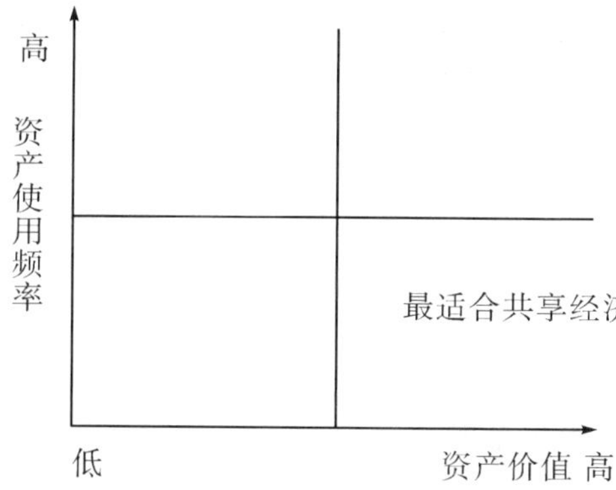

图9-1　共享何物①

纽约大学的阿鲁·萨丹拉彻进一步扩充了这一框架，提出顾客特定件（定制程度的高低）、必要的熟练度也会影响资产与共享经济的契合度。个人定制度高的资产（如定做的婚纱）难以共享；对于需要花时间才能学会使用的商品（如吉他），比起共享，不如拥有。

① 丽莎·甘斯基. 聚联网：商业的未来［M］. 马睿，译. 北京：中信出版社，2012.

共享经济是数字经济的新模式、新业态。2022年，我国共享经济市场交易规模约为38 320亿元，同比增长约3.9%；从市场结构上看，生活服务、生产能力和知识技能三个领域的共享经济市场规模居前三位①。从主要生活服务领域网约车、共享住宿、在线外卖来看，网民的普及率还较低，说明我国共享经济还有较大的发展空间（见表9-1和表9-2）。

表9-1　2021—2022年我国共享经济发展状况

市场构成		交通出行	共享住宿	知识技能	生活服务	共享医疗	共享办公	生产能力
共享经济交易额/亿元	2021年	2 344	152	4 540	17 118	147	212	12 368
	2022年	2 012	115	4 806	18 548	159	132	12 548
2022年同比增速/%		-14.2	-24.3	5.9	8.4	8.2	-37.7	1.5

资料来源：国家信息中心分享经济研究中心。

表9-2　2022年主要生活服务领域共享型服务普及情况

领域	用户规模/万人	网民普及率/%
网约车	40 507	38.54
共享住宿	6 970	6.63
在线外卖	6 4581	61.44

资料来源：国家信息中心分享经济研究中心。

第二节　共享经济的作用

一、提高资源配置效率

你的闲置资源正是别人需要的宝贵资源，但要实现闲置资源供需之间的匹配并不容易。“在寒冷的冬日清晨，我一边疯狂地拦出租车，一边想如果我能借用一下旁边停着的某辆车，把女儿送到学校后再把车开回这里，在仪表盘上放上10美元和一张写着谢谢的字条，这样会不会更好？”② 共享汽车平台出现之前，人们受到这种资源错配的困扰。一边是真实的需求，一边是

① 详见国家信息中心分享经济研究中心发布的《中国共享经济发展报告（2023）》。

② 阿鲁·萨丹拉彻. 分享经济的爆发［M］. 周恂，译. 上海：文汇出版社，2017.

资源闲置，其实资源闲置者也有意愿将闲置资源变现为一定的收入。城市出行长期面临着显著的潮汐现象挑战：当供给依据平峰时段的需求设计时，高峰期往往会出现运力严重不足的问题；反之，若供给完全基于高峰时段的需求来配置，平峰时段则不可避免地会出现运力过剩的浪费。在共享车平台兴起之前，这一资源错配的难题始终困扰着公众，真实的需求与资源的闲置状态并存，而资源闲置者往往也怀有将闲置资源转化为实际收入的愿望。具体而言，城市中的汽车资源在出行高峰与平峰之间形成了鲜明的对比。按平峰需求配置的运力难以满足高峰期的急剧增长，而按高峰需求配置则会导致平峰期资源的大量闲置。这一矛盾，在共享经济模式出现之前，一直未能得到有效解决。因此，亟须一种智能的、能够按需灵活调配的出行模式，以高效整合并调动那些处于闲置状态的汽车及司机资源。汽车共享模式的迅速流行，正是基于其有效解决了汽车空载或座位闲置的问题。一个典型的现象是，许多汽车在完成载人载物的任务后，常常以空载状态返回，这造成了资源的极大浪费。以日常通勤为例，一辆私家车在搭载驾驶者前往工作地点时，其余四个座位往往处于空闲状态。设想一下，如果机场出发的旅客能够将其即将空载返回的汽车出租给刚到达的旅客，这将极大地提升资源的利用效率。然而，闲置资源的碎片化分布以及高昂的整合成本，一直是制约其有效利用的关键因素。在移动互联网，特别是 GPS 定位导航系统尚未普及之前，这些零散分布于社会各个角落的闲置资源，其整合难度极大，且交易过程中产生的成本往往超过了资源本身的交换价值，从而限制了其市场化运作的可能性。随着科技的进步，特别是移动互联网和 GPS 技术的飞速发展，这一难题正逐步得到破解，为共享经济的蓬勃发展奠定了坚实基础。

随着移动互联网时代的到来，智能终端的普及以及定位导航系统的帮助，使共享经济的使用门槛越来越低，大数据算法实现高智能、高速度的供需匹配，解决了供需之间的信息不对称问题，交易成本大大降低。闲置资源的交换价值被唤醒。共享经济提升资源配置效率主要表现为规模经济效应、范围经济效应、网络效应及双边市场效应。

其一，规模经济效应。互联网所创造的虚拟空间打破时空的限制，实现全社会范围大规模的用户聚集。实体商业最多容纳几百、数千户商家或消费者，而互联网平台聚集的商家或消费者可达到数几千万户或数亿名。共享经济模式把大量碎片化闲置资源整合在一个共享平台上，可以实现规模经济效应。数字共享平台具有高固定成本、低边际成本特征，每增加 1 单交易的边际成本很低，驱使平均成本不断降低。随着用户规模扩大及交易量 N 增加，平均成本 AC 不断降低，且趋向于边际成本 c。更低成本转化为更低价格，消费者得到实惠，商家得到可观的流量。其计算公式如下：

$$AC = \frac{F + c \times N}{N} = c + \frac{F}{N} \tag{9-1}$$

其二，范围经济效应。数字共享平台凭借其独特的优势，成功突破了物理空间的限制，构建了一个能够容纳规模庞大的虚拟商家群体，进而提供了种类异常丰富的商品与服务。这种多样性不仅丰富了消费者的选择，还极大地提升了交易效率。以二手物品共享平台为例，它能够汇聚上万种产品和服务，消费者只需要在一个平台上即可实现“应有尽有”的购物体验，真正享受到了一站式满足所有二手资源交易需求的便捷。

再如滴滴出行，这一平台不仅涵盖了传统的出租车服务，还创新性地引入了专车、滴滴快车、顺风车、代驾、大巴、货运等多项业务，成功打造了一个综合性的一站式出行服务平台。这种多元化的业务模式，不仅满足了用户多样化的出行需求，还通过资源整合与优化配置，实现了更高的运营效率。

平台集中多种产品或服务时，若其联合成本低于单独经营这些产品或服务的成本之和，则表明平台成功实现了范围经济效应。这一效应的核心在于平台的基础设施、服务及渠道能够在更大规模的交易中得到有效分摊，从而降低了单位成本。由于数字共享平台的边际成本相对较低，一些在传统市场中难以生存的小众业务，在数字平台上也找到了生存空间，并借助长尾效应实现了可观的销售业绩。这些长尾部分虽然单个看起来微不足道，但汇聚起来却能形成一股不可忽视的力量，为平台带来了额外的收入来源，同时也促进了利基市场的开发。这正是数字共享平台在资源配置与市场拓展方面的独特优势所在。其计算公式如下：

$$\frac{C(q_1) + C(q_2) - C(q_1, q_2)}{C(q_1, q_2)} > 0 \tag{9-2}$$

其三，网络效应。数字共享平台的用户构成网络的节点。网络型产业具有网络外部性特征[①]。新消费者加入某产品网络时，为网络中已有消费者带

① KATZ M L, SHAPIRO C. Network externalities, competition, and compatibility [J]. American Economic Review, 1985: 75.

来正的效用。用户从网络产品消费中所获得的效用随消费这种产品的用户数量增加而增加，网络的价值随加入网络的消费者数量增加而增加，这叫网络效应。梅特卡夫定律（Metcalfe's Law）指出，网络的价值与网络节点数的平方成正比。其计算公式如下：

$$V(N) = k \times N^2 \tag{9-3}$$

网络经济学对梅特卡夫定律的解释是，随着接入网络的节点增加，网络用户之间的连接即互动呈指数增加。只有 2 个节点时，只有 1 条连接。3 个节点的网络可形成 3 条连接，4 个节点的网络连接达到 6 条，5 个节点的网络可实现 10 条连接（见图 9-2），网络连接的数量等于 $N(N-1)/2$（N 为节点的数量）[①]，当 1 万个用户加入共享网络时，网络连接数可达 49 995 000。在沙发客、时间银行、服装共享平台等社群网络中，每个人既是消费者也是供给者，相互之间都可能发生连接，网络用户规模的扩大，提高了共享网络的价值。

其四，双边市场效应（见图 9-3）。共享平台作为一个独特的经济实体，构建了一个充满活力的双边市场，一方是共享物品或服务的供给者，另一方则是对应的需求者。这一市场结构的核心特征在于其固有的网络外部性，正如 Rochet 与 Tirole 在 *Journal of European Economic Association* 中所阐述的，双边市场中的一方参与者数量的增加会直接影响另一方的效用或参与意愿，形成正向的互促机制[②]。以共享出行平台为例，这一市场效应表现得尤为明显。随着平台上需求者数量的不断增加，司机的预期收入也随之提升，从而吸引更多司机加入平台，增加了服务的供给量。反过来，平台上司机数量的增长又进一步提升了乘客打车的便捷性，减少了等待时间，进而吸引了更多需求者加入平台，形成了一个良性循环。这种供需双方相互促进的态势，正是双边市场效应在共享出行领域的生动体现。为了进一步强化这种效应，跨边补贴成为双边市场常用的策略之一。通过向平台的一方提供补贴，吸引其积极参与，进而利用网络外部性吸引另一方的加入，最终实现两类群体福利的共同提升。这种非对称成本分摊机制，正如江小涓（2017）所指出的，是双边市场策略中的重要组成部分，对于促进市场繁荣、提升平台竞争力具

---

① 许小年. 商业的本质和互联网［M］. 北京：机械工业出版社，2020.

② ROCHET，TIROLE. Platform competition in two - sided markets［J］. Journal of European Economic Association，2003：1.

有重要意义。在共享出行平台中，跨边补贴的应用不仅有效促进了司机与乘客的积极参与，还推动了平台的快速发展与扩张。

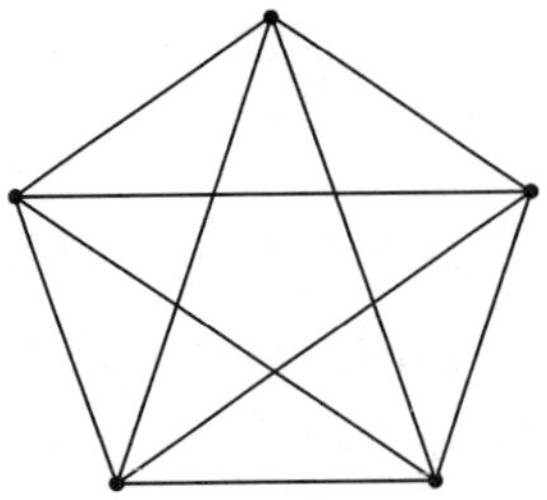

图 9-2　互联网络

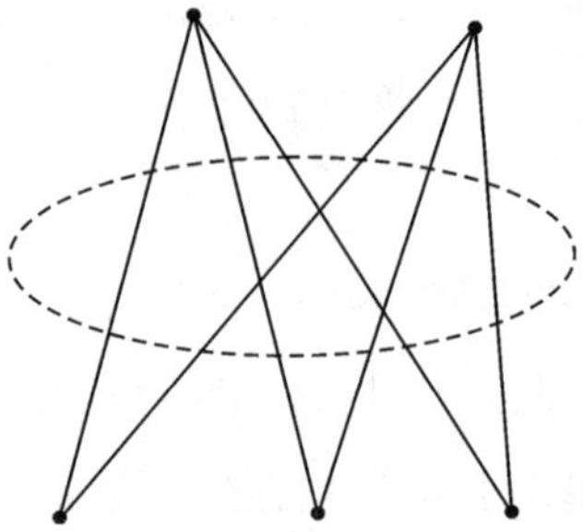

图 9-3　双边市场网络

在双边市场中，同类用户之间的交互有限，例如，共享出行平台中，需求者之间的互动很有限，司机之间的互动也不多，互动主要是在供给者和需求者之间进行。假设有 M 个供给者和 N 个需求者通过平台实现交易，能够实现的连接数为 $M \times N$，则平台的价值为

$$V(M, N) = a \times M \times N \tag{9-4}$$

共享经济平台还能实现搜索、智能匹配、智能推送、比价等功能，极大地降低了用户的交易成本。例如，在共享出行领域，乘客上车后，算法自行匹配行程接续的第二位乘客，以缩短车辆跑空的时间。数字共享平台使传统经济条件下没有价值的交易体现出价值，实现闲置资源“物尽其用，人尽其才”，显著提高闲置资源的配置效率。

共享经济本质上是商贸流通服务业。在共享平台作用下，一是改变了传统服务业需要面对面、同时同地交易且不可复用的低效率特性，通过“互联网+”创新使得随时随地、批量复制的服务型消费成为可能，扩大服务半径和消费规模，有力提升服务业生产效率；二是打破了供需双方间的信息不对称，使得过去未能得到充分利用的存量资源和劳动力被充分调动，大大提高了服务业的供给能力和人们的消费能级；三是降低了创新创业的门槛和成本，使得过去必须依赖企业等组织才能完成的商业行为，可由小微个体完成，在促进社会包容性发展的同时，也增加了服务供给的丰富性、多样性。

二、促进可持续发展

大多数人的汽车只有不到 10% 的时间在使用，绝大多数汽车超过 90%

的时间都停在车库里[①]；很多家庭购置多套住宅，很多房子被空置；很多家庭的锤子终身只使用过一次；很多人买的衣服穿过一次就不再穿了；孩子的玩具玩过一两天就不再需要了。大量闲置的物品对资源造成极大浪费。人们一边购买新产品，一边不惜淘汰掉很多还能用的旧产品，资源浪费就此产生。人类不断地消耗资源，但地球的资源是有限的，环境的承受能力也是有限的。恩格斯早就警告过我们："不要过分陶醉于人类对自然界的胜利，对于每一次这样的胜利，自然界都报复了我们。[②]"以占有物质产品为特征的消费主义已走向深渊。每个人不可能拥有这么多所有权。若人人占有一辆汽车，甚至一人占有多辆汽车，对资源的耗费将是巨大的，城市也提供不了这么多的交通资源。以资源消耗支撑的粗放型经济增长是不可持续的，以新发展理念引领高质量发展才是人类的未来。

共享经济模式，能够将海量的闲置资源进行有效融合，从而激活这些资源的潜在价值，实现高效的利用与交换。在这一过程中，鼓励更多的共享行为不仅能够减少不必要的全新购买，还能显著提升资源的使用效率。路上每增加一辆共享汽车，就意味着减少 15 辆私家车[③]；共享汽车平台上的汽车可以大大降低空载率，减少燃料的浪费。共享经济不仅能够减少产品生产中的资源耗费和燃料耗费，还会减少垃圾的产生。人们可以共享制造能力，靠近市场的 3D 打印制造车间既可以节省运输成本，也可以节省物料。3D 打印不同于传统制造。3D 打印是叠层增材过程，不存在物料的浪费。人们可以共享可再生能源，在不久的将来，家庭、办公室、工厂可以生产自己的可再生能源（主要是太阳能），接入能源互联网从而实现共享绿色电力。随着太阳能采集、存储和输送的成本不断降低，可再生能源在电力消耗中的比例将不断上升。共享经济利用更少的资源来满足人们的美好生活需要，为绿色发展、可持续发展奠定了基础。阿鲁・萨丹拉彻（2017）认为共享经济是一种促进可持续发展的方式。罗宾・蔡斯（2015）认为共享经济有利于解决气候变化问题。

---

① 阿鲁・萨丹拉彻. 分享经济的爆发［M］. 周恂，译. 上海：文汇出版社，2017.

② 中共中央马克思恩格斯列宁斯大林著作编译局. 马克思恩格斯选集：第 3 卷［M］. 北京：人民出版社，1972.

③ 杰里米・里夫金. 零边际成本社会［M］. 赛迪研究院专家组，译. 北京：中信出版集团，2017.

三、促进社会和谐幸福

一些人以占有物质产品的多少衡量财富和成功，其很多需求偏离人类衣食住行等真实需求。一些人喜欢购买奢侈品，通过“符号”标榜的闪亮之物来炫耀[①]自己的富有。事实上，心理学领域的研究发现，拥有更多物质的人，不一定感觉更幸福。伊斯泰林[②]发现，即使人均收入和消费水平成倍地增长，衡量幸福感的曲线也并未提高。物质主义者被资本、广告所操纵，总是贪恋于新的欲望，他们拼命地工作以实现更多的消费，在“工作与消费”循环中苦苦挣扎[③]。欲望永远无法填满，总有更大、更新、更好的产品出现，人们被一座“快乐水车”弄得疲于奔命。物质主义者陷入焦虑等心理问题，他们对生活并不满意。共享经济为消费者提供省钱模式，且增加了消费的多样性，减轻了人们的经济压力，可以有效地破解“工作与消费”循环难题。共享消费者可以更好地回归人的社会属性，满足人的社交需求。

第三节　拥抱共享经济

随着生产力的发展，物质产品越来越丰富，物品剩余和物品稀缺并存，闲置资源的供需双方都可以从资源共享中获得福利的增进，是一种帕累托改进。因此，闲置资源的共享是大势所趋，有利于个人及社会，也有利于地球环境。信息网络技术将闲置资源的供需双方有效匹配，为共享经济打造门槛越来越低的应用场景，全社会应该拥抱共享经济。随着信息网络技术的不断进步，信息网络技术把闲置资源的供给者和需求者大规模聚集在一起，且实现了智能匹配，信息不对称大大缓解，交易成本大大降低，从而促进了共享交易。我们可以从以下 13 个方面拥抱共享经济。

第一，发展基于产品服务的消费。人们消费商品，其本质并不在于商品本身，而在于商品所提供的服务。我们只有吃进肚子里，才能感受到食物带

---

① 凡勃伦于 1899 年在《有闲阶级论》里提出“炫耀性消费”的概念。

② EASTERLIN R A. Will raising the incomes of all increase the happiness of all? [J]. Journal of Economic Behavior & Organization, 1995, 27 (1): 1995.

③ 詹姆斯·A. 罗伯茨. 幸福为什么买不到：破解物质时代的幸福密码 [M]. 田科武，译. 北京：电子工业出版社，2013.

来的美味和能量；只有享受汽车出行服务，汽车才能体现其本质意义。占有一些没有提供服务的物品，除获得那点炫耀的虚荣外，其余都是浪费资源。我们将物品或服务分为两类：一类是快消品，如牛奶、面包、按摩等，消费就是一次性耗尽这些物品或服务的过程。另一类是耐用品，如电冰箱、汽车、锤子、衣服等，这些物品在服务后依然存在。在共享经济模式下，生产者可以从销售产品转向销售产品服务。房子、家用电器、汽车等耐用品可以以服务为单位销售给消费者。越来越多的单位租赁复印机，按打印的数量支付租金，而不是购买新的复印机，避免了复印机维修、搬运等交易成本。消费者对房屋、电冰箱等电器是要长期使用的，公司和消费者签订长期服务合同，公司负责这些产品的维护、搬运和升级，可以减少家庭升级产品时扔掉的垃圾；公司回收旧产品后，也可以实现资源的循环利用。对于蔬菜、食品这样的快消品，公司也可以签订长期服务合同，实施订单农业。固定的长期合约有利于公司实现规模经济，建立良好的客户关系，并根据客户反馈不断改进产品和服务。

第二，不失一般性。假设消费者的效用函数包括快消品 x_1 和耐用品 x_2 的产品服务，在共享经济模式下，快消品服务和传统模式下的消费并无差异，价格为 p_1，而耐用品服务与传统模式下的购买有实质性区别，耐用品所有权购买的价格为 p_2，而耐用品服务（使用权）的价格为 p_2'。因此，在共享经济模式下，消费者最优化表现为：$\max U(x_1, x_2)$，预算约束为 $p_1x_1 + p_2'x_2 = m$。若消费者只是偶尔使用耐用品 x_2 的产品服务，因为其价格 p_2' 远低于购买这个耐用品所有权的价格 p_2，他既可以省钱又可以享受耐用品的产品服务。

第三，使用权优于所有权①。若建立起基于产品服务的消费观念，消费者则倾向于认为使用权优于所有权。我们需要什么就使用什么，需要多少就使用多少。人们不再把所有权看作获得产品或服务的最佳方式，即“使用但不占有”②。在传统经济条件下，人们对某一物品产生需求，就把它买下来，完全占有它，但很多耐用品用完后便处于闲置状态，而人们却为一次使用支付整个物品的价值。共享经济利用耐用品不可分割、而耐用品的服务具有可分割性的特点，以产品服务为单位消费使用权。因为消费物品使用权的

① 杰里米·里夫金（2017）提出“使用权经济”，认为使用权优于所有权。

② 马化腾. 分享经济：供给侧改革的新经济方案［M］. 北京：中信出版社，2016.

价格比占有所有权的价格更低，替代效应和收入效应会发生作用，替代效应使消费者增加这种服务的使用。例如，奢侈品牌的汽车因为其使用权的价格远低于所有权的价格，人们可以享受更多的奢侈品牌汽车的使用，若购买才能使用，很多家庭一辈子都享受不了价格为500万元一辆的法拉利。因为物品使用权的价格下降，会产生收入效应，消费者实际收入增加，会增加所有正常物品的消费量。人们减少对物品所有权占有的同时，可以增加更多物品服务的消费。如果不考虑所有权的象征意义，占有所有权的意义就不大①。

第四，发展零工经济。在共享经济模式下，人们不仅将闲置的物资资源流通起来，连同他们闲置的时间和专业知识也得以充分利用。这极大地促进了劳动供给方式的多样化和劳动组织形式的灵活性，进而催生了零工经济的兴起。个体现在可以更自由地选择从事多种工作，从各个不同的职业领域中获取多份收入，即便是碎片化的时间也能被高效利用于工作之中，甚至在家中也能完成工作任务。就业形态因此发生了显著变化，被细分为正式就业（传统意义上的长工）与灵活就业（短工）两大类别。人们的工作内容也相应地被划分为主要工作和零工工作，即便没有固定主要工作的人，也能通过从事零工工作获得稳定的收入来源。这种变化不仅增强了个体就业的灵活性，也极大地提升了就业市场的整体灵活性，使得劳动的组织形式更加多元和适应市场需求。对于临时需要额外帮助的人来说，雇佣短工并按需支付使用费成为一种高效且经济的选择。而对于组织而言，将复杂项目委托给专门的项目团队而非增加固定员工数量，则能更有效地利用资源，提升项目执行效率。信息网络技术的飞速发展，作为这一变革背后的强大驱动力，将劳动时间的供给与需求精准匹配，极大地激活了整个就业市场，促进了资源的优化配置。面对零工经济的蓬勃发展，政府应当积极作为，加强相关政策配套与公共服务建设，为这一新兴经济形态的发展提供有力保障，确保其健康、有序地向前推进。

第五，建立信任机制。信任，作为共享经济不可或缺的“硬通货”，其重要性在共享经济模式中尤为凸显。共享经济将原本陌生的闲置资源供给者与需求者紧密相连，而要在这一过程中构建起稳固的信任基础，确保交易的安全与质量，是共享经济得以顺利发展的关键所在。主流经济学理论往往将信任视为一种理性计算的结果，即信任他人意味着将资源置于其控制之下，

---

① 正是我们对占有房屋、汽车的所有权的文化偏好挤压了其他的消费支出。

若对方诚信，则能带来利益；反之，则可能遭受损失①。然而，在共享经济的实践中，信任的内涵远不止于此，它更多地涉及人与人之间的信任关系、社会资本的积累以及长期合作的稳定性。共享经济中的交易模式往往超越了传统的即时即地、一手交钱一手交货的物物交换范畴。以知识信息的共享为例，交易双方往往采用先付费后交付的方式，这使得先付费的一方不得不承担发货方可能不诚信的风险。而在共享出行等服务共享领域，则常采用先服务后付款的模式，服务提供者则面临客户享受服务后可能不支付费用的风险。因此，信任在共享经济中扮演了至关重要的"润滑剂"角色，它使得交易双方能够克服信息不对称和信任缺失的障碍，实现资源的有效配置和交易的顺利完成。为了促进共享经济的健康发展，建立健全的征信系统显得尤为重要。然而，目前我国尚未建立起覆盖全社会的征信系统，这在一定程度上制约了共享经济的发展。不过，数字共享平台通过利用历史交易记录、用户点评等大数据信息，已初步构建起一套有效的信用评价机制。用户可以根据其他用户的评价和反馈来判断交易对象的可信度，从而做出更加明智的交易决策。同时，随着大数据技术的不断发展，共享平台还有望利用全网数据来建立更为全面、准确的个体信用记录，为共享经济的深入发展提供更加坚实的信任基础。

第六，大力发展物流业。在共享经济的浪潮中，物流业扮演着举足轻重的角色。人们虽乐于共享他人的闲置资源，但这些资源却不会自动抵达需求者手中，正是物流业发挥了桥梁作用，将闲置资源安全、高效地运送至目的地。近期，一个生动的例子在北京上演：一位同学通过拍摄家中闲置图书的照片，在网络上创建了一个虚拟书摊，并在朋友圈中宣布："告别老朋友，图书免费送，运费请自付。"我因此有幸获得了其中的两本书，它们通过顺丰快递送达，运费自然是到付。这一实例不仅展现了共享经济的魅力，也凸显了物流业在其中的不可或缺性。在处理其他闲置物品时，物流费用往往成为不可忽视的一部分。例如，夫人不久前尝试转让一辆八成新的婴儿车，虽然转让价格已十分优惠，但物流费用却相对较高，最终对方选择自取方式完成了交易，实现了物品的共享。这一案例再次说明，物流效率与成本在共享经济中的重要性。随着共享经济时代的到来，物流业有望迎来大发展、大繁

① 雷切尔·博茨曼、路·罗杰斯（2015）将其概括为"我要，你有，有效，信任"。

荣的机遇。技术进步是推动这一进程的关键因素之一。无人机送货、高效的物流分拣流水线、智能分拣打包机器人等创新技术的应用，将显著提升物流业的运营效率，降低运营成本，为消费者提供更加便捷、快速的物流服务。此外，众包物流模式的兴起也为物流业注入了新的活力。这一模式充分利用全社会的兼职或全职运力资源，为用户提供更加灵活、经济的快递服务。一方面，它有效降低了单件物流的成本，提高了物流效率；另一方面，也为拥有闲置时间和运力资源的人们提供了赚取额外收入的机会，实现了资源的优化配置和社会福利的最大化。因此，物流业不仅是共享经济的受益者，更是其典型的业态代表之一。

第七，共享平台的垄断与反垄断。数字共享平台因其独特的运作模式，展现出显著的规模经济效应。当某一平台能够覆盖并满足全部市场需求时，其平均成本往往能降至最低水平。这一特性对于新进入者构成了巨大的挑战，因为新进入者的市场规模必然小于在位者，导致其平均成本难以形成竞争力，从而形成了数字共享平台市场的高进入障碍。同时，数字共享平台还具备强大的网络效应。当市场用户高度集中于某一平台时，该平台的网络价值将远超用户分散于多个平台时的总和。这种网络效应进一步转化为需求方规模经济，强化了平台的市场地位，使得“赢者通吃”的现象在数字共享领域尤为突出。然而，值得注意的是，我国作为一个拥有 14 亿人口的超大规模市场，其容量之大可能足以容纳多家平台在保持最有效率的规模下共存，形成寡头竞争的市场格局。这种超大规模市场的特性为平台间的良性竞争提供了可能性，避免了单一平台绝对垄断的局面。在共享平台的反垄断议题上，焦点不应仅仅局限于反垄断本身，而应更多地关注并反对那些损害市场公平竞争和消费者权益的垄断行为。例如，“二选一”策略，即要求商家在多个平台间做出排他性选择，以及“大数据杀熟”，即利用大数据分析对特定消费者实施差异化定价等行为，都是当前反垄断工作中需要重点关注的领域。这些行为不仅破坏了市场的公平竞争秩序，也严重侵害了消费者的合法权益，因此必须予以严厉打击和有效遏制。

第八，做共享消费者。鉴于信息网络技术的飞速发展已显著降低交易成本，并极大地促进了人员、物品与服务的便捷流通，我们完全有理由选择成为共享消费者，这一角色转变的核心在于重视使用而非单纯拥有。作为共享消费者，我们不仅能够享受更为经济实惠的消费体验，减轻经济负担，还能体验到消费多样性的显著提升，从而拥有更多闲暇时光回归家庭，积极参与社会活动，并自觉承担起保护地球环境的责任，有效摆脱物质主义所带来的经济与心理负担。在富足环境中成长的年轻一代，对共享经济展现出了尤为热烈的欢迎态度。他们热衷于网络连接的社群生活，更加关注社会公益与地球未来，这种价值观的转变预示着共享消费有望成为引领社会潮流的新趋势。诚然，有人或许会提出质疑，认为拥有物质产品在一定程度上是个人身份与地位的象征。然而，在共享经济模式下，当我们能够轻松获取并享受丰富多彩的物质产品使用权时，单纯为了显示身份地位而占有这些财富的意义无疑将大打折扣。这一观点深刻地揭示了共享经济对于重塑人们消费观念、促进资源高效利用以及构建更加和谐社会的积极影响。

第九，分享你的闲置资源。在当今社会，不少资源往往处于闲置状态，未能发挥其应有的价值。面对此情此景，我们不禁要问：资源闲着也是闲着，何不将它们分享出来，让更多人受益呢？通过共享闲置物品、专业知识、时间和服务，我们不仅能够有效盘活这些资源，为自己带来额外的收入，还能在这一过程中遇见新朋友，拓宽社交圈子，使生活因此而变得更加丰富多彩。这种共享行为，不仅提升了物品的使用效率，减少了资源的浪费，还从源头上减少了垃圾的产生，对环境保护有着积极的推动作用。随着共享经济的蓬勃发展，越来越多的人开始认识到共享的价值所在，并积极投身于这一潮流之中。他们发现，相较于传统的无尽占有观念，共享经济所倡导的共享、互利、环保的理念更加符合时代的发展趋势。在这一背景下，那些一味追求物质占有的行为，愈发显得过时与老派。

第十，发展营利性共享经济平台。在共享经济蓬勃发展的时代背景下，发展营利性共享经济平台显得尤为重要。为此，我们需要加快新型基础设施的建设步伐，包括5G网络、大数据中心、人工智能、工业互联网等，并积极推进卫星导航定位系统的发展，以降低网络接入的成本及技术门槛，为共享经济平台的广泛普及和高效运作奠定坚实基础。通过大力发展营利性共享经济平台，我们可以进一步激发市场活力，促进资源的高效配置与利用。在我国，这一领域已经取得显著成果，涌现出了众多知名的营利性共享经济平台，如共享出行领域的滴滴出行、共享单车领域的哈罗单车、二手物品交易领域的闲鱼、众包物流领域的达达，以及房屋短租领域的小猪短租等。这些平台不仅为用户提供了便捷、高效的服务体验，还推动了相关行业的快速发展，为经济增长注入了新的动力。我国作为一个人口众多的国家，拥有庞大的市场需求和广阔的消费市场，这为共享经济平台的发展提供了得天独厚的条件。同时，随着信息网络技术的不断进步和应用场景的持续拓展，共享经济在我国的发展潜力巨大，前景广阔。

第十一，发展社区共享工具屋。鉴于日常生活中存在如锤子、电钻等使用频率较低的工具类物品，这些物品若由每个家庭单独购买，无疑会造成资源的极大浪费。为解决这一问题，我们提倡发展社区共享工具屋，将其作为公共资源向社区居民开放。这种模式的优势在于，它能够有效整合社区内闲置的工具资源，提高物品的使用效率，减少不必要的浪费。社区共享工具屋的运营模式可以设定为居民自我取送、扫码登记，既方便了居民的使用，又便于管理。同时，政府可以通过社区建设项目提供基本的共享工具作为启动支持，这不仅是对公共资源的有效利用，也是推动社会主义共同富裕目标实现的一种具体实践。关于公共资源管理的理论探讨，加勒特·哈丁（Garrett Hardin）于1968年在其著名论文《公地的悲剧》（*The Tragedy of the Commons*）中提出了一个经典论断，即公共资源若缺乏有效管理，最终将因过度使用而陷入枯竭[①]。然而，埃莉诺·奥斯特罗姆（Elinor Ostrom）在1990年出版的《公共事物的治理之道：集体行动制度的演进》（*Governing the Commons*: *The Evolution of Institutions for Collective Action*）一书中，提出了不同的见解。她认为，通过民主化的方式让参与者共同议定、自愿签署自主管理协议，可以有效避免"公地的悲剧"。此外，社会信任和团体惩罚机制能够进一步强化共享管理协议的实施，确保公共资源得到合理、可持续的利用[②]。

第十二，发展非营利共享组织。在共享经济的大潮中，除私营企业和公共部门积极参与外，非营利组织同样还扮演着不可或缺的角色。这些组织不以追求经济利润为目标，而是依赖慈善捐赠、会员贡献等多种方式筹集资金与资源，致力于为社会提供独特的共享服务。非营利共享组织的一个显著特点是其内部的互助与分享精神。例如，沙发客组织便是一个典型的例子，会员们自愿将自家的沙发或房间提供给旅行者免费使用，而当他们自己踏上旅

① HARDIN G. The tragedy of the commons [J]. Science, 1968 (1): 162.

② OSTROM E. Governing the commons: The Evolution of institutions for collective action [M]. London: Cambridge University Press, 1990.

程时，也能享受到来自其他会员的同样待遇。这种基于信任与互助的共享模式，不仅促进了人与人之间的交流与理解，还极大地降低了旅行的成本。此外，时间银行这类非营利共享组织也展现了其独特的魅力。在这里，人们通过免费帮助他人来积累虚拟货币，当自己需要帮助时，便可以用这些货币来换取他人的服务，如照看小孩、遛狗等。这种等量交换的机制，不仅为免费的共享服务提供了可持续的动力，还促进了社区内部的团结与互助。非营利共享组织的会员往往具有较强的亲社会偏好，他们不仅关注个人的福祉，更致力于重建社群、促进人的全面发展以及改善地球环境。这种超越个人利益的使命感，使得非营利共享组织在推动社会进步和可持续发展方面发挥着独特的作用。

第十三，政府审慎监管，促进共享经济健康发展。鉴于当前共享经济依托信息网络技术尚处于初期发展阶段，其应用场景日新月异，展现出蓬勃的发展活力。在此背景下，政府的总体政策导向应聚焦促进共享经济的健康发展，为其营造良好的成长环境。面对共享经济中涌现出的各类问题与挑战，政府应做好调研工作。在充分理解问题本质之前，保持适度的容忍与耐心，避免过早或过激的干预措施。这既是对市场自我调整能力的信任，也是对共享经济创新精神的尊重。

在监管策略上，政府应坚持包容审慎的原则，既鼓励共享经济领域的创新探索，又注重平台经济的规范发展。具体而言，就是要平衡好发展与规制的关系，确保两者相辅相成、相互促进。正如赵昌文等学者在《平台经济的发展与规制研究》① 一书中所指出的那样，政府应充分认识到平台经济的重要性，并据此制定科学合理的监管政策。针对共享经济中涉及的新型劳动关系、社会保障、税收、数据安全及隐私保护、监管规制体系、反垄断规制等复杂议题，学术界需要进一步加大研究力度，以提供坚实的理论支撑和决策参考。同时，监管部门也应紧跟时代步伐，不断完善相关监管政策，确保监管措施既符合法律法规要求，又能有效应对共享经济带来的新挑战。

---

① 赵昌文. 平台经济的发展与规制研究［M］. 北京：中国发展出版社，2019

第四节　共享经济主要业态案例

2008年8月，由布莱恩·切斯基率团队创立于美国加利福尼亚的企业——爱彼迎（Airbnb，住宿空间共享），为需要利用空置房屋增加收入的人群和寻找房源的租客提供了联系的平台。项目所涉及的低使用率资产是房屋。房东可以将自己外出期间空置的房屋作为房源短期出租，或是出租平时空置的别墅，借此获得额外收入。房东可以自行决定营销方式、在平台登载房屋照片以及住宿费用等。在旅游旺季订不到酒店或是酒店价格飙升时，租客可以通过爱彼迎租住房屋，且具有与酒店完全不同的住宿体验。根据爱彼迎网站上的数据，截至2017年11月，空置房屋的注册数超过300万间，遍布全球191个国家、6万多座城市，其中包括1 400多座城堡的房源。爱彼迎不仅开展住宿中介业务，还为客户提供了独特的旅行体验。

Cohealo（高价医疗设备共享）。这是2012年创立于美国波士顿的医院间高价医疗设备共享平台，其中涉及的低使用率资产是高价医疗设备。Cohealo的研究表明，美国医院的医疗设备平均使用率仅为42%。换言之，这些设备在58%的时间里未得到使用，结果造成医疗设备采购费用或租用支出的极大浪费。Cohealo的目标是将医疗设备的平均使用率提升至75%~80%，可为使用Cohealo服务的医院平均节省100万~200万美元。

BlaBlaCar（汽车空位共享）。这是2006年始创于法国巴黎的长距离拼车服务平台，其中涉及的低使用率资产是汽车空位。BlaBlaCar的服务以欧洲市场为主，还进入了俄罗斯、巴西、印度、墨西哥等市场。假设有一个人需要在周六从伦敦驾驶汽车前往曼彻斯特（约300千米），并在下周一返回伦敦。这辆可乘坐4人的车上只有他一个人，他可以注册BlaBlaCar，在往返途中有效利用剩余的3个座位。拼车者需要访问BlaBlaCar网站，输入用车日期、出发地及目的地，查找同一路线上的司机列表及相应价格。BlaBlaCar的司机可以自行设定价格，并看到其他司机的报价。司机、拼车者可能在车上聊天。“Bla”有闲聊的意思，客户用“一般喜欢聊天”（Bla）、“喜欢聊天”（BlaBla）、“会聊个不停”（BlaBlaBla）三个等级描述自己喜欢聊天的程度。司机与拼车者能够共享这一信息，或聊或不聊。

JustPark（停车位共享）。这是 2006 年始创于伦敦的停车位共享服务平台。共享的对象是停车位。JustPark 认为，在每个英国人的一生中，平均有 106 天的时间被用来寻找停车位。这项服务能够在正在寻找停车位的人和拥有空余停车位的人之间实现对接。例如在自驾外出旅行 1 周期间，家中的停车位会闲置，就可以将其出借给他人，出租者可参考停车位价格行情为自己的停车位定价。

Turo（汽车共享）。Turo 提供个人对个人（P2P）的汽车租赁中介服务，共享的对象是私人的汽车。因为是个人出借汽车，所以不同于传统的汽车租赁公司，注册的汽车种类极其丰富。从保时捷、法拉利等高级车（日均租赁费为 600~1 000 美元），到日均租赁费仅 20 美元的汽车，选择余地很大。Turo 在创立之初主要着力提供短时间租赁中介服务，之后便开展了面向旅行者的长时间 P2P 汽车租赁业务。通过 Turo 租借汽车的顾客平均租赁天数大于 5 天。

Etsy（手工艺商品的网上交易市场）。2005 年，想要出售自制家具的罗伯特・卡林等人创立了一个网上交易市场。Etsy 为想要出售自己亲手制作的作品的手工艺者提供交易的平台。商品的独创性和多样性远超亚马逊平台。Etsy 可以发布手工艺者的照片及介绍，购买者能够直接联系制作者定制商品。2015 年，Etsy 首次公开募股时，活跃销售人数已达 140 万人，购买人数超过 2 000 万人，通过 Etsy 销售的商品全年销售总额达 20 亿美元以上。

Kickstarter（众筹）。Kickstarter 是 2009 年创立于美国的众筹企业，是影视、音乐、游戏等行业创意项目的资金提供者，即赞助者。资金需求者将项目的概要、目标融资额、期限以及提供给资金赞助者的回报一同登载在平台上。当募集到的资金达到或超过目标金额时，需求者可获得资金；未达到目标金额时则募集失败。募集到的资金如同捐款，不必返还，但赞助者可根据出资额的多少获取募集者承诺的各类回报。例如，在某个游戏开发项目中出资 20 美元以上时，可以得到游戏的复制版，或者在游戏的赞助者名单上写上自己的名字。

Vandebron（P2P 可再生能源交易市场）。Vandebron 是 2013 年创立于荷兰的 P2P 可再生能源交易市场。Vandebron 本身并不生产再生能源，对可再生能源有需求的消费者及企业可以从平台列表中挑选可再生能源的生产者直接进行购买。交易对象包括风力、水力、生物质能、太阳能发电。截至

2016 年年初，荷兰已有 75 000 户居民通过 Vandebron 购买了可再生能源。

TransferWise（P2P 海外汇款服务）。TransferWise 是 2011 年创立于伦敦的 P2P 海外汇款平台。这个平台的独特之处在于，虽然服务的对象是海外汇款用户，却能够在不实施海外汇款的情况下实现任务的达成。比如说，A 想要从日本向英国汇款 10 万日元，他将 10 万日元打入 TransferWise 的日本账户，但这笔钱并不会被汇往海外，而是从 TransferWise 的英国账户直接将相当于 10 万日元的英镑汇入 A 指定的英国银行账户。在反方向，想要从英国向日本汇款的 B 出现了，他将钱汇入 TransferWise 的英国账户，A 在日本汇入的钱款，就可支付给 B 指定的日本银行账户。这个过程中，并不是单纯的一对一匹配，而是多对多的衔接，只要两个国家之间的款项往来频繁，实际上可以不用海外汇款就可实现两国居民之间的资金往来。TransferWise 能够吸引顾客的最大原因是手续费远低于银行。

ZOPA（P2P 贷款）。ZOPA 是 2005 年在英国创立的 P2P 贷款平台企业，是最早涉足该领域的企业之一。它提供 P2P 即个人对个人资金借贷中介服务。贷款人至少需要出资 1 000 英镑，ZOPA 再细化出资，例如每 10 英镑为一份，分别投入不同的项目中。这个平台让个人可以直接从其他人那里借款，而不必经过传统金融机构，借贷过程更加透明、高效和低成本。平台上的借款人发布借款需求，投资者可以选择投资对象进行资金投放，这是直接的个人间借贷，为借贷双方提供了更多选择和便利，对于促进金融普惠具有重要意义，使更多的人享受到金融服务，特别是那些在传统金融体系下难以获得贷款的人群。

Zipcar（汽车租赁）。Zipcar 是一家 2000 年创立于美国的汽车共享公司，接近于传统的汽车租赁企业，但 Zipcar 的创新之处在于便携设备及数字技术的使用，革新了商业模式。使用者需要在官网进行注册，审批通过后会收到一张 Zipcar 卡片，即可搜索附近的车辆。Zipcar 的车辆并不是停放在公司内部，而是分布在各地的停车场。用户可按照最短 1 小时、最长 7 天租借车辆，在官网上完成预约后即可前往相应的地点取车。工作人员全程不会出现，用户只须用 Zipcar 卡就能打开车门。2013 年，大型汽车租赁公司安飞士以约 5 亿美元收购了 Zipcar。截至 2017 年 11 月，Zipcar 在全球 10 个国家吸收了 100 万名以上会员，提供 12 000 台车辆的共享服务。在世界范围内，每 6 秒就会有 1 辆 Zipcar 的车辆被预约。

thredUP（二手服装交易）。thredUP 是 2009 年创立于美国的二手服装交易平台。创始人莱因哈特最初提供男式衬衣的交易服务，随后发现二手童装的交易需求更多，后来发展了二手童装、女装、鞋、手提包、宝石类的二手交易。出售方和购买方不会直接进行交易，只有经由 thredUP 公司仓库选中的商品，才会发布在交易市场上。出售二手服装的个人访问 thredUP 的官网，可以申请将用于包装衣物的塑料袋送到家中，有捐赠用袋、付费袋之分，付费袋（16 美元）在衣物到达 tredUP 公司后，公司会立即将款项转入出售者的账户。thredUP 的 2017 年财务年报显示，被送至 thredUp 的物品数量，从 2014 年的 200 万件蹿升到 2016 年的 1 400 万件。在 thredUP 网站频繁购买商品的顾客中，有 10%属于净资产 100 万美元以上的富裕人群。

FreeCycle（再循环网络）。2003 年创立于美国的非营利组织 FreeCycle 在全球范围内已吸纳了 900 多万会员，会员无需支付会费。该组织的宗旨是在全球营造共享的潮流，减少废弃物，拯救珍贵的资源，减轻垃圾填埋场的负担。该组织鼓励成员在全球创建团体，批准的团体将公布在 FreeCycle 的网站上，并被允许使用该组织的名称及标志等。想加入 FreeCycle 服务的个人可以加入所在地区的团体，提供自己不需要的物品，或获取需要的物品，提供及获取物品的规则由各团体自行决定。该组织依靠企业及个人捐赠或谷歌广告等收入运作。FreeCycle 让更多人参与交互赠予，实现资源的循环利用，既是赠予经济，也是循环经济。

Instacart（食品按需配送）。Instacart 是 2012 年在美国旧金山创立的食品按需配送服务公司。用户通过计算机或智能手机等终端登入该公司的网站。输入邮政编码后，Whole Foods、Costco 等在该区域出售食品的商店将显示在列表中，用户从中选择需要购买的食品，指定配送时间并支付费用。配送人员购买订单中的食品并送到用户家中。食品配送服务也按需进行，配送人员并非正式员工，而是按需劳动者。对于零售商而言，因恶劣天气导致客流量降低，但来自 Instacart 的订单能在一定程度形成补充，该机制对零售商、消费者和配送驾驶员三方都是有利的。

UBER（按需配车）。UBER 是 2009 年在美国旧金山创立的按需配车服务公司。通过智能手机上的 App 输入当前位置、目的地与用车规格，用户就能收到价格、车型、司机照片等信息。UBER 的创新之处在于只要提前注册信用卡，下车时就无须进行支付，且价格在上车前就已确定。用户在用车后可以对司机进行评价，对于评价低于一定标准的司机，系统将采取强制停止提供服务等处置措施。UBER 的司机并非公司的正式员工，而是利用空闲时间工作的独立接单者。2017 年 11 月，UBER 的服务已经遍布了全球 632 个城市。UBER 于 2015 年推出了按需配送外卖的 UBER EATS 服务。用户通过手机 App 选择餐厅和菜品，UBER EATS 的配送员前往餐厅取餐并配送至指定地址。借助 App，用户可实时掌握配送员的具体位置。

Washio（按需代洗服务）。Washio 是 2013 年在美国洛杉矶创立的按需代洗服务公司。该服务主要面向居住在市区且平时使用投币洗衣服务的人群。该公司没有任何洗衣设备，智能手机将服务使用者、洗衣店、按需配送员三者联系起来。用户既可以指定衣物的收取时间和送还时间，还可以详细指定洗涤剂的种类及洗涤方法。配送费为 5.99 美元，每一磅衣物收费 2.15 美元。在全盛时期，Washio 曾一度扩张到波士顿、洛杉矶、芝加哥、旧金山、奥克兰、纽约、华盛顿七大城市，被誉为“洗衣行业的 UBER”①。

① 森健，日户浩之. 数字资本主义［M］. 野村综研（大连）科技有限公司，译. 上海：复旦大学出版社，2023：66-78.

第十章

平台经济

第一节　平台经济概述

我国已全面迈入互联网平台引领的新纪元，数字技术与数据革命的浪潮，极大地促进了供需双方之间海量信息的触及、精准匹配、深度互动及高效交易，使得这一切成为可能。平台经济模式在购物、出行、住房租赁、餐饮外卖等多个领域持续深化渗透，诸如滴滴出行、爱彼迎、美团等互联网企业，已成为网络时代中引领潮流的佼佼者。数字连接与平台模式的崛起，正以前所未有的力量重塑着世界格局，它们不仅驱动了以平台为核心的经济转型，更为社会整体及商业机构带来了巨大价值，包括但不限于财富的创造、经济的持续增长，以及人类多样化需求的深度满足。

《国务院反垄断委员会关于平台经济领域的反垄断指南》指出："（一）平台，本指南所称平台为互联网平台，是指通过网络信息技术，使相互依赖的双边或者多边主体在特定载体提供的规则下交互，以此共同创造价值的商业组织形态。（二）平台经营者，是指向自然人、法人及其他市场主体提供经营场所、交易撮合、信息交流等互联网平台服务的经营者。（三）平台内经营者，是指在互联网平台内提供商品或者服务（以下统称商品）的经营者。平台经营者在运营平台的同时，也可能直接通过平台提供商品。（四）平台经济领域经营者，包括平台经营者、平台内经营者以及其他参与平台经济的经营者。"

平台的字面含义，即为一个汇聚之地，传统意义上的百货大楼、义乌小商品城等，均可视作平台的一种，它们将商家与消费者紧密地聚集在一起，促进了交易的达成。然而，这些实体平台在容纳商家数量上受限于物理空间的局限性，相较于互联网的虚拟无垠，显得尤为有限。百货大楼或许能容纳数百乃至上千个商家，但一个淘宝平台却能汇聚起数以千万计的商店，展现了互联网平台的巨大容量与潜力。亚马逊的创始人贝佐斯更是提出了"万物商店"的愿景，他的构想中，亚马逊主页如同一个浩瀚的商品分类目录，点击任一类别，都将引领用户进入一个充满无限选择与可能的产品世界，其中汇聚了成千上万的商品与商家，体现了平台经济的深度与广度。平台不仅是商家的聚集地，更是消费者的汇聚之所。与实体平台相比，互联网平台在同时容纳购物者方面几乎没有上限，它打破了时间与空间的限制，使得全球范围内的消费者都能在同一时间汇聚于此，共同探索与购买心仪的商品。此外，平台还扮演着供应商与客户之间互动桥梁的角色，这里的“客户”既可以是最终的消费者，也可以是上游的供应者。在平台的独特生态中，使用者之间的互动不仅促进了交易的完成，更在交流、评价、反馈等过程中不断催生新的价值，推动了平台经济的持续繁荣与发展。

谷歌前首席执行官埃里克·施密特（Eric Schmidt）将平台定义为一种多边市场，其核心在于吸引供应商与用户群体，并通过他们之间的互动促成交易的发生。而 Rochet 与 Tirole 两位学者则将平台进一步阐释为双边或多边市场，这是一个构建于网络之上的虚拟空间，专为消费者与供给者之间的交易活动提供服务。值得注意的是，2014 年，Tirole 因其对双边市场理论的深入研究与贡献，荣获了诺贝尔经济学奖，这一成就进一步凸显了平台经济理论在现代经济学中的重要地位。平台作为连接者、匹配者及市场设计者，其角色至关重要。它们运用数字科技，将生态系统中的各个互动主体——包括人、机构及资源——紧密地联系在一起，不仅促进了信息的流通与共享，还创造了超乎想象的价值，并推动了价值交换的高效进行。在这样一个信息驱动的时代，任何因信息不对称而受到限制，且信息本身对行业发展至关重要的行业，都极有可能成为平台革命的候选领域。

平台为外部的供应商与顾客之间搭建了促进价值创造的互动桥梁，并为这些互动提供了开放的架构与明确的治理规则。平台的首要核心目标是精准匹配用户需求，通过商品、服务或货币的交换，为所有参与者创造并提升价值。数字平台得益于数字技术的飞速发展，成功消除了时间和空间的限制，利用先进的智能软件工具，能够更加准确、迅速且便捷地连接和匹配供应商与用户，从而催生出更多有价值的互动与交易。

传统商业模式往往遵循着线性的价值链模式，供应商位于价值链的一端，而顾客则位于另一端，价值的创造与传递通过设计、制造、销售到使用这一系列环节逐步完成。相比之下，平台商业模式则为互动赋予了更为广阔的空间与深远的意义。在平台生态中，供应商、顾客乃至平台自身均融入了一个复杂多变的关系网络之中，他们利用平台作为桥梁，与其他各方进行广泛的连接与深入的互动，共同参与到价值的创造与交换过程之中。平台经济的崛起，标志着对传统线性商业模式中“守门人”管控模式的颠覆。它不再受限于单一环节或少数主体的控制，而是展现出了巨大的规模化优势。以线上阅读平台为例，这一新兴业态彻底改变了传统出版业的运作模式。在传统出版流程中，书稿作为起点进入体系，经过一系列编审流程后，图书作为成品从另一端面世，数量往往受到严格限制。而在网络文学平台上，作者与读者能够直接在同一互联网空间内进行实时互动，这种直接的交流不仅提升了作品的价值，还极大地促进了内容的丰富与多样化。读者的反馈成为作品质量提升的重要驱动力，甚至在一定程度上取代了传统编辑的某些职能。

亚马逊的 Kindle 平台更是将这一趋势推向了新的高度。它打破了出版业的传统壁垒，允许任何人都可以通过平台出版自己的作品，并依据读者的反馈来评估书籍的市场潜力。这种去中心化的出版模式不仅加速了平台的业务增长，还极大地提高了内容生产与分发的效率，使得平台的发展相较于传统模式显得更为迅速与高效。

平台作为一种结构，其核心在于促进供给者与消费者之间实现价值的深度互动。本质上，平台即为一个市场，其独特之处在于参与者涵盖了供给者与消费者两大群体，因而常被称作双边市场。在这个市场中，生产者与消费者通过平台进行信息、商品与服务以及货币的交换，形成了一个紧密相连、相互促进的生态系统。值得注意的是，平台本身通常并不直接介入生产过程，而是致力于构建一个充满活力、以核心互动为核心的双边市场框架。平台通过其独特的角色定位，开创了价值创造的新途径：它无须拥有直接的资源，却能够巧妙地整合与调配社会资源，将其转化为满足消费者需求的产品或服务。

以爱彼迎（Airbnb）为例，其在消费端提供的服务与传统酒店业别无二致，但在供给端则展现出了截然不同的创新模式。爱彼迎并不自行开发或拥有酒店资源，而是开放平台，鼓励并允许个人房东将自己的房屋作为住宿资源供给给顾客。平台通过从每笔交易中抽取一定比例的佣金来维持运营并推动发展。这种模式使得爱彼迎的业务增长不再受限于自身资产的规模，而是能够迅速扩大房源存量，只须吸引全球范围内的房东注册房源即可。因此，爱彼迎的业务规模和市值均实现了快速增长。平台商业模式的这一特性，即利用并创造社会价值的能力，使其相较于传统商业模式展现出了更为强劲的增长潜力。通过整合社会闲置资源，平台不仅为消费者提供了更多样化、个性化的选择，也为供给者创造了新的收入来源，从而实现了社会资源的优化配置与价值的最大化。

2007 年秋天，美国工业设计协会年会（IDSA）在旧金山召开。可以预见，这一盛事期间，酒店资源尤为紧张且价格飙升。在此背景下，两位新生代设计师 Brain Chesky 与 Joe Gebbia 面临经济困境，房租已成为难以承受之重。他们灵机一动，决定利用自己的创意与资源，为参会者提供一种别出心裁的住宿方案：通过提供气垫床及个性化的旅游向导服务，来赚取额外收入。他们巧妙地运用互联网，发布了一条吸引人的信息，向全球网友推广这一独特的住宿体验——若您尚未预订酒店，不妨考虑在旧金山这座创新之城，入住一位工业设计同行的家中，享受空气床垫的舒适，同时品尝家常早餐，更有机会与主人深入交流会议心得与工作灵感，甚至获得专属的城市旅游向导服务。这一创意迅速吸引了众多房客，最终为他们带来了 1 000 美元的收入，成功解决了迫在眉睫的房租问题。这次意外的房屋共享经历，不仅缓解了他们的经济压力，更意外地开启了一个全新产业的变革之门。随后，Brain Chesky 与 Joe Gebbia 携手招募了第三位合伙人 Nathan Blecharczyk，共同设计并推出了一个革命性的网站——爱彼迎（Airbnb，源自“Air Bed and Breakfast”的创意结合，寓意空气床垫与早餐的完美结合）。该平台旨在打破传统住宿模式的界限，让任何人在任何时间都能轻松出租自己的闲置房屋给旅行者，实现了住宿资源的高效共享与利用。如今，爱彼迎已发展成为全球领先的住宿分享平台，为美国乃至世界各地的旅行者提供与当地居民直接对接的实惠住宿选择。其业务范围广泛覆盖 100 多个国家，房源类型从精致公寓到温馨住宅，乃至独特城堡应有尽有，总数已超过 50 万套，为全球超过 1 000 万名会员提供了丰富多样的住宿体验。尤为值得一提的是，爱彼迎在自身不拥有任何酒店产权的情况下，凭借其卓越的平台服务与独特的共享理念，成功吸引了大量原本属于传统酒店行业的顾客，展现了平台经济强大的竞争力和发展潜力。

平台所创造的新价值，其根源在于对闲置资源的有效解锁与激活。以爱彼迎为例，它巧妙地激活了全球范围内大量闲置房屋的使用价值，让房主能够通过分享空间获得经济回报，同时也为旅行者提供了更加丰富多元的住宿选择。同样地，租车平台则通过创新的模式，将离港旅客闲置的车辆转租给即将抵达的旅客，既帮助离港旅客减少了不必要的停车费用，又使双方都能从中获益，实现了资源的优化配置。此外，视频网站通过引入观众生产的内容（UGC），极大地丰富了内容生态，使万千观众成为内容的创造者与传播者，进一步推动了平台的繁荣与发展。这一系列平台整合闲置资源的实践，不仅促进了资源的高效利用，还催生了共享经济这一新兴经济形态。在平台经济兴起之前，人们或许会将闲置资源借给亲朋好友，但受限于信任与交易成本，很难将其租借给陌生人并获取收益。

与陌生人交易时，信任成为交易达成的核心要素。鉴于征信系统的建设和查询往往伴随着一定的成本，尤其是在社会征信体系尚不健全、信息获取渠道有限的情况下，征信查询的难度更是显著增加。为了解决这一难题，平台创新性地采取了多种措施来构建诚信交易环境。首先，平台通过提供保险合同来降低交易风险，为交易双方提供了一层额外的保障。同时，平台还建立了自身的信用系统，通过搜集、整理和分析交易数据，为交易对象构建信用档案，从而帮助用户更好地评估交易风险。其次，平台建立了客户反馈回路机制，鼓励交易完成后的客户对交易对象进行客观评价。这些评价信息不仅为后续的潜在客户提供了重要的参考依据，还通过市场的力量对交易主体形成了有效的监督。一旦某个交易主体或产品收到了大量的差评，其信誉度将大幅下降，进而难以吸引到新的潜在客户。最后，平台还充分利用历史交易数据以及可能的全网大数据资源，为用户建立更为全面、准确的信用评级体系。这一体系不仅考虑了交易次数、金额等基本信息，还综合了交易双方的履约情况、投诉记录等多个维度，从而为用户提供了更为精准的信用评估。对于信用评级较差的客户，平台将采取一系列限制措施，如降低其交易权限、提高交易成本等，以维护市场的公平与秩序，确保诚信交易得以持续进行。

平台经济根植于智能技术的沃土，以数据化驱动的数字平台为坚实基石，并巧妙运用聚合器作为其核心工具。这一经济形态通过高效整合广泛而零散的资源，将相互依存的多方主体紧密相连，促进他们之间的深入互动与交易，从而构建起一个繁荣的数字平台生态系统。平台经济的发展，展现出了一系列迥异于传统平台的新颖特点。它是以互联网、人工智能等前沿技术为强大支撑的新经济形态，其核心在于通过连接创造无限价值。在平台经济中，信任被置于至关重要的地位，成为维系整个生态系统稳健运行的基石。平台致力于构建一个开放、包容的生态系统，通过高效且规模化的方式，精准匹配零散的需求与供给，创造出一种全新的、高度互动的商业模式。平台的核心功能，在于精准创造供给者与消费者之间的匹配与交互机会，无论这种交互的具体内容为何，都能激发出潜在的巨大价值。尤为重要的是，平台所创造的绝大部分价值，均源自其广泛服务的用户群体。平台通过提供开放参与的架构，设定公平合理的治理规则，确保所有市场参与者都能在市场交易中实现价值的共创与共享，从而推动整个平台经济的持续繁荣与发展。

总体而言，数字平台可划分为两大主要类别：一是普通连接型平台，其核心功能在于明确区分并连接生产者与消费者，双方角色界限清晰且通常不发生转换；二是产消合一型平台，在此类平台上，用户能够灵活地在生产者与消费者两种角色间迅速切换，体现了高度的互动性与参与性。用户的这种角色转换策略，正是平台促进自身增长的一种有效手段。当平台面临供需比例失衡时，可通过从既有用户群体中发掘并培养新的供给方来平衡市场，例如网约车平台从乘客中招募司机，房屋共享平台则从房客中吸引房东加入。数字平台的成长动力主要源自三大效应：网络效应、价格效应与品牌效应。首先，网络效应强调平台价值随用户数量的增加而呈指数级增长。梅特卡夫法则指出，网络的价值大致与节点数的平方成正比，这促使平台不断扩大用户群体。其次，价格效应常通过低价策略实现，包括打折促销、发放优惠券等手段，以吸引用户并快速占领市场份额，在极端情况下甚至采取免费模式，如微信平台对普通用户免费开放，共享单车企业在市场拓展初期也常推出免费骑行周或月活动。最后，品牌效应则依赖广告宣传、名人代言或病毒式传播等方式建立品牌认知，虽然初期投入成本可能较高，但一旦形成强大的品牌影响力，将极大促进平台的长期发展。对于平台企业而言，把握网络效应这一核心要素至关重要，因为它不仅为平台内的所有参与者增值，还是推动平台持续壮大的关键力量。因此，优秀的平台企业应致力于构建便捷高效的用户加入机制，鼓励用户快速融入平台并创造价值，从而充分利用并放大网络效应的正向作用。

平台的基本架构由三大核心要素构成：参与者、价值单元以及“过滤器”。参与者，即生产者（供给方）与消费者，是平台生态系统中不可或缺的两大群体。平台作为桥梁，紧密连接起这两方，促使他们进行价值交换，其中包括信息的流通、商品的交易、服务的提供以及货币的流转。平台的核心使命在于汇聚生产者与消费者，通过提供一系列基础设施，如先进的软件工具、明确的交易规则等，来简化交换流程，确保双方能够互惠互利，共同促进平台的繁荣。价值单元，是驱动参与者加入平台的核心动力。它们构成了平台经济中最为基础且关键的交易内容，参与者正是为了实现这些价值单元的交换而聚集于平台之上。而数字平台所扮演的关键角色，则是作为高效的“过滤器”。这一机制旨在精准匹配供需双方，确保每位用户都能接收到对其具有实际价值的价值单元。过滤器的设计至关重要，其精准度直接决定了平台对用户价值的贡献大小。以网约车平台为例，通过智能算法，平台能够迅速匹配司机与乘客的位置、可载人数等信息，实现高效接载；同时，在行程结束后，系统还能进一步预测并匹配终点附近的接续乘客，从而最大化减少司机的空驶距离，提升整体运营效率。这种精准匹配不仅提升了用户体验，也增强了平台的吸引力，促进更多用户的加入，形成积极的网络效应。值得注意的是，平台本身并不直接提供价值单元，即不直接生产产品或服务。相反，它专注于创造并维护一个促进交互的场景，成为信息、产品、服务以及供需双方汇聚的枢纽。为了保障平台生态的健康发展，平台应积极培育一种质量控制的文化氛围，通过制定并实施一系列措施，鼓励生产者提供符合消费者兴趣与需求的价值单元。同时，平台还需要不断优化其“过滤器”机制，以确保价值单元的有效传递，并有效屏蔽无关或低质量的信息，为用户创造更加纯净、高效的交易环境。

平台企业要实现可持续运营与盈利，其基石稳固于三大关键要素之上：首先，吸引并汇聚生产者与消费者双方；其次，提供高效便捷的交互工具与规则，以促进双方之间的顺畅交流；最后，利用先进的信息技术精准匹配交易双方，确保双方能够互惠互利，共同创造价值。

在吸引用户的过程中，平台企业常面临一个典型的“鸡生蛋，蛋生鸡”的难题。以 Paypal 这一第三方支付系统为例，其成功战胜了这一挑战，为行业树立了典范。在初期，Paypal 面临着卖家与买家相互等待对方先加入的困境，导致用户基础难以有效扩大。为打破这一僵局，Paypal 采取了一系列创新措施。首先，它大幅简化了注册流程，用户仅需要提供电子邮件地址和信用卡信息即可完成注册，极大降低了使用门槛。此外，Paypal 还尝试了广告宣传、与大型银行合作等传统推广方式，但效果均不理想。最终，Paypal 决定采用补贴策略，为新注册用户提供 10 美元奖励，并设立推荐奖励机制，已注册用户成功推荐新用户亦可获得 10 美元奖励。这一策略迅速激发了用户的参与热情，形成了良好的口碑效应，用户基础实现了快速增长。随着越来越多的用户体验到 Paypal 的便捷与安全，他们开始在网上购物时优先选择 Paypal 作为支付方式。这一趋势进一步促使商家纷纷注册 Paypal 以支持该支付方式。新用户在使用 Paypal 后，往往乐于将其推荐给朋友，形成了良好的用户间传播。与此同时，卖家也开始在产品页面上展示 Paypal 标志，以此告知消费者他们已准备好支持这种在线支付方式。这些标志进一步增强了消费者的信任与接受度，吸引了更多买家注册使用 Paypal。Paypal 的成功不仅在于其创新的补贴策略与推荐奖励机制，更在于其深刻理解并运用了病毒性营销的原理。当用户自发地推荐他人加入平台时，其效果往往远胜于平台自身的努力。因此，Paypal 注重构建激励机制以鼓励用户参与，并通过用户间的相互推荐实现了用户基数的快速增长。此外，Paypal 还通过与 eBay 等热门购物网站建立合作关系，利用其庞大的用户基础进一步吸引新用户加入。同时，Paypal 也注重吸引具有影响力的生产商加入平台，这些生产商不仅能为平台带来稳定的商品供应，还能通过其品牌效应与客户基础引导更多用户加入平台。Paypal 的成功案例还启示我们，平台企业可以通过构建优质的非平台项目来塑造成功典范。例如，苏宁电器在实体平台上建立成功模式后，顺势推出苏宁易购平台，实现了线上线下的无缝对接与融合。这一策略不仅提升了用户体验，还进一步扩大了平台的用户群体与市场份额。对于其他平台企业而言，这也是一个值得借鉴的宝贵经验。

要保持已注册用户的黏性，确保用户能够反复使用平台工具，关键在于构建有效的反馈回路机制。这一机制的核心在于提供优异的价值单元，这些价值单元需要紧密关联用户需求，激发其兴趣，从而不断吸引用户回归平台。随着用户基数的增长，平台将自然孕育出更多元化的价值单元，促进更频繁的交互活动。有效的反馈回路不仅能够扩大网络规模，还能显著增强网络效应，形成良性循环。平台内置的算法扮演着至关重要的角色，它们能够深入分析用户行为数据，精准捕捉用户的兴趣偏好与需求，进而为用户推荐高度个性化的价值单元。随着用户使用平台次数的增加，反馈回路对用户偏好的理解也愈发深刻，推荐内容的精准度随之提升，进一步提高了用户的满意度与忠诚度。在平台生态中，生产者与消费者之间的活动紧密交织，形成了双向反馈的良性循环。生产者的活动直接面向相关消费者展示，而消费者的反馈与参与则成为生产者改进与创新的源泉。这种互动不仅提升了价值单元的质量与价值，也赋予了平台更加丰富的内涵与吸引力。此外，平台还通过一系列无形资产，如虚拟货币、人气、影响力及关注度等，来增强用户的黏性。这些资产不仅代表了用户在平台上的社交地位与价值认同，也激励着用户更加积极地参与平台活动，贡献自己的智慧与力量。

为了促进价值创造与交换，平台需要设定明确的机制与规则，以管理交互过程并确保其有序进行。平台的促进工具应致力于简化生产者创造与交换商品与服务的流程，同时鼓励用户分享创意、反馈意见，共同推动新产品与服务的诞生。平台应保持开放态度，降低使用门槛，促进广泛互动，并努力扩大参与者的数量与多样性。然而，在追求开放与互动的同时，平台也需要设定适当的门槛与规则，以保障用户体验与信任度。这包括制定严格的规则来管理价值单元的质量与合法性，去除冗余与不良内容。同时，平台还需要遵守相关法律法规，维护良好的社会秩序与道德风尚。

匹配撮合交易作为平台的核心职能，其成功与否直接关乎商品与服务能否顺利实现交易。一个成功的平台必须具备精准匹配用户的能力，这依赖于对生产者、消费者、价值单元、商品与服务信息的全面整合与分析。一方面，平台需要尽可能多地收集信息；另一方面，更要注重收集后的数据处理，包括组织、分类、解析等环节的算法设计。过滤器的精准度与信息集成水平，直接决定了供需匹配的精确度，进而影响交易的价值与用户的体验。

数字平台企业凭借其强大的经济聚合功能，往往能够迅速成长为行业巨头，这一现象在全球最大企业的变迁中得到了鲜明体现。2008 年，仅有微软公司一家数字平台企业跻身世界十大企业之列；而到了 2018 年，这一数字已激增至七家，且全部由中美两国的数字平台企业占据，充分展示了平台经济在全球范围内的迅速崛起与强大影响力。

2018 年政府工作报告首次提到“发展平台经济”，平台经济迅速成为热词。2019 年政府工作报告再次提及“促进平台经济、共享经济健康成长”。2022 年中央经济工作会议提出“支持平台企业在引领发展、创造就业、国际竞争中大显身手”。2022 年 4 月 29 日，中央政治局会议提出促进平台经济健康发展，出台支持平台经济规范健康发展的具体措施。2023 年政府工作报告指出“促进平台经济健康持续发展，发挥其带动就业创业、拓展消费市场、创新生产模式等作用”。

第二节　双边市场

平台经济的精髓在于其双边市场的特性，其中一端是供给者，另一端则是需求者。数字平台作为桥梁，精准匹配供需双方，促成双方之间的交易。平台企业所提供的服务，其核心价值在于同时满足双边用户的需求；任何一方对平台失去需求，则该服务的整体价值将不复存在。因此，平台、供给者与需求者三者之间形成了紧密相依、共生共荣的关系，彼此间缺一不可，正如“鸡生蛋，蛋生鸡”的循环逻辑。

UBER 作为共享出行领域的佼佼者，通过其高效的匹配服务，不仅协助乘客迅速定位到合适的司机，也帮助司机有效找到乘客，实现了供需双方的精准对接。随着司机队伍的持续壮大和城市覆盖范围的日益广泛，乘客等待网约车的时间更短，同时司机的空载率也大幅下降。这种减少的空载时间直接转化为更为亲民的价格，进而激发了更多潜在需求，形成了一个正向循环的生态系统。这一良性循环不仅提升了乘客的满意度，也增强了司机的收入稳定性，从而推动了市场覆盖率的进一步提升，如图 10-1 所示。

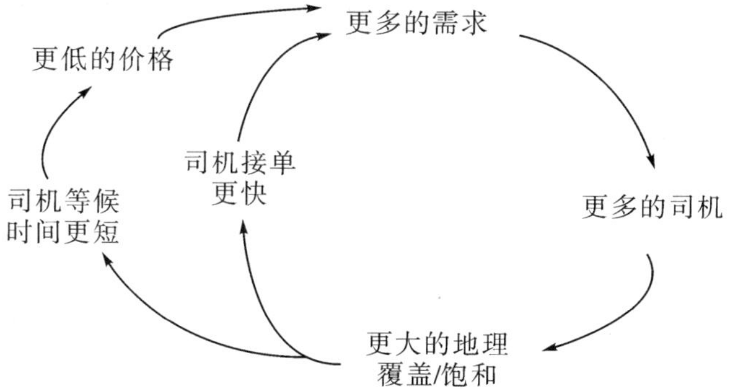

图 10-1　UBER 的良性循环

随着 UBER 用户基数的扩大，每位用户所体验到的服务价值也随之提升，同时，整个平台网络的价值也实现了质的飞跃，这正是网络效应的生动体现。在双边市场（two-sided market）的语境下，这种网络效应尤为独特。以蓝光 DVD 为例，虽然它并不具备像电话或传真机那样的直接网络效应，即设备间无法直接相互传递信息，但却展现出了显著的间接网络效应。具体而言，蓝光 DVD 播放机的销量增长会促使市场上供应的蓝光碟片种类与数量增多；反过来，碟片供应的丰富又进一步增强了消费者购买蓝光 DVD 播放机的意愿，形成了良性循环。信用卡市场同样遵循这一逻辑。当接受某种特定信用卡的商店数量增加时，该信用卡对消费者的吸引力也随之增强；反之，持有并使用该信用卡的消费者数量增多，也会促使更多商店选择接受该信用卡，以实现交易便利与顾客群体的扩大。再来看苹果公司，其 iPod 音乐播放器的成功销售，与 iTunes 商店中丰富的、可在 iPod 上播放的歌曲资源密不可分。苹果公司采取的商业模式极具策略性：在歌曲销售上采取低价甚至免费策略，以此作为促进 iPod 销售的重要手段。这种看似“薄利多销”或“免费增值”的模式，实则通过构建强大的内容生态，间接提升了硬件产品的市场竞争力，实现了双赢乃至多赢的局面。

为了分析双边市场，现在假设有两种商品。商品 1 的保留价格是 $v_1 = 1, \cdots, 1\,000$；类似地，商品 2 的保留价格为 $v_2 = 1, \cdots, 1\,000$。在双边市场中，商品 1 的价值取决于使用商品 2 的人数，商品 2 的价值取决于使用商品 1 的人数：$U_1 = v_1 n_2$ 和 $U_2 = v_2 n_1$。

设商品 1 和商品 2 的价格分别是 p_1 和 p_2。商品 1 的边际用户由 $v_1^* n_2 = p_1$ 决定，同理，商品 2 的边际用户由 $v_2^* n_1 = p_2$ 决定。

对商品 1 的估价大于 v_1^* 的消费者会购买商品 1，因此 $n_1 = 1\,000 - v_1^*$，$n_2 = 1\,000 - v_2^*$。

可以得到：$(1\,000 - n_1) n_2 = p_1$，$(1\,000 - n_2) n_1 = p_2$。

当 $n_1 = 0$，$n_2 = 0$ 时，商品 1 和商品 2 的市场是均衡的。若无人购买商品 1，商品 2 的价值为 0；若无人购买商品 2，商品 1 的价值为 0。除零解（原点）之外，通常还有两个解：一个解是低水平均衡，此时两种商品的销量都很小；另一个解是高水平均衡，此时两种商品的销量都很大。努力实现高水平的均衡是双边市场特别是平台厂商的着力点。因为双边网络效应，一种策略是对重要的一边进行补贴，扩张其使用量，从而提升对另一边用户的价值。

双边网络效应是不同类型用户之间正反馈交互所创造的价值，同类用户之间没有互动，双边网络效应要弱于梅特卡夫效应。UBER 等出租车服务平台具有很强的双边网络效应，一方面，打车的需求越多，司机的预期收入越高，就有更多的司机加入网约车的行列。另一方面，司机和车辆越多，打车就越方便，随着供给增加，价格会越来越低，会吸引更多的消费者。双边网络效应不是数字平台所特有的，传统的平台也具有双边市场效应，百货大楼里也能看到供给和需求的相互促进。

在双边市场中，并非任意两个节点都可能产生交互，一般情况下，同类用户之间不交互，只产生供应商与消费者之间的交互。例如，滴滴平台的消费者之间是少有交互的，主要是消费者与网约车司机之间的交互，网约车司机之间的交互也很少。图 10-2 中是一个 2 对 2 的平台经济，4 个节点只有 4 对可能的互动，即 b_1c_1、b_1c_2、b_2c_1、b_2c_2。如果供应商的数量为 M，消费者的数量为 N，那么，可建立的交互是 $M \times N$ 个，双边市场的网络价值为 $V_P = K_P \times M \times N$，$K_P$ 是每个交互的平均价值（P 表示平台）。

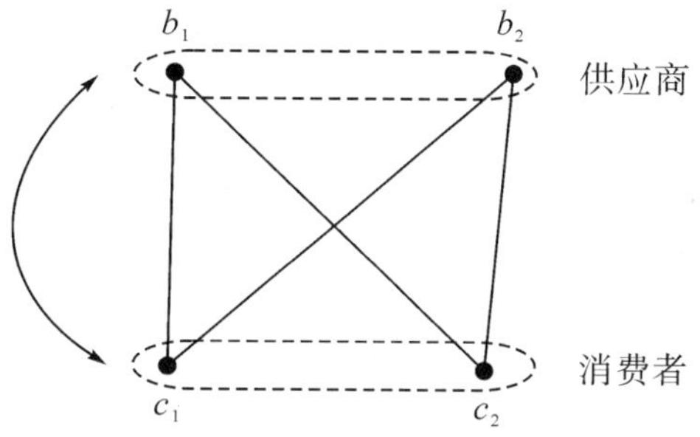

图 10－2　2 对 2 平台经济

双边网络价值决定了需求端和供给端应该均衡发展，如果一端发展偏弱，会制约网络价值的呈现。例如，如果 $M = 100$，$N = 1$，M 增加 1 个，$M \times N = 101$，若 N 增加 1 个，则 $M \times N = 200$，对偏弱的一方进行补贴，扩大偏弱一方的用户规模，非常有利于提高另一方及整个网络的价值。例如，1 位网约车司机 1 小时内平均能为 3 位乘客提供服务，那需求端和供给端的均衡比例大约是 3∶1，若有一方发展不足，可依靠优惠券或者打折来吸引这重要的一方。

在互联的网络商务中，4 个节点可产生 6 个交互，分别是 ab，ac，ad，bc，bd，cd，如图 10-3 所示。因此，梅特卡夫网络效应比双边网络效应要大，对于 N 个节点，交互数为 $N \times (N-1)/2$，互联市场的网络价值为 $V_M = K_M N \times (N-1)/2$，$K_M$ 是每个交互的平均价值。梅特卡夫法则认为，互联网络的价值与节点数的平方成正比。

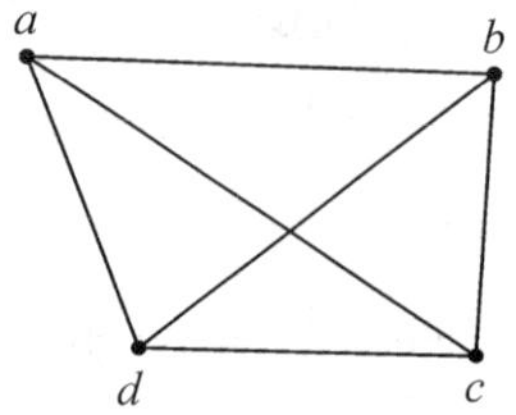

图 10-3　网络商务示意图

Rochet 和 Tirole 提出“价格结构非中性说”，平台企业对一边用户收取的价格变化会影响到另一边用户进入平台的数量，从而影响对另一边用户的收费，即使平台向交易双方索取的总价不变，用户价格结构的变化也会对平台的需求量和交易量产生直接的影响。

双边价格可以不反映边际成本。在传统单边市场下，价格的变动应反映边际成本的变化。然而，平台企业的双边价格可以不反映产品或服务的边际成本及其变化；例如，大卖场向商户收取较高的场租费、物业管理费等费用，而不向消费者收取任何费用，甚至提供免费的停车场、保管等服务。平台企业向一边用户不收取任何费用而向另一边用户收取费用；或者向一边用户收取低于产品或服务的边际成本的价格（费用）而向另一边用户收取高于产品或服务的边际成本的价格（费用），这种非对称价格结构不反映垄断势力和掠夺性定价，平台企业对某一边用户可能制定高于其所提供的产品或服务的边际成本的价格，也可能向另一边用户制定低于产品或服务的边际成本的价格，这种非对称的价格结构策略使平台企业较好地实现双边交易。交叉补贴不属于不正当竞争行为。传统单边市场的规制理论认为，企业的交叉补贴属于不正当的竞争行为。在双边市场中，低付费（或免费）用户享受了高付费用户的交叉补贴。比如，网上交易平台——京东只对卖家收费，而买家不需要交纳任何费用，此时卖家贴补了买家。这种价格补贴对卖家和平台交易都是有利的。

为了刺激平台网络的成长，平台企业通过补贴吸引一边的参与者进入，例如，出行平台在成长早期，将部分融资以代金券形式补贴给乘客，这些优惠券能够吸引乘客加入，乘客的增多会吸引司机加入，从而激发良性循环。

网络效应让平台网络迅速发展的特质也可能导致其迅速失败，消极的网络效应可能赶跑参与者。网络人数增加让供给者和消费者之间有更多匹配的可能性，但同时可能增加双方找到最合适伙伴的难度。这就需要平台筛选、控制并限制用户的参与活动，平台有效的管理增进用户有效匹配的价值，若管理不当，用户很难在大量无用的匹配中找到最可能有价值的那一个。

如果网约车平台上的司机数量过多，远远超过乘客数量，司机数量过多且相互竞争，司机空载的时间就会增多，空载增多会导致一些司机放弃这个平台。同理，如果平台上乘客数量过多，远远超过司机数量，则乘客等车的时间会延长，他们也会放弃这个平台。总之，平台的健康生态在于提高供给者和消费者之间的匹配质量。

第三节　平台经济反垄断

平台经济展现出显著的规模经济效应，其特点在于高固定成本伴随低边际成本，这一特性促使平均成本持续降低。与传统生产者的供给方规模经济相区别，平台经济的规模经济效应主要源自需求方，即需求方规模经济。供给方规模经济，顾名思义，是通过生产规模的扩大来降低单位产品或服务的成本。然而，这种经济效应最终会受到资源有限性的制约，当规模扩张至一定程度后，可能会从规模经济转变为规模不经济。相比之下，需求方规模经济则是由需求规模的扩大所驱动的。在平台经济中，虽然固定成本高昂，但边际成本却极为低廉。随着需求规模的持续扩大，平均成本不断下降，且这一过程不受资源限制的束缚。更为重要的是，规模的扩大还强化了网络效应，使得平台网络本身的价值日益凸显。当越来越多的消费者加入平台网络时，其对新消费者的吸引力也随之增强，形成了良性循环。同时，规模经济效应带来的成本降低，结合网络效应产生的吸引力，共同促进了市场的进一步扩张，价格也因此更具竞争力，进一步加速了市场的渗透与增长。

根据梅特卡夫法则，平台网络的价值与网络节点数的平方成正比，即 $V=K\times N^2$，令价格 $P=V$，则收益 $R=PN=KN^3$，边际收益 $\mathrm{MR}=3KN^2$。可见，网络型产业的边际收益随着 N 的增加而递增，这打破了传统的边际收益递减规律。数字平台因其极低的边际成本，成功打破了传统经济中边际收益递减的物质要素约束。在数字经济领域内，知识与信息的利用展现出非竞争性与共享性的独特优势：同一知识性或信息资源在被某一方占有和使用时，并不会因此消耗或妨碍其他方的占有与使用。知识经济或数字经济在物质投入上的占比极低，主要聚焦硅材料与电力的消耗，而其核心投入则是知识与技术。这些投入具有学习效应，即随着产量的增长，知识与经验得以累积，技术得以进步，从而进一步提升产品的价值。

平台经济的规模经济特性显著区别于传统供给方规模经济，它主要体现为需求方规模经济。在此模式下，用户规模的扩大直接导致平均成本的下降，而非传统意义上产量扩大所带来的成本节约。鉴于网络规模直接决定了其价值，早期进入市场的领先者往往能够凭借先动优势稳固其市场地位，使得后来者难以轻易夺取其市场份额，除非后者能带来革命性的技术革新或创造前所未有的价值。此外，较大规模的产品网络往往伴随着更为丰富的配套产品、更完善的售后服务、更具竞争力的价格，以及积分奖励和历史文档等增值服务。这些因素共同作用于现有用户，形成了一种锁定效应，使得用户倾向于留在现有网络中，除非新的网络能够提供超越转移成本的补偿或带来颠覆性的价值体验。同时，较大的网络规模还会对潜在消费者的选择产生深远影响，花车效应（从众心理）在此发挥关键作用，推动流行的趋势更加流行，进一步巩固了领先者的市场地位。

假设网络平台具有高固定成本 F，存在一个较低的边际成本 C，则平台目标函数为

$$\prod = P \times N - C \times N - F = KN^2 \times N - C \times N - F$$

$$\frac{\partial \prod}{\partial N} = 3KN^2 - C = 0 \tag{10-1}$$

$$N^{*2} = \frac{C}{3K} \tag{10-2}$$

在正的 N^* 这个极值点，是利润最小化的点，原因是目标函数的二阶导大于零，N^* 这个极值点是不稳定的。边际收益 $MR = 3KN^2$，边际成本 $MC = C$，当 $N > N^*$，$MR > MC$，N 会趋向无穷大。当 $N < N^*$，$MR < MC$，N 会趋向 0，见图 10-4。可见，对于网络型平台，要么扩张占领全部市场，要么退出市场。

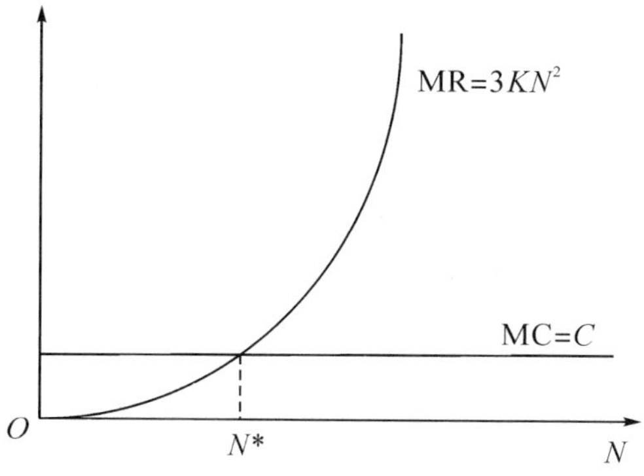

图 10-4　网络平台目标函数示意图

网络平台的平均成本函数为 $AC = \frac{F + CN}{N} = C + \frac{F}{N}$，当 N 趋于无穷大时，其平均成本不断下降，且趋向于边际成本 C。网络型产业具有显著的规模经济效应，甚至全部市场需求量都由它满足时，平均成本是最低的。假设市场容量是 N^T，则市场由一家平台经营的平均成本为

$$AC = C + \frac{F}{N^T} \tag{10-3}$$

若市场有两家平台，且平分市场容量，则每家平台的平均成本为

$$AC' = C + \frac{2F}{N^T} > AC \tag{10-4}$$

因此，新加入平台的市场规模不及在位平台的规模，其平均成本没有竞争力，在位平台具有很强的进入障碍。

假设网络平台最有效率规模为 y^*，按平均成本定价，价格为 P^*，而此时的市场容量为 Y，则市场可以容纳多于 1 家平台，形成寡头竞争市场。我国 14 亿人口的超大规模市场容量容纳数家保持最有效率规模的平台是可能的，见图 10-5。

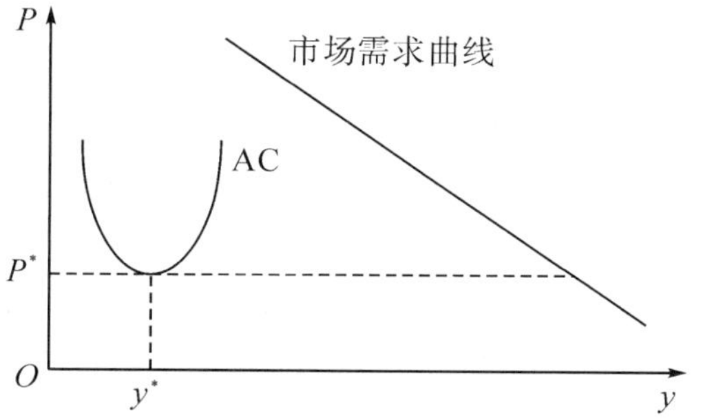

图 10-5　网络平台最有效率规模示意图

数字平台高固定成本、低边际成本的成本属性类似于自然垄断，由一家厂商经营比两家及以上厂商经营时，平均成本更低。数字平台的数字虚拟特征不受物质资源的限制，网络效应及其正反馈会强化龙头平台的力量，市场趋向赢者通吃，败者出局。总之，数字平台具有垄断属性，反平台垄断的重点不是反垄断本身，而是反垄断行为。

为贯彻落实党中央、国务院决策部署，加强平台经济领域反垄断监管，完善监管规则，引导平台经济领域经营者依法合规经营，促进平台经济规范有序创新健康发展，在总结我国执法实践经验和借鉴其他国家（地区）做法的基础上，根据《中华人民共和国反垄断法》（以下简称《反垄断法》）等有关法律规定，国务院反垄断委员会（以下简称“委员会”）于2021年2月7日印发《国务院反垄断委员会关于平台经济领域的反垄断指南》（以下简称《指南》）。

《指南》以《反垄断法》为依据，强调平台经济领域的垄断行为应当适用《反垄断法》及有关配套法规、规章等，释放互联网平台不是反垄断法外之地的明确信号。《指南》与《反垄断法》的结构高度契合，由总则、垄断协议、滥用市场支配地位、经营者集中、滥用行政权力排除限制竞争和附则六章组成，共24条，对涉及平台经济领域的《反垄断法》适用问题作出了较为细化的规定，主要包括五个方面的内容：

（一）总则。一是明确指南的目的和依据，突出促进平台经济规范有序创新健康发展的宗旨，同时界定《指南》涉及的相关基础概念。二是提出反垄断执法机构对平台经济开展反垄断监管应当坚持保护市场公平竞争、依法科学高效监管、激发创新创造活力、维护各方合法利益的原则。三是考虑到平台经济的复杂性，对相关商品市场、相关地域市场界定做了详细的阐释，强调相关市场界定在各类案件中的作用，同时坚持应当进行个案分析。

（二）垄断协议。一是分析了垄断协议的执法思路，明确垄断协议的形式，特别是对其他协同行为做出了具体的解释。二是结合平台经济特点，对经营者达成或者实施垄断协议的具体方式、执法考量因素等做出说明，明确了经营者可能利用技术手段、数据、算法、平台规则等方式达成横向垄断或者纵向垄断协议，阐述了相关案件的分析思路。三是对轴幅协议的原理进行了说明，提出了该类协议适用《反垄断法》的分析思路。四是对认定经营者通过数据、算法、平台规则等方式实施协同行为和宽大制度等做了细化规定。

（三）滥用市场支配地位。《指南》重点关注平台经济领域经营者市场支配地位的认定和平台经济领域常见的滥用市场支配地位行为。一是阐述了滥用市场支配地位行为反垄断执法的通常做法，分析时需要体现《反垄断法》框架体系。二是详细列举了认定或者推定经营者具有市场支配地位的考量因素，包括经营者的市场份额、相关市场竞争状况、经营者控制市场的能力、经营者的财力和技术条件、其他经营者的依赖程度、市场进入难易程度等。三是逐一细化滥用市场支配地位行为表现形式，如不公平价格行为、低于成本销售、拒绝交易、限定交易、搭售或者附加不合理交易条件、差别待遇等，有针对性地回应“二选一”、数据垄断、大数据杀熟等社会广泛关注的热点问题，增强法律制度的可操作性和可预期性，促进平台经济领域各类市场主体依法合规经营。

（四）经营者集中。《指南》主要对平台经济领域经营者集中的特殊性进行了深入阐述。一是在申报标准方面，根据行业惯例、收费方式、商业模式、平台经营者的不同作用，对不同类型的平台经营者营业额的计算方式予以区分，提高经营者判断交易是否达标的准确性。同时，明确协议控制架构的经营者集中属于反垄断审查范围。二是明确了国务院反垄断执法机构高度关注的涉及平台经济领域经营者集中类型，特别强调上述经营者集中即使未达到申报标准，但具有或者可能具有排除、限制竞争效果的，国务院反垄断执法机构将依法调查处理。三是对涉及平台经济的经营者集中进行反垄断审查时，要以《反垄断法》第二十七条规定为基础，并充分考虑平台经济的特点，在判断市场份额、市场控制力、集中对市场进入的影响等方面，具体考量因素与传统行业有所区别。四是明确对附加限制性条件的经营者集中，可以附加剥离资产等结构性条件，也可以附加开放网络、数据或者平台等行为性条件，或者附加结构性条件和行为性条件相结合的综合性条件。

（五）滥用行政权力排除、限制竞争。《指南》主要细化了平台经济领域涉及限定交易、妨碍商品自由流通、招标采购限制、投资或者设立分支机构限制、强制经营者从事垄断行为、制定含有排除、限制竞争内容的规定等滥用行政权力排除、限制竞争的表现形式，要求对制定涉及平台经济领域市场主体经济活动的规章、规范性文件和其他政策措施等应当进行公平竞争审查，充分发挥市场在资源配置中的决定性作用，更好发挥政府作用。

阿里巴巴集团实施“二选一”行为，排除、限制了我国境内网络零售平台服务市场的竞争，妨碍了商品服务和资源要素自由流通，影响了平台经济创新发展，侵害了平台内商家的合法权益，损害了消费者利益，构成《反垄断法》第二十二条第四款“没有正当理由，限定交易相对人只能与其进行交易或者只能与其指定的经营者进行交易”的滥用市场支配地位行为。2021 年 4 月，国家市场监督管理总局依法对阿里巴巴集团“二选一”垄断行为做出行政处罚决定，责令其停止违法行为并处以 182. 28 亿元罚款，要求阿里巴巴全面自查整改，并连续三年向国家市场监督管理总局提交自查合规报告。

2021 年 4 月，国家市场监督管理总局依据《反垄断法》对美团在中国境内网络餐饮外卖平台服务市场滥用市场支配地位行为立案调查。经查，2018 年以来，美团滥用在中国境内网络餐饮外卖平台服务市场的支配地位，以实施差别费率、拖延商家上线等方式，促使平台内商家与其签订独家合作协议，并通过收取独家合作保证金和数据、算法等技术手段，采取多种惩罚性措施，保障“二选一”行为实施，排除、限制了相关市场竞争，妨碍了市场资源要素自由流动，削弱平台创新动力和发展活力，损害平台内商家和消费者的合法权益，构成《反垄断法》第十七条第四款“没有正当理由，限定交易相对人只能与其进行交易或者只能与其指定的经营者进行交易”的滥用市场支配地位行为。

综合考虑美团违法行为的性质、程度和持续时间等因素，2021 年 10 月 8 日，国家市场监督管理总局依法做出行政处罚决定，责令美团停止违法行为，全额退还独家合作保证金 12. 89 亿元，并处以其 2020 年中国境内销售额 1 147. 48 亿元 3%的罚款，计 34. 42 亿元；要求美团围绕完善平台佣金收费机制和算法规则、维护平台内中小餐饮商家合法利益、加强外卖骑手合法权益保护等进行全面整改，并连续三年向国家市场监督管理总局提交自查合规报告，确保整改到位，实现规范创新健康持续发展。

2022 年 5 月，国家市场监督管理总局依据《反垄断法》对中国知网涉嫌实施垄断行为立案调查。经调查，中国知网在中国境内中文学术文献网络数据库服务市场具有支配地位。2014 年以来，中国知网滥用该支配地位实施垄断行为。一是通过连续大幅提高服务价格、拆分数据库变相涨价等方式，实施了以不公平的高价销售其数据库服务的行为；二是通过签订独家合作协议等方式，限定学术期刊出版单位、高校不得向任何第三方授权使用学术期刊、博硕士学位论文等学术文献数据，并采取多种奖惩措施保障独家合作实施。调查表明，中国知网实施不公平高价、限定交易行为排除、限制了中文学术文献网络数据库服务市场竞争，侵害了用户合法权益，影响了相关市场创新发展和学术交流传播。

综合考虑中国知网违法行为的性质、程度、持续时间和消除违法行为后果的情况等因素，2022 年 12 月 26 日，国家市场监督管理总局依法做出行政处罚决定，责令中国知网停止违法行为，并处以其 2021 年中国境内销售额 17.52 亿元 5%的罚款，计 8 760 万元。同时，国家市场监督管理总局坚持依法规范和促进发展并重，监督中国知网全面落实整改措施、消除违法行为后果，要求中国知网围绕解除独家合作、减轻用户负担、加强内部合规管理等方面进行全面整改，促进行业规范健康创新发展。

第十一章

数字经济核算

第一节　数字经济核算面临的问题

数字经济的核算就是估计与核算数字经济活动创造的国内生产总值（GDP），所以数字经济核算是传统 GDP 核算的延伸。由于数字经济活动新的特点，数字经济核算面临一些新的挑战。数字经济核算与传统经济核算不完全相同，还有一些亟待解决的问题，这给数字经济核算带来了挑战①。

一、参与者身份界定边界

国民账户体系区分了经济活动中的生产者与消费者，明确界定了参与者的生产、消费和资产范围，居民部门的自给性服务不包含在其核算范围内。但在数字经济时代下，众多数字平台可以为非法人服务提供者和家庭提供中介服务，居民越来越多地参与生产活动，居民不仅是消费者，也是生产者。然而，在现行统计体系下，这些生产性活动不能被有效纳入 GDP 的核算。

二、资产界定边界

资产界定边界面临两个方面的问题。一是数据的潜在价值问题。数字经济将数据作为新型生产要素，资产的范围进一步扩大，数字产品使用者生成的海量数据形成的数据资产通常具有巨大的隐性价值，但国民账户体系并没有将数据本身的潜在价值列入生产资本。二是耐用品的双重属性问题。通过数字平台（滴滴打车、美团民宿），自用的车辆与住房也可以给他人提供服务，但计算一个产品用于双重目的时的固定资本形成总额和家庭最终消费支出比较困难。因此，对于这类消费品的核算，目前的统计实践主要仍将这类耐用品作为最终消费予以记录。如何将消费品中作为投资品的部分剥离出来并在核算体系中予以体现，是当前数字经济核算的一大难点。

三、免费产品的核算问题

在数字经济时代下，我们每天都在使用免费的数字产品，如在线翻译、搜索引擎、社交软件等。从生产者的角度来看，他们免费提供产品给用户使

---

① 孙毅. 数字经济学［M］. 北京：机械工业出版社，2021.

用，聚集了用户流量，再通过广告等业务获取利润。这种间接盈利的模式，使得免费产品的价值难以衡量。由于 GDP 的核算基于价格，因此现行的 GDP 核算中没有包含免费产品。从消费者的角度来看，消费者使用了免费的产品，但某些免费产品给用户带来的价值大于零，因此这些服务的价值被严重低估。

四、价格指数问题

在对 GDP 进行核算时，为剔除价格因素的影响，需要使用各种价格指数，如消费者物价指数（CPI）。价格指数出现偏差，会导致核算的不变价 GDP 和实际经济增长率不准确。在衡量 CPI 时存在一些问题：一是 CPI 难以反映数字产品对其他产品需求的影响，二是 CPI 难以反映不包含在一篮子产品中的新数字产品，三是 CPI 难以体现数字产品和服务的质量提升。这些问题会导致 CPI 无法反映出价格的真实变动水平，为数字经济的正确核算带来问题。

第二节　数字经济核算方法

一、OECD 数字经济核算

OECD 专家小组基于数字经济核算的视角，依据数字交易的特征对数字经济的主体和客体进行了界定，形成了如图 11-1 所示的概念框架，初步构建了一个既能对接国民账户体系（SNA）又能开展独立核算的数字经济卫星账户框架。该概念框架主要以并集的方式基于数字交易的三大特征（数字化订购、促成平台、数字化传输）来识别数字经济活动。其中，数字交易的行为主体包括生产者、使用者和促成者，客体即参与数字交易的产品。

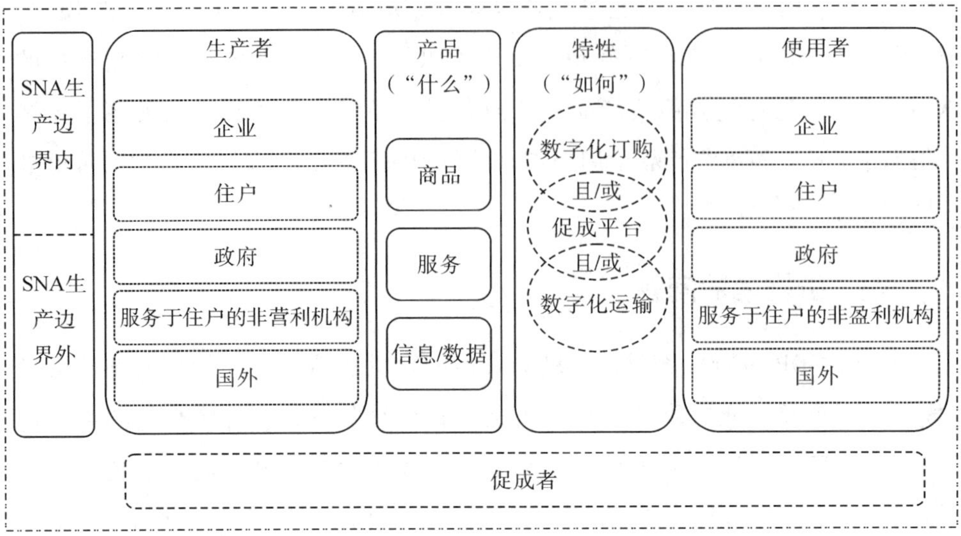

图 11-1　OECD 数字经济卫星账户总体概念框架

OECD 建议按核心经济活动的特征将数字经济企业划分为 6 个不同的类别：①数字驱动行业；②数字中介平台；③电子零售商；④其他数字业务行业；⑤依赖中介平台的行业；⑥其他行业。其中，数字驱动行业类似于国际标准产业分类中的信息与通信产业（ICT 产业），该产业所生产的产品旨在通过传输和显示等电子方式实现信息处理和通信的功能，具体包括 ICT 制造业、ICT 服务业和 ICT 贸易行业。其他数字业务行业包括基于网络的搜索引擎、社交网络和协作平台（如小红书、维基百科、微博等）以及提供订阅基础内容的数字业务（如 Netflix 等）。其他行业是指前 5 个类别中未涵盖的所有其他数字经济相关企业，保证了数字经济测度的完整性。

OECD 于 2014 年发布的《衡量数字经济：一个新的视角》中首次提出建立衡量数字经济指标的建议，认为应重点关注 6 大领域：①提高对 ICT 投资及其与宏观经济表现之间关系的度量能力；②定义和度量数字经济的技能需求；③制定度量安全、隐私和消费者保护的相关指标；④提高对 ICT 社会目标及数字经济对社会影响力的度量能力；⑤通过健全综合性和高质量的数据基础设施来提高度量能力；⑥构建一个可将互联网作为数据源使用的统计质量框架。

OECD 通过对具有国际可比较性的智能化基础设施投资、创新能力、赋权社会以及 ICT 促进经济增长与增加就业岗位这 4 个一级指标，以及其各自分类下的共 38 个二级指标进行分析衡量，评价不同国家数字经济的发展情况。不过，OECD 并未就具体国家进行所有具体数据的采集工作，也无法对不同国家进行一级、二级指标及总体情况排名，见表 11-1。

表 11-1　OECD 衡量数字经济的指标

一级指标	二级指标	一级指标	二级指标
智能化基础设施投资	宽带普及率 移动数据通信 互联网发展 开发更高速度 网络连接价格 ICT 设备及应用 跨境电子商务 网络安全 感知安全和隐私威胁 完善网络安全和隐私证据基础	赋权社会	互联网用户 在线行为 用户复杂性 数字原住民 儿童在线 教育中的 ICT 工作场所中的 ICT 电子商务消费者 内容无边界 电子政府应用 ICT 和健康
创新能力	ICT 与研发 ICT 行业创新 电子商务 发挥微观数据的潜力 ICT 专利 ICT 设计 ICT 商标 知识扩散	ICT 促进经济增长与增加就业岗位	ICT 投资 ICT 商业动态 ICT 附加值 信息产业劳动生产率 测度经济服务质量 电子商务 ICT 人力资本 ICT 及 ICT 行业工作岗位 贸易经济与 GVC

二、美国经济分析局的数字经济测度

2018 年，美国经济分析局（BEA）率先应用 OECD 概念框架，发布了《数字经济的定义与测度》（*Defining and Measuring the Digital Economy*），以 ICT 产业作为起点，将数字经济分为 3 个部分：①数字基础设施，包括硬件、软件和设施 3 个小类。②电子商务，包括企业与企业之间的电子商务（B2B）和企业与消费者之间的电子商务（B2C）两类。③收费数字服务，包括云服务、电信服务、互联网和数据服务、数字中介服务和所有其他收费数字服务 5 个小类。

随着数字经济基础数据的夯实，BEA 数字经济测算范围有所扩大，从“以数字化为主”的商品和服务扩展到包括“部分数字化”的商品和服务。

2021 年，BEA 数字经济测算范围包括数字基础设施、电子商务和付费数字服务三大类。BEA 数字经济组成部分及最新估计情况如表 11-2 所示。

表 11-2 BEA 数字经济组成部分及最新估计情况

数字经济活动	小类	北美产业分类体系（NAICS）
数字基础设施	硬件	半导体机械制造
		印刷机械与设备
		其他通用机械的制造、维修工作
		计算机及外部设备的制造
		通信设备制造
		音视频设备制造
		半导体及其他电子元件的制造
		磁性和光学介质制造
		通信与能源电线电缆制造
		所有其他电气设备和零部件制造
	软件	软件出版
		定制计算机程序设计服务
电子商务	企业对消费者（B2C）	机动车和零部件经销商
		家具和家具商店
		电子和电器商店
		建筑材料、花园设备和供应经销商
		食品和饮料商店
		健康和个人护理商店
		加油站
		服装配件商店
		体育用品、爱好、书籍和音乐商店
		一般商品商店
		杂项商店零售商
	企业对企业（B2B）	商业批发商（耐用品）
		商业批发商（非耐用品）
		企业对企业的电子市场

表11-2(续)

数字经济活动	小类	北美产业分类体系（NAICS）
付费数字服务	云服务	软件出版商
		数据处理、托管及相关服务
		互联网出版、广播和网络搜索门户网站
		专业设计服务
		计算机系统设计及相关服务
	电信业务	电影和视频制作
		电视广播
		有线和其他订阅节目
		有线电信运营商
		无线电信运营商（卫星除外）
		卫星电信
		其他电信
	互联网和数据服务	电影和视频制作
		有线电信运营商
		所有其他电信
		数据处理、托管和相关服务
		新闻集团
		互联网出版、广播和网络搜索门户网站
	所有其他定价的数字服务	计算机系统设计服务
		计算机设施管理服务
		其他计算机相关服务
		计算机培训
		消费电子产品维修和维护
		计算机和办公楼机器维修和维护
		通信设备的维修和维护

资料来源：2005—2020 年美国数字经济的新数据和修订的统计数据。

三、英国 DCMS 数字经济测度

英国数字、文化、媒体和体育部（DCMS）把数字部门分成 9 个子行业和 36 个小类。这 9 个子行业是：电子产品和计算机制造，计算机和电子产品批发，出版（不包括笔译和口译），软件发布，电影、电视、视频、广播和音乐，电信，计算机编程、咨询和相关活动，信息服务活动，计算机和通信设备维修。具体指标见表 11-3。

表 11-3　DCMS 数字经济统计指标

一级指标	二级指标
电子产品和计算机制造	电子元件制造
	负载电子板制造
	计算机及外围设备制造
	通信设备制造
	消费电子产品制造
	磁性和光学介质制造
计算机和电子产品批发	计算机、计算机周边设备及软件批发
	电子、电信设备及配件批发
出版	图书出版
	发布目录和邮件列表
	报纸出版
	期刊出版
	其他出版活动
软件发布	其他软件发布
电影、电视、视频、广播和音乐	电影、录像和电视节目制作活动
	电影、录像和电视节目后期制作活动
	电影、录像和电视节目发行活动
	电影放映活动
	录音和音乐出版活动
	无线电广播
	电视节目和广播活动
电信	有线电信活动
	天线电信活动
	卫星电信活动
	其他电信活动

表11-3(续)

一级指标	二级指标
计算机编程、咨询和相关活动	计算机程序设计活动
	计算机咨询活动
	计算机设施管理活动
	其他信息技术和计算机服务活动
信息服务活动	数据处理、托管和相关活动
	门户网站
	通信活动
	其他信息服务活动
计算机和通信设备维修	计算机及周边设备维修
	通信设备维修

四、数字化指标核算

（一）国际电信联盟 ICT 发展指数指标体系（IDI）

ICT 发展指数（ICT Development Index，IDI）是一个综合指数，由联合国国际电信联盟在 2009—2017 年每年发布一次，用于监测和比较不同国家在不同时段信息和通信技术的发展。虽然 IDI 对经济相关的内容测量较少，但是对信息通信技术相关领域的基础设施建设、产业应用、人力资本情况都有全面的衡量。2017 年，IDI 针对 ICT 接入、ICT 使用和 ICT 技术设立了 11 项指标，如表 11-4 所示。

表 11-4 ICT 发展指数指标体系（IDI）

一级指标	二级指标
ICT 接入	每百名居民固定电话用户数
	每百人移动蜂窝电话用户数
	每互联网用户的国际互联网带宽（bit/s）
	拥有电脑的家庭百分比
	拥有互联网接入的家庭百分比
ICT 使用	使用互联网的个人百分比
	每百名居民固定宽带用户数
	每百名居民的移动宽带活跃用户数

表11-4(续)

一级指标	二级指标
ICT 技术	平均受教育年限
	中学毛入学率
	高等教育毛入学率

（二）世界经济论坛网络就绪指数（NRI）

世界经济论坛从 2002 年开始发布网络就绪指数（network readiness index，NRI），重点分析全球信息化领先国家和地区的排名、主要经验和做法，NRI 在信息化领域的国际测评中具有相当的权威性。

NRI 的指标主要从三方面来衡量各经济体对信息科技的应用：

（1）信息科技的宏观经济环境、监管和基础设施。

（2）个人、企业和政府三方利益相关者对使用信息科技，并从中受益的准备就绪程度。

（3）个人、企业和政府实际使用最新信息科技的情况。

2021 年网络就绪指数模型反映了四支柱结构，即技术、人员、治理和影响，每个支柱由三个子支柱组成，如图 11-2 所示。

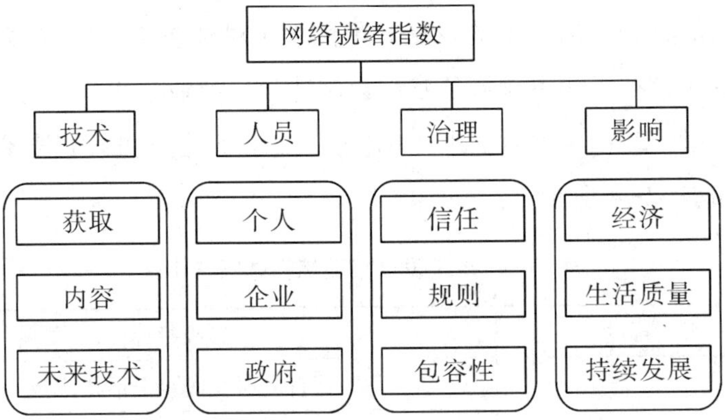

图 11-2　2021 年网络就绪指数模型

（三）欧盟数字经济与社会指数（DESI）

2014 年以来，欧盟委员会一直通过数字经济和社会指数（digital economy and society index，DESI）报告监测成员国的数字化进展。DESI 是刻画欧盟各国数字经济发展程度的综合指数，该指数由欧盟根据各国宽带接入、人力资本、互联网应用、数字技术应用和数字化公共服务程度 5 个主要方面的31项二级指标计算得出。该指标兼顾数字经济对社会的影响，是探析欧盟成员国数字经济和社会发展程度、相互比较、总结发展经验的重要窗口，具有较高的理论水平、科学性和可延续性。同时，该指标体系的大部分指标数据源于欧盟家庭ICT调查、企业ICT调查等专项统计调查，具有充分的研究积累和数据支撑。DESI的框架设计以及调查数据采集的经验可供我国借鉴。

第三节 中国数字经济核算

2022年1月，国务院发布了《“十四五”数字经济发展规划》，其中指出“数字经济是继农业经济、工业经济之后的主要经济形态，是以数据资源为关键要素，以现代信息网络为主要载体，以信息通信技术融合应用、全要素数字化转型为重要推动力，促进公平与效率更加统一的新经济形态”①。从以上定义中可以看出，数字经济离不开数据资源、现代信息网络与信息通信技术这三个要素。2021年，国家统计局发布《数字经济及其核心产业统计分类（2021）》，把数字经济产业范围确定为数字产品制造业、数字产品服务业、数字技术应用业、数字要素驱动业和数字化效率提升业5个大类②。

发展数字经济意义重大、机遇难得。我国深入实施数字经济发展战略，不断完善数字基础设施，加快培育新业态新模式，推进数字产业化和产业数字化，取得了不错的成绩。与此同时，我国数字经济发展也面临一些问题和挑战，比如，关键领域创新能力不足、数据开发利用水平低、结构性失业风险加剧。

一、中国数字经济

中国信息通信研究院发布的《中国数字经济发展报告》表明，整体上来说，近几年中国数字经济发展水平有较大提升，分省份来看发展水平亦有

① 《国务院关于印发“十四五”数字经济发展规划的通知》，详见 https://www.gov.cn/gongbao/content/2022/content_5671108.htm。

② 国家统计局. 数字经济及其核心产业统计分类（2021）［EB/OL］.（2021-05-27）［2023-11-30］. https://www.stats.gov.cn/sj/tjbz/gjtjbz/202302/t20230213_1902784.html.

显著提升。具体地，2018 年，广东、北京、江苏、山东、浙江及上海的数字经济发展水平处于领先行列；此外，青海、贵州、甘肃、宁夏、吉林的年均增长率名列前茅，发展势头依旧迅猛，处于数字经济发展的追赶行列。省际数字经济发展水平差距依旧较为显著，但具有明显的追赶趋势[①]。

东部、中部、西部与东北部四大区域的数字经济发展水平呈递增之态势。平均来看，东部遥遥领先，中部第二，西部位列第三，而东北稍落后于西部。从区域的数字经济增幅来看，西部和中部的较高，东北部次之，而东部的增长率相对低于其他三大区域。东部、中部、西部和东北部之间并没有表现出趋同之势，而是随着时序的推进，呈现出的差距愈加明显。东部地区数字经济发展水平明显高于其他三大区域，西部和东北部地区长期处于相对低发展水平（见图 11-3）。

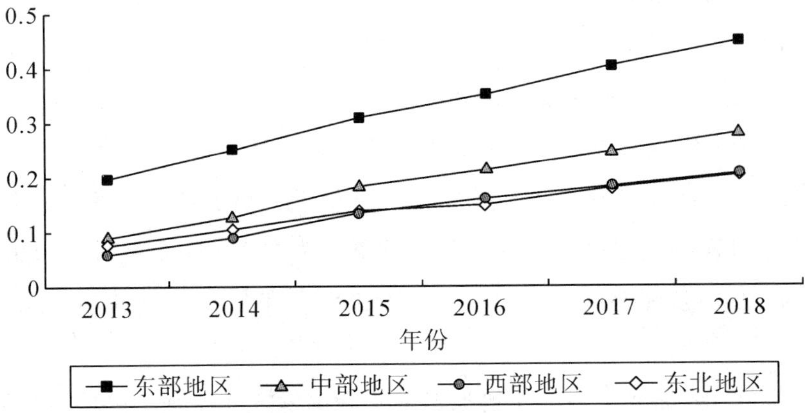

图 11-3　2013—2018 年四大地区数字经济发展水平的时间演变

资料来源：王军，朱杰，罗茜. 中国数字经济发展水平及演变测度［J］. 数量经济技术经济研究，2021，38（7）：17.

注：数字经济发展水平由引用文献作者构建指标计算得出。

京津冀协同发展经济带、长江经济带、“一带一路”经济带、长三角一体化经济带及黄河流域经济带是我国的五大经济带，各大经济带经济发展水平不尽相同，从而也导致数字经济发展水平呈现出明显的差异。五大经济带的数字经济发展水平都有显著提升，平均来看，长三角一体化经济带处于首要位置，京津冀协同发展经济带位列第二，长江经济带处于第三，“一带一

① 中国信息通信研究院. 中国数字经济发展报告（2022 年）［EB/OL］.（2022-07-08）［2023-11-15］. http://www.caict.ac.cn/kxyj/qwfb/bps/202207/t20220708_405627.htm.

路”经济带和黄河流域经济带依次为第四、五位。但“一带一路”经济带和黄河流域经济带由于受到政策的支持具有明显追赶效应，正在逐渐缩小与数字经济发展水平较高经济带之间的差距（见图 11-4）。

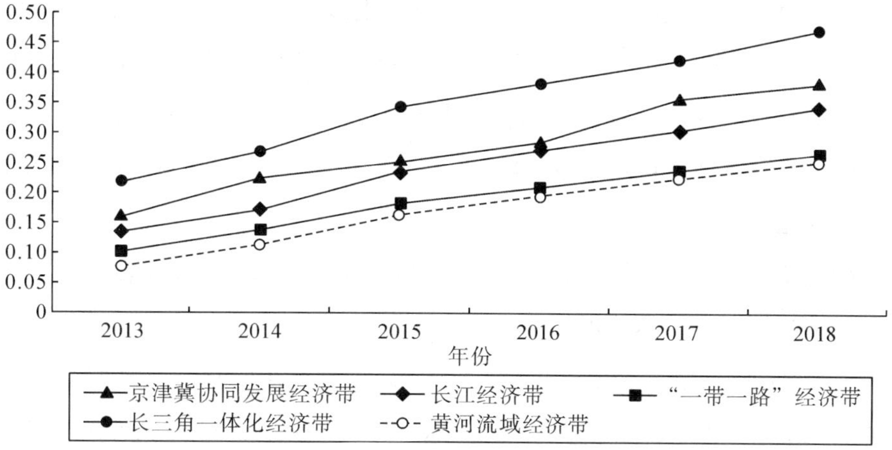

图 11-4　2013—2018 年五大经济带数字经济发展水平的时间演变

中国数字经济发展的总体差距依然显著，但是差距呈逐渐缩小之势。就数字经济发展差异结构而言，2015 年是一个分界点。2013 年和 2014 年数字经济发展总体差异大多来自地区间的差异，而地区内差异相对较少。2015 年以后，数字经济发展水平差异的来源在地区内和地区间基本相等，这表明中国数字经济发展水平的差异来源已逐渐演变为地区间和地区内的差异。虽然区域间的差距有所缓解，地区内部的发展差距却在逐渐显现，诸多地区出现了一个省重点打造一个城市的现象，如四川成都、湖北武汉等，区域内部的发展不均衡问题需要引起进一步的重视。

总体来说，中国数字经济发展水平逐年递增，但四大区域和五大经济带之间存在显著的异质性，其中差距源于区域间和区域内两大方面。数字经济发展水平空间上呈现“东→中→西”及“沿海→内陆”依次递减之势，大部分地区处于低水平区且长期无跃迁保持稳态，数字经济发展的不充分与不平衡问题依然严峻。

二、各地区数字经济

我国各个地区的数字经济发展水平差异较大，各具特色。根据中国信息通信研究院的核算方法，从数字经济总量来看，2021 年，有 16 个省（直辖市）的数字经济规模突破 1 万亿元，包括广东、江苏、山东、浙江、上海、北京、福建、湖北、四川、河南、河北、湖南、安徽、重庆、江西、辽宁。从城市数字经济竞争力指数（DECI）来看，2020年，北京、上海、深圳位列城市数字经济竞争力第一梯队。从数字经济对经济的贡献来看，在北京、上海、天津，数字经济已成为拉动地区经济发展的主导力量。从数字经济发展速度来看，贵州、重庆、江西、四川、浙江、陕西、湖北、甘肃、广西、安徽、山西、内蒙古、新疆、天津、湖南等省（自治区、直辖市）的数字经济持续快速发展，增速超过全国平均水平，其中，贵州、重庆数字经济同比增速均超过20%。

截至2022年3月，在数字产业化方面，我国以北京为核心，以上海、深圳、杭州等城市为增长极的数字产业化牵引带动关系较为明显，可概括为"一核三极多强"格局。在产业数字化方面，我国以北京、上海为核心，以福州、大连、广州、重庆、西安、深圳、南京、苏州等城市为增长极的产业数字化发展对国内其他城市产生较强牵引带动作用，可概括为"两超八极多强"格局。

三、数字核心产业划分与核算结果

2021年，国家统计局发布了《数字经济及其核心产业统计分类（2021）》，界定了数字经济核心产业的统计范围[①]。数字经济核心产业是指为产业数字化发展提供数字技术、产品、服务、基础设施和解决方案，以及完全依赖于数字技术、数据要素的各类经济活动，包括数字产品制造业、数字产品服务业、数字技术应用业、数字要素驱动业四类。

根据数字经济核心产业规模测算框架，对2012—2018年数字经济核心产业与细分的四大类增加值进行系统测算，测算结果分别如表11-5和表11-6所示。

表11-5　2012—2018年数字经济核心产业增加值、增长率与GDP占比

年份	增加值/亿元	增长率/%	GDP占比/%
2012	35 825.4		6.65
2013	39 479.1	10.20	6.66

① 国家统计局. 数字经济及其核心产业统计分类（2021）[EB/OL].（2021-05-27）[2023-11-30]. https://www.stats.gov.cn/sj/tjbz/gjtjbz/202302/t20230213_1902784.html.

表11-5(续)

年份	增加值/亿元	增长率/%	GDP 占比/%
2014	43 538. 8	10. 28	6. 77
2015	47 296. 8	8. 63	6. 87
2016	52 351. 1	10. 69	7. 01
2017	58 796. 5	12. 31	7. 07
2018	66 809. 8	13. 63	7. 27

资料来源：鲜祖德. 中国数字经济核心产业规模测算与预测［J］. 统计研究，2022，39（1）：4-14.

表 11-6　2012—2018 年四类数字经济核心产业增加值、增速与核心产业占比

年份	数字产品制造业			数字产品服务业		
	增加值/亿元	占比/%	增速/%	增加值/亿元	占比/%	增速/%
2012	15 638. 3	43. 65		1 843. 4	5. 15	
2013	16 503. 6	41. 80	5. 53	2 079. 6	5. 27	12. 81
2014	17 511. 9	40. 22	6. 11	2 310. 7	5. 31	11. 11
2015	18 576. 1	39. 28	6. 08	2 491. 5	5. 27	7. 83
2016	19 705. 2	37. 64	6. 08	2 718. 9	5. 19	9. 13
2017	20 932. 8	35. 60	6. 23	2 990. 2	5. 09	9. 98
2018	21 532. 0	32. 23	2. 86	3 220. 4	4. 82	7. 70
年份	数字技术应用业			数字要素驱动业		
	增加值/亿元	占比/%	增速/%	增加值/亿元	占比/%	增速/%
2012	11 805. 4	32. 95		6 538. 3	18. 25	
2013	13 584. 9	34. 41	15. 07	7 311. 0	18. 52	11. 82
2014	15 599. 7	35. 83	14. 83	8 116. 6	18. 64	11. 02
2015	17 155. 4	36. 27	9. 97	9 073. 8	19. 18	11. 79
2016	19 503. 7	37. 26	13. 69	10 423. 2	19. 91	14. 87
2017	23 056. 3	39. 21	18. 21	11 817. 1	20. 10	13. 37
2018	27 659. 6	41. 40	19. 97	14 397. 8	21. 55	21. 84

资料来源：鲜祖德. 中国数字经济核心产业规模测算与预测［J］. 统计研究，2022，39（1）：4-14.

四、国家统计局信息化发展指数

信息化发展指数（information development index，IDI）从信息化基础设施建设、信息化应用水平和制约环境，以及居民信息消费等方面综合地测量和反映一个国家或地区信息化发展总体水平。2011 年，国家统计局统计科研所信息化统计评价研究组在原有信息化发展指数的基础上，进一步优化信息化发展指数指标体系、完善统计监测方法，研究制定了新的信息化发展指数，见表 11-7。

表 11-7　信息化发展指数

分类指数	指标
基础设施指数	1. 电话拥有率（部/百人） 2. 电视机拥有率（台/百人） 3. 计算机拥有率（台/百人）
产业技术指数	4. 人均电信业产值（元/人） 5. 每百万人发明专利申请量（个/百万人）
应用消费指数	6. 互联网普及率（户/百人） 7. 人均信息消费额（元/人）
知识支撑指数	8. 信息产业从业人数所占比重（%） 9. 教育指数
发展效果指数	10. 信息产业增加值所占比重（%） 11. 信息产业研发经费所占比重（%） 12. 人均国内生产总值（元/人）

五、中国信息通信研究院数字经济指数

2017 年，中国信息通信研究院发布《中国数字经济发展白皮书(2017)》，在对数字经济发展现状、特点等研究的基础上，首次编制数字经济指数（digital economy index，DEI）①，力求综合反映当前数字经济的波动轨迹，有效监测数字经济的发展态势，科学预测未来数字经济的发展趋势，为行业分析、政策制定、政策评价等提供重要参考。

① 中国信息通信研究院. 中国数字经济发展白皮书（2017 年）[EB/OL].（2017-07-11）[2023-12-11]. http://www.caict.ac.cn/kxyj/qwfb/bps/201804/t20180426_158452.htm.

与其他同类型指数有较大差异的是，DEI 为景气指数，包括先行指数、一致指数和滞后指数 3 类（见表 11-8），可以通过与基期对比，反映不同时期的经济景气状态。这一指数相较于其他指数的优点在于，充分考虑了数字经济发展所必要的基础条件、数字产业化、产业数字化以及数字经济对宏观经济社会带来的影响，并且选取了许多具有中国特色、时代特色的指标，是一个相对而言大而全的指数。但 DEI 的缺点是理论框架不够完善，指标之间的逻辑联系和科学依据不是很清晰，有些指标是常用的指标，但是不一定具有长期观测的可持续性和代表性。

表 11-8　DEI 指数指标分类

先行指数指标	一致指数指标	滞后指数指标
大数据投融资	ICT 主营业务收入	第一产业增加值
云计算服务市场规模	ICT 综合价格指数	工业增加值
物联网终端用户数	互联网投融资	第三产业增加值
移动互联网接入流量	电子信息产业进出口总额	信息消费规模
移动宽带用户数	电子商务规模	
固定宽带接入时长	互联网服务市场规模	
固定宽带用户数	“互联网+”协同制造	
固定资产投资完成额	“互联网+”智慧能源	
	“互联网+”普惠金融	
	“互联网+”高效物流	

第四节　数字经济与 GDP 失真现象

数字化可能会给 GDP 统计带来失真现象。数字经济使产品或服务价格下降。数字经济对产品或服务价格的影响主要通过降低搜寻成本，让消费者更为便捷地找到低价商品。消费者能够通过网络对比价格，即使商品的制造成本没有改变，其价格也会被不断压低。同时，生产者通过网络进行销售，能够直接面对顾客，可以省下流通环节的中间费用。音乐作品实现数字化后，再生产成本几乎为零，线上传输的成本也趋向于零，与传统模拟制式的音乐作品相比，显著降低了产品的成本，数字化可使这些产品价格与成本同步降低。

消费者在购买某种商品或服务时，会设定愿意支付的最高价格，即支付意愿。支付意愿与实际支付的差值，被称为消费者剩余，这是消费者在购买和消费产品或服务时所享受到的福利。生产者在销售其产品或服务时，会设定一个愿意销售的最低价格（一般等于成本）。实际价格与销售意愿价格之间的差值，就是生产者剩余，这是生产者在参与市场中所享受到的福利。

当数字经济使得产品或服务价格下降时，消费者实际支付的价格下降，这使得消费者剩余增加，而生产者剩余降低。值得关注的是，生产者剩余被定量地反映到 GDP 统计中，而消费者剩余作为一项主观指标并未进入 GDP，消费者剩余甚至没有得到衡量，未被反映到某项统计数据之中。因此，在无法准确掌握数字化带来的消费者剩余增加的情况下，单看 GDP 的统计数据，会出现经济失真的现象。

消费者剩余与生产者剩余的总和被称为总剩余，总剩余才是商品或服务产出的真正意义上的福利，总剩余包括能够客观衡量的生产者剩余（表现为 GDP）和只能主观判断的消费者剩余。当前，尚无科学方法或很难将总剩余做数据化衡量。在数字经济大背景下，仅仅依靠 GDP 这一指标来衡量经济价值，与经济的真正表现相比，越来越失真了。

与此同时，随着共享经济的兴起，数字经济有引发经济紧缩的可能。共享经济虽然盘活了闲置的资源，但可能挤出这个行业的传统产出。例如，UBER 发展得越好，受到挤压的出租车行业会失去越多的就业机会。消费者通过共享出行越多，购买汽车的人就越少，汽车的生产和销售就会减少。爱彼迎对空置住宅的低成本使用越多，对新建酒店的投资就会越少。因此，共享经济具有遏制就业及投资增长的负面属性，并不一定有助于 GDP 增长。共享经济通过网络平台实现高效的供需匹配，人们不再注重物品的所有权，而是以服务的形式，在需要的时候共享即可。这样一来，新产品的生产可能受到抑制，生产者剩余将会被优步、爱彼迎之类的共享经济平台抹杀。共享经济可以增加消费者剩余，但这却没有反映到某项经济指标之中。

第十二章
数字经济与生产力

第一节 生产函数、生产率与数字经济

生产函数精确地描绘了生产要素投入量与所能达到的最大产出量之间的函数关系，它作为分析工具，在诸多领域的问题研究中占据核心地位。任何形式的“投入-产出”关联，不论其性质如何，均可借助生产函数来细致刻画。譬如，在国家或区域经济层面，资本与劳动的投入共同作用于GDP或地区生产总值的生成；在行业维度，资本、劳动及多样生产要素的融合促成了行业增加值或总产值的实现；企业层面，通过机器设备与劳动力的有效配合，生产出各类产品；农户方面，依赖土地、劳动及农业资源的综合运用，收获丰富的农产品；尤为值得一提的是，在创新领域，企业投入的研发经费与科研人员所展现出的创造力，共同“生产”出发明创造，这一过程往往通过创新可能性边界这一特殊形式的生产函数来展现。实际上，生产过程中的投入要素多种多样。以企业为例，其运营离不开厂房、库房等基础设施的支持，离不开机器设备的运转，离不开员工的辛勤劳动，还需要确保电力的稳定供应，以及从供应链伙伴处获取的半成品等关键投入，这些共同构成了企业生产的复杂而全面的投入体系。在不考虑中间投入（intermediate input）的情况下，刻画资本和劳动这两种初级投入（primary input）与产出之间关系的生产函数的代数表达式为

$$Y = F(K, L, A) \tag{12-1}$$

式中，Y 为产出，A 为全要素生产率，F 表示函数关系。产出可以是GDP、地区生产总值、行业增加值或产品数量。资本投入指的是物质资本的投入，它是由历史上物质资本投资形成的机器设备、厂房、机场、高速公路等资本存量投入到生产性活动中的提供的资本服务流，通常被简单处理成资本存量。劳动投入 L 既包括劳动服务的数量，又包括劳动服务的质量。

全要素生产率有时又被简单称为技术（具体含义见下文），在投入生产要素相同的情况下，A 提高意味着更多产出。要素投入的变动不会改变生产函数。在没有技术进步的情况下，要素积累会使产出沿原函数曲线向右移动，变动如图 12-1 中的 D 点到 A 点；反之，要素减少会使产出沿原函数曲线向左移动。图 12-1 中保持了资本存量不变，刻画的是劳动投入和产出之间的关系。

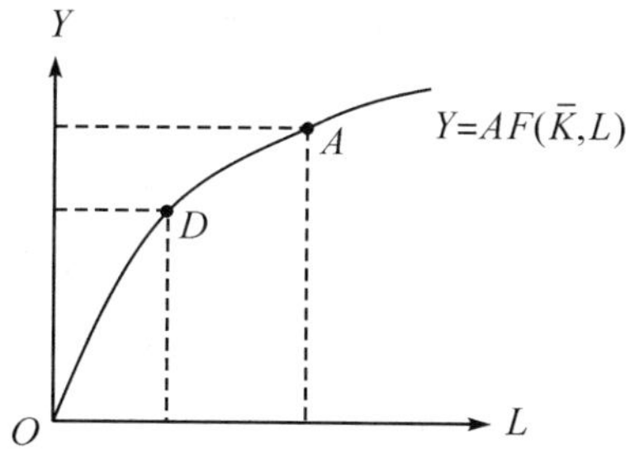

图 12-1 无技术进步时生产函数曲线上点的移动

前面讲了无技术进步时的生产函数曲线变化，现在简单讨论有技术进步的情况。A 代表全要素生产率。在既定生产要素下，全要素生产率提高会使生产函数向上移动，变动如图 12-2 中的 A 点到 B 点；相反，全要素生产率降低会使生产函数向下移动，变动如图 12 - 2 中的 A 点到 C 点。

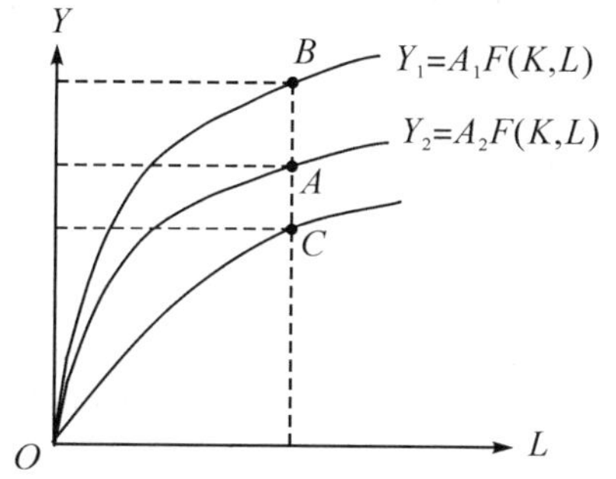

图 12-2 有技术进步时生产函数曲线上点的移动

所谓生产率，本质上都是指产出与投入之比。在分析问题的时候，我们经常要问：哪个国家的生产率更高？农村部门和城市部门哪个生产率高？客观上来讲，同样多的投入能生产更多产出的生产率更高，或者在产出相同的情况下投入更少者生产率更高。但实际上往往很难找到“同样的投入”或“同样的产出”，因此，我们需要找到一个比较的基准，即求出产出与投入的比值，也就是每一单位投入的产出。

全要素生产率的本质含义在于，它视所有生产要素投入为一个综合的或整体的投入集合。全要素生产率正是衡量这一综合或全部生产要素集合的生产效率的一个指标，具体方法是将产出量除以这一综合投入要素量。这一命名方式直观地反映了其计算原理与核心关注点，即全面评估所有生产要素对生产活动的整体贡献率。

上面的概念实际上也说明了全要素生产率的测量方法。那么，这样测量出来的全要素生产率内涵是什么呢？它可能包括哪些具体内容呢？如果全要素生产率提高了，具体代表什么含义呢？应该怎样提高全要素生产率呢？在回答这些问题之前，我们需要对全要素生产率进行解剖。上述方法测量出来的全要素生产率实际上包括了除资本与劳动两种要素外所有其他能影响产出或经济增长的所有因素。也就是说，在影响经济增长的因素中，除资本和劳动外，其他未知的、已知的因素都进入了全要素生产率。从实证或测量的角度来看，全要素生产率实际上包括了很多具体的内容，如技术进步、效率改进、结构变化、其他要素（尤其是能源）的价格变化带来的影响以及运气好坏（历史背景、地理位置、气候与自然资源等不受当代人行为影响的因素被概括为“运气”）。

在掌握了生产函数的基本概念之后，我们可以进一步探讨如何将数字技术融入这一分析框架之中。依据是否直接生产数字产品或对外提供数字技术服务的标准，我们可以将经济体系中的各产业划分为两大类别：数字生产部门与数字使用部门。数字生产部门专注于数字产品的创造或数字服务的提供，并将这些成果销售给行业内其他企业或广大消费者。这一部门与数字核心产业在很大程度上是相吻合的，其内部又可细分为硬件与软件两大分支。

数字生产部门在当前经济体系中的整体占比相对较小，但根据“十四五”规划的设定，到 2025 年，我国数字核心产业增加值占 GDP 的比重预计将达到 10%，预示着其未来发展的巨大潜力。数字生产部门并非劳动密集型部门，这一特点在就业结构上体现得尤为明显。信息通信技术领域作为一个相对狭小的行业范畴，设置了较高的进入门槛。在发展中国家，信息通信技术行业吸纳的劳动力占劳动力总量的平均比例仅为 1%，这一比例在涉及具体岗位如网络管理员、电气或电子工程师时同样适用。相比之下，在 OECD 成员中，这些岗位的劳动力占比则达到 2%~5%。即便是在美国这样的发达国家，自 2000 年以来，与新技术密切相关的行业，如电子商务和社交网络，所雇佣的人数也仅占劳动力总数的 0.5%。

所以，我们这里对数字技术的形式进行建模，主要是针对数字使用部门的。数字经济部门的生产函数中的资本投入划分为数字资本 K^D 与非数字资本 K^{ID} 两部分，这样生产函数为

$$Y = F(K^D, K^{ID}, L, A) \tag{12-2}$$

式（12-2）中，体现型技术进步（embodied technical change）的思想

得到了印证。体现型技术进步意味着技术进步嵌入在资本设备中。数字资本使用部门使用了数字资本生产部门的产品作为资本设备，因而使用了数字技术。将数字资本与非数字资本分开，即假设它们在生产中发挥的作用及其回报率是不同的。

企业使用数字资本，作为资本存量的一部分影响产出这一直接渠道。除此之外，使用数字资本还可能影响企业的全要素生产率，从而影响企业产出。例如，数字投资提高了研发效率与管理效率。这一现象可以用如下生产函数来表示：

$$Y = F[K^D,\ K^{ID},\ L,\ A(K^D)] \qquad (12-3)$$

经济体中不同行业都可能使用数字技术，某一行业的生产效率还可能受到其他行业使用数字技术情况的影响，这被称为数字技术的外溢效应。可以用如下的生产函数形式化这一外溢效应：

$$Y_i = F[K_i^D,\ K_i^{ID},\ L_i,\ A_i(K_i^D,\ K_{-i}^D)] \qquad (12-4)$$

式（12-4）中，Y_i 表示第 i 个企业或产业的产出，K_{-i}^D 表示除 i 企业或产业之外其他与之相关的企业或产业的数字资本存量，$A_i(K_i^D,\ K_{-i}^D)$ 中的 K_{-i}^D 概述了其他企业或行业使用数字技术对第 i 个企业或产业生产效率的外溢效应。

第二节　数字红利：数字经济促进经济发展

二十国集团（G20）杭州峰会通过的《二十国集团创新增长蓝图》首次定义了“数字经济”，即以信息和知识的数字化为关键生产要素，以现代信息网络为重要载体、以有效利用信息通信技术为提升效率和优化经济结构重要动力的广泛经济活动。数字经济不仅体现了最前沿的技术创新，也是拉动经济增长的强劲动力，当前全球已经进入“数字革命时代”。《2016 年世界发展报告：数字红利》以数字红利为主题，并将数字红利定义为由互联网的广泛应用而产生的发展效益，同时指出世界各国，特别是发展中国家应充分应用数字红利。

加速经济增长、创造就业岗位和提升政府服务，是数字投资最重要的收益，即“数字红利”。其一，数字经济通过连接企业，拉动了经济增长。企业互联网普及率的提高，不仅能扩大贸易范围，而且能更好地利用资本和劳动力，从而提高企业生产率，拉动各国经济增长。1995—2014 年，信息通信技术资本积累对全球增长的贡献接近 20%。其二，数字经济通过连接民众，创造了就业机会。就业红利通过三个机制产生：一是创造直接和间接的工作机会，促进创业和个体经营，尤其给弱势群体（如妇女、青少年、老人和残疾人）提供了弹性工作时间；二是提高劳动力生产率；三是使业务流程自动化并产生规模效应，增加消费者剩余。其三，数字经济通过连接政府，提供了更优质的公共服务。互联网的广泛应用引发了电子政务系统的迅速扩散，许多核心行政工作被自动化和简化，既提高了公共服务的质量，又提高了政府的管理能力。

为什么能够收获数字红利？促进包容、提高效率、推动创新，是降低企业、个人与公共部门的经济社会交易成本、创造“数字红利”的三种机制。其一，数字技术降低了搜索成本并扫除了部分信息障碍，提高了贸易、就业、公共服务的可及性；其二，数字技术通过自动化与协调，大大提高了经济效率、劳动生产率、人力资本回报率，效率得以提高；其三，数字技术通过规模经济和平台经济，使得生产成本特别是交易成本降到基本为零，如搜索引擎、电商平台、电子支付等，创新得以蓬勃发展，见图 12-3。

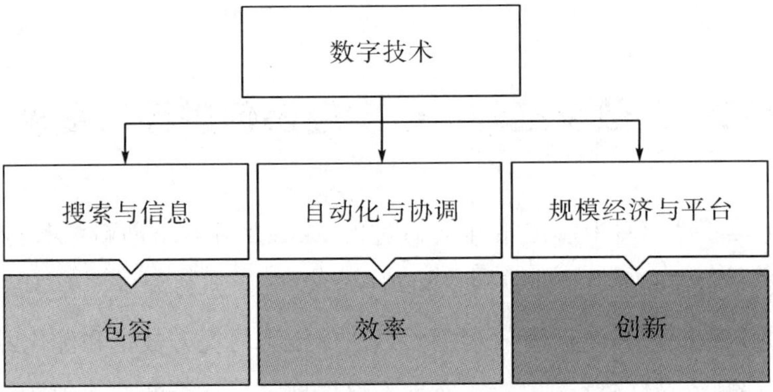

图 12-3　互联网推动经济发展的三种重要机制

数字技术大大扩充了信息库，降低了信息成本，创造了信息产品。这一变化促进信息的搜索、匹配和分享，通过影响企业如何运作、人们如何寻求机会、公民如何与政府互动，进而推动这些经济主体之间实现更完善的组织协作。变化不仅限于经济活动，数字技术也使劳动力队伍中女性参与者更多，使得残障人士更为便利地沟通，并对人们的休闲方式产生影响。通过消除信息障碍、加强要素、革新产品，数字技术可以实现更加包容、高效和创新的发展。

（1）互联网能够促进包容。互联网出现前，一些交易的成本太高，导致没有市场。有两种交易属于这一类型：第一种，双方有潜在的有利交易，但彼此不知道对方的存在，而找到对方的搜索信息成本过于高昂；第二种，一方掌握的信息远远多于另一方，经济学文献称这种情况为买卖双方之间的信息不对称，如果缺乏信息和透明度，这些交易就难以发生。数字技术通过降低获取信息的成本，以透明方式提供更多信息，使得新交易成为可能。试想以下情形：一位贫困农民无法获得信贷，因为贷款方无法评估他的信用度；或者一个小公司无法找到潜在买方，不知道是否能信任新的商业伙伴；或者一个自由职业者愿意干些小活挣点钱；或者房主想把闲置房间出租给当地游客；或者那些居住在偏远地区的或边缘化的群体，难以获得政府提供的服务。所有这些困境都是因为缺失关键信息，而很难达成交易或找到匹配对象。网上信誉评价系统和数字识别系统可以帮助消除这些信息障碍。这些手段不仅令市场更高效，而且其最大的好处是创造市场的效应：扩大贸易、创造就业、提高公共服务的可及性。

（2）互联网能够提高效率。受互联网影响最大的可能是以前的传统交易，有了互联网，这些交易可以更快、更便捷，且交易成本大大降低。这一机制通过两种途径发挥作用。首先，数字技术的价格大幅度下降，企业和政府得以用 ICT 资本替代现有的要素——劳动力和非 ICT 成本，实现一些工作的自动化。航空公司利用在线预订系统安排载客。超市使用自动收银机替代收银员。政府部门投资建立信息管理系统，从签发驾驶证到报税等很多业务都提供在线服务。其次，数字技术强化了未被取代的要素，从而提高了生产率。数字技术帮助经营者更好地管理劳动者，帮助政府人员更好地监管服务提供者，也帮助劳动者运用技术提高生产率，从而提高人力资本的回报率。互联网通过简化流程、自动化完成部分任务以提高现有要素的生产力，进而大幅度提高企业、劳动者和政府的经济效率。

（3）互联网能够推动创新。如果交易完全自动执行，不需要人力参与，效率就达到极致，交易成本下降到基本为零。这时即进入“新经济”范畴，如搜索引擎、电商平台、数字支付系统、电子图书、流媒体音乐以及社交媒体。搭建平台的固定成本可能很高，但是执行一次交易或增加一个用户的边际成本极低。随着规模回报率越来越高，新的商业模式开始出现，这也是互联网企业与非互联网企业相比的一个主要竞争优势。零边际成本吸引新卖家和买家进入企业平台，产生良性网络效应：买家受益于更多卖家的入驻，反之亦然。对于拍卖网站，卖家越多，吸引的竞标者也越多；对于搜索引擎，搜索次数越多，引擎就能掌握更多信息，变得更加有效。互联网使得毫无障碍的沟通和合作成为可能，可以支持新的交付模式、鼓励集体行动并加快创新进程。

在互联网经济中，三项机制通常一起运作。许多互联网企业或服务使用平台模式或“双边市场”模式。平台匹配买卖双方，或用户与服务提供者。在拼车服务中，平台自动匹配司机与乘客（创新），司机受益于以往不可能获得的灵活挣钱机会（包容）；对于乘客而言，除更方便外，通常还能更省钱并提高效率。网络众筹、职位匹配、共享房屋和音乐网站的运作模式也与此类似，见图 12-4。

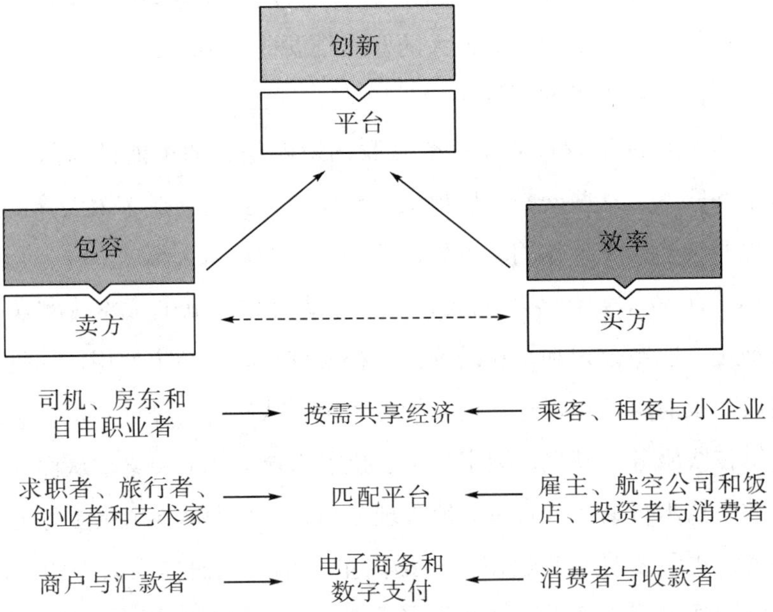

图 12-4　许多数字交易涉及三种机制

数字技术收益渗透到经济的各个领域。对于工商业而言，互联网通过扩大贸易规模，促进企业融入全球经济，提高资本生产率，并且加剧市场竞争，进而催生创新。互联网创造就业，为千家万户带来机会，充分发挥人力资本的潜力，产生消费者剩余。互联网为民众享受公共服务创造条件，并为民众提供平台组织集体活动。无数事例证明数字技术可以产生巨大效益。

互联网能够扩大贸易规模、提高资本利用率并且促进竞争。互联网与能源、交通一样，已经成为国家基础设施不可或缺的组成部分，是现代经济中几乎所有活动都离不开的生产要素。互联网为许多小企业参与全球贸易创造了条件，由此提升了包容性；互联网提高现有资本的生产力，由此提高了效率；互联网促进竞争，由此也推动了创新。

（1）互联网能够扩大贸易规模。有了互联网，更多产品可以出口到更多市场，且出口方常常是成立不久的公司。研究表明，出口国互联网使用率提高 10%，双边贸易的产品数量就会增加 0.4%。如果贸易伙伴国的互联网使用率也有大致相当的增长，每种产品的平均双边贸易额就会提高 0.6%。网络平台通过设立反馈评分系统、提供第三方服务和冲突解决机制，解决了信任和信息问题。

（2）互联网能够提高资本利用效率。互联网能够降低成本，从而提高几乎所有经济部门的效率和劳动生产率，互联网对增长最大的贡献可能来源于此。对于企业而言，更充分准确的信息有助于更有效地利用现有产能优化库存与供应链管理，减少固定设备的停机时间，并且降低风险。在航空部门，精密的预订和定价算法帮助美国国内航班提高了约 1/3 载客率。包裹快递公司（UPS）利用智能路线算法，不仅节省了时间，每年还能节约 450 万升汽油。许多零售企业将供应商纳入实时供应链管理系统，以尽量降低库存成本。例如，越南的电子商务企业就比其他企业的全要素生产率增速平均高出 3.6 个百分点。博茨瓦纳和乌拉圭的牲畜行业采用唯一标识、追溯体系，既达到欧盟对进口牛肉的要求，也提高了生产流程效率。

（3）互联网能够促进竞争。当完全自动化的基于互联网的服务将边际交易成本推低到零，市场结构所受影响并不确定。边际成本低意味着规模经济大有优势，对自然垄断有利。同时基于互联网的服务也有鼓励竞争的特性，例如比价网站能够帮助消费者找到更优惠的价格。但互联网上的商品依然存在价差，部分原因在于企业越来越精于价格歧视，企业基于买家的搜索记录、地理位置和收集到的其他信息，针对不同消费者给出不同价格。互联网能够推动市场准入，互联网公司只需要相对较少的人手或资本投资就能建立并迅速发展起来。云计算，即计算与数据存储租赁服务，能够降低创业成本，支持企业按需扩充能力（如算力），同时也减少投资者风险。互联网企业与线下企业竞争，如即时通信应用程序与电信竞争，搜索引擎和社交媒体网站与传统媒体竞争广告收入，电商与实体企业竞争，数字金融与传统银行竞争。线上线下竞争催生的创新通常有利于消费者。优步、滴滴快车等交通服务企业已经搅动了出租车市场，后者通常监管过度，进入受限，并且价格高昂。TransferWise 令国际汇款价格降低了高达 90%。在乌干达，个体或业余厨师可以避开餐馆执照限制，通过 eKeebo 提供、分享家常菜肴。

每个人都有与他人沟通、建立联系的强烈愿望。使用数字技术为个人带来的福祉是巨大的。数字技术也能增加经济机会。虽然手机和互联网更多被用于社交，而非职业目的，但人们能获得切实的经济效益。数字技术带来更多的就业和市场渠道，即使是贫困人口也能在一定程度上受益。

互联网能够创造就业。数字技术直接创造的就业数量比较有限，但间接支持的就业可能非常可观。在发展中国家，ICT 部门的就业人数平均只占劳动力的 1%左右。在经合组织国家，ICT 部门就业比例占到总就业人数的 3%~5%。在美国，一个高科技职位能在其他部门带动产生 4.9 个职位。据中国国家信息中心估算，电子商务部门通过网店和相关服务创造了 1 000 万个职位，占到中国就业总数的 1.3%。在数字经济中，自主创业、自营职业的新机会在快速涌现。互联网降低交易成本，为难以找到工作或生产性投入的人带来更多机会。女性、残障人士和边远居民都能受益，包容性由此得到提高。外包业务把互联网工作提供给贫穷和弱势人口。印度喀拉拉邦政府推出了 Kudumbashree 项目，把信息技术服务工作外包给贫困家庭女性合作社，其中 90%的女性以前没有参与过家庭以外的工作。网上工作最大的好处是可以在家工作，且时间灵活。

互联网能够提高劳动生产率。对经济整体而言，互联网对个人最深刻的影响在于提高劳动者的生产率。把常规性重复性工作交给技术完成后，劳动者能够专注于价值更高的活动。例如，选择利用大规模公开在线课程（MOOC）等在线教学工具，老师可以将更多的时间用于引导和讨论，帮助落后的学生。研究人员获得更多时间思考、创新，不必搜索信息或重复他人的工作。领导层管理跨国团队也更容易。高技能人士是这些好处的主要受益者。现在是有史以来高技能劳动者的最佳时代。教育回报率一直保持高位，在发展中国家，每多接受一年高等教育，回报率就提高 15%。穷人从数字技术中获得的最大收益可能来自信息搜索成本的降低。劳动者可以利用技术更迅速地了解价格、投入或新技术信息，不仅成本低廉，而且减少了摩擦和不确定性。在农业生产中，人们可以利用数字技术了解价格、土壤、天气、新技术信息，与经销商协调沟通，从而提高农业生产率。对于面临更多信息制约的弱势农民，降低信息不对称的影响通常更为显著。

互联网能够增加消费者剩余。随着各种服务通过互联网实现完全自动化，许多职位被削减。市场上有了新的数字产品和服务，如电子书、数字音乐和搜索引擎。互联网改变了现有服务业的格局，如出租车和酒店服务、卫生、教育和零售服务。商品和服务的种类增加。互联网增加了消费者福祉。人们认为数字技术确实使生活变得更好。对非洲 12 个国家的消费者调查显示，65%的人认为手机改善了家里生活，73%的人表示手机节省了花在路上的时间和费用。一些研究试图量化这些效益的经济价值。麦肯锡公司 2010 年对法国、德国、俄罗斯、西班牙、英国和美国的消费者调查显示，平均每个家庭愿意每月支付 50 美元来获得现在免费的互联网服务。美国的时间使用数据显示，个人每年从互联网获得收益的中位数超过 3 000 美元。在爱沙尼亚，数字签名为每次交易节省 20 分钟时间。对搜索信息时间成本的研究显示，网上搜索平均快 15 分钟，搜索结果更准确，这些服务每年可能给每个人带来高达 500 美元的消费者剩余。

互联网能够帮助政府提高能力，更高效地回应民众需求。借力互联网，政府有更好的工具与公民沟通及提供信息，同时也为广泛参与创造了条件，民众有机会参与政府项目，或向政府提供反馈信息并监督政府的工作。如果政府绩效未达到公民期望，人们可以通过互联网向政府施压。

互联网能够扩大公众参与。数字化空间可以很大程度上破解居民身份上的差异，数字身份能够帮助消除参与障碍，促进边缘化或弱势群体更好地融入社会。互联网使得信息源大量增加，降低了媒体控制的风险，也加大了媒体审查的难度。

互联网能够增强公共部门能力。互联网通过自动化、基于数据的管理提高政务效率。几乎所有国家都试图实现税务与关税管理、预算编制、执行和会计的自动化。电子申报降低税务合规成本，一站式电子化服务中心提高了服务效率。电子采购有助于提高竞争激烈程度，增加非项目区竞标者得标的可能性，同时也提高了基础设施的质量。数字技术可以监测员工绩效、改善管理。互联网提供实时数据，支持服务设施更好规划和管理。数字技术赋予公民快速反映具体问题的机会，从而有助于改善绩效，完成反馈循环。设立互联网呼叫中心后，公民可以通过中心反映问题并跟踪解决状态，这些系统使民众很愿意反映问题，且解决问题的时间也趋于缩短。

互联网能够增加话语权。各国政府开始利用数据分析、数字平台的优势，致力于实现更快速、更明智、更全面的政策决策。互联网为参与式民主、参与式立法开启了新途径。社交媒体大大降低沟通协调成本，能够消除公民集体行动的原有障碍。

互联网是推动发展的有效力量，只是很多时候互联网的效益并没有实现。原因在于，就复杂职业、工商业活动或公共服务而言，互联网通常只能自动化部分任务，使之更便宜、高效，而另一部分任务需要人类的能力，尤其是需要社会情感的技能。许多涉及提供信息或常规许可的公共服务可以自动化，但是像教学或警察等服务就不可以，因为这些服务需要人类所具有的大量情感、隐性知识与斟酌判断能力。

对于互联网的许多问题和不足之处（见图 12-5），最重要的机制是确保高度竞争的法规、利用技术的技能和问责体制。没有坚实的非数字配套机制，机遇可能变成风险。

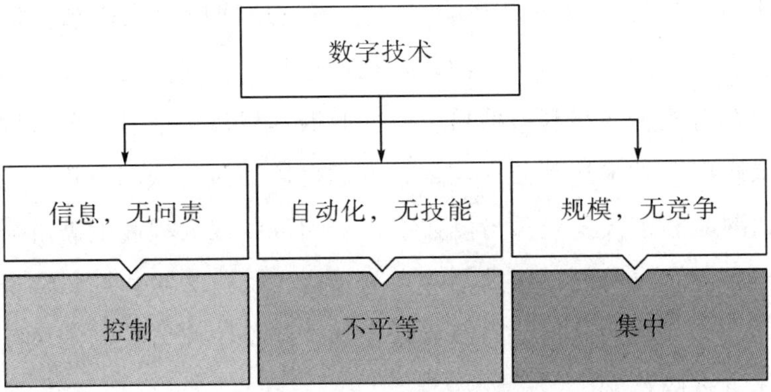

图 12-5　数字技术的不足之处

助长控制及体制变革。算法控制是数字时代出现的权力特征，通过算法权力和算法控制实现管理者期望的目标。数据的流动量已经大到非人类所能处理，处理数据的工作应该交给能力远超人类大脑的电子算法，人类正将手中的权力交给集体智慧和数字算法。随着权力从人类手中转移到计算机手中，权力也相应地落入数字巨头企业，人类面临数字独裁的威胁，失去应有的政治权力。

人们期望互联网时代公民能够参与决策，包括对政府问责。扩大公众参与，给予贫困、弱势人群更多话语权。在许多国家，互联网过度惠及政治精英，同时使政府更有能力控制社会政治舆论。数字技术能提高总体投票率，影响选举进程和结果。但在线投票人大多是受教育程度更高的富裕人员。政府使用数字技术解决信息和监测问题往往取得成功。同时也需要一些可以加强政府透明度与问责机制的措施。

促进竞争与准入的监管法规。数字化最重要的驱动因素是竞争压力。采用新技术的企业提高了生产力，而未采用的企业会落后。促进竞争和准入的营商环境至关重要，包括确保企业容易进入和退出的法律法规，让企业面对外国竞争与投资的开放性贸易体制。特殊利益会导致监管者封闭市场，拒绝竞争，这种状况下企业探索前沿技术的需求就会降低。

降低数字化门槛。在数字经济刚刚崛起时，政策的要务是促进网络联结。降低计算机、智能手机、网络设施、电信、网络资费的关税或价格，鼓励更多创新公司进入市场。

通过有效监管与执行促进竞争。国家对经济部门的管控，创办企业的壁垒，以及对贸易投资的限制导致保护行业中的企业缺乏使用数字技术的动力。可以通过减少市场扭曲，有效执行竞争政策，来提高经济竞争力，推动人们更广泛地应用数字技术。

第三节　数字产业化

数字产业化是数字经济的重要组成部分，数字产业的发展在推动数字经济高质量发展中占据重要的战略地位。数字产业一般包括信息产业（硬件、电子信息制造业和软件、信息通信服务业、软件和信息技术服务业）、电子商务和数字内容产业。2021 年，我国数字产业化增加值规模达 8.4 万亿元，比上年增长 11.9%，占 GDP 比重为 7.3%，与上年基本持平①。

① 中国信息通信研究院．中国数字经济发展白皮书［EB/OL］．(2021-04-23)［2024-03-04］．http://www.caict.ac.cn/kxyj/qwfb/bps/202104/t20210423_374626.htm.

下面分别从中国信息产业的发展现状、主要的数字技术与产品、数字核心产业与其他经济部门的联系三个方面进行分析。

一、中国信息产业的发展现状

近年来，我国信息产业发展呈现稳中有进的态势，信息产业内部结构持续优化。信息产业具有产业关联度大、资源消耗量少、科技含有量高、创新驱动力强等特点。从组成来看，信息产业主要包括电子信息制造业、信息通信业、软件和信息技术服务业等。其中，电子信息制造业主要包括电子制造业、通信制造业和计算机制造业三个细分产业；信息通信业主要包括基础电信业务和以互联网为主的增值电信业务；软件和信息技术服务业主要包括软件开发、集成电路设计和信息技术咨询服务等业务。

2012—2021 年，我国电子信息制造业总体呈增长态势，其增加值增速均超过工业增加值增速（见图 12-6）。2012—2021 年中国电子信息制造业增加值平均增速为 11.6%，工业增加值平均增速为 7.1%，前者增速高于后者 4.5%，这说明我国电子信息制造业的发展仍处于加速发展态势。

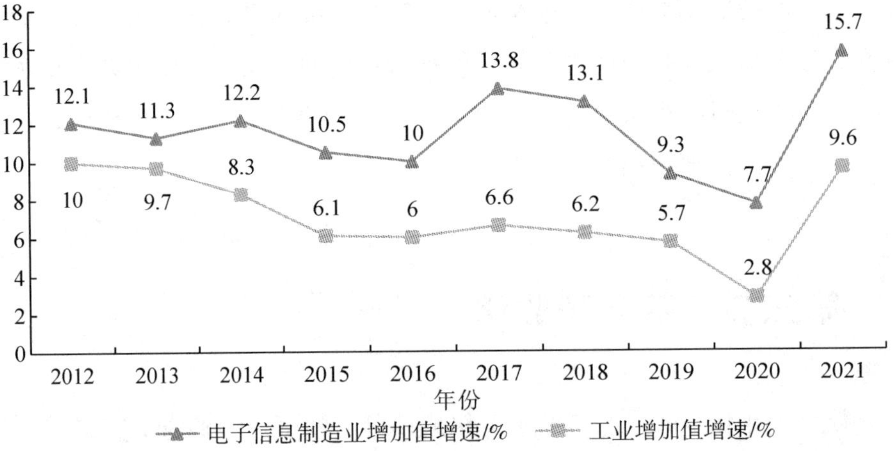

图 12-6　2012—2021 年中国电子信息制造业增加值增速和工业增加值增速

资料来源：工业和信息化部运行监测协调局。

我国信息通信业稳步发展，呈现波动增长态势。2021 年，我国电信业务收入累计完成 1.47 万亿元，比上年增长 8.0%，创下 2014 年以来最高涨幅记录。全年电信业务总量完成 1.7 万亿元（按 2020 年价格计算），比上年增长 27.8%。2012—2021 年我国电信业务收入整体处于波动增长态势（见图 12-7），平均增速为 4. 11%。分区域来看各地区电信业务收入情况，2016—2021 年，各地区的电信业务收入比重总体稳定，表现为东部地区占主要比重，东北部地区占比最少。从趋势来看，东部地区在观测年间占比有小幅增加，东北部地区占比有小幅减少（见图 12-8）。

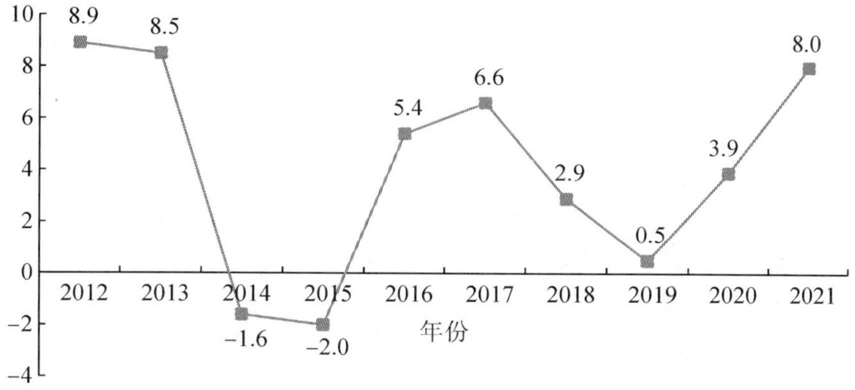

图 12-7　2012—2021 年中国电信业务收入增长情况/%

资料来源：工业和信息化部运行监测协调局。

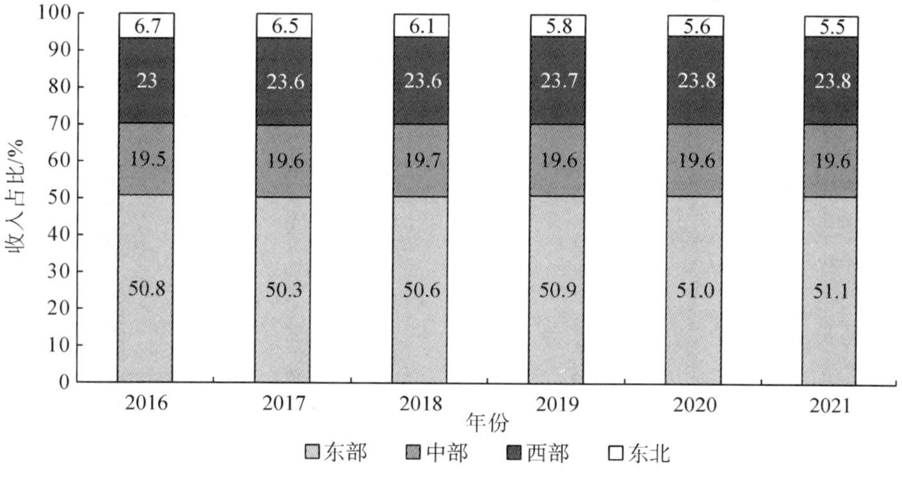

图 12-8　2016—2021 年中国东、中、西、东北部电信业务收入占比

资料来源：工业和信息化部运行监测协调局。

我国软件业务收入和利润保持较高水平增长，产业规模不断扩大，行业盈利能力不断增强。2021 年，全国软件和信息技术服务业规模以上①企业超 4 万家，累计完成软件业务收入 94 994 亿元，同比增长 17. 7%，软件业务利润总额为 11 875 亿元，同比增长 7. 6%。从整体趋势来看，无论

① 规模以上：指主营业务年收入 500 万元以上的软件和信息技术服务企业。

是软件业务收入还是利润，2014—2021 年均处于不断增长的态势，且每年增速较快（见图 12-9）。我国软件行业从业人员规模不断增大，2014—2021 年软件业从业人数不断增加，2021 年全国软件业从业人员平均人数为 809 万人，同比增长 7.4%（见图 12-10）。

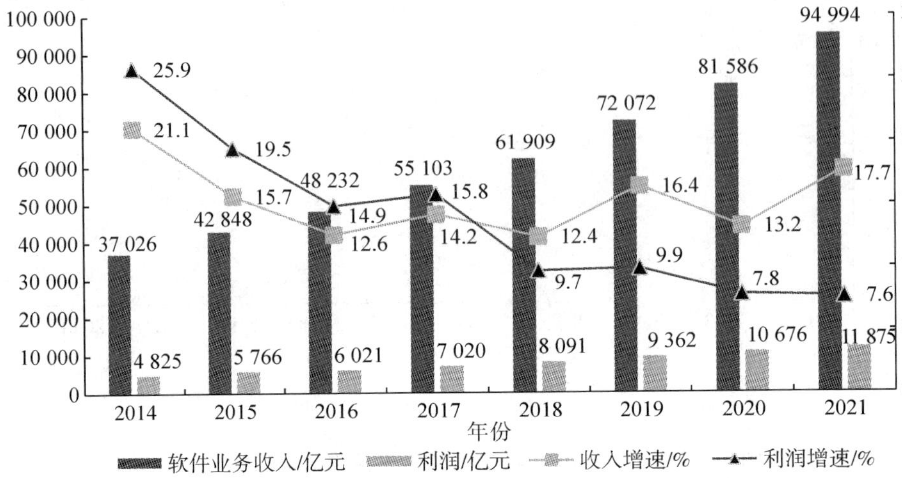

图 12-9　2014—2021 年中国软件业务收入与利润发展情况

资料来源：工业和信息化部运行监测协调局。

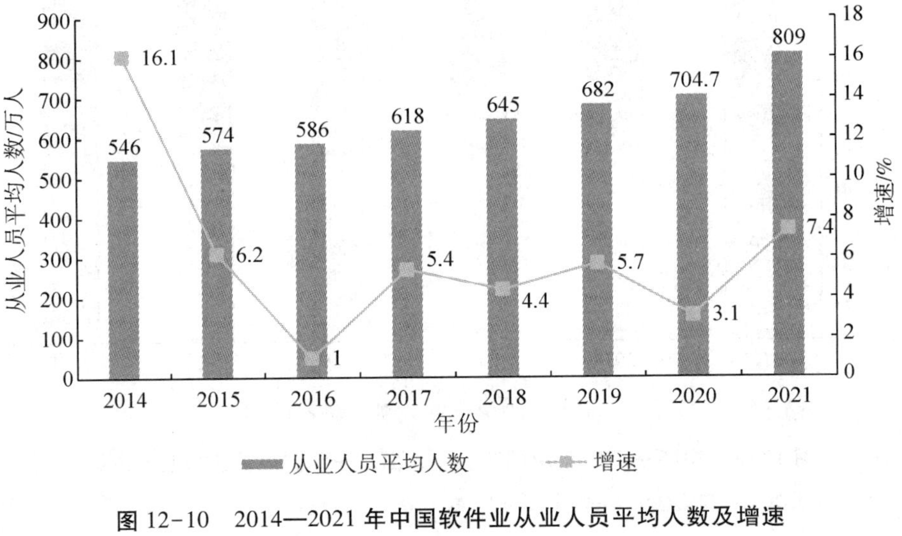

图 12-10　2014—2021 年中国软件业从业人员平均人数及增速

资料来源：工业和信息化部运行监测协调局。

我国软件业务出口形势较为乐观，保持增长趋势。2021 年，我国软件业务出口 521 亿美元，同比增长 8.8%。从整体态势看，我国软件出口额在 2014—2021 年大部分年份处于增长趋势，这说明我国软件出口能力在不断增强，见图 12-11。

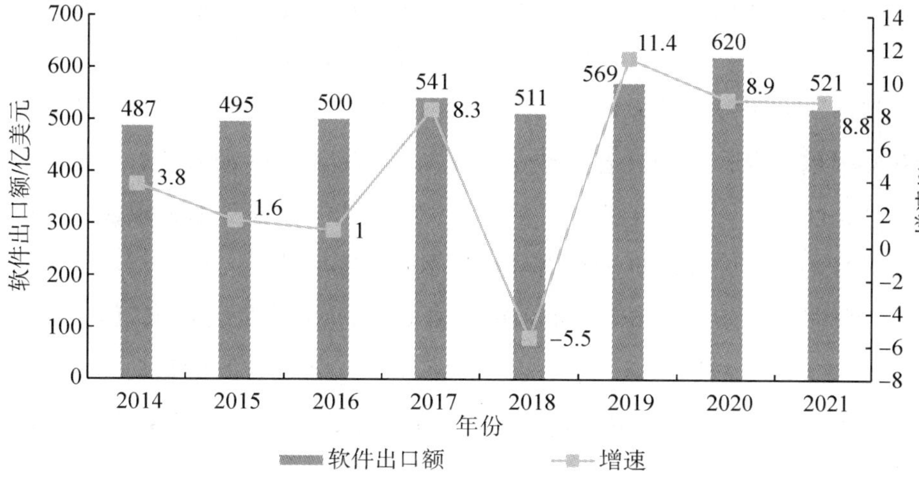

图 12-11　2014—2021 年中国软件出口额及增速

资料来源：工业和信息化部运行监测协调局。

虽然我国信息产业近年来取得了显著的成绩，但是产业结构、基础元件与技术和创新能力较发达国家仍有较大差距。芯片等核心零部件的对外依存度仍然较高，创新能力不足。与发达国家相比，我国的信息产业的产业结构存在应用强但技术弱、市场厚但利润薄的倒三角产业结构，这不利于信息产业的健康发展，亟须进行产业结构的转型与升级。

二、主要的数字技术与产品

信息与通信技术（ICT）于 21 世纪初被认为是世界经济增长的重要动力，各国纷纷制定促进 ICT 发展的国家战略和相关的产业政策。经过 20 多年的发展，ICT 已经为数字经济的快速发展奠定了较为坚实的基础。在以互联网为载体的数字经济 2.0 时代，对数字经济涉及的数字技术和数字产品进行全面了解是必要的①。下面对宽带、数据中心、人工智能、物联网、智能手机进行介绍。

1. 宽带

在传统经济中，经济发展的基础设施是“路”，如公路、铁路等，而在数字经济中，宽带是新型生产要素——数据的“路”。宽带服务分为固定宽带服务和移动宽带服务。随着宽带技术的逐渐成熟和成本的降低，移动宽带服务正逐步普及。由于大数据、云计算、物联网、人工智能等技术

① 赵立斌，张莉莉. 数字经济概论［M］. 北京：科学出版社，2020.

的运用都离不开宽带，因此全球各个国家都制订了宽带战略计划，希望通过提升宽带水平和宽带普及率来推动数字经济不断发展。

目前，大多数网民接入互联网的主要方式是移动互联网，5G（第五代移动通信技术）作为具有宽带宽、高速率、高可靠性和低延时的新一代移动通信技术，可以满足消费者在虚拟现实、人工智能、增强现实、物联网等领域的需求，同时也能够满足智慧交通、数字政务、智能制造等行业的应用需求。为了争夺5G技术发展的制高点，中国、美国、韩国、欧盟均不断加大在5G领域的研发力度。截至2021年年底，我国移动通信基站总数达996万个，其中5G基站为142.5万个，全年新建5G基站超65万个①。

由于高速宽带对中国“互联网+”行动计划、“中国制造2025”和数字经济的推进和发展有着决定性的根基作用，我国高度重视高速宽带网络的建设。2018年政府工作报告中强调要积极推进网络提速降费，实现高速宽带城乡全覆盖，助力数字中国建设。2013年国务院发布的“宽带中国战略”已取得显著成效，于2020年超额完成制定的三个目标，为我国后续依托于高速宽带的各数字行业打下了坚实的基础。2022年前三季度，我国固定互联网宽带接入用户总数达5.71亿户，移动宽带用户数为16.98亿户。

2. 数据中心

数据中心是指专门为ICT设备的集中安置和相关系统运行提供数据存储、处理和传输服务，并为保证其快速恢复和安全运行提供可靠保障的配电与环境控制基础设施②。工业和信息化部于2013年1月即颁布了《关于数据中心建设布局的指导意见》（以下简称《指导意见》），其分别对新建超大型数据中心、新建大型数据中心、新建中小型数据中心和已建数据中心进行布局导向。《指导意见》为后续我国数据中心的建设和推动数字经济发展均起了重要作用，经过近十年的努力，我国数字中心建设取得了很大突破。《数据中心白皮书（2022年）》显示，我国数据中心机架规模持续稳步增长，大型以上数据中心规模增长迅速；截至2021年年底，我国

① 运行监测协调局. 2021年通信业统计公报［EB/OL］. https://www.miit.gov.cn/gxsj/tjfx/txy/art/2022/art_e8b64ba8f29d4ce18a1003c4f4d88234.html.

② 殷平. 数据中心研究（1）：现状与问题分析［J］. 暖通空调，2016，46（8）：42-53.

在用数据中心机架规模达到520万架，近五年年均复合增速超过30%；我国目前共有32个大型数据中心，12个边缘数据中心。

远程办公、远程协作得到大范围的普及，大量业务走向线上化、数字化，随之而来的是线上数据量激增，数据流动性大大加强，这一切都需要强有力的数据中心来支撑，以完成对数据的计算、传输以及存储。事实上，业务量激增造成数据中心运维难度大，业务“宕机”的情况屡见不鲜，充分体现了数据中心的强大对于数字经济的重要性。工作模式的根本性转变，对数据中心的稳定性、运维能力提出了更高要求。未来，线上化的趋势会更加明显，而且随着5G的逐步深入，靠近用户侧的边缘数据中心场景将会大量增多，数据中心的价值与作用将会进一步显现。

3. 人工智能

人工智能（artificial intelligence，AI）的定义很广泛，按照其实力大致可分为弱人工智能、强人工智能和超人工智能。目前，人工智能发展处于弱人工智能阶段，如只会下象棋但是战胜了象棋世界冠军的人工智能。人工智能是引领未来的新兴战略技术，是驱动新一轮科技革命和产业变革的重要力量。

人工智能已成为科技创新的关键领域和数字经济时代的重要支柱。从国家层面来说，自2016年起，先后有40余个国家和地区将推动人工智能发展上升到国家战略高度。美国成立了国家人工智能倡议办公室、国家AI研究资源工作组等机构；欧盟在发布的《升级2020新工业战略》和《2030数字化指南》中将人工智能列为重点发展对象；《中华人民共和国国民经济和社会发展第十四个五年规划和2035年远景目标纲要》中指出要瞄准人工智能等前沿领域，推动数字经济健康发展。从科技企业来说，Facebook、谷歌、亚马逊、苹果、阿里巴巴、百度等科技巨头和数字经济平台均把人工智能作为后移动时代的战略支点，纷纷宣布人工智能已成为它们未来的业务核心①。

我国的人工智能领域发展迅速，我国人工智能基础设施市场规模在2020年达到39.3亿美元，同比增长26.8%，并将在2024年年底达到78.0亿美元。国际数据公司（International Data Corporation，IDC）预测，2021年中国在AI市场的支出规模将达到82亿美元，人工智能加速服务

① 闫德利.2016年人工智能产业发展综述［J］.互联网天地，2017（2）：22-27.

器市场规模将达到56.9亿美元，较2020年增长61.6%[①]。2021年人工智能城市排行榜中，北京、杭州、深圳、南京、上海排名前五名，排名6~10的城市分别为苏州、广州、济南、成都和合肥。

4. 物联网

2005年11月17日，在突尼斯举行的信息社会世界峰会上，物联网（internet of things，IOT）这一概念被首次提出。物联网是互联网基础上的延伸和扩展的网络，是将各种信息传感设备与互联网结合起来而形成的一个巨大网络，可以实现人与人、人与物、物与物之间的互联互通。物联网既是数字经济基础设施，也是一种数字产品，是多种数字基础设施和数字技术综合应用的产物。物联网的实现需要无线宽带网络技术、无线射频识别技术和微型传感器等技术，多种数字技术的结合使得物联网推动人类社会物理现实世界和虚拟数字世界之间的界限逐渐消失。近十年来物联网的飞速发展使得它的市场潜力获得产业界的普遍认可，物联网也成为我国新型基础设施的重要组成部分，成为支撑数字经济发展的关键基础设施。

从21世纪初期，各国就把物联网当作本国的重点发展战略。2006年3月，欧盟召开会议“From RFID to the Internet of Things”，对物联网做了进一步的描述，并于2009年颁布了《欧盟物联网行动计划》，确保欧洲在建构物联网的过程中起主导作用。美国将IBM 2009年提出的“智慧地球”概念上升至美国的国家战略。该战略认为IT产业下一阶段的任务是将新一代IT技术（智慧信息设施与网络通信技术）充分应用于国民生产与服务的各个行业。2009年8月7日，温家宝在中国科学院无锡高新微纳传感网工程技术研发中心考察时提出“感知中国”的概念。“十二五”规划将物联网产业作为战略性新兴产业之一。

我国物联网市场前景广阔，发展潜力巨大。随着政府利好政策及先进技术的不断引进，中国物联网市场的收益由2016年的9 120亿元快速增长至2021年的29 232亿元，复合年增长率为26.2%；预期2021—2026年将进一步按复合年增长率13.3%增长[②]。全球移动通信系统协会（GSMA）发布的

---

① 详见《2021—2022中国人工智能计算力发展评估报告》，查询网址为 https://max.book118.com/html/2021/1102/5321222311004044.shtm。

② 详见中国信息通信研究院发布的《物联网白皮书（2020年）》，查询网址为：http://www.caict.ac.cn/kxyj/qwfb/bps/202012/t20201215_366162.htm。

《The Mobile Economy 2020》报告显示，预计到 2025 年，全球物联网总连接数规模将达到 246 亿，复合年增长率将高达 13%①。

5. 智能手机

智能手机作为最典型的广义数字产品，它的诞生与飞速普及对数字经济的发展起到了重要的助推作用。从智能手机的诞生来说，它的出现是各种数字技术和顶级制造业技术的结晶。从智能手机的应用来看，作为连接消费者端与数字经济基础设施的重要枢纽，智能手机将用户与 5G 紧密连接，用户通过智能手机参与到整个数字经济的运营与建设中。数据中心和物联网主要收集用户智能手机上产生的数据，经过处理、整合、分析后反哺给用户，更方便智能手机用户的日常使用。

我国智能手机保有量位居世界前列，且市场并未趋于饱和，仍有上升空间，但是受全球经济大环境的影响，我国智能手机市场受到了一定的冲击。2022 上半年我国手机产量 7. 44 亿台，同比下降 2. 7%，其中智能手机产量 5. 76 亿台，同比下降 1. 8%。我国 5G 基站的持续建设，推动了 5G 手机的发展进程，近几年国内 5G 智能手机市场销量呈现爆发式增长，2021 年我国 5G 手机市场出货量约为 1. 8 亿台，市场渗透率达到了 73. 8%左右。

三、数字核心产业与其他经济部门的联系

投入产出表。投入产出表是分析产业间相互依存关系的基本工具。为了研究美国的经济结构问题，美国经济学家华西里 · 里昂惕夫（W Leontief）于 1931 年在前人的研究基础上首先研究和编制了投入产出表。各种投入产出表的骨架如图 12-12 所示。可以看出，表格通常由三个象限组成（第四象限通常忽略）。第一象限横向表头和纵向表头都分别排列着产业序号或名称，其中表格的横向（行方向）可以观察到各产业的产品由谁购买，被称为中间使用，从而可以分析需求；表格的纵向即列方向，被称为中间投入；在第 i 行第 j 列的任一单元格数据 x_{ij} 表示第 i 个行业在生产中使用的中间投入含有的第 j 个行业的数量，或者第 j 个行业产出中用于作为第 i 个行业中间投入的数量。第二象限包括最终使用（最终消费支出+资本形成总额+出口）

① GSMA. The Mobile Economy 2020 [EB/OL]. (2020-11-10) [2024-03-04]. https://www.gsma.com/solutioms-and-impact/connectivity-for-good/mobile-economy/wp-content/uploads/2020/03/GSMA_MobileEconomy2020_Global.pdf.

以及总产出（最终使用-进口），反映各部门产品的最终使用情况；第三象限反映国民收入的初次分配，即各行业增加值（劳动者报酬+生产税净额+资本折旧+营业盈余），在增加值下面还列出了各行业的总投入合计。

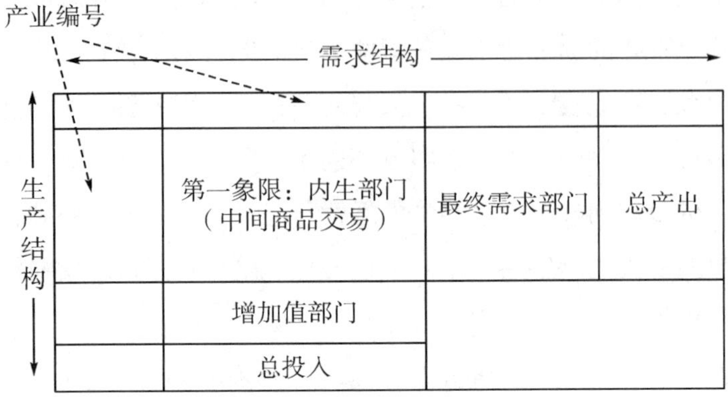

图 12-12　投入产出表结构骨架

数字核心产业及其联系效应。参照《国民经济行业分类》（GB/T 4754—2017），根据国家统计局第十次常务会议通过的《数字经济及其核心产业统计分类（2021）》，将 2017 年 42 部门投入产出表中的通信设备和其他电子设备部门定义为数字硬件产业，信息传输、软件和信息技术服务部门为数字软件产业，数字核心产业为数字硬、软件两部门之和。我们用影响力系数和感应度系数来衡量数字核心产业与经济中其他部门的联系。

影响力系数 F_d 反映了测算部门对国民经济各部门所产生的生产需求的拉动程度，是数字核心产业对国民经济的后向拉动作用，为后向指标。其计算公式如下：

$$F_d = \frac{\sum_{i=1}^{n} \overline{b_{id}}}{\frac{1}{n}\sum_{i=1}^{n}\sum_{j=1}^{n} \overline{b_{ij}}}(j = 1, 2, \cdots, n) \tag{12-5}$$

其中，b_{ij} 为完全消耗系数，$\sum_{i=1}^{n} \overline{b_{id}}$ 为里昂惕夫逆矩阵中数字核心产业所在列之和，$\frac{1}{n}\sum_{i=1}^{n}\sum_{j=1}^{n} \overline{b_{ij}}$ 为里昂惕夫逆矩阵的列和的平均值。

感应度系数 E_d，反映了数字核心产业对国民经济各部门产出的推动程度，为前向指标。其计算公式如下：

$$E_d = \frac{\sum_{i=1}^{n} \overline{b_{dj}}}{\frac{1}{n}\sum_{i=1}^{n}\sum_{j=1}^{n} \overline{b_{ij}}} (i = 1, 2, \cdots, n) \tag{12-6}$$

其中，$\sum_{i=1}^{n} \overline{b_{dj}}$ 为里昂惕夫逆矩阵的行和，$\frac{1}{n}\sum_{i=1}^{n}\sum_{j=1}^{n} \overline{b_{ij}}$ 为里昂惕夫逆矩阵各行和的平均值。

2002—2017 年数字核心产业影响力系数与感应度系数如图 12-13和图 12-14 所示。可以看出：第一，数字核心产业及其硬件产业的影响力系数均大于 1，说明其对我国国民经济的拉动作用大于社会平均水平；软件产业的影响力系数小于 1，且与社会平均水平相差较大，对国民经济起到的拉动作用不足。在 2015 年后数字核心产业及其硬软件产业对国民经济的拉动作用呈现上升趋势。第二，数字核心产业及其硬件产业的感应度系数均大于 1，其对国民经济的推动作用大于社会平均水平，但软件产业的感应度系数小于 1，且与社会平均水平相差较大，对国民经济起到的推动作用不足。2010 年后数字核心及其硬软件产业对国民经济的推动作用呈现上升趋势，这表明整体经济数字化在 2010 年开始提速。

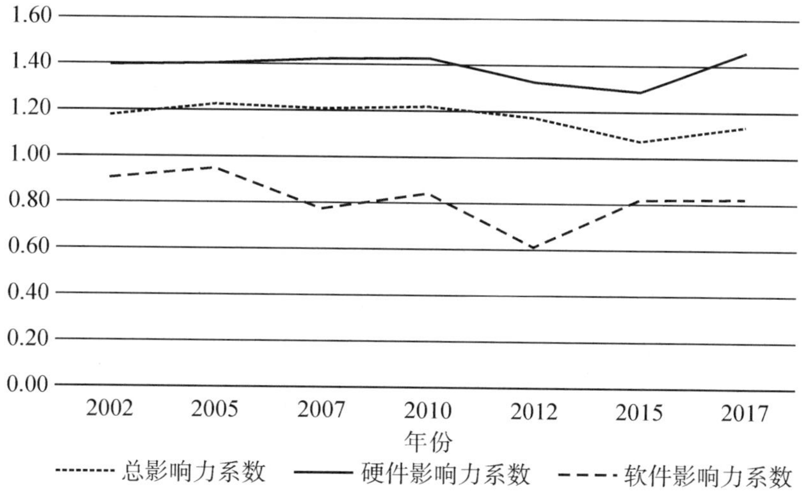

图 12-13　数字核心产业影响力系数变化

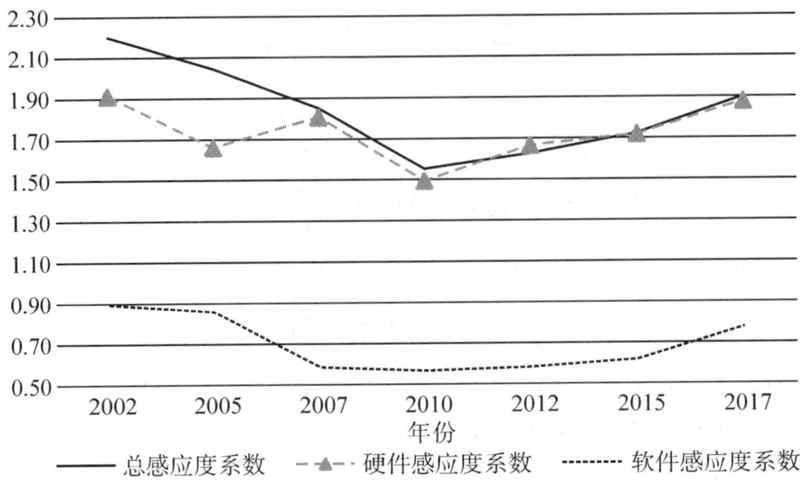

图 12-14　数字核心产业感应度系数动态变化

第四节　产业数字化

一、数字经济促进产业结构升级

1. 一般机制

在数字经济范式中，数字、网络和信息通信技术与各产业技术融合，向各产业环节渗透，改变了各产业内和产业间的技术创新、资源要素配置和市场需求，进而对整个产业结构产生影响。具体而言，数字经济主要通过技术创新效应、资本深化效应和新产品效应来促进产业结构转型升级。

技术创新的概念源自熊彼特的“创新理论”，是指通过技术活动促进知识与科技成果的商业化和产业化。数字经济以信息通信技术推动了各产业的技术创新和各个产业的转型升级。例如，在互联网领域，阿里巴巴于2004年创立的支付宝在数字经济的时代背景下不断发展壮大，实现了数字经济时代支付方式的创新与飞跃，实现了互联网产业与金融产业的交互融合和不断升级。在服务业领域，山东文旅积极打造“数智一体化”智慧文旅服务平台，实现数字营销、数字服务、数字运管一体化，提高了酒店业服务效率。山东文旅通过这一平台服务管理酒店超过300家，服务会员数量超过600万，累计实现线上交易额4.3亿元，整体运营效率提高30%以上。在制造业领域，2017 年，海尔正式推出卡奥斯平台，它是一种更契合数字化时代的工业互联网平台。在数字化生产方面，海尔大力构建智能化制造体系、智能工厂运行的生产信息化管理系统，同时包含了工业化控制、物流、CAD 和 CAPP 等系统，搭配大量智能传感器，实行生产线柔化，构建了智慧生产模式，使得人、设备、产品和订单高效交互联结。对信息化、自动化技术的全面应用，也使海尔大大缩短了产品生产过程、丰富了产品工艺、降低了生产成本、完成了转型升级①。

数字经济依托其便捷的数字技术，能够使得数字资本与传统资本迅速融合，加快价值的生产与转化，为产业结构转型升级带来资本深化效应。资本深化是指在经济增长过程中，资本积累快于劳动力增加的速度，从而资本-劳动比率或人均资本量在提高，一般意味着在经济增长过程中存在着技术进步。在数字经济背景下，资源要素结构发生了从初级生产要素占优势向高级生产要素占优势、从物质资源投入向数字资源投入转化的趋势。随之而来的，是对传统经济规律的改变。在数字经济背景下，资本要素会带来边际效用递增、边际产量递增、边际成本递减效应，这三个效应的出现会大大增加应用数字技术厂商的利润。这有别于传统生产模式下资本要素的效应，因此数字经济下的生产活动更易获得资本的青睐，在充足资本的注入下，产业结构可以迅速完成转型升级。在金融领域，数字资本利润主要源于其在金融市场的价值，数据商品以免费服务的形式被消费，达到圈占市场的目的，以提高市场估值和利润预期，吸引资本的投注，实现数字资本在金融市场上的价值。

数字经济的新产品效应是指数字经济与各产业实现跨界融合、产业整合与协同创新，从而在各领域创新出新产品、新设计与新模式。在服务业领域，数字技术和现代信息网络的发展使得服务业变得更加便捷高效，例如“微信小程序”点单使得服务业的效率提高，利润增加。在银行业，各大银行都推出手机银行 App，手机银行实现了银行“007”式服务，无论何时何地，只要能联网，就能享受同样的金融服务。数字经济与制造业的融合创新了产品从设计、生产到销售的生产与服务模式，生产要素的流量化优化了制造业的资源配置，例如，传统车企将数字技术与传统汽车有机融合，推出自

① 人民网．企业数字化要破解不敢转、不会转的问题［EB/OL］．(2022-08-28)［2024-04-24］．http://828.people.com.cn/n1/2022/0828/c447981-32513301.html.

动驾驶汽车等产品。数字经济的新产品效应可以通过促进实体经济与数字经济深度融合发展来实现产业结构转型升级。

2. 数字经济促进制造业转型升级

在数字经济背景下，传统制造业的技术创新、资源要素和市场需求均呈现了新的结构特征，这三个要素的相互作用和相互融合推动了我国制造业的转型升级。

一是数字经济以数字技术推动了中国制造业的技术创新。数字经济的发展，伴随着数字技术在制造业生产制造过程中的渗透，使得原有的产业边界、信息壁垒逐渐被打破，企业的知识体系不断重构和完善。知识体系的创新一方面向企业及时反映市场需求变化，带动制造业进行主动创新并实现产品创新升级；另一方面通过充分发挥数字经济所包含的技术创新效应来有效地支持制造业开放式创新模式的培育和企业防控风险方式的进一步创新。总之，数字经济通过促进产品创新、研发创新和风险管控创新，极大地提升制造业创新能力水平并最终实现产业升级。

在制造业的创新发展中，来自企业内部和外部的各种不确定性因素极大地增加了创新的风险。在产品创新和研发创新前，企业总是会考虑到创新的成本，而创新成本又会直接或间接地作用于市场竞争力和盈利能力，进而对整个行业的产业升级产生深远影响。因此，对创新风险的控制也是制造业转型升级的一个重要因素，而数字经济中的数字技术则为创新风险控制提供了一种新的手段，主要体现在两个方面：一方面是大数据平台既方便决策期数据的获取，又能极大提高数据准确性与实效性，数据分析软件的高效整合能力可以使人们制定出更加符合市场需求的创新方案，从而降低创新初期的决策风险。同时，大数据平台还可实现企业间协同合作，降低创新过程中的成本投入。在此基础上，大数据平台能将大量用户产生的数据进行深度挖掘并加以有效应用，从而提高创新效率。另一方面是大数据仿真平台的设计和研发为创新产品的模拟测试提供了契机，它通过链接信息平台中各个节点的信息来预测产品潜在的市场回应，并根据消费者需求进行及时调整，降低创新失败的概率，确保创新效益。

二是数字经济以其特有的数据要素优化了制造业的要素配置。制造业生产流程主要包括收集原材料、组织零部件加工产品等活动。随着互联网技术的飞速发展，数字化时代已经到来，人们开始利用互联网对整个制造过程进行实时监控与管理。在数字化时代下，制造业生产水平也得到了极大提升。在竞争日益激烈的市场环境下，企业要想获得持续稳定的发展，就必须对其生产流程进行精简优化。制造业利用生产过程中和市场外部的大量的数据可以实现对企业内部要素资源进行合理分配，提高制造业的整体生产效率。

数字经济促进制造业资源要素利用率的提高进而有效地提高制造业的生产效率。其中，传统的资源要素主要包括原材料、人力资本以及资金等，在数字经济背景下，数据这一新兴资源要素与传统资源要素的融合对制造业的转型升级有着关键作用。从原材料方面来看，数字经济通过建立互联网平台帮助制造业全面地搜集、整理和分析原材料的相关信息，从而帮助企业选择最实惠的原材料采购方案。数字化的应用还可以提高企业内部的工作生产效率。利用互联网平台，企业可以实时查看各部门的原材料使用情况及缺口情况，并进行充分的调度和补充，从而提高企业间的物料循环效率，大大促进资源要素在行业内部的优化配置。

三是数字经济以数字技术优化中国制造业的市场需求。在数字经济背景下，信息网络作为其重要的基础设施，能够有效串联起需求端和供给端，将二者的信息进行有效整合，可以促进消费需求升级、投资需求改善、贸易需求优化。从消费端和供给端来看，应用了数字技术的制造业市场在很大程度上缓解了信息不对称问题。消费者能够通过网络平台迅速匹配并比较自己需要的产品，甚至可以应用个性化定制来满足自己的个性化需求。对于生产厂商来说，消费者在网络平台的搜索以及购买记录都能成为它们优化生产流程，减少生产过剩的重要数据来源。从投资需求来看，信息网络与数据要素和信息通信技术的结合，吸引了资本市场对高技术制造业、战略性新兴产业和先进制造业的关注。资金、技术和人才都开始向制造业回流。投资结构的改善进一步带动制造业供给质量和产业结构的优化。从贸易需求来看，数字经济时代下的中国制造业产业结构不断升级完善，出口商品中的高技术产品比例持续上升，同时降低了对国外高技术产品的进口需求，形成了贸易顺差。1990 年，我国高科技产品出口占全球出口的比例仅仅为 0.6%，2021 年，我国高新技术产品出口 63 266.0 亿元，同比增长 17.9%①，2021 年的高科技产品出口总量占全球出口的比例达到 25.8%。

---

① 经贸司. 2021 年 1 至 12 月我国高新技术产品进出口情况. https://www.ndrc.gov.cn/fggz/jjmy/dwjmjzcfx/202201/t20220125_1313222.html? code=&state=123.

3. 数字经济促进服务业转型升级

研究表明，数字经济在对服务业进行产业结构升级的过程中会提升其结构的高度化和有效结构变化指数（effective structural change），但是会降低其结构的合理化①。

数字经济通过提高服务业的劳动生产率和降低交易成本，提高了服务业的交易效率，推动了服务结构的高端化。但是数字经济与服务业的融合不可避免地会加大服务业行业间的差距，因为服务业内不同行业的数字基础和对数字技术应用的适配度不同，这就导致不同服务业行业对数字技术的吸收和转化效率不尽相同。例如，相对高端的生产性服务业（金融业、信息软件业）的数字基础和对数字技术应用的适配度很高，能够有效利用大数据、云计算等数字经济的核心技术进行产业结构升级和自身业务的开拓与跃迁；但是对于相对传统的生活性服务部门来说（餐饮、住宿业），其业务发展中对数字技术的要求并不高，数字技术的应用会提高其效率，但是并不会对其服务规模和行业利润有明显的提升。行业自身禀赋的差距会因为数字经济的引入而变得越来越大，从而加剧各行业间资源分配不均。

传统经济理论认为，服务业是一个劳动生产率低的部门，这源于传统服务的本质特征。许多服务过程要求生产和消费同时同地，人对人、点对点、面对面、不可储存以调剂余缺、不可远距离贸易，如教育、医疗、现场艺术表演、保安等。在这个过程中，人力资本是主要的供给要素，不使用提高效率的机器设备，缺乏规模经济，因而其劳动生产率长期保持在一个不变水平。美国学者威廉·鲍莫尔以现场表演业为例讲述为什么服务业是低效率的部门，乐队五重奏半个小时的表演要求 2. 5 小时的人工费用，任何试图提高生产率的打算都会受到在场观众的批评。

制造业通过机器设备、自动控制、流水线生产提高生产率的情形对服务业不适用。服务业是劳动密集型行业，机器设备使用有限；服务需求具有个性化差异，无法实现规模经济效应。例如，300 年前乐队五重奏要 5 个人演，300 年后依然如此，其中的技术或工艺改进非常少。100 年来，职业比赛的劳动生产率几乎没有提升：足球一直以来是由 22 名队员向现场观众提供 90 分钟的竞赛表演，劳动生产率停滞。服务业容易出现“鲍莫尔病”，即成本病，虽然其劳动生产率提高缓慢，相对成本却不断上升，拖累总体经济效率提升。

① 李灵异. 数字经济对服务业结构优化的作用机制研究［D］. 大连：东北财经大学，2021.

鲍莫尔从技术进步的角度将产业划分为技术影响强的进步部门和技术影响弱的非进步部门或停滞部门。在进步部门，创新、资本积累和规模经济带来人均产出的累积增长；在非进步部门，由于新技术应用甚少，所以劳动生产率保持在一个不变的水平。制造业使用很多新型机器设备，效率提高非常快，员工的工资上涨。服务业是以人对人、点对点的服务为主，像教育就是老师对学生，医疗就是医生对病人，过去一个老师的教学班是 50 人，现在仍是 50 人，医生过去一天看 40 个病人，现在仍然如此，生产率几乎没有提高。制造业工资上涨后，服务业的员工向制造业看齐，出现部门工资平均化趋势。制造业工资可以从 30 元/时涨到 300 元/时，是因为劳动生产率提高了。服务业的员工也要求工资上涨，是因为要向制造业看齐，虽然服务业的生产效率不变。传统服务业由于是人对人、点对点的个性化服务，不能使用技术进步或机器设备，因而生产率并没有提高。服务业工资上涨表现为同样的服务价格更贵。服务业成本更贵，但生产效率没有提高，这种现象叫作"成本病"。消费者虽然为服务花费更多的钱，但没有带来相应消费的真实增长，这是服务业的悖论，即鲍莫尔定律。"成本病"在很多服务业部门都存在，并不是因为服务业成本控制不好或者管理不善，而是因为与制造业相比，服务业在生产方法和技术方面难以进步。

随着经济进入以服务经济为主的发展阶段，受服务业低生产率带来的"成本病"影响，经济将进入低速增长时期，当服务业在 GDP 当中的比重达到一定水平时，经济发展速度会放慢。随着经济发展，服务业劳动力工资增加，其生产率并没有提升，服务成本和价格不断上升。服务业需求缺乏价格弹性，但需求收入弹性大于 1，经济发展了，人们对服务业的需求会增多，因而劳动力不断流入服务业部门。劳动力不断从进步部门向停滞部门转移，整个国家经济增长速度将减缓，这个现象被称为"鲍莫尔病"。

例如，做一顿 100 人的晚宴，100 年前需要 10 个厨师，如今还是需要 10 个厨师。而 100 年间，汽车生产从手工生产到全自动生产线，生产 10 台车，以前需要 90 人，现在只需要 10 人，制造业劳动生产率大大提高，制造业劳动者收入随之也提高。他们对外出吃饭、按摩、看表演的需求也会增加。劳动力会从汽车制造行业流向厨师、按摩等服务业。配第-克拉克定理、库兹涅兹产业结构论都认为随着经济发展和人均国民收入水平的提高，劳动力首先由第一产业向第二产业转移，然后再向第三产业转移。

很多服务业是生产率进步不大的岗位，往往是技术含量低的、劳动密集型的岗位，技能较低的人也能找到工作。进步部门的生产率进步、收入增加使服务业的需求增加，意味着服务业能够吸收更多的劳动力。因为服务业工资向制造业看齐，服务业工资长期也保持上涨趋势，服务业变得越来越贵，水管工、维修工、理发师、厨师、医生、教师等的工资一直上涨，与此同时，汽车、电脑等工业品的价格因为生产率进步却是下降的。100 年前的厨师买不起汽车，但今天，厨师、水管工、理发师、出租车司机等也买得起汽车。这提升了低技能、低收入群体的生活水平。

数字经济提升了服务业生产率，从而激发了服务业及经济增长的潜能。依托互联网的服务业呈现出三个特点：一是规模经济效应，可复制的文化类、信息类服务初始成本很高，而边际成本很低，平均成本不断降低。一部网剧可服务数亿观众，制作成本是相同的，且增加观众的边际成本极低。数字平台通过实现“一对多”的服务，很大程度破解了传统的点对点服务。二是范围经济效应。电子商务平台可以销售海量种类的产品或服务，消费者登录一个平台就能实现一站式购物。平台集中多种产品或服务的联合成本低于经营单种产品或服务的成本之和，即实现了范围经济效应。三是长尾效应。对于大量聚集消费者的数字平台，当产品和服务多样化的成本足够低时，那些个性化的、不热门的、销量很低的产品或服务仍然有市场，“小众”“冷门”的需求汇聚而成的市场份额可以和那些热销产品相媲美。数字平台没有库存，网站维护费用远比传统店面低，平台能够聚集无数的卖家和买家，增加了销售品种，形成长尾效应。一家实体书店店面有限，一般只摆放销售热门图书，而网络书店完全不受物理空间的限制，亚马逊排名 10 万以后的书籍销售额占到总销售额的 1/4 以上。若网络平台销售的是虚拟产品，支付和配送成本几乎为 0，可以把长尾效应发挥到极致。在网络时代，多样性、复杂性的增加并不意味着平均成本的增加。

因此，数字经济改变了服务业的提供方式。现代技术特别是网络技术的发展，改变了服务业的基本性质，对传统服务经济理论提出根本挑战。在互联网的作用下，经济社会各个层面高度联通，各种资源广泛聚集整合，大量新型服务业迅速发展，并改变着传统服务业。

在互联网时代，信息传播速度极快，信息不对称大大缓解，交易成本和资源配置成本降低，引起线上广泛的资源聚集和整合。平台上相互依赖的不同群体聚集在一起，形成低成本高效率的点对点联结。亚马逊、淘宝、京东都是如此。平台企业并不是新生事物，在互联网之前，就有各种各样的平台，例如，大型超市、大型购物中心都是平台，买卖双方集中在这个平台上点对点交易。集市就是一种降低信息成本、交易成本的平台机制。然而，实体平台的规模受到物理空间的限制，但依托互联网的平台不受物理所限，规模可以极大，高效匹配供需双方，交易成本大大降低。依托平台，生产者与消费者直接交易，消除了传统商业模式从生产到消费的中间多层营销体系。网络平台面向广阔的市场范围，受地域的限制大大减少，小微企业可以摆脱规模小的不利影响，向全世界消费者提供服务。

价格是产品或服务基本的质量信号，保修、退换货、质量检验等都是质量信号。然而，许多服务是一对一的、一次性的、过程性的，且含有大量的专业信息，对服务质量的判断一直是难题。互联网可以将分散和个性化的质量信号聚合起来，许多网站建立了用户评论、信誉评价、信用查询及问责机制等，大数据能提供更多的质量信号，以解决虚拟市场中信息不对称问题，因此数字平台的服务市场质量可以得到保证。

在数字网络加持下，传统服务业实现了转型升级，采用先进技术手段，大规模提供服务，例如远程教育、慕课、远程医疗、视频会议、网络电影、网络音乐、电子安保系统等，以前必须现场面对面、点对点提供的服务变成可以跨时、远距离、一对多的服务。服务业的生产率显著提高，甚至可以超出现代制造业的水平。网络上的视频节目、音乐和电子文章以极低成本或零成本无数次复制，规模经济极为显著，边际报酬递增几乎没有边界，经济效益远超制造业产品。制造业产品面临物理制约，边际报酬递减，但数字产品或服务几乎不受物理限制，边际报酬递增。诸多数字平台服务企业成长为巨无霸企业。2018 年全球排名前十的大企业中，谷歌、亚马逊、脸书、腾讯、阿里巴巴、微软均为数字服务企业。而十年前更多是传统服务企业。

体育服务业和文化服务业长期以来是低效率特征的行业，近年来，其借助网络技术，生产效率大大提高，业内报酬也水涨船高。1960 年，足球巨星贝利在巴西桑托斯队的年薪仅为 15 万美元。2016 年，克里斯蒂亚诺 · 罗纳尔多（C 罗）的年薪达 2 728 万英镑。两位巨星收入差距巨大，是因为贝利所处的时代没有通信卫星，只有很少人去球场看比赛并支付费用，市场规模相当有限。2014 年巴西世界杯足球赛向 200 多个国家（地区）转播，数十亿观众观赏了C罗的比赛，全球付费观众的增多，使其市场价值巨大。在电视转播和互联网普及之前，体育服务业是典型的低效率特征。1960年的劳动生产率与1860年相比几乎没有变化，从19世纪60年代到20世纪60年代的100年，职业比赛的劳动生产率几乎没有提升，足球一直以来是由22名队员向现场观众提供90分钟的竞赛表演，劳动生产率停滞不前。如果要提高球员报酬，就只能大幅度提高服务价格，即门票价格，这又会导致观众显著减少。因此直到20世纪60—70年代，许多欧洲足球俱乐部运转艰难，难以为继。在通信卫星特别是互联网普及后，体育服务业的性质发生了根本变化，生产效率大幅度提升。市场规模暴涨，从现场观看扩展至全国乃至全球观众通过电视、网络直播观看。一场足球比赛的消费者从现场观赛的数千名、数万名飙升至世界各地的数千万、上亿。2014年巴西世界杯有32亿电视观众和互联网观众，超过10亿人观看了决赛直播，付费的观众越多，体育赛事的收益越大，球星的收入也越高。有了网络直播，各国体育爱好者有了极为丰富的观看选择，长尾效应会体现，喜欢“小众”“冷门”赛事的消费者的个性化需求也能得到满足。在网络空间，能够点播的视频数量几近无限而且成本很低。“小众”需求虽然单个赛事的观看量小，但种类极多，汇聚成的市场份额足以和那些热播赛事相媲美。

在网络时代，文艺、体育服务业已经改变低效率的性质，得益于电视、网络直播、转播的规模经济、范围经济、长尾效应等特征，成为高效率的产业。明星的收入也体现出明星效应，具备特殊天赋的艺术和体育明星能获得巨额收入，成为全社会工薪收入的塔尖，主要原因是市场范围扩大，付费观众大增，超级明星的边际价值大增。

二、数字农业

近年来，推动数字经济与农业深度融合已成为全球农业创新发展的一大重要趋势。例如，美国通过提高数字技术与农业的融合程度来降低农业生产成本，巩固美国农产品在国际上的竞争优势；日本、荷兰等国利用数字技术推进精细农作模式来应对耕地资源匮乏的问题。2020年美国农业数字化率达到了48.9%，我国只有8.2%[①]。为了促进数字农业的发展，我国在2018

---

① 钱静斐，陈秧分. 典型发达国家农业信息化建设对我国农业“新基建”的启示［J］. 科技管理研究，2021，41（23）：174-180.

年中央一号文件中首次明确提出要大力发展数字农业以夯实农业生产能力基础，提升农业发展质量。党的二十大报告中指出“坚持农业农村优先发展”。近年来，我国农业数字化转型稳步推进，数字技术在农业生产经营活动的渗透率不断提升，《中国数字经济发展报告（2022）》中提到我国数字农业不断发展，2021 年在全国部署了 100 个数字农业试点项目。数字技术是如何对传统农业进行改造与转型的？数字经济与农业现代化相互作用的机理是怎样的？下面将围绕这些问题进行讨论。

1.“贫穷而有效”的传统农业

经济体早期阶段的农业属于传统农业类型。所谓传统农业是指，完全以农民世代使用的各种生产要素为基础的农业①。这里所谓农民世代使用的生产要素，主要包括传统的畜力耕作机械、传统的灌溉技术和育种技术、传统的粪肥施肥方式，也就是说，传统农业未使用现代育种技术、化肥、现代动力耕作机械。反之，使用了现代生产要素的农业被称为现代农业。这种界定的标准其实是一种技术标准。传统农业中，土地、劳动力和畜力是主要的生产要素，少量的资本则是传统的农业机械工具。在传统农业使用的劳动力要素中，数量比质量更为重要，现代意义上的经过系统教育培训所形成的人力资本作用不大，长年累月形成的耕作经验等知识更为重要。

舒尔茨在《改造传统农业》中将传统农业的特征概述为“贫穷但有效”。传统农业是“贫穷”的，表现为单位面积产出较低、人均产出即劳动生产率水平较低以及最终表现为农民人均收入较低。传统农业的“贫穷”原因主要包括：第一，农业生产技术条件长期没有明显进步，依靠的是农民一代代从祖先那里继承与累积起来的生产技术与农业知识。第二，传统农业主要依赖三大传统要素，即土地、人力和畜力进行生产，最终都会面临要素边际报酬递减的限制。第三，大量的人口集中在农业部门。在没有开启大规模工业化和城市化的经济体中，长期休养生息繁育的人口基本上都积聚在农业部门，这导致了农业部门的劳动边际生产率很低。

传统农业的“贫穷”，并不是因为资源配置效率低下，相反，传统农业的资源配置是有效的。经过长时间经验的积累，在传统农业生产过程中的各种资源的配置，如套种、轮种（种植物种之间的配合）、耕种的次数（是否休耕）与深度、播种、灌溉和收割时间的配合等方面，都非常周密地计算

① 西奥多·W. 舒尔茨. 改造传统农业［M］. 梁小民，译. 北京：商务印书馆，2017.

了成本与收益之间的问题，也就是达到了这种技术下的有效配置状态。即使“一个精于农业经营的外来专家，也不能找到传统农业要素配置有什么明显的低效率之处”。也就是说，“没有一种生产要素仍未得到利用。在现有技术状况和其他可利用的要素为既定的条件下，每一块能对生产做出纯贡献的土地都得到了利用。灌溉渠道、役畜和其他形式的再生产性资本都是这样”。

传统农业“有效”的观点，与舒尔茨发表的《改造传统农业》中关于传统农业的观点是不同的。在此之前，发展经济学家直观上倾向于认为，传统农业的生产组织和制度安排不同于资本主义常见的形式，是无效的。比如，刘易斯的二元结构理论认为，传统农业里存在大量的剩余劳动力，即处于完全失业的劳动力，但是传统农业不得不付出高于这些人劳动边际产出的工资。二元结构理论实际上认为新古典经济理论的边际分析方法无法直接应用到对传统农业的分析上，而且传统农业的生产组织和制度安排导致要素边际产出和其价格之间发生偏离，所以传统农业蕴含着效率上的损失。

传统农业“有效”的观点认为，传统农业的要素边际产出等于要素价格，要素市场出清，因而不仅传统农业是有效的，而且传统农业中的农民也和企业家一样能对市场信号做出灵敏的反应。用生产可能性边界来概括传统农业的“贫穷但有效”论点为：传统农业的生产可能性边界位于靠近原点位置且难以向外扩展，但是生产点在生产可能性边界上而不是在其内部。

2. 数字经济与农业现代化的互动

农业现代化是 1954 年 9 月第一届全国人民代表大会第一次会议提出的“四个现代化”（工业现代化、农业现代化、国防现代化、科学技术现代化）建设目标之一。与传统农业相比，农业现代化具体包括两个方面：第一，直接用于农业生产的现代生产要素，包括技术等，这是最基本最重要的部分。第二，用现代化的方式来动员组织这些要素，即生产组织方式的现代化，如一个国家如何去动员劳动力修筑公共水渠，成立适合本地条件的机构，以及行业组织关系的现代化等。

数据要素的嵌入可以促进农业生产经营结构的改造和商业模式的创新，这显然属于农业现代化的一部分。值得注意的是，现代化的内涵本身是不断变化的。在数据要素被大量投入使用前，农业现代化主要是指机械技术与生物技术，不包括数字技术。数据要素嵌入已经带来明显的农业商业模式的创新。例如，北京一亩田新农网络科技公司于 2011 年开发的“一亩田农业大数据平台”，既是搜索引擎，又是综合性的商业和农业数据库，能够同时满足供需端的用户需求①。从商业模式创新角度看，新型农业生产经营主体可以通过大数据平台的建立来预测农业产业结构变化方向和需求端对农产品的需求变化，从而可以更精准地进行产销对接。需要注意的是，数据积累是新型农业能够进行商业模式创新的关键，其在生产、运输和营销中均发挥着重要作用。

最近几年非常流行的“农产品带货”则是明显的商业模式创新的另一个显著例子。广东省高州市以构建“一县一园、一镇一业、一村一品”现代农业产业体系为抓手，大力推动农业生产向特色化、规模化、品牌化转型。高州各乡镇发挥水产养殖、生猪养殖、肉鸡养殖的优势，引进新希望、正大、温氏等农业龙头企业，打造了“农业龙头企业+养殖户”的产业体系，并组建了一支“网红”营销队伍，利用抖音、快手、QQ、微信等新媒体平台进行营销，大大提高了当地特色农业发展水平②。

数字经济与农业现代化相互作用机理如图 12-15 所示。数字技术在农业现代化领域的应用可以提高农业生产、经营、管理和服务水平，提高传统农业生产效率，促进农产品现代流通市场的形成。农业现代化水平的提高进一步为数字经济的应用提供了载体，反向促进了数字经济的发展，此外，农业现代化与第二、第三产业的有机结合也使其成为数字经济未来发展的重要方向之一。下面我们分别来讨论这些影响。

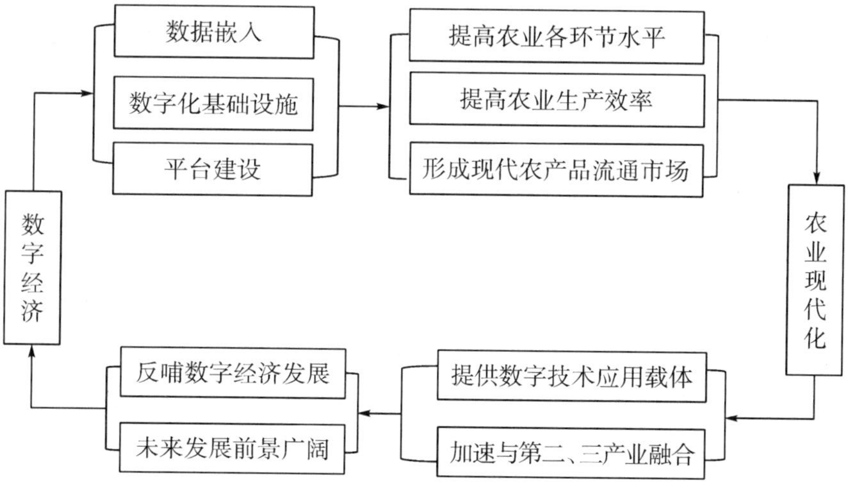

图 12-15　数字经济与农业现代化相互作用机理

① 详见中国新闻网：《2015 减贫与发展论坛举行一亩田等电商探索“互联网+扶贫”》，具体网址为：https://www.chinanews.com.cn/cj/2015/10-20/7579687.shtml。

② 详见广东省农业农村厅：《高州：科技种田让“汗水农业”走向“智慧农业”》，具体网址为：http://dara.gd.gov.cn/xfzqy/content/post_3679377.html

3. 数字经济推动农业现代化

（1）数字技术能普遍提高农业生产、经营、管理和服务水平。新型农业生产将数字技术主要应用于农作物栽培、病虫害防治防疫、畜牧禽及水产养殖的自动化、智能化控制和管理中。例如，云南省楚雄彝族自治州元谋县引入了高效节水灌溉项目，使得四个乡镇的平均节水量达 2 158 万立方米，节水率高达 48.6%，用水成本每季从原来的 1 258 元降至 350 元。此外，该模式还可以让肥料的利用率从 30% 提高到 85% 以上，并节省大量人工成本①。农业经营、管理、服务中的数字化主要是使用先进的数字技术，通过经营、管理、服务系统或平台实现数字化应用；将一般化的管理信息系统应用于农业中，通过计算机进行各种情况的模拟运行。基于农业信息平台或者互联网信息平台，获取可应用的信息技术，最终实现农业经营现代化、管理现代化和服务现代化。例如，浙江省嘉兴市大力推进数字农业发展，在浙江率先推出“田保姆”“种粮宝”“浙农服”等为农服务数字化平台，依托信息技术，有效解决了农民在生产端和销售端面临的社会化服务供需信息不对称、销售环节信息不畅等难题，实现了农业经营现代化②。

（2）数字技术能大大提高传统农业生产效率。传统农业的生产方式主要是依靠人力和畜力，投入高，但是收益率低，这种生产方式相对于工业部门的机器生产来说效率很低。将数字技术应用于传统农业生产能够改善、提高传统农业生产效率，实现农业生产的规模化和高质量发展。例如，利用数字技术，各地可以建立基本农田数据库、水利工程数据库、森林资源数据库等专业数据库，整合上传生产信息，不仅能够节约人力物力成本，还能显著提高农林牧渔业的资源使用效率和生产质量。2022 年黑龙江省农业生产采用测土配方施肥 TRPF 系统精准控制大豆施肥用量，肥料利用率比以往提高 2%～3%，该技术预计可平均增产 10%左右，不仅使总成本降低 15%～20%，也取得了较高的经济效益和生态效益③。此外，传统农业生产还非常依赖自然环境，数字技术的介入可以从根本上改变传统农业“靠天吃饭”的产业

① 人民网. 云南元谋：现代农业节水灌溉新模式促农增收［EB/OL］.（2022-06-14）［2024-03-14］. http://yn.people.com.cn/news/yunnan/n2/2022/0614/c402287-35314460.html.

② 人民网. 嘉兴打造农业农村现代化数字样板［EB/OL］.（2022-08-08）［2024-04-05］. http://zj.people.com.cn/n2/2022/0808/c186327-40070985.html.

③ 黑龙江省农业农村厅. 2022 年黑龙江省农业主推技术——基于 TRPF 系统大豆精准施肥技术［EB/OL］.（2022-04-06）［2024-04-24］. https://www.sohu.com/a/535764579_121106822.

运作方式。应用数字技术检测土壤肥力、空气湿度以及提前预警可能出现的自然灾害等方式可以将农业生产与生态环境发展统一协调起来，促进形成良好的现代化农业产业运作模式，最终实现产业的高质量发展。

（3）数字经济能促进农产品现代流通市场的形成。在农业生产和管理过程中，应用现代数字信息技术，搭建市场信息管理系统和管理平台，通过收集、抓取、分析和加工农产品相关生产、销售、物流运输的相关信息，形成农业资源信息网络。这在技术水平上提高了农产品市场现代化程度，形成农业生产的现代化管理运作机制，进一步推进农业现代化进程。例如，浙江省建立了农产品产销一体化系统，在该系统上汇聚了农产品生产主体的各类信息。用户收到个性化推送后，系统可自动根据标签给主体用户推送各类市场信息，包括市场价格、供需信息、展会信息等，主动提醒和告知各类主体用户。“产销通”功能集中展示了浙江省各地特色农产品，促进农产品产销对接，实现上下游产业链对接配套①。

4. 农业现代化推动数字经济发展

（1）农业现代化为数字经济在农业生产、经营、管理和服务方面的应用提供了载体。将最先进的数字技术应用在农业现代化生产中，可以实时监控各类农作物的生长情况，包括自然条件、生态环境以及农作物自身的健康情况等。数字技术在农业现代化上的应用可以为人工改善农作物生长环境提供助力，从而助推农业生产效率的提高。此外，精细化耕作、自动化控制、智能化喂养，都是基于现代数字技术的有力支撑才得以实现。新兴的现代数字技术，包括互联网技术、空间分析技术、卫星遥感技术、地理信息系统、全球资源定位技术、人工智能等，能够提供充分的资源、环境资料，为农业生产者和经营者提供模拟决策方案，提高生产过程中的环境应变能力，规避可能的自然灾害等②。随着数字技术不断应用在农业现代化各个领域，农业现代化这个载体也会为数字技术的精进和数字经济的发展提供丰沃的土壤。

（2）农业现代化推动农业与第二、三产业融合发展。促进三次产业融合发展既是党中央对“三农”工作做出的重要决策部署，也是实施乡村振兴战略的重点，更是加快农业现代化建设的重要举措。在这一过程中，数字

---

① 嘉兴市长三角一体化发展办公室. 跨越山海，合作共赢，全省供销系统首个农产品产销一体化山海协作项目签约［EB/OL］.（2020-08-08）［2024-04-08］. http://csjfzb.jiaxing.gov.cn/art/2020/8/6/art_1601420_54131351.html.

② 徐小琪. 我国信息化与农业现代化协调发展研究［D］. 长沙：湖南农业大学，2019.

技术对产业之间的融合发展起着重要作用。数字经济能够改变农业与第二、三产业间的联动和协作模式[①]。农业现代化未来发展的目标和方向之一，就是数字技术在农业生产领域的全面推广和应用。产业融合发展的含义参见下一节的内容。

三、智能制造

（一）智能制造的含义与现状

智能制造（intelligent manufacturing，IM）是一种由智能机器和人类专家共同组成的人机一体化智能系统。我国将智能制造定义为基于新一代信息技术，贯穿设计、生产、管理、服务等制造活动各个环节，具有信息深度自感知、智慧优化自决策、精准控制自执行等功能的先进制造过程、系统与模式的总称[②]。智能制造主要包含智能制造技术和智能制造系统，智能制造系统不仅能够在实践中不断地充实知识库，而且具有自学习功能，以及收集与理解环境信息和自身的信息、分析判断和规划自身行为的能力[③]。

我国目前仍处于智能制造的初级阶段，智能制造的发展需要层层推进、逐渐深化发展。国务院印发《中国制造 2025》是我国实施制造强国战略第一个十年的行动纲领，并随后出台了 11 个配套的实施指南、行动指南和发展规划指南，顶层设计已基本完成，全面转入实施阶段。工业和信息化部自 2015 年开展智能制造试点示范专项行动以来，共遴选出 307 个智能制造试点示范项目，覆盖 92 个行业类别。我国低级智能制造企业数量不断减少。智能制造评估评价公共服务平台数据显示，目前我国 69%的制造企业处于一级及以下水平，达到二级、三级的制造企业占比分别为 15%和 7%，四级及以上制造企业占比达 9%。总体来看，2021 年全国制造业智能制造能力成熟度较 2020 年有所提升，一级及以下的低成熟度企业占比减少 6%，三级以上的高成熟度企业数量增加 5%。从智能制造领域投融资来看，自 2019 年开始，国内智能制造领域投融资市场火热，从 2019 年的 234.05 亿元增长到 2021 年的 467.69 亿元，增长势头强劲。

---

① 梁琳. 数字经济促进农业现代化发展路径研究［J］. 经济纵横，2022（9）：113-120.

② 张梦娜. 智能制造示范试点企业创新效率及其影响因素研究［D］. 南京：南京信息工程大学，2022.

③ LI B，HOU B，YU W，et al. Applications of artificial intelligence in intelligent manufacturing：a review［J］. Frontiers of Information Technology & Electronic Engineering，2017，18（1）：86-96.

（二）数字经济下制造业的特征

在数字经济和制造业不断渗透融合的过程中，催生了数字经济下制造业的五大新特征：数字化管理、智能化生产、个性化定制、网络化协同和服务化延伸。五大新特征助力中国制造业进行数字化转型，逐步向智能制造发展。

1. 数字化管理

数字经济下的制造业数字化管理旨在通过数字化手段优化和重构企业的战略管理、组织管理、运营管理、财资管理四类主要管理活动，形成数字驱动的运营管理机制。企业通过数字化管理有利于主辅分离、降低成本并提高效率。对于先进装备制造业来说，数字化管理可以实现线上线下销售模式的结合，进而减少企业内部采购和销售环节多花费的人力、时间和资金成本。通过数字化管理，企业可以将内部的物流运输配送、配件安装、售后咨询与服务等业务进行外包，从而集中人力和资本发展核心业务来增强企业核心竞争力。以空中客车（天津）总装有限公司为例，该司引入数字化管理后，生产线的安检工作不用再额外配备检查人员且生产线的安全生产水平得到了大大提高。从数据上来看，以往依靠人工进行产品质检的准确率最高为85%，引入数字化管理后，缺陷识别速度至少提升5倍，准确率也超过90%，每年收益超千万元①。

2. 智能化生产

智能化生产是与智能制造最相近的概念，它是将先进制造技术与新一代信息技术相融合，对生产全过程进行基于数据、场景、算法和算力的智能化改造，以实现自动接单、机器学习、智能决策、智能排产、流程监控、设备感知等智能化的生产方式。美国最早于20世纪90年代提出智能化生产概念，我国针对智能化生产颁布的文件主要有《中国制造2025》和《“十四五”智能制造发展规划》。智能化生产的优势体现在减少时间、人力成本，降低能耗，提高制造端附加值，进而实现抬升“微笑曲线”② 并完成制造业升级的目标。我国智能化生产发展水平参差不齐，主要是因为大部分企业还处于数字化转型阶段，未能将数字技术很好地应用于生产过程中，只有一些

① 湖南省工业和信息化厅. 制造业数字化转型步伐加快［EB/OL］.（2021-07-29）［2024-05-02］. http://gxt.hunan.gov.cn/gxt/xxgk_71033/gzdt/rdjj/202107/t20210729_20009757.html.

② “微笑曲线”理论由施振荣先生提出，一般认为处于微笑嘴型两端的设计和销售环节附加值高，处于中间环节的制造环节附加值最低。

大规模且信息化基础较好的制造企业完成了智能工厂和智能生产线的搭建，实现了智能化生产。成都市金堂县通威太阳能金堂基地通过“5G+工业化”助力建成了24小时不间断生产的全球首个光伏行业智能化工厂，智能化工厂的应用使得太阳能板的生产能耗约降低30%，效率约提升161%①，体现了智能化生产赋能制造业的强大驱动力。

3. 个性化定制

个性化定制指消费者（用户）介入产品的生产各个过程，包括设计、制造、交付等环节，获得极具个人属性的商品。个性化定制的最主要特征就是以用户需求为中心，生产和消费的二元逻辑逐渐演变为“生产—消费”一元论，生产者和消费者、供给和需求的界限逐渐模糊，最终实现供消两端价值共创②。大规模个性化定制可以解决目前制造业的两大痛点问题：首先从产品质量上来看，个性化定制可以通过提高产品附加值来提高产品质量，助力我国打造制造业强国；其次从产品数量上来看，个性化定制通过柔性化生产连接客户需求端和制造生产端，生产端可以准确获得需求端对产品的需求量，避免因信息误差和对市场需求的定位偏差而导致的生产过剩。目前我国个性化定制应用得比较好的行业有服装、汽车、家具和家电等轻工行业。海尔集团作为我国老牌家电制造业企业，目前已支持五百多种家电的大规模个性化定制，其与顾家家居的全面合作将协同高端家居与智慧场景跨领域融合，满足用户对品质家、智慧家的个性化一站式定制需求。

4. 网络化协同

网络化协同的主要活动包括协同设计、协同生产、协同供应链和协同服务。依托网络协同制造平台，产品创意人员可以发布产品设计创意，通过网络协同制造平台来寻找合适的设计人员完成产品的设计工作。产品完成工艺设计后，可以依托网络协同制造平台进行制造企业的选择。接入网络化协同平台的众多供应链上下游企业可以根据不同产品的特点和生产过程的需要，紧密沟通、共同协作来实现供应链的协同，从而提高产业链的整体竞争力。制造企业接入平台的专业服务，可以提供专门的制造加工解决方案。网络化协同促使制造业的技术创新更加开放，组织形式向“大平台+小企业”转

① 四川日报. 这个工厂如同科幻世界［EB/OL］. https://epaper.scdaily.cn/shtml/scrb/20221013/282820.shtml.

② 戚聿东，徐凯歌. 智能制造的本质［J］. 北京师范大学学报（社会科学版），2022（3）：93-103.

变，有效地提高了研发效率，降低了经营成本，增加了产品价值，带动了产业升级[①]。

5. 服务化延伸

服务化延伸指企业通过在产品上添加智能模块，实现产品联网与运行数据采集，并利用大数据技术提供多样化智能服务，从销售产品拓展到优化服务，如客户增值体验、产品优化方案等[②]。服务化延伸可以有效延伸价值链条，扩展利润空间，成为制造业竞争优势的核心来源。服务化延伸通过差异化竞争极大地扩大了市场需求，有效地推动了制造业价值链升级。一方面，以消费者为中心的全方位服务能够提升消费者黏性，拓展市场空间，实现更加显著的利润增长；另一方面，服务化延伸倒逼企业发挥自身潜力，不断突破创新，通过异质化的“产品+服务”，实现价值增值。

（三）数字经济与制造业融合发展

1. 产业融合的内涵、类别与机制

产业融合概念最早用来描述信息技术的出现导致产业之间的交叉[③]。周振华（2002）认为，产业融合是产业联盟和合并、技术网络平台与市场三方面的融合。这一概念随着产业融合现象出现而在其他产业部门得到广泛应用。Malhotra 和 Gupta（2001）认为，产业融合使得不同产业的企业成为竞争对手，并将这种融合分为来自需求方的功能融合和来自供给方的机构融合[④]。日本学者植草益（2001）认为，产业融合不仅仅出现在信息通信业，在金融、能源和制造业等领域也出现了不同程度的融合[⑤]。我国学者认为，产业融合是不同产业或同一产业内部不同行业相互渗透、相互交叉的现象，这种融合会逐渐形成新产业的动态发展过程（聂子龙和李浩，2003；厉无畏，2002）[⑥⑦]。

从上述各位学者关于产业融合的界定中可以发现，产业融合概念发端于信息技术的融合，随后兴起于金融、能源、制造业等领域，并逐渐发展为产

① 王姝楠. 数字经济背景下中国制造业转型升级研究［D］. 北京：中共中央党校，2020.

② 孙延明，宋丹霞，张延平. 工业互联网：企业变革引擎［M］. 北京：机械工业出版社，2021.

③ 周振华. 信息化进程中的产业融合研究［J］. 经济学动态，2002（6）：58-62.

④ MALHOTRA A，GUPTA A K. An investigation of firms' strategic responses to industry convergence［J］. Academy of Management Proceedings，2001（68）：110-112.

⑤ 植草益. 信息通讯业的产业融合［J］. 中国工业经济，2001（2）：24-27.

⑥ 聂子龙，李浩. 产业融合中的企业战略思考［J］. 软科学，2003（2）：80-83.

⑦ 厉无畏. 产业融合与产业创新［J］. 上海管理科学，2002（4）：4-6.

品、业务、企业结构等更微观方面的融合。不断发展的产业融合概念为判断数字经济下制造业产业融合现象的发生提供了可靠的依据。

随着产业融合概念的不断更新和发展，学术界主要从需求和供给角度、产业组织角度和融合程度角度对产业融合进行分类。

从需求和供给角度来看，产业融合主要分为技术融合和产品融合。在供给端，不同行业的企业用相同或相似的技术生产不同的产品和服务即为技术融合；在需求端，需求方通过使用不同技术提供的替代性或互补性产品即为产品融合（Stieglitz，2003）①。从产业组织角度来看，产业融合主要分为产业间延伸融合、产业内部重组融合以及技术渗透融合（厉无畏，2002）。从本质上来说，这三种融合方式都是产业结构的融合。从产业融合程度来看，产业融合主要分为部分融合和全面融合。全面融合是指多个产业全面融合成一个新的产业，部分融合是指多个产业由于技术创新或放松管制，出现产品或服务的替代性竞争（植草益，2001）。

一般来讲，产业融合源于技术创新，技术的赋能效用驱动新兴技术成为通用技术并在各行业广泛应用，在与各行业原有技术的替代和融合的过程中形成技术融合，并逐渐影响业务、产品和市场，形成业务融合、产品融合（替代）和市场融合。产业融合机制如图 12-16 所示。

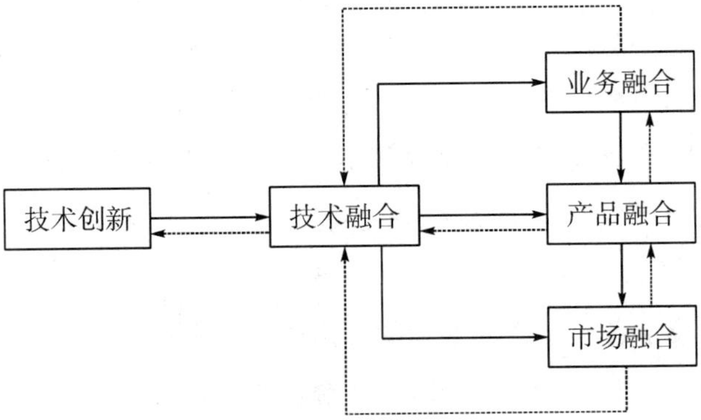

图 12-16　产业融合机制分析

整体来看，当技术融合达到一定阈值后，其不再成为产业融合的主要驱动力，而是逐渐转向业务融合、产品融合和市场融合。随着业务、产品和市

① STIEGLITZ N. Digital dynamics and types of industry convergence: The evolution of the handheld computers market in the 1990s and beyond [M]. In the Industrial Dynamics of the New Digital Economy, Christensen J F, Maskell P, Cheltenham: Edward Elgar, 2003.

场融合程度的不断加深，市场会对产品有新的需求，这种需求会通过业务传导到技术端，即当产业融合发展到一定阶段后，一部分产业会对技术提出新的需求，倒逼技术创新，之后重复这一机制，完成更深度的产业融合。

2. 产业融合的测度方法

目前主流的产业融合的测度方法有赫芬达尔-赫希曼指数法和投入产出法。其中，赫芬达尔-赫希曼指数法主要利用专利数据进行分析，投入产出法主要利用投入产出表数据进行分析①。下面将简单介绍这两种测度方法并分析数字经济与制造业的融合程度，然后根据测度结果总结二者融合的机制。

第一，技术融合视角下的产业融合测度。根据以上对产业融合机制的分析可以发现，对于大多数产业来说，技术融合是产业融合的起点和驱动力。单元媛和赵玉林（2012）认为学科的发展会促进产业技术的发展。同时，学科融合和产业融合会处于互相影响的动态发展中，学科的融合会加速产业技术的融合，并最终导致产业的融合。借鉴测度学科融合的思路，本书借用专利文献的共现分析来反映技术融合的现状和趋势。具体的思路如下：将共现分析法中所用到的期刊论文用专利文献来替换。专利文献是技术的载体，因此对专利文献的共现分析能够反映技术融合的现状与趋势。

接下来需要解决的问题是如何从技术融合过渡到产业融合。不同的技术可以用不同的国际专利分类（IPC）分类号进行表征，以测度不同 IPC 分类中共现的专利比例可以表征技术融合的程度。如果建立 IPC 分类与行业分类的映射关系，那么通过 IPC 分类这个桥梁，就可以分析专利在不同行业中的共现情况，从而将产业融合问题转化为技术融合问题。在对所有专利数据进行行业分类标注后，就可以利用高级检索方式获取研究样本年份内不同大类与其他门类交叉的发明专利申请情况。在获取各年份数字经济和制造业共有专利后，利用赫芬达尔指数方法计算技术融合度。具体计算公式如式（12-7）所示。其中，X_{mnt} 表示在 t 年内所申请的既归属于数字经济行业 m，同时又归属于制造业行业 n 的发明专利数量；X_{mt} 表示在 t 年内所申请的属于数字经济行业 m 的发明专利数量；X_{nt} 表示在 t 年内所申请的属于制造业行业 m 的发明专利数量；D_{mt} 表示 t 年的数字经济调整系数，计算公式如式（12-8）所示。由此我们得到了数字经济行业 m 与制造业行业 n 的技术融合度conv_{mn}。

① 熊泽泉. 数字经济与制造业产业融合的机制及影响研究［D］. 上海：华东师范大学，2021.

$$\text{conv}_{mn} = \sum \left(\frac{X_{mnt}}{X_{mt} + X_{nt} - X_{mnt}} \right)^2 D_{mt} \tag{12-7}$$

$$D_{mt} = \frac{\text{行业数字经济增加值}}{\text{行业总增加值}} \tag{12-8}$$

根据熊泽泉（2021）的测算结果，技术融合视角下的产业融合测度表明，不同数字经济行业与制造业的产业融合度有较大差异。其中，制造业中的印刷和记录媒介复制业（C23）与数字经济各行业的融合度普遍较高，说明该行业与数字经济整体融合度较高。

第二，投入产出视角下的产业融合测度。为了更广泛、多视角地对数字经济与制造业产业融合的现状进行测度，本节使用投入产出法对数字经济与制造业的产业融合水平进行分析。借鉴徐盈之和孙剑（2009）对产业融合的测度方法[①]，本书以制造业各行业生产过程中数字经济不同产业的产出占行业总产出的比重表示数字经济不同产业与制造业各行业的融合度，具体计算公式如式（12-9）所示：

$$\text{Con}_{it} = \frac{g_{ait}}{g_{it}} \times 100\% \tag{12-9}$$

其中，Con_{it} 表示产业融合度；g_{ait} 表示 t 年制造业 i 行业生产过程中数字经济的产出；g_{it} 表示 t 年制造业 i 行业总产出。考虑到制造业各行业数字经济产出数据的不可获得性，本书借鉴李晓钟等（2017）的做法，用生产过程中数字经济投入近似代表最终产品的数字经济产出[②]。如此一来，本节中的产业融合度指标采用投入产出表中制造业行业 i 中属于数字经济产业部门的中间投入之和占行业 i 的总产出的比重来衡量。

考虑到投入产出表的更新频率，熊泽泉（2021）选取了 2017 年、2015 年、2012 年、2010 年、2007 年的投入产出表进行产业融合度的测算，并对部分制造业行业进行了归一和剔除。最终结果表明：不同行业之间的融合度差距极大，劳动密集型和资源密集型产业与数字经济的融合度明显低于技术密集型产业与数字经济的融合度，随着时间的推移，这种差距会进一步拉大。

---

① 徐盈之，孙剑. 信息产业与制造业的融合：基于绩效分析的研究［J］. 中国工业经济，2009（7）：56-66.

② 李晓钟，陈涵乐，张小蒂. 信息产业与制造业融合的绩效研究：基于浙江省的数据［J］. 中国软科学，2017（1）：22-30.

本书认为这种差距可能是各制造业行业在与数字经济进行融合的尝试后自我选择的结果。具体来说，与数字经济高度适配的制造业行业（仪器仪表及文化办公用机械制造业等）在与数字经济进行融合后，能够有效地提高产品研发、生产效率，因此会正反馈于融合程度；而一些与数字经济适配度较低的制造业行业（石油、炼焦和核加工业）在与数字经济融合后，其所带来的边际效益较低，长期以来就会降低与数字经济的融合度。

3. 数字经济与制造业产业融合机制分析

推测数字经济与制造业产业的融合机制主要有两种：部分行业以技术融合为主，部分行业以市场融合为主。根据产业融合的一般性机制，数字经济与制造业融合机制如下：

第一，技术创新驱动数字经济与制造业产业融合。利用数字技术，制造业能够实现生产效率的显著提高，推动制造业生产技术、业务内容、产品形态向数字化转型，实现产业数字化。技术创新需要被广泛使用才能通过技术扩散来实现其价值，当技术扩散到不同的行业时，就会发生技术融合。数字经济的高扩散性、强传播性的独有特点使得技术扩散变得更加普遍，具体原因有以下三点：一是数字技术通过扩散并与传统生产技术进行融合能够降低企业成本；二是数字技术扩散不具有排他性，不会因为从一个行业扩散到另一个行业而造成原行业技术效用的降低；三是数字技术的使用门槛较低，应用范围广，为技术扩散提供了条件。但是在具体融合的过程中，数字技术并不一定与其他行业的技术相融合，也有可能与其他行业的产品、业务进行融合，具体机制传导如图 12-17 所示。

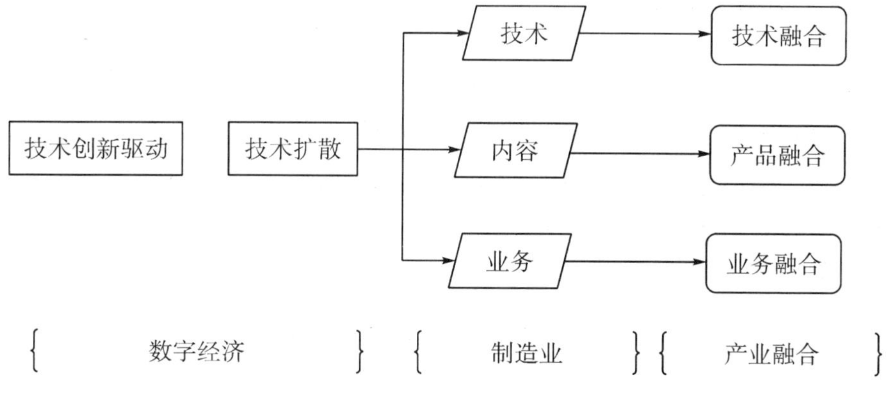

图 12-17　技术创新驱动数字经济与制造业产业融合机制

第二，资本驱动数字经济与制造业产业融合。在市场竞争中，市场主体为了获得其他企业的技术、数据等资源或抢占其他行业企业的超额利润，进行跨行业并购、投资、联合，实现产业链和生态系统的重构，这种重构多是在资本层面进行的，因此通过这一类市场行为所驱动的产业融合可以归纳为市场资本驱动产业融合。数字经济在跨行业并购、投资和实现产业链拓展与延伸方面具有独特优势。例如，在跨行业并购方面，数字经济相关企业微软收购 Skype、谷歌收购摩托罗拉移动；在市场投资方面，高度应用数字技术的新型租赁行业——“共享行业”更易获得资本的青睐，共享单车的“野蛮式”发展印证了这一点；在产业链拓展与延伸方面，数字经济与制造业的融合能够拓展制造业的产业链，帮助制造业实现大规模个性化定制生产，增加行业业务范围并实现与其他业务的融合，例如，智能家居、自动驾驶汽车就是制造业进行业务融合的实例，具体机制传导如图 12-18 所示。

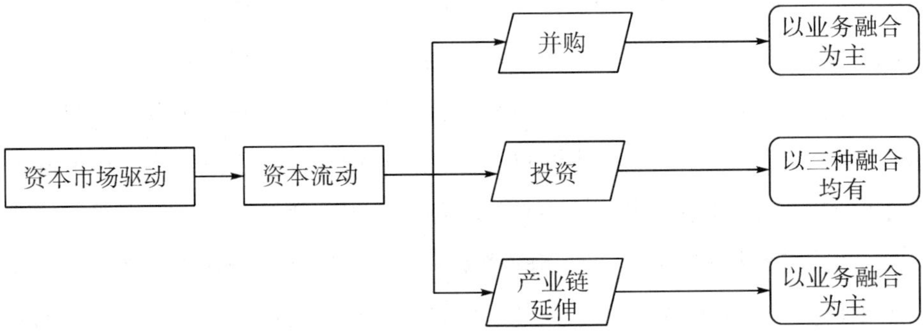

图 12-18　资本市场驱动数字经济与制造业产业融合机制

四、服务业数字化

数字经济与服务业融合是产业数字化的重要内容。与其他产业相比，服务业数字化水平最高，数字化业态也相对成熟。其中，金融、医疗和电子商务等领域是数字化的主力，预计将延续平稳较快增长。在三次产业中，服务业是数字化最为活跃的领域，渗透率领先于第二产业和第一产业。本章引言中也提及，在产业数字化投入中，服务业数字化投入增长更快。这种现象的出现，与不同行业的“可数字化”的技术特性有关。本节概述金融科技与电子商务的发展及其经济影响。

（一）金融科技

1. 金融科技发展历程

金融科技的诞生源于金融与科技的深度融合。金融业具有与信息技术或数字技术深度融合的技术属性。金融活动是在人与人之间配置资金的活动，高度依赖信息的交换。与信息的收集、存储、处理和传递相关的技术发展能降低金融活动的成本并提高其效率。金融机构应用相关技术，能完善功能、提高服务水平、增强竞争力，因此金融的发展与信息技术、数据处理技术的发展紧密相关。换句话说，金融机构是需要处理数据信息的。历史上金融业自 14—15 世纪在意大利诞生时起，对技术的应用就开始了。“科技”一词诞生于第二次工业革命中，也是从这时开始，金融与科技的融合才出现。金融与科技的融合历程大致可以划分为以下四个阶段：

一是早期阶段。金融与科技融合的早期阶段大致发生在第二次工业革命到 20 世纪 60 年代。在早期阶段，交通运输条件不发达，金融从业者使用马车、火车等出行工具拜访客户、获取信息，用毛笔、钢笔、羊皮卷等书写工具书写契约。这一状况在 1837 年 Samuel Morse 发明了电报和 1876 年 Alexander Graham Bell 发明了电话后发生了质的变化。电话一经问世就迅速被推广使用起来。金融业的电话银行业务就依赖电话作为通信工具，客户不再需要亲自拜访银行人员，便可以即时地清晰无误地沟通，大大降低了金融活动的交易成本。

二是金融电子化阶段。金融电子化阶段大致发生在 20 世纪 60 年代至 20 世纪 90 年代。在这一阶段，大型电子计算机逐渐普及，银行、证券公司、保险公司等金融机构开始使用，最开始只是应用在简单的计算工作中，后来开始在计算机中输入各种信息，再之后随着通信技术与金融领域的融合，自动柜员机和售货终端这两个第一代金融科技产品开始出现，金融业务得以便捷高效地处理，正式迈入金融电子化阶段。

三是金融互联网化阶段。金融互联网化阶段发生在 20 世纪 90 年代到 21 世纪初。随着互联网在经济社会各部门的快速普及，金融机构借助互联网平台搭建网站、开展网上业务。依托高效、便捷的互联网技术，金融机构纷纷将各自的业务线上化，大大降低了金融服务需求方的搜寻成本和供给方的获客成本。1995 年 10 月，美国开始出现网上银行；1996 年 6 月，中国银行业也开始联网。中国银行率先设立网站，开始通过国际互联网向社会提供银行服务。

四是金融科技阶段。金融科技阶段发生于2003年至今。在经历了金融互联网化后，金融机构完成了线上化，基于互联网的科技手段进一步与金融业结合，达到深度融合状态。这一阶段的代表性技术是大数据、人工智能、云计算、区块链、移动互联网等，衍生出移动支付、刷脸支付、智能投顾、保险科技、虚拟货币等新业态。相较于上一个阶段，本阶段的融合由科技公司率先发起，传统金融机构由于科技水平有限处于被动地位，科技公司不仅经营支付、投融资等金融业务，还涉足金融基础设施领域，所占市场份额增大，金融混业发展的趋势更加明显①。

2. 金融科技服务实体经济的逻辑

金融科技是由科技驱动的创新活动。根据这一特性，我们可将金融科技服务实体经济的逻辑分为提供新产品、开发新市场和催生新市场组织三种情形。

金融科技服务实体经济的第一种创新情形是向市场提供具有新功能的金融科技产品。一方面，金融机构可以借助大数据模型的处理，来对风险投资或经营风险等重要决策做出预警并及时做出合理决策，避免风险事件的发生。自动化智能决策系统、大数据模型、区块链、5G网络等互联网技术与传统金融业结合产生的新产品正推动新型金融业蓬勃发展。另一方面，金融科技产品通过提高信息透明度来降低金融活动的交易成本并提高效率。金融科技产品的底层技术即大数据技术，能即时爬取、储存、处理和分享海量数据，能将借款人留在互联网中的文本、地理定位、图像、视频等非结构化数据转化为传递成本低、不易失真的结构化数据，实现借款人的软信息硬化，促进银企间信息透明化，缓解金融活动中的信息不对称。

金融科技服务实体经济的第二种创新情形是开发新市场，即长尾市场。长尾市场指那些需求不旺或销量不佳的产品所共同构成的市场。长尾市场长期遭受正规金融体系的排斥，金融科技机构能够提供金融科技产品，将金融服务的覆盖面扩大到长尾市场。一方面，金融科技对长尾市场发挥了最基本的资金融通功能。另一方面，金融科技也将对新市场发挥非金融的功能。长尾市场的主体是自然人，包括农户、农民工和学生等，长尾群体因长期被正规金融体系排斥，往往缺乏金融素养。缺乏金融素养会降低居民的金融参与

① 林晨. 金融科技服务实体经济的作用机理研究［D］. 成都：四川大学，2021.

意愿，引起连锁反应。从广义来说，金融素养类似于人力资本，金融科技既然降低了金融参与门槛，使金融服务覆盖了长尾市场，那么对长尾群体的人力资本可能存在积极意义。

金融科技服务实体经济的第三种创新情形是催生新市场组织，即金融科技企业。金融科技企业是金融科技创新发展到一定规模并引起相当的社会关注度后，行业和市场对新兴的专门提供金融科技服务的企业的统称。从商业模式来说，金融科技企业往往脱胎于以互联网企业为主的科技企业，沿袭互联网企业的资产轻、管理链条少、经营灵活、科技密集度高的特点。从产业属性来说，金融科技企业以大数据、人工智能、云计算、区块链、移动互联网技术等为底层技术驱动金融业务发展。有些金融科技企业同时也进行技术的研发，具备科技与金融的双重属性。在金融创新的早期，金融监管部门对金融科技创新存在客观上的滞后反应和主观上的包容态度，因此金融科技领域的市场准入门槛低，金融科技企业由此诞生并成为金融活动中的新市场组织。

3. 金融科技提升实体经济效率

实体企业的经营效率、资源在企业间的配置效率、实体企业进入退出行业等都会影响实体经济活动的效率。金融科技通过加快优质企业发展和低效企业退出、促进技术进步和劳动生产率提高来提升实体经济效率。

金融科技加快优质企业发展和低效企业退出。借助大数据等底层技术，金融科技使得金融机构与交易对象间的信息更加对称，并不断提高金融机构的风险管理水平。因信息不对称严重而被正规金融体系排斥的长尾群体因此受益。这种“筛选效应”加快了高质量中小微企业的发展壮大和低效率中小微企业的萎缩退出。另外，金融科技的存在还会产生“鲶鱼效应”，该效应推动传统金融机构进行金融科技转型，使金融资源主要在以金融科技为核心的机制下进行配置。总之，金融科技加快高效高质的企业发展和低效低质的企业萎缩退出，促使行业自发进行优胜劣汰的调整，提高实体行业的效率。在其他条件不变的情形下，实体行业的效率提升，实体经济的效率也提升。

金融科技促进技术进步和劳动生产率提高。金融科技会对长尾群体进行信贷管理，使长尾群体产生“反哺效应”，即长尾群体在使用金融科技产品过程中学习了相关技能和知识，提升长尾群体的智能化素质。由此，金融科技加快人力资本形成，技术进步是人力资本和物质资本结合的产物，因此人力资本存量的增加能推动技术进步（林晨，2021），促进劳动生产率的提高。

（二）电子商务

1. 电子商务促进经济发展的内在机理

电子商务是以信息网络技术为手段、以商品交换为中心的商务活动。电子商务在我国兴起于 1998 年，于 21 世纪初期进入可持续发展的稳定期，对我国经济发展起到了很强的推动作用。具体来说，电子商务主要通过以下四个方面来促进经济发展：促进消费方式的改变、促进生产、改变流通方式、带动相关产业发展。

第一，促进消费方式的改变。购买是消费的前提，购买行为是消费的范畴。电子商务作为一种新的购物方式，对人们的购买行为产生了影响甚至是改变了人们的购买行为。信息经济学认为，在交易过程中，交易双方掌握的信息是不对称的，且买者处于信息劣势，即掌握的信息比卖者少，买者在做出购买决定前一般会“货比三家”，这个行为会带来一定的搜寻成本和机会成本（付出的时间）。电子商务的出现大大缩减了消费者的搜寻成本和机会成本，使得消费者在家中即可“货比千家”，最后做出最经济的消费选择。如今电子商务俨然成为消费者进行购物的主要选择，数据显示，2021 年“双十一”全网交易额为 9 651. 2 亿元，同比增长 12. 22%。两大头部平台交易额占全网交易额的 92. 15%。电子商务使消费变得简单快捷，极大促进了商品市场的流动，从消费端推动了经济发展。

第二，促进生产。电子商务首先是一种商务模式，属于流通范畴，逐步发展演变为一种经济运行方式，全面影响着生产、消费各环节。它对生产的促进是以系统改变生产流程、生产的内部组织结构、生产的外部合作方式、生产管理来实现的。在生产流程中，电子商务使生产流程更清晰，分工更细密；电子商务使得生产的内部组织结构扁平化，提高信息传输速度，保证信息传输及时准确，从而提高企业的市场响应能力和管理效率；生产的外部合作方式在电子商务环境下也变得更为丰富和有效，企业之间的合作采用了电子商务的手段，使得生产的效率大大提高、竞争力显著增强。

第三，改变流通方式。流通是社会再生产运行系统中的中间环节，起着桥梁和纽带作用，上连生产环节，下连消费环节，它对生产和消费都起着影响作用。电子商务对流通的作用体现在强化流通在社会再生产系统中的功能、改变贸易的方式、创新交易的模式、扩大流通的范围等方面。在过剩经济中，生产与消费的矛盾日益突出，电子商务能够通过其发达的信息网络尽可能地保证生产和消费的等量，避免出现供需不等的情况；电子商务为流通渠道的变革提供了广阔的空间，正在进行着流通渠道的创新。B2B、B2C、C2C、B2B2C 等电子商务模式都可以看作流通渠道创新的产物；在各种交易模式中，电子商务的出现打破了交易时空限制、改变了支付方式；电子商务对流通范围的扩大主要体现在扩大市场的空间、增加客户数、进行全天候的销售与服务、增加产品类别、增加交易额。

第四，带动相关产业发展。电子商务的发展推动了电子商务服务业的形成。电子商务的应用发展需要相应的应用环境、支撑体系和技术服务等作为基础和支柱，而这些应用环境、支撑体系和技术服务等是在电子商务应用需求的推动下逐渐形成和发展起来的。就像互联网的应用一样，其最初应用并不是在商业领域，当它扩展到商业领域之后，为了满足电子商务发展的需求，为电子商务提供技术、运营、金融、运输、人才、培训等全面支持和服务的电子商务服务也应运而生且不断繁荣。这些服务之间存在着服务对象、服务关联、服务价值链等多种相互关系，构成了电子商务服务产业。电子商务服务产业包括 IT 行业、金融业、物流业和服务外包产业等。

电子商务的发展推动了电子商务应用产业的发展。如今，电子商务已经广泛应用于农业、制造业、建筑业、批发零售业、旅游业、社会服务业以及文化产业等。电子商务所带来的融资、生产、管理、贸易等方面的优势和变化，彻底地改变了传统的融资、生产、管理、交易模式，促进其向现代化、数字化、信息化方向发展和变革并不断增强产业的综合竞争力。

2. 电子商务对农户生产行为的影响

截至 2021 年，我国农民的数量大约为 5. 56 亿人。农户是我国最庞大的群体之一，电子商务的发展极大改变了农户的生产行为。电子商务扩大农产品的销售范围、促进农产品销售增长主要有以下四个机制：

第一，电子商务提高了需求端与供给端的匹配效率，扩大了农产品的销售市场。中国农产品传统的销售方式往往通过层层中间商销售给批发市场或者超市的客户，由于消息闭塞，大多数农产品只在产地附近销售，销售到外地农产品的数量及比重有限，呈现出较强地域限制的特点。电子商务进入农产品市场以后，提高了需求端与供给端的匹配效率，扩展了全国甚至是全世界的市场，增加了农产品的销量。2019 年年底，贵港市供销社牵头组建产销联盟以来，积极整合联盟成员进行农产品生产、加工、销售，利用成员的外销窗口和服务平台，推动本地农产品销往全国。自产销联盟成立以来，累计代购代销水果41 000多吨，带动成员销售砂糖桔、沃柑等水果累计85 000多吨，有效推动了全市农产品流通①。

第二，电子商务创造了新的商品流通模式，消除了信息不对称对供需双方的影响。传统的农产品交易方式是通过中间商进入市场的，生产者往往以较低的价格卖出农产品，而消费者则以较高的价钱买入农产品，大额的利润被中间商赚走。电子商务出现以后，农户通过合作社或者平台直接与消费者对接，中间商的流通利润分摊到生产者和消费者身上，相较于之前，消费者会以较低的价格买到农产品，而生产者则会以较高的价钱卖出农产品。

第三，电子商务通过企业或合作社的介入解决农产品滞销问题。农户通过电子商务销售农产品，一方面，由于企业或者合作社以订单农业的形式与农户合作，农产品的种植品种由企业或者合作社控制，减少了农产品滞销的风险；另一方面，农户直接通过平台销售农产品可以实现以销定产，减少了滞销的风险。此外，电子商务将不同品质的农产品进行分类，一部分直接销售，另一部分进行深加工后再销售，延长了农业的产业链，避免了“好货卖高价，烂货烂到家”的现象。例如，湖南江永县电商街的店铺老板们把诚信经营与服务“三农”结合起来，积极参与校地合作“卖货进城·送客入村”农村电商直播带货大赛，打通了销售链，避免了农产品大量滞销的情况出现②。

第四，电子商务通过“羊群效应”带动更多农户进行线上农产品销售。中国农村是一个熟人社会，农户之间的行为是相互影响和相互效仿的，存在较高的同质性。当某个农户或者某个组织因为通过电子商务销售农产品而获得较高的收入时，很快就会有其他的农户进行模仿，这属于利用电子商务销售农产品的“羊群效应”。效仿者利用先前通过网络平台销售农产品的经验，降低了出错的概率，能够更有效率地销售农产品。

---

① 人民网. 贵港市供销社：创新合作渠道，提升农产品产销服务水平［EB/OL］.（2022-08-10）［2023-10-16］. http://gx.people.com.cn/n2/2022/0810/c405568-40075457.html.

② 人民网. 湖南江永：上亿元农产品从电商街“飞”到全国各地［EB/OL］.（2022-01-04）［2023-10-16］. http://hn.people.com.cn/n2/2022/0104/c356887-35081491.html.

第十三章

数字经济下的就业问题：工作性质的变革

第一节　非正规就业的界定

一、非正规就业的含义

非正规部门和非正规就业的概念最早由国际劳工组织在20世纪70年代初提出。各国根据本国国情，又对此概念进行了界定，所以各国对非正规部门和非正规就业的界定存在较大的差异。

根据国际劳工组织1999年的定义，非正规部门主要是指规模很小的从事商品生产、流通和服务的单位，主要包括微型企业、家庭型的生产服务单位、独立的个体劳动者①。

我国学者根据我国国情对非正规部门和非正规就业做了如下定义②：我国非正规部门主要是指在依法设立的独立法人单位（企事业单位、政府机构和社会团体、社会组织）之外的规模很小的经营单位，包括：由个人、家庭或合伙自办的为社会需要提供商品和服务的微型经营实体，如个体经营户、家庭手工业户、雇工在7人以下的个人独资企业等；以社区、企业、非政府社团组织为依托，以创造就业和收入为主要经营目标的生产自救性和公益性劳动组织；其他自负盈亏的独立劳动者。

我国非正规就业主要指广泛存在于非正规部门和正规部门中的，有别于传统典型的就业形式，包括：非正规部门里的各种就业门类；正规部门里的短期临时性就业、非全日制就业、劳务派遣就业、分包生产或服务项目的外部工人等，即“正规部门里的非正规就业”。对非正规就业的分类如图13-1所示。

① 胡鞍钢，杨韵新. 就业模式转变：从正规化到非正规化：我国城镇非正规就业状况分析［J］. 管理世界，2001（2）：69-78.

② 李桂铭. 我国非正规就业状况分析［J］. 合作经济与科技，2006（1）：27-28.

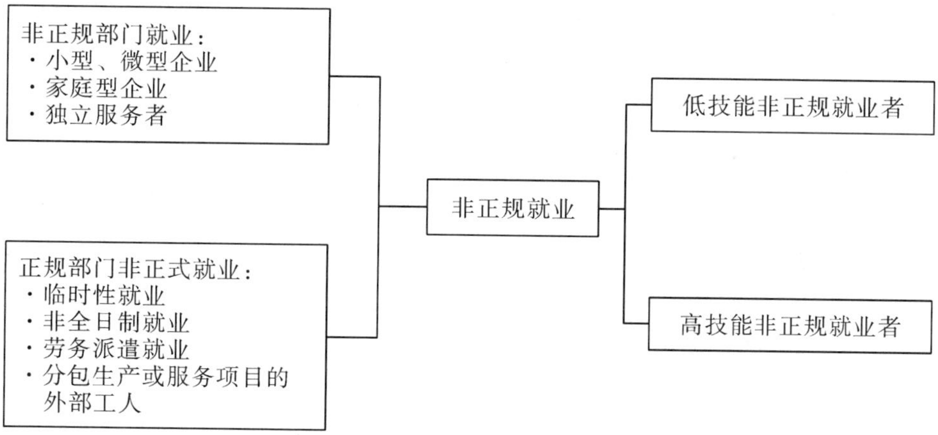

图 13-1　非正规就业分类

二、非正规就业的劳动经济学分析

市场机制之所以能够对劳动力资源进行合理配置，是因为各种市场经济规律综合作用下形成的自发调节资源合理分配的机理。这种机理突出表现在市场信号（市场供求与市场价格）能够正确地反映资源的稀缺程度，并在市场竞争机制作用下，指导资源由供给过剩向供给不足、由效益低下向效益较好的部门或领域流动。这只“看不见的手”的作用，使包括劳动力在内的各种生产要素，以最有效的方式得到充分利用。劳动力资源的配置与重新配置，是以市场信号为导向、以市场竞争为动力、以劳动力流动为条件的。

但是，在现实生活中，并不存在理论意义上的完全竞争的劳动力市场，从我国城乡居民收入的差别、行业之间的劳动报酬的差别、地区间居民个人收入差别等多方面都能看到目前存在着劳动力市场分割。因此，我国目前的劳动力市场应该用“双轨制的三元劳动力市场”来进行描述①。“双轨制的三元劳动力市场”就是指劳动力配置的市场机制和行政机制同时并存，农村劳动力市场、城市正规劳动力市场和城市非正规劳动力市场的“三元市场”同时并存的情况。在三元劳动力市场中，它的市场配置机制不能简单地使用一种理论或制度结构来加以解释。在三元分割的劳动力市场体系中，劳动关系、劳动价格、保障制度、劳动力的供求关系的差异性，常常导致实

① 姚宇. 中国城镇非正规就业研究［D］. 上海：复旦大学，2005.

施某项政策后，劳动力市场的调整信号并不能在整个分割的市场得到一致的响应。

图 13-2 分析了在劳动力市场分割的情况下，劳动力供需的可能情况。其中，S 代表市场上总的劳动力供给，在不存在市场分割的情况下，市场总体上均衡于 E 点，产生均衡的就业量与均衡工资率。由于非市场因素的存在，劳动力供需主体被动地被置于两个不同的子市场上。其中 S' 表示城镇正规就业的子市场上，劳动力的供给相对短缺，从而其供给曲线上移。与此相反，S'' 表示的非正规就业市场上劳动力的供给处于过剩状态，导致其供给曲线下移。

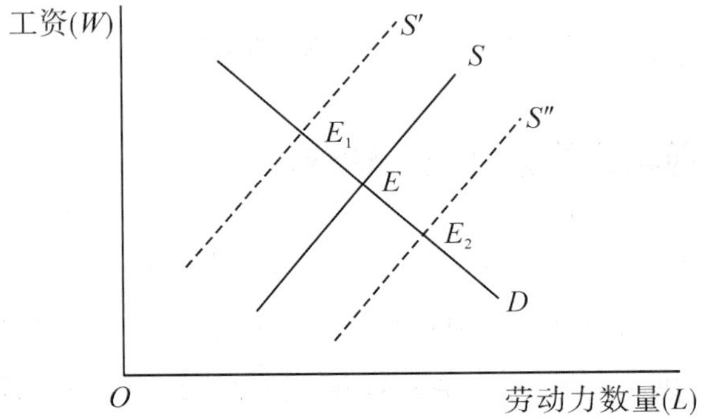

图 13-2　劳动力市场的分割

从图 13-2 中，我们可以直观地看到，由于分割的存在，市场的均衡点由一个 E 变为两个（E_1，E_2）。在正规就业子市场上，以高于 E 点的 E_1 点达成均衡，其均衡工资率高于全市场的均衡工资率；而非正规就业子市场上的均衡点 E_2 则低于 E 点，进而其均衡工资率也低于全市场的均衡工资率。总体来看，由于市场分割的存在，虽然劳动力供需总体平衡，但仍有可能出现一方劳动力不足（S'），而另一方劳动力过剩（S''）的情况。

劳动力市场的分割使得不同属性的供需主体处于非公平竞争状态。对于正规就业子市场上的厂商而言，他们获取其所需的劳动力变得更加困难，从而提高了他们的劳动力使用成本，进而提高了厂商总生产成本；而 S 非正规就业子市场上的厂商所需要的劳动力的获取相对容易。从劳动力供给主体的角度看，正规就业市场上的劳动力的就业相对容易，工资相对较高且较为安全，而非正规就业子市场上的劳动力的就业状况就要差很多。同时，劳动力市场的分割使劳动力的流动需求受阻。由于这种市场分割来自劳动者自身无法控制的因素，非正规就业子市场上的劳动者进入正规就业子市场就变得极为困难，进而会对劳动力的部门结构调整带来负面影响。

第二节　工作性质的变革

一、数字经济对传统就业模式的挑战

在过去的一个世纪中，机器在很多任务中取代了工人的位置。然而，从总体上而言，数字技术进步创造的工作岗位大于其淘汰的工作岗位。2018年，工人人均机器人密度最高的国家是德国、韩国和新加坡。但是，在所有这些国家中，尽管机器人大行其道，社会的就业率依然居高不下①。

欧洲国家的证据表明，虽然数字技术的发展可能取代在某些岗位上就业的工人，但是从总体来看，数字技术扩大了对劳动力的需求。例如，作为国内领先的金融科技平台，京东金融并没有聘用传统的信贷员，恰恰相反，京东金融创建了3 000多个与风险管理或者数据分析相关的工作岗位，用以完善数字化借贷的算法。

数字技术的发展会直接在技术部门中创造工作岗位。人们越来越多地使用智能手机、平板电脑和其他便携式电子设备开展工作、规划自己的财务资金、保障家庭安全、为家庭提供暖气并享受生活的乐趣。在碎片化的时代，智能手机成为人们娱乐和生活的好搭档。家里的老人可以通过视频通话、朋友圈状态等了解儿女的生活状态，遇到事情时可以及时商量；疫情期间，辅导班的暂停以及线上网课的普及，为学生平板产品市场提供了契机，除传统学习机品牌开始布局学生教育平板电脑外，华为、苹果等硬件提供商也纷纷瞄准教育领域，上线了针对学生群体的平板电脑；春节期间，亲朋好友之间、家人之间互发红包。正是工人创建了实现这些新增需求的在线界面。消费者的兴趣瞬息万变，人们在移动应用程序开发和虚拟现实设计领域追求职业发展的机会增加了。

数字技术也通过在线工作或者参与所谓的零工经济创造工作岗位。2019年，我国零工经济对GDP总增量的贡献度为10.43%，对GDP增长率的拉动为0.64%。2020年年底，清华大学社会科学学院经济学研究所发布的《互联网时代零工经济的发展现状、社会影响及其政策建议》表明，零工经济

① 详见《2019年世界发展报告：工作性质的变革》。

正日渐成为推动新就业形态的重要力量和促进国民经济高质量发展的新增长点。2021 年，中国灵活就业从业人员规模达 2 亿人左右，其中相当一部分就是零工经济从业者。据有关机构预测，到 2036 年，零工经济从业者将达到 4 亿人。

在技术得到采用的过程中，技术将取代某些工人的作用。那些从事“可编码的”重复性劳作的工人是最容易受到伤害的群体。富士康科技集团是全球最大的电子产品装配企业之一，在将机器人引入生产线后，富士康科技集团雇用的劳动力减少了 30%。如果机器人的成本比现有的制造业成本更低，那么企业更倾向于将生产迁往更接近消费者市场的地方。

对将要发生的失业人员总量做出统计是难以实现的事情，但关于数字经济对失业人数影响的估计仍然数不胜数。这些估计值差异很大（见图 13-3）。据估计，玻利维亚能够被自动化的工作比例在 2%~41%之间浮动。换言之，玻利维亚可能实现自动化的工作岗位可能是 10 万~200 万之间的任何一个数字。发达经济体的这一浮动幅度甚至更大。在立陶宛，可能面临自动化风险的工作岗位的比例在 5%~56%之间浮动。在日本，据称面临自动化风险的工作岗位的比例在 6%~55%之间浮动。

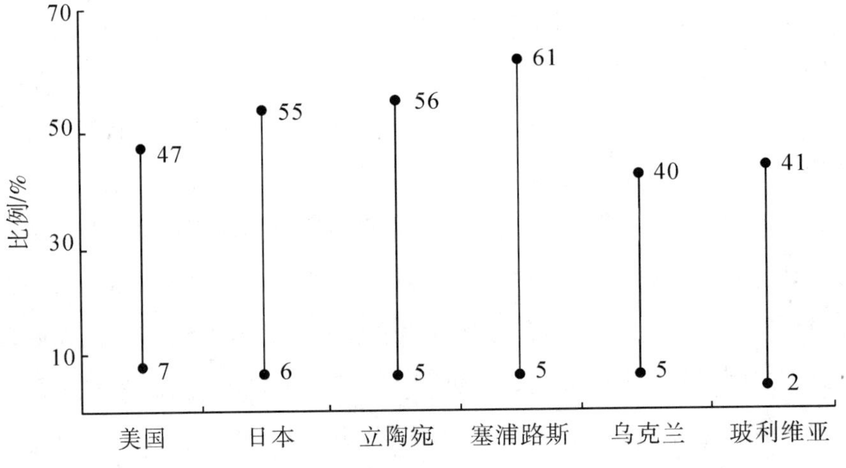

图 13-3　各国对遭遇自动化风险的工作百分比的估计值

二、工作的变革方式

数字技术的发展将取代可替代的机械性的工作，但也提高了不能取代的技能所产生的溢价。数字技术的发展正在改变工作场所对三类技能的需求。第一，无论在发达经济体还是在新兴经济体中，对非重复性认知技能和社会行为技能的需求似乎都呈现上升的趋势。第二，对重复性任务所需要的具体工作技能的需求呈现下降的趋势。第三，对不同技能类型组合的回报似乎在增加。

自 2001 年以来，新兴经济体中在非重复性认知技能和社会行为技能密集的行业中就业的工人比例从 19%增加至 23%。在可被编码的重复性工作中，机器最容易取代工人的作用。其中一些工作是认知性的，如处理工资单或账务。其他的工作则是手工性质的或者体力性质的，如操作焊接机、配送商品、操作叉式升降机等，这些工作很容易就能实现自动化。

在发达经济体中，需要高技能认知的工作和要求具有灵活性的低技能工作类型的就业增长速度最快。相比之下，就业已经从诸如机器操作等中等技能行业向外转移。这可能是发达经济体中不平等问题不断加剧的原因之一。中等技能工人和低技能工人均会遭遇工资水平降低的损失：中等技能工人工资水平降低是因为自动化，而低技能工人工资水平降低是因为竞争的加剧。

研究显示，市场对非重复认知性技能和人际处理技能的需求的增长速度远远快于对其他技能需求的增长速度。高技能工人从技术变革中受益，而低技能工人，特别是从事手工工作的低技能工人似乎处于劣势。

同时，数字技术为欠发达农村地区企业集群的形成创造了有利条件。2009 年，微型电子零售商凭借淘宝网这一市场交易平台在我国农村地区异军突起。淘宝网是中国最大的在线零售平台之一，其所有者是阿里巴巴。这些被称为“淘宝村”的企业集群迅速扩张，2009 年仅有 3 个这样的“淘宝村”，到 2017 年，已经发展为分布在全国 28 个省（自治区、直辖市）的 2 118 个淘宝村。2017 年，在线商铺达到 49 万家。服装、家具、鞋袜、行李箱、皮革产品或者汽车配件等传统商品的销售最为火热，卖家正在努力实现自己所售产品的多样化。在线工作平台正在消除许多从前与特定工作任务相关的地理障碍。

数字技术也对人们的工作方式和工作条件产生了影响。数字技术正在产生更多的短期性工作，而不是标准化的长期合同，这通常是通过在线工作平台产生的。这类所谓的“零工”使人们能够在更加灵活的基础上更加容易地获得某些类型的工作。笔记本电脑、平板电脑和智能手机提高了数字基础设施的可得性，从而为按需服务的蓬勃发展创造有利的环境。这一现象的例证从杂货店送货、驾驶服务，到财务、编辑、或者音乐制作等复杂性任务等不一而足。

第三节 数字经济与就业

随着数字技术的快速发展，主要工业国家的劳动力市场正经历着数字化转型与商业模式的变革，对传统的就业模式产生了巨大的影响。本节从数字经济对劳动力市场供求的影响、数字经济下的新就业形态和数字经济对就业的影响来阐述数字经济的发展与就业的关系。

一、数字经济对劳动力市场供求的影响

数字经济的不断发展对劳动力需求量的影响较为复杂，一般来说可以分为两个方面：一方面，数字经济的发展取代了一些行业工人的劳动，主要是低技能和可重复性行业，如电话营销、邮件回复等，这些行业对劳动力的需求减少；另一方面，数字经济的发展催生出新的岗位，如互联网营销师、网约配送员等，增加了对劳动力的需求。从总体上而言，数字技术的发展增加了对于劳动力的需求（见图 13-4）。

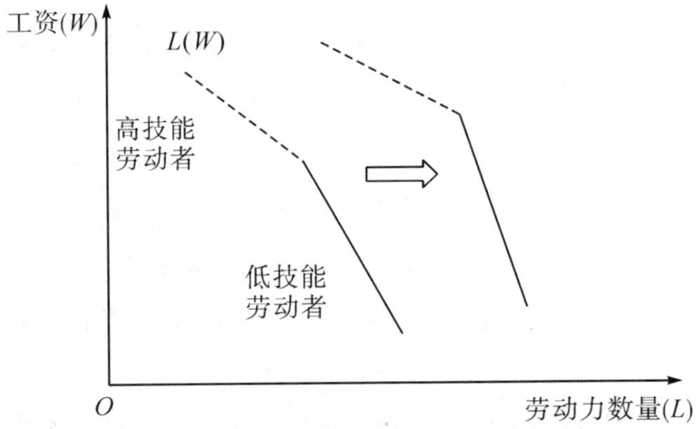

图 13-4 数字经济发展对劳动力需求曲线的影响

数字经济的发展提高了工作的便利性和自由度，劳动者可以更加充分地利用碎片化的时间工作。同时，数字经济的发展带来了更多的数字消费产品，丰富了消费者消费的内容，促使劳动者消费方式的转变与升级，增加劳动者闲暇的效用，降低劳动者劳动意愿，减少劳动供给。因此，数字经济的发展在一定程度上增加了劳动供给的弹性（见图 13-5）。

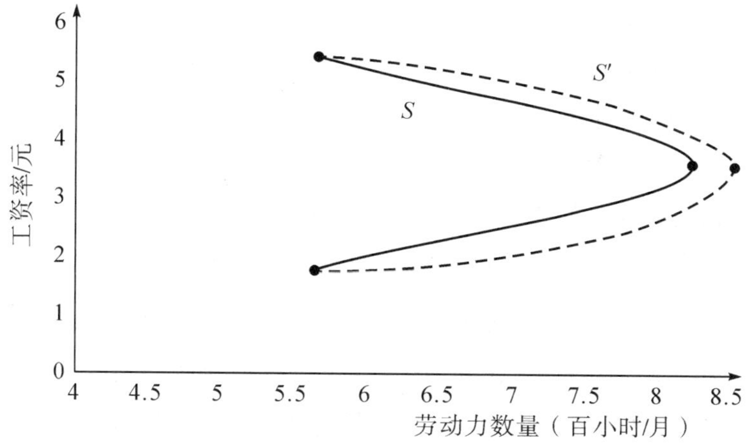

图 13-5　劳动力的市场供给

二、数字经济下的新就业形态

我国数字经济的发展对传统工作方式带来了巨大的转变，催生了我国劳动者就业的新形态。

（一）新就业形态的类型

数字经济的发展带来了各种新就业形态或新工作模式，并且变化迅速，一些新就业形态突然出现又突然消失。目前来看，近年来中国相对稳定的三种主要新就业形态类型包括：①基于电子商务平台生态系统的新就业形态，如阿里巴巴或拼多多的网上店主；②基于互联网平台进行分享的按需就业，如滴滴出行；③基于在线劳动力市场的众包就业，如猪八戒网。

1. 电商平台新就业

2017 年，中国电子商务交易额达 21. 96 万亿元，同比增长 11. 7%。同期，全国网上零售额达 7. 18 万亿元，同比增长 32. 2%。2017 年，中国电子商务带来的就业岗位达到 4 250 万个，同比增长 13%，而同期全国就业人数为 7. 764 亿人，这意味着每 18 名中国劳动者中就有 1 名受雇于电子商务或相关行业。

电子商务平台创造的新就业机会不仅包括与核心产品或服务直接相关的就业机会，还包括平台形成的生态系统带来的间接就业机会，其中最具代表性的是阿里巴巴的淘宝平台。基于电子商务平台的新就业形态最重要的特征是电子商务平台所培育的生态系统。随着电子商务的范围不断扩大，电子商务发展为一个复杂的网络或相互连接的系统，共同构成了电子商务的全部业务，这就是电子商务生态系统。当电子商务生态系统各组成部分工作分工细化，就会产生新的工作。对于像阿里巴巴这样的大型电子商务平台来说，任何就业形态的数量都是巨大的。

2. 分享经济平台的按需就业

自 2014 年以来，中国出现了许多平台服务市场，如滴滴出行、小猪短租等。越来越多的中国劳动者，特别是过去在非正规部门工作的人开始在平台服务市场上工作。平台服务市场被视为共享经济的重要组成部分。

按需就业基于互联网，由在线平台组织，以任务为导向。这种新型就业方式依赖数字技术和互联网平台，有助于连接劳动力的供给方和需求方。与之前的非正规工作相比，基于平台服务市场的按需工作可以更加个性化，服务质量由客户评估。这类工作给劳动者和消费者带来了更好的体验，例如，劳动者可以更快地发现需求或者与消费者匹配，消费者更信任劳动者通过平台提供的服务。这种就业模式改变了传统的服务使用方式，激发了消费者的需求，扩大了就业规模。

在传统的就业方式下，员工受雇于特定企业，其价值由企业根据市场需求决定。在共享经济的时代，劳动者可以通过平台与市场相联系，其价值直接决定市场需求。

分享经济的出现使闲置劳动力与劳动力相关的技能、经验、专业知识等在碎片化的时间中发挥最大价值，劳动力的使用变得更加灵活。根据国际劳工组织 2015 年的报告，劳动分享平台，如滴滴出行等，是在未来劳动世界中影响最大的新就业形态。以滴滴出行为例，这种就业模式颠覆了传统出租车的就业模式。在这种模式当中，独立合同工与员工的界限变得模糊，难以区分。

专栏 《中国共享经济发展报告》

国家信息中心自 2016 年起每半年发布《中国共享经济发展报告》，其中包含了共享经济从业者的统计数据。据 2016 年报告显示，截至 2015 年年底，约有 5 000 万名服务提供者参与了共享经济。据 2018 年、2019 年报告显示，2017 年中国约有 7 000 万人通过网络平台提供服务，2018 年该数字增长为 7 500 万（见图 13-6）。

图 13-6　2014—2018 年共享经济从业者的统计数据

数据来源：国家信息中心。

3. 基于在线劳动力市场的众包就业

在线劳动力市场的服务提供者在中国被称为“威客”，是指通过互联网将智慧、知识、能力和经验转化为实际利益的人。威客根据他们的知识、智慧、经验和技能帮助客户解决其在科学、技术、工作、生活和学习方面的问题。威客提供的大多数产品是知识产品，如商业广告的创意、活动计划等。

在线劳动力市场和平台服务市场的差异在于在线劳动力市场的交易是非实物的；而平台服务市场中的交易是实体交易，这意味着劳动者和客户需要进行面对面交易。参与在线劳动力市场的劳动者可以在线获取任务并交付结果，不需要面对面联系。

（二）新就业形态的特征

1. 就业特征

大多数新就业形态的就业门槛较低，吸纳了大量低技能劳动者。目前，平台提供的以任务为导向的工作主要集中在生活服务业，对劳动者的技能、受教育水平要求不高。除驾驶员、医护人员等少数职业外，平台对其他职业基本没有持证上岗的要求。同时，平台为弱势群体提供了大量就业机会，如农民工，他们常常因为弱势而被排除在正规就业之外，主要从事非正规就业。这些劳动者无法获得全日制标准就业。当新就业形态出现后，他们或者以平台专职就业为生，或者由于本职收入较低，通过在平台赚取兼职收入来改善生活。

灵活性高是新就业形态的最大特征之一。在新就业形态下，劳动者可以自由规划工作时间，自由选择工作地点、进入与退出平台时间。劳动者也可以在一定数量范围内拒绝接受工作任务。劳动者可以选择就近的服务商圈。对于那些不需要提供线下服务的工作，如网站建设、文案策划等，劳动者可以在家中甚至在旅途中完成任务，不受空间限制，实现了工作与生活的平衡。

2. 社会保障特征

当前，中国的大部分社会保障制度，如最低工资、企业承担的社会保障、休息休假、工伤事故赔偿等，是以企业与劳动者已建立劳动关系为基础的。但确认新就业形态从业者与平台之间的劳动关系在现实中存在困难，这是由于适用于工业时代的劳动法律体系无法简单地适用到数字商业模式。认定劳动关系既存在经济上的阻碍，也存在法律上的阻碍。法律上的阻碍主要包括两个方面的原因：一方面，大部分平台运营企业与劳动者之间并不签订劳动合同，因此未确定劳动关系；另一方面，新就业形态的工作模式使得实践中难以根据事实劳动关系来确定其与平台之间存在的劳动关系。

三、数字经济对就业的影响

数字经济存在创造效应与替代效应。创造效应与替代效应源于数字经济引致了宏观经济和劳动力市场的发展变化。从宏观经济方面来看，其对社会生产率、产业、技术的影响会作用于劳动力就业部门的规模；从劳动力市场内部来看，就业载体的变化、就业形态的调整、劳动要求的改变会引起就业岗位及需求的变化。创造效应意味着数字经济将创造大量新型的就业岗位，比如，芯片产业发展带动了大量高技术人才进入芯片设计、芯片代工、芯片封装等领域；替代效应意味着部分就业岗位将会在数字经济快速发展的过程中逐渐消失，比如，“机器换人”使得大量制造车间的流水线工人失去饭碗。创造效应与替代效应的对冲形成的最终情形，即数字经济对就业的综合效应，数字经济到底是扩大了劳动力需求还是加剧了劳动力内卷？这个问题不能一概而论，而需要从不同时期、不同群体、不同区域进行结构性分析。

数字经济作为新型经济形态，在创造就业机会、改善就业生态、优化就业结构等方面发挥着重要作用。数字经济快速发展不可避免地会引发结构性失业，导致“数字鸿沟”加深，促进稳定扩大就业的相关体制机制相对滞后①。

---

① 杨佩卿，张鸿. 发展数字经济 促进改善就业［J］. 新西部，2019（16）：80–83.

（一）数字经济对就业的积极影响

数字经济对我国最重要的积极作用是为劳动者创造更多的机会，特别是对于以前从事非正规工作的劳动者。数字经济也增加了劳动力市场中弱势群体的就业机会，如残疾人、老年和女性工人①。波士顿咨询公司在《迈向2035：4亿数字经济就业的未来》中指出，数字技术的发展为中国制造业带来了向新制造转型的契机。波士顿咨询公司认为，新制造业在短期内并不会大规模缩减整体就业需求，反而会创造更多、更广、更具价值的就业机会，并倒逼就业人群技能提升。同时，新制造业能带动产业开级、刺激行业竞争、降低工业品价格、创造更大的市场，从而间接创造就业机会。

目前，中国数字经济的发展对就业的影响主要集中于服务业。一方面，基于数字技术的支持，服务业将会继续发展，职业种类将不断细分，出现大量现在想象不到的职业类型和就业模式；另一方面，未来的青年劳动者成长于互联网与社交媒体的环境，更偏好灵活化的就业模式。这些都有利于数字经济创造更多就业岗位。

数字经济提高了劳动力供需匹配效率，促进劳动者技能的提升。以移动互联网和LBS技术为基础，平台可以基于劳动者所处的位置就近提供需求匹配。是否能够快速学习掌握数字化技能，是劳动者能否适应未来劳动世界、提升收入水平的重要因素。随着新就业形态的发展，掌握综合化的、不易被数字技术所取代的技能素质的就业者将享有更广泛的职业发展空间，这将倒逼劳动者学习更多与数字经济、数字商业模式相关的知识技能。

数字经济的发展进一步强化了市场的力量。在个别行业中，行业垄断已经开始被削弱甚至被打破，而这又会缩小劳动者之间的收入差距。支付宝和P2P软件的发展使得民营资本进入了传统的金融领域并开始充当金融中介，微信等社交软件的涌现也对电信业产生了巨大的冲击，而滴滴等打车类软件的发展使得私家车大规模进入出租车市场。在供给者和需求者可以迅速匹配的移动互联网时代，信息技术革命将给更多的传统垄断行业带来更为迅猛的冲击。新就业形态的出现到底是扩大还是缩小收入差距，取决于影响收入分配格局的两种力量的对比。

（二）数字经济对就业的消极影响

数字经济对就业的负面影响首先是可能冲击现有部分正规就业部门就

---

① 张成刚，祝慧琳. 中国劳动力市场新型灵活就业的现状与影响［J］. 中国劳动，2017（9）：22-30.

业。数字经济的发展，已经对与之相关的行业正规就业部门造成了冲击，最明显的例子就是网约车平台的出现对出租车行业的颠覆式冲击。虽然数字经济的发展有利于打破市场垄断、提升市场效率、为消费者带来便利，但不可否认的是，数字经济会冲击已有正规就业部门或传统非正规就业所依托的市场，造成这些就业群体收入下降或失业。

数字经济可能增加市场经济中个体承担的风险。数字经济给社会个体提供了前所未有的灵活性就业选择和多重岗位就业选择。但数字经济的发展导致劳动关系难以界定，社会保障体系仍不完善，即使政府调整政策帮助灵活就业者快速适应就业模式的变革，在新的就业模式下个体也仍然会承受多方面的风险，如职业技能折旧、收入水平下降、就业安全性和就业满意度下降等。在新就业形态下，个体可以相对自由地安排工作时间，个体对企业的人身从属性下降。但个体依然对平台型企业具有经济从属性，在劳动者与数字平台企业的关系之间，劳动者仍然处于弱势。

数字经济扩大了劳动者之间的收入差距，它在催生高收入群体的同时，也使得知识结构较为陈旧和人力资本水平较低的群体面临更大的失业风险。虽然当前学界对新就业形态内部的不平等程度、新的就业模式与传统正规就业、非正规就业之间的不平等程度缺乏研究，但已有的针对中国传统灵活就业的研究显示，灵活就业者收入显著低于正规就业者收入，这一差距的20%可能是市场歧视造成的。从对收入不平等程度的影响来看，灵活就业者与正规就业者之间的组间差距对整体收入不平等的贡献接近40%①；灵活就业者和正规就业者之间的组间差距对中国城市就业者总体收入不平等的贡献为13.68%；灵活就业者和正规就业者内部的组内差距对总体收入不平等的贡献分别为51.09%和35.23%②，即灵活就业内部的不平等程度，高于灵活就业和正规就业的不平等程度。

① 屈小博，程杰. 中国就业结构变化："升级"还是"两极化"？[J]. 劳动经济研究，2015，3（1）：119-144.

② 薛进军，高文书. 中国城镇非正规就业：规模、特征和收入差距 [J]. 经济社会体制比较，2012（6）：59-69.

第十四章

数字经济伦理与治理

2020 年 4 月，《关于构建更加完善的要素市场化配置体制机制的意见》发布，首次将数据定性为土地、劳动力、资本、技术之外的第五大生产要素，数据成为我国经济发展的基础性、战略性的资源及重要生产力。

近年来，关于互联网平台的曝光事件显著增多，从“大数据杀熟”到“信息安全”。这是我国数字经济在经过近 20 年迅猛而无序的发展之后，到达了一个新的拐点：需要由乱转治。

2021 年 3 月 3 日，复旦大学副教授孙金云的一项调研成了网上热议的话题：2020 年，他带领团队做了一项“手机软件打车”的调研。该团队在国内 5 个城市，花费 50 000 元，收集了常规场景下的 800 多份样本，撰写并公布了《2020 打车软件调研报告》。报告主要结论如下：①苹果机主更容易被专车、优享这类更贵车型接单；②手机越贵，越容易被更贵车型接单；③实际车费比预估费高，这种情况占 80%；④网约车司机表示实际车费比预估价高；⑤苹果手机打车的价格会贵一点。报告中把这上述一系列现象称为“苹果税”。

这份报告第一次以系统性的严格科学分析方式呈现了平台企业的歧视性定价行为。虽然此前有很多媒体报道了很多的“杀熟”等歧视性定价的案例，但是由于大多是个案，舆论冲击力不够强烈。孙金云教授的报告以科学严谨的方式说明，这些价格歧视的存在是系统性的。

为何这些数字经济企业从之前的人人点赞沦落到了被大家诟病的地步？除法律法规缺失外，还有哪些更深层次的根本性原因？

经济伦理，对企业和个人的经济行为产生了更为基础性影响。本章将从经济伦理视角审视数字经济发展带来的伦理挑战以及相应的数字经济新伦理重构对策。

第一节　经济伦理：一个动态观点

一、经济伦理的思想渊源

经济伦理的思想早已有之①。一般认为，经济伦理是经济活动中的伦理

① 周中之，高慧珠. 经济伦理学［M］. 上海：华东师范大学出版社，2016.

问题，是经济学与伦理学的交叉与融合。例如，西方传统的经济伦理思想，可追溯到古希腊。智者学派的代表普罗泰戈拉提出了“人是万物的尺度”，认为判断是非善恶的标准，只能是个人的感觉和利益，把社会或国家理解为个人的集合，强调个人选择。苏格拉底则崇尚知识与理性，认为“美德即知识”“不经思考的人生是没有价值的”，他认为一切美德都离不开知识，知识是美德的基础。此后，在此基础上，围绕经济伦理的主要问题即道德与利益的关系，又衍生出来德性主义和快乐主义，即义务论和目的论。前者以柏拉图为代表，后者以德谟克利特和伊壁鸠鲁为代表。德性主义认为，善和德性是至高无上的，人应当克制自己的物欲以追求道德；快乐主义认为，道德与物质利益密切相关，“快乐与不适”决定了有利与有害之间的界限。快乐主义与后来的功利主义经济伦理观有密切的联系。

总体来看，经济伦理论证的是经济行为或与经济相关的行为的道德上的正当性、合理性。西方经济伦理有三个基本哲学中的道德伦理基础：功利主义、道义论、美德论。其中，功利主义与经济伦理关系最为密切。

功利主义以实际功效或利益作为道德正当性的标准，以边沁、穆勒为代表。在边沁看来，“人性趋乐避苦”，苦乐统治着人类，是我们判断是非的标准。苦乐是可以精确计算的，个体行为原则是增加乐减少苦，即人们要追求幸福最大化。在整体上，大多数人的最大幸福就成了最高道德原则。穆勒则在最大幸福原则、快乐的量和质、道德的自我牺牲方面进一步完善了边沁的功利主义。穆勒利用心理学的联想原理将利己主义的快乐论和利他主义的最大幸福原则联系起来，即利他主义行为的最初目的是利己，为了获利，并且也确实获得了好处，获得了好处就增加了快乐；这种行为多次重复后，人们就会产生利他行为与快乐之间的心理联想，而忘了最初的目的。随着联想的强化，利他行为就能直接产生快乐了。此外，穆勒还引入了共同利益、共同目标、社会情感等因素，进一步强调了利己与利他融为一体的可能性。边沁认为，不同人的快乐可以简单相加而构成整个社会的幸福，但是穆勒认为快乐有质的不同。快乐不能简单相加，而是按照质的不同字典式排序，精神的快乐高于肉体的快乐，“做一个不满足的人比做一只满足的猪好，做一个不满足的苏格拉底比做一个满足的傻子好”。穆勒还认为，自我牺牲是人类最高美德，自我牺牲有利于社会福利的增加，否则这种自我牺牲是不必要的。

在中国思想史上，与功利主义相关的是义利观。与西方功利主义更为相近的是墨子的学说。墨子重利贵义，并认为义和利是统一的，一行之义与不义的根据在于此行为的利与不利，有利便应当，无利便是不应当。墨子进一步认为，利的准绳是人民之利，“观其中国家百姓人民之利”。后期的墨家发展了墨子学说，更加强调利的重要性，把利贯彻到忠孝等各个方面。所谓忠，就是不利子、不顾家而利于天下，所谓孝就是“利亲”、利父母。他们还提出了利害的取舍标准，“利之中取大，害之中取小”。

义务论则认为，人的行为必须遵照某种神圣使命的义务（职责、职分、责任）之类的道德原则或某种正当性去行动，而这种义务又源于上帝旨意或康德所称的善良意志或内在理性。

美德论又称为德性论，它着眼于道德行为主体是什么样的人，代表人物为亚里士多德。美德分为两类：一是理智的美德，以知识和智慧为表现形式；二是道德的美德，以约束、抑制情感和欲望的习惯来表现。理智的美德经过训练，会变成道德习惯，从而形成全面的美德。善行是两者的结合。后继者麦金泰尔从“实践”概念入手，区分了实践的内在利益和外在利益，前者大致相当于某种行为本身的内在价值，如追求工作的卓越和由此发现的人生的意义，德性即获得内在利益的人类品质。没有德性的人无法获得内在利益。

二、何为经济伦理

前面我们说过，经济伦理总体上是解决经济活动的正当性、合理性问题，即经济行为中的道德问题。正式的经济伦理研究源自英文“economics and ethics”或“business ethics”。也有人认为，“business ethics”即企业伦理，是狭义的经济伦理，或广义的经济伦理“economics and ethics”的一部分①。本节根据研究问题的需要，采用的是更为广义的经济伦理概念。

20世纪初，德国著名的社会学家、历史学家和经济学家马克斯·韦伯在考察“世界诸宗教的经济伦理观”时，首先提出了“经济伦理”概念②。此后，在经济伦理研究发展的过程中，对于经济伦理的定义一直缺乏统一的认识。早在1985年，当菲利浦·刘易斯（Phillip Lewis）意识到这个概念的

① 周中之，高慧珠. 经济伦理学［M］. 上海：华东师范大学出版社，2016.
② 马克斯·韦伯. 新教伦理与资本主义精神［M］. 北京：中国人民大学出版社，1992.

混乱与不一致时，便着手进行了一项实证研究[1]。他通过对相关文献及调查问卷结果的分析发现：在当时涉及经济伦理的158本教材、50篇论文中，分别只有其中的31.01%、40%对“经济伦理”给出了明确的定义；接着，他在对254份有效问卷进行分析后罗列出被调查者所给出的不同的“经济伦理”定义共计308个；以此为基础，他再次以问卷的形式，对商界人士提出了这样一个问题：“一个综合性的经济伦理概念应该包含哪些内容？”被调查者的选择结果表明了“经济伦理”主要指：一是能防止不伦理行为的规则、标准、守则和原则（rules，standards，codes and principles）；二是道德上正当的行为，常指个人的行为要遵守正义、法律和其他标准，或个人的行为要符合事实、合理性和真理；三是正当性，指言行要符合事实或具有真实性；四是特定的情形，即面临伦理困境需要做出伦理决策的情形。阿玛蒂亚·森（Amartya Sen，1997/2000）和《新帕尔格雷夫经济学大辞典》则认为，经济伦理主要研究“人类行为的动机”和“经济成就的判断”。

直到1994年，西方经济伦理学才传入中国，但实际上中国此前已经有了经济伦理的概念。但如何界定这个概念，是20世纪90年代中后期研究者们的主要任务之一。1994年，“business ethics”与医学伦理学、环境伦理学等应用伦理学分支通过“中英澳暑期哲学学院”介绍到中国。就如何用最准确的中文来翻译“business ethics”，人们有过争议。有人将它译为“企业伦理”“商业伦理”或“管理伦理”，但陆晓禾（1999）认为，从西方国家“经济伦理”的研究对象来看，这几个术语都不能全面、准确反映“business ethics”的真实含义，因此，他认为“经济伦理”这一翻译较为合适[2]。此后，研究者们对这一概念的界定提出了不同的观点。东方朔（1987）认为，经济伦理就是人们在现实的社会经济活动中产生并对其评判和制约的道德观念，它包括两方面的内容，一是指直接产生于人们的经济生活和经济行为中的道德观念，二是指人们对这种道德观念的认知和评价系统（经济伦理观）[3]。章海山（1993）认为，经济伦理指经济主体（企业、个

---

① LEWIS P V. Defining business ethics：like noiling jillo to a wall［J］. Journal of Business ethics，1985（4）：377-383.

② 陆晓禾.“中国制造”与中国经济伦理学［J］. 上海师范大学学报（哲学社会科学版），2008，37（1）：8.

③ 东方朔. 经济伦理思想初探［J］. 华东师范大学学报（哲学社会科学版），1987（6）：27-50.

人）在经济生活和经济行为中所特有的道德观念和道德评价的价值体系以及特有的道德原则和规范。它起着协调经济活动和经济主体之间的经济利益关系、使经济活动有利于社会生产力发展、使经济活动协调和谐、促进经济主体的物质和精神方面发展的作用①。王小锡（1995）认为，经济伦理学是研究人们在社会经济活动中协调各种利益关系的基本规律，是一门明确善恶价值取向及应不应该行为规定的学问②。陈泽环（1995）认为，经济伦理指人们在经济活动中的伦理精神或伦理气质，或者说是人们从道德上对经济活动的根本看法；而经济伦理学则是这种精神、气质和看法的理论化形态，或者说是从道德上对经济活动的理论化理解、评价和规范③。另外，还有学者认为，经济伦理学是研究社会经济和人的全面发展的关系及直接产生于人们的经济生活和经济行为中的道德观念的科学。也有学者认为，经济伦理学研究的是对经济行为合理性的价值论证。

经济伦理在20世纪70年代中期被视为一门独立学科。此前，学者们对经济生活中不道德现象、企业与社会的关系、个人经济行为的价值判断等相关议题已经有了一定的关注与讨论。尤其从20世纪50年代开始，经济伦理议题的视角开始由个人层次转向组织（尤其是企业）层面，并赋予经济伦理更多的实践意义和价值。1974年，美国堪萨斯大学哲学系和商学院共同召开了首届经济伦理学讨论会，这标志着经济伦理学作为一门学科而诞生。也有学者认为阿玛蒂亚·森的著作——《伦理学和经济学》是现代经济伦理学的奠基之作。

上述对经济伦理不同的定义各自从不同的角度切入，每一种界定都有其合理之处，有助于人们加深对经济伦理的认识和全面把握。本书认为，经济伦理主要研究的是经济活动以及相关行为等的正当性问题。正当性，就是指符合道德伦理规范。正当性在不同情况下有不同具体含义，道德哲学的争论很大程度上就是争论不同情况下的正当性的含义。

根据上述对经济伦理的定义，经济伦理研究内容可分为以下三个层次：第一，从宏观层面研究和阐述社会经济制度环境方面的伦理问题，主要是指效率与公平。效率与公平就是宏观上正当性的两个维度。第二，从中观层面

① 章海山. 经济伦理方法研究［J］. 道德与文明，2000（2）：17-20.
② 王小锡. 经济伦理学论纲［J］. 江苏社会科学，1994（1）：17-20.
③ 陈泽环. 现代经济伦理学初探［J］. 社会科学，1995（7）：73-76，51.

研究企业内外部角色扮演中的正当性问题，主要涉及企业与各种利益相关者关系及其处理中的道德问题，包括社会、国家、环境、其他企业、消费者、雇员、股东等关系中的伦理规范和管理。第三，从微观层面上研究个体的行为动机正当性问题，即个体在社会经济活动中涉及个人利益关系和道德价值取向、承担角色的伦理问题，如企业家（经理）、雇员、消费者的道德人格和规范问题、各种职业道德问题等。此外，学者还对生产、交换、分配、消费四个经济活动环节中的伦理问题进行研究，如生产的目的与手段的道德约束、交换的道德风险及信任、效率与公平及分配的正义、消费的道德调节等。

三、经济伦理对经济的影响

个体的行为动机就是经济伦理的一部分。个人的经济行动，总是在一定的行为动机主导下开展的。因此，不同的行为动机会导致不同的经济后果。从经济整体来看，如果大多数人的行为动机都是追求现实的经济利益，那么投资活动就会增加，经济得以发展。如果大多数人的行为动机与现实的经济利益关系不大，那么一定会阻碍经济发展。

个体的行为动机受到不同文化的影响，而不同文化对人们的价值观和行为动机的影响是不同的，因此在不同文化的影响下，经济发展的步调是不一致的。这其实就是经济伦理这一概念的最早提出者韦伯在《新教伦理与资本主义精神》中所阐述的逻辑，也是后续赞同经济伦理影响经济发展的学者的主要分析逻辑。下面我们具体分析韦伯在这本书中的主要观点。

韦伯在《新教伦理与资本主义精神》中主要阐述了路德的“天职观”、加尔文的“上帝预选说”、入世制欲主义对经济社会发展的影响。无论是路德的“天职观”，还是加尔文的“上帝预选说”，其所包含的一个重要的特点都是要求教徒对世俗活动的履行。教徒只有具备勤劳、节俭、守时、理性致富等优良品质，才能有资格成为上帝的选民，得到上帝的拯救。“天职观”和“上帝预选说”对资本主义发展的重要作用便是从道德上肯定了世俗职业活动的合理性，培养了人们理性的生活方式和精神气质，无形中加强了人们的资本主义经济活动。而对于入世禁欲主义来说，禁欲主义突破了传统的禁欲主义思想，教徒不再通过旧有的“闭关修炼”和“冥想”来达到禁欲的状态，想要真正的禁欲，教徒只有把自身当作“行动的工具”；入世禁欲主义提倡理性的消费，反对对财富的挥霍浪费，这样一来，便为资本主义的经济发展积累了可观的财富。

四、经济伦理的动力学

以上所述的经济伦理内涵以及经济伦理与经济发展的关系，都隐含着一个假设：相对于经济和技术变量来说，经济伦理是先定变量。也就是说，人们先有了一个独立于当前经济技术状态的经济伦理观念，这种经济伦理观影响经济发展进程。

这种观点只有部分是正确的，其逻辑链条存在问题，因为它没有解释经济伦理是如何形成的，特别是没有说明当时的经济技术状态对经济伦理形成的影响。经济伦理与经济发展之间是相互作用的关系，不是单向因果逻辑关系，而是互为因果关系。也就是说，经济伦理影响经济发展，经济与技术发展又会反过来影响经济伦理。

改革开放以来，中国人的经济伦理观点已经发生很大变化。改革开放之初，大部分中国人都是农民，保留了延续数千年的经济伦理观。但是 40 多年来，中国人民的伦理观念已经发生很大的变化，对市场经济的伦理观念有了普遍的认同。人们的思想观念，尤其是经济伦理观念的变化，充分说明了经济伦理的可变性。

正当性的核心内涵——公平正义的含义也在不断变迁。公平正义，大体上包括“一视同仁”和“每个人得到其所应得”两个基本含义。古希腊的古典正义观包括两个要点：守法和平等。法是为了促进社会全体的利益，人人都应当遵守，因此守法就是整体性质的“正义”，而为了整个城邦和全体公民的利益，便应当奉行平等的分配原则和补偿原则，即个人的付出与所得应当对等，人与人之间的交换在价值上应该对等，那是特定性质的“正义”。在当时的制度条件下，奴隶制是合理的，构成希腊奴隶阶级的外国人不如希腊人，不应该与希腊人享有同等的权利，他们被排除在正义之外。

近现代欧美的正义观。西方社会进入近现代之后，公平正义观发生了很大变化，一方面，“上帝面前人人平等”这一观念深入人心。另一方面，随着市场经济的兴起，资产阶级为了追求自身的利益，开始需要个人的自由平等，也就是为将劳动力从土地的封建束缚中解脱出来进行正当性辩护，于是人的政治上的自由平等权利便成为西方人的基本价值观，公平正义的目的也从人如何生活变成了“自由”“平等”的合理性和社会政治制度的合法性。在这种观念的基础上，形成了基于理性直观的社会契约论公平观和功利主义的公平正义观。前者认为，“不侵害他人”和“按劳分配”是理性或所谓的自然法或由“无知之幕”与“最小得益最大化原则”所构成的社会契约所决定的。由于资本主义法律日益成熟，功利主义的公平正义观认为，不得侵犯别人的法定的、道德的、应得的权利，解决不同人之间的正当性的冲突时，只能根据“社会利益”或“最大多数人的最大幸福原则”。

公平正义的当代发展。当代的阿玛蒂亚·森的公平观独树一帜，对当前的经济学家影响很大。阿玛蒂亚·森以“实质自由”和“可行能力”为分析基础，探讨了实现公平正义的程序问题，阐述了公平正义与实质平等的关系并且指出如何确定现实的公平正义或实质平等的方法论程序。第一，现实中存在多种相互冲突的正义原则，也就是说没有绝对的公平正义，只有相对的公平正义。第二，问题的实质是要求什么样的平等问题，因为公平正义问题始终蕴含着平等问题：政治权利的平等、机会的平等和经济收入的平等，以及免除饥饿的平等。第三，我们不能为了追求某些平等而放弃另一些平等的追求，取舍标准不应该是“基本善”或“资源”，而应该是实质自由，即在各种“成就”或值得珍视的生活方式中进行选择的自由。

从这些公平正义的含义的变化可以看出，所谓正当性在不同的时期有不同的具体含义或标准。这充分说明，正当性的具体内涵是可变的，影响正当性内涵的主要因素是技术与经济方式，是生产力的进步。因此，我们可以提出一个适用于解释数字经济条件下经济伦理与经济发展互动关系的动力学理论。

数字技术的出现，使得以电子形式呈现、储存、运输的数据成为一种新的生产要素，并且改变了原有的生产组织方式。新的生产要素的出现以及原有生产组织方式的改变，产生了新的利益关系和利益矛盾，原有经济正当性标准受到冲击。这种冲击催生了改变经济伦理正当性标准的需要。在反复的个体利益冲突中，经济伦理中正当性趋向于寻找平衡效率与分配公平的关系，形成新的效率与分配公平状态。新的效率与分配公平的均衡，可能是有效的，也可能是无效的，即可能会促进技术与生产力的进步，也可能会阻碍技术与生产力的进步。新均衡状态的性质，会受到原有经济伦理正当性标准与制度的影响。

值得注意的是，我们的动力学模型中的经济伦理观与马克思经济伦理观是一致的。首先，生产力是发展的根本动力。其次，经济伦理思想最终都是取决于经济发展与公平正义。最后，公平正义的具体内容是可变的，根据生产力与由此决定的生产关系的变化而不同。

第二节　数字经济遇到的新伦理问题

一、劳动进一步异化：数字技术的剥削

2020 年 9 月 8 日，《人物》杂志官方账号发表了一篇题为《外卖骑手，困在系统里》的文章。配送的时间越来越短：金壮壮做过三年的美团配送站站长，他清晰地记得，2016—2019 年，他曾 3 次收到美团平台加速的通知：2016 年，3 千米送餐距离的最长时限是 1 小时；2017 年变成了 45 分钟；2018 年又缩短了 7 分钟，定格在 38 分钟。相关数据显示，2019 年，中国全行业外卖订单单均配送时长比 3 年前减少了 10 分钟。这导致的后果是：为了赶时间，超速、闯红灯、逆行等交通违规行为不断产生，2018 年成都平均每天就有 1 个骑手因交通违规而伤亡。

配送时间不断缩短是数字技术进步的结果，系统有能力接连不断地“吞掉”时间。对于技术开发人员来说，这是进步，是技术能力的体现。深度学习的结果，就是不断地在数学上优化配送线路，使得配送时间越来越短。平台的强大数字技术能力，实现了配送时间每个月显著减少。

算法的基本运行规则如下：

从顾客下单的那一秒起，系统便开始根据骑手的顺路性、位置、方向决定派哪一位骑手接单，订单通常以 3 联单或 5 联单的形式派出，一个订单有取餐和送餐两个任务点，如果一位骑手背负 5 个订单、10 个任务点，系统会在 11 万条路线规划中完成万单对万人的秒级求解，规划出最优配送方案。

算法，再加上评价体系——承接的单量、超时率、差评率、投诉率，不停地“抽打”骑手们，骑手的潜能被发挥到极致。虽然设计算法时也考虑到了一些意外情况，但是显然不够，现实中很多意外情况都能打破这种最优规划，有时一场大雨就足够打破这种最优规划了。

在外卖骑手已成最高危职业成为热门话题后，系统也做出过一些努力，

如让骑手们观看安全教育视频等，但是这些都变相增加了骑手们的负担和时间紧迫感。

这些问题的背后，是数字技术下骑手与平台的劳动关系已经与传统的就业关系极为不同，他们变成了数字经济中的临时工。数字劳动关系已经不同于传统的劳动关系，劳动强度越来越大，劳动者不再与某个特定的企业有明确的劳动雇佣关系。调查报道《武汉市快递员外卖员群体调查：平台工人与下载劳动》，把这种劳动称为“下载劳动”，把这些工人称为“平台工人”，其实他们与平台之间并没有雇佣关系，他们也不知道自己为谁打工。

骑手通过下载 App 工作，表面上，这个 App 只是一个辅佐他们工作的生产工具，但实际上，下载的是一套精密的劳动控制模式。在这套模式下，工人原有的主体性被全面塑造乃至取代，他们看似用更自由的方式在工作，但同时却遭受着更深切的控制。

这种劳动模式的特点则为：强吸引、弱契约、高监管以及低反抗。因为人们不知道找谁去反抗，也找不到反抗的对象，真正的资本方深深地隐藏在算法的背后。资本方才是实际控制人。

劳动关系的改变还带来另一个更为严重的问题：劳动者社会安全网的漏洞。在系统中，保险是骑手能获得的唯一的也是最后一道安全保障，但《人物》杂志在调查中发现，大量的骑手在遇到交通事故后，都无法顺利获得理赔。按照外卖平台的设计，专送骑手的保险由站点按月扣除，具体金额也由站点决定；众包骑手的保险则按天扣除，每天 3 元，保障时间从骑手当天第一次接单到当日 24 时，如果此时骑手还在送餐，保险时间最多可延长一个半小时。这种劳动保障体系，其实是外卖平台对于自身责任的一种巧妙转嫁。

这些问题的背后，更透露出算法或更广义的数字技术的人文伦理严重缺失。一方面，大部分程序员都是工程思维，很少有社会科学的思维，所以对于公平和价值等问题，欠缺思考。另一方面，程序员也不是规则的制定者，即使他们知道公平公正的内涵，也不能将自己的理解融入到算法中去。规则的制定者是外卖平台，而程序员也只是根据平台的规定去履行职责。

数据社会学家尼克·西弗曾提出算法文化的概念。在他看来，算法不仅由理性的程序形成，还由制度、人类、交叉环境和在文化生活中获得的理解形成。

二、数据能力的滥用：大数据“杀熟”

大数据“杀熟”是互联网购物或数字经济环境下普通消费者面对的最严重的问题。所谓大数据“杀熟”，是指互联网厂商利用自己所拥有的用户数据，对老用户实行价格歧视的行为。大数据“杀熟”表现为，对于同样的商品或服务，不同客户看到的购买价格不同，通常是老客户看到的价格反而比新用户要高出许多。其实国外的大数据“杀熟”现象早在 2000 年就已经发生，以亚马逊的“差别价格实验”为例，亚马逊对 DVD 光盘进行差别定价，以此赚取更多的利润，但很快就有消费者发现这一问题并提出质疑，这项实验以失败告终。大数据“杀熟”问题在近年来引发了热烈讨论，在电商行业快速发展的时代下，大数据“杀熟”似乎已经成为必然结果。下面以美团外卖为例探讨大数据“杀熟”的机制和条件①。

运行机制。首先是价格机制。美团外卖商家有较强的动态改价能力，能根据价格敏感度对消费者进行分类：对价格敏感度高的消费者设置较低价格，对敏感度较低的消费者设置高价格，从消费者剩余角度获取更高利润。其次是设备型号。美团外卖根据消费者使用的设备进行定价，通过消费者所使用设备的价格推测消费者对商品价格的接受能力，从而实现价格区分。例如，有些商品在苹果手机上的显示价格会高于安卓手机的显示价格。再次是外卖频率。美团外卖会根据点外卖的频率来判断消费者对外卖的需求程度，经常点外卖的消费者对外卖的需求较大，美团外卖就会提高商品的价格；而对于偶尔点外卖的消费者，商家会设置较低的价格来吸引此类消费者，让该类型消费者从偶尔消费向经常消费转变。最后是地理位置。空间定位系统的不断完善，让位置获取变得更加容易。新用户注册时，平台会请求位置访问权限，美团外卖能根据消费者所处的城市、所在的居住场所对消费者区别定价，住在豪宅区的消费者购买商品的价格要高于普通住户的价格。此外，美团外卖还可以根据地理位置来判断附近竞争对手情况，如果竞争对手数量少，商家就会暗中提高价格。

运行条件。首先，美团外卖的寡头地位。国内外卖平台数量较少，美团外卖与饿了么处于外卖市场的寡头地位。截至 2020 年年底，商家数量达到

---

① 袁帆，王冬菊. 美团外卖大数据“杀熟”行为及改进策略研究［J］. 中国储运，2021（12）：160-161.

了650万家，各大连锁店，包括餐馆、超市、奶茶等大型商家也都入驻美团外卖，选择多样化导致消费者更加依赖美团外卖。处于寡头地位的美团外卖容易接触更多的消费者，消费者数量越多让其分析数据的能力越强，精确程度更高，对消费者“杀熟”的机会越多。其次，大数据技术。美团外卖“杀熟”行为建立在大数据技术基础上，借助其所掌握的海量且维度丰富的用户数据，诸如用户个人身份信息、位置信息、聊天记录以及支付信息等一切有可能被线上记录的数字化信息，通过一整套复杂、高效而极其先进的数据运算、分析和挖掘技术对碎片化、零散的用户数字化信息进行全方位的扫描、分析与研究，然后通过一些关键词的标注对用户进行细致归类，从而生成独特的用户画像。消费者第一次使用美团外卖App时要填写基本信息，授权App获取位置等，这些信息就是美团外卖对消费者进行精准定位的信息。美团外卖除了利用浏览记录来获取信息外，还会通过窃听获得信息，消费者不经意间说出的商品名称其实已经被窃听。对消费者的数据资源进行整理分析，在一定程度上突破了时间和空间的限制，从而使平台找出潜在的目标消费者，实行歧视性定价。最后，算法是大数据“杀熟”的核心技术。算法通过计算机代码表达出数学逻辑意见，只输入初始条件，系统便会按照算法步骤，自动给出相应的答案。美团外卖将判断标准、数据关系、用户数据融入算法，更加准确地刻画消费者画像，不断训练算法、提升算法效能以获取最大利润。使用算法的美团外卖对消费者具有较强的支配力、控制力和影响力。比如，外卖的配送费是动态调整的，根据时间、地点、天气、订单量等综合因素来定价，这种价格的调整是由美团外卖控制的，消费者只能被动接受。

从美团外卖的案例看，资本方有了新的技术能力——算法，但是资本方“恃力横行”，大搞差异定价，违背了“明码标价、诚信为本”“互赢互惠”“企业经济效益与社会效益相结合”的经营伦理原则。

三、新的伦理问题：隐私与安全

由于数据兼具国家、公共、人身、财产等属性特征①，数据的安全有效使用直接关系到国家安全及个人权益。当前，在大数据、云计算环境下，数据的搜集、传输、使用过程已暴露出严重的数据安全问题。

---

① 陈智国．数字经济时代的十大焦点问题（上）［J］．中国经贸导刊，2020（23）：22-27.

从国家层面看，不同领域数据泄露事件迭出，亟待对国家数据安全生态治理提出新要求。近年来，数据安全事件已逐渐深入扩展到国家政治、经济、民生等不同层面，涉及国家关键信息基础设施、金融系统、重大国土资源与能源安全等各个方面。

从企业层面看，企业已成为数据泄露的“重灾区”。近年来，随着数据价值提升，企业内部存留的用户、员工数据遭受越来越多的威胁，黑客攻击、勒索病毒、数据泄露等数据安全事件频发，给企业带来了巨大损失和困扰。

从个人层面看，个人隐私信息泄露已成常态，数据保护与每个人的生活密切相关。当前，包含身份证号、手机号、住址等隐私信息泄露案件频发。与此同时，随着指纹支付、人脸识别等技术被广泛应用到生活中，个人信息泄露、信息被盗用等情况时有发生。

以人脸识别为例，随着该项技术在疫情防控、门禁考勤、交通案件、实名登记、开户销户、支付转账、解锁解密等应用场景的应用，大量的人脸生物信息被各类主体采集、收集、存储或交易，个人隐私面临较大风险。Facebook 未经用户允许，非法搜集用户生物数据，对用户海量照片进行人脸识别，并分析出人物标签信息，引起用户集体诉讼；2020 年 6 月 15 日，“中国人脸识别第一案”在杭州开庭审理。

如何加强数据隐私保护、实现数据的安全高效利用已成为当前全球亟待解决的关键问题。目前，全球许多国家及地区均陆续出台了数据保护及安全领域的相关规则条例，为数字经济发展营造了健康有序的环境。近年来，我国不断加强数据领域的安全管理与使用，2019 年以来，发布了《数据安全管理办法》《中华人民共和国数据安全法》《中华人民共和国个人信息保护法》，完善个人信息权益保护制度，已经初步构建了较为全面的数据安全保护体系。

隐私与相关安全问题，是数字经济下产生的新的伦理问题。在之前的经济技术条件下，个人信息传播成本高、速度慢，个人隐私安全问题虽然存在，但是尚没有在整个社会层面成为一个严重的问题。新的技术手段使得个人隐私信息传播更快，隐私泄露带来的负面影响更大。毋庸置疑，数字经济提高了效率，但是隐私泄露与数据安全给数字经济提出了一个问题：如何在利用个人信息等数据带来的效率提高与隐私保护之间取得平衡。

四、数字经济的经济权利：垄断

网络效应、规模经济的存在，促使“赢者通吃”的互联网经济法则逐渐形成。“赢者通吃”的关键有三条：一是“先入为主”。在网络经济中，抢占先机意味着成功了一半，这也是社会资本一旦发现一个风口，便蜂拥而上，快速跑马圈地的缘由。二是“流量为王”。在互联网经济时代，流量不是万能的，但没有流量是万万不能的。近年来，虽然流量红利正在逐步减少，也有人提出了垂直领域、细分市场等新概念，但网红、博主、广告、直播等都是按流量、粉丝量付费。谁能够占据流量，拥有流量，谁就有话语权，谁就拥有了商业变现的可能性。三是“平台型数据垄断”。有了流量，自然就有了通道和接口，于是平台型企业或 MCN 之类的机构，就应运而生。数字经济下的平台垄断是在发展过程中自然形成的，一个平台内用户越多，数据越多，平台的竞争力就越强，平台对新进入者的吸引力、控制力就越强，其利用数据变现的可能性就越大，可以实现滚雪球式发展。

在数字经济时代，阿里巴巴、今日头条、滴滴、美团、高德、京东等互联网巨头都是海量数据的拥有者，虽然这些数据信息并未得到充分授权，但并不妨碍他们通过数据流量变现来获取超额收益。这也意味着，在数字经济时代，必然会出现两大趋势：第一，数据越来越多，数据的价值逐渐被放大，必然产生庞大的数据交易、流转与商业变现需求，从而需要更加健全的数据确权、流转、交易规则，形成完整的数据交易链条、数据变现规范和数据价值生态。第二，随着流量通道、入口竞争，势必会产生数据和信息向平台、通道集中的现象，产生一大批拥有海量数据且对政府决策、行业发展和消费者产生重大影响的平台型机构，进而带来平台型机构的垄断与监管问题。

从数字经济平台企业的特点来看，通过行业集中度指标，即通过市场份额、销量、产值等生产指标占整个市场份额，很难实现对平台型企业的衡量。对平台型企业的监管，要充分考虑其利用数据优势、用户规模优势开展新业务、新模式创新的特点、愿望和能力，这是新经济发展的重要形式，是优化社会资源配置、提升社会福利水平的一种途径。

在经济伦理视域下，垄断是没有正当性的，因为它既损害了效率又不会带来公平的结果。数字经济企业更容易形成垄断，因为这些企业有了新的垄断能力。虽然有的数字经济企业的垄断属于自然垄断，即规模越大平均成本越小，从而有了一定的经济合理性，但是从目前暴露出来的问题来看，这种自然垄断给社会带来的效率方面的负面影响远远超过了对企业效率的正面影响。

五、伦理问题的核心：效率与公平

数字技术、信息技术能够提升社会生产效率，因此数字技术得到了广泛应用。不同群体运用新生产要素的能力存在差异，而且这种能力与原有的经济发展水平正相关。数字经济也进一步加剧了市场竞争，发达地区的少数互联网企业凭借超然经济地位攫取了绝大多数市场利润，拉大了区域间数字经济发展差距，头部效应愈发凸显，贫富差距进一步拉大，会有一部分区域、一部分人在数字经济高速发展的时代被“边缘化”。

数字经济可能会拉大收入分配差距。相较于传统行业，数字经济环境下无形资产带来的先发优势、品牌效应、知识产权、网络效应（平台模式、双边市场）等更具有规模经济和垄断性，有效供给增加带来的收益主要由相关的投资者、关键技术人员和管理者等少数人获得，而普通劳动者的工资则因为竞争加剧而受到抑制，收入分配差距进一步拉大。行业巨头能够发挥资源优势，从而实现超额利润。在全球市值最大的 20 家公司中，有 40%拥有基于平台的商业模式，微软、苹果、亚马逊、谷歌、Facebook、腾讯和阿里巴巴七个“超级平台”占 70 个大平台总市值的 2/3，“赢者通吃”现象愈发凸显。同时，数字经济将加剧不同社会层级群体间的分化、竞争，从而引发新一轮的贫富分化问题。

反观另一些群体，则可能受到较大冲击。以网约车行业为例，若外部进入者利用闲暇时间提供网约车服务，则会挤压出租车司机等高度依赖固定性收入的单一技能群体的工资收入，从而进一步扩大不同群体之间的收入差距。

数字经济的头部效应日趋明显。以电商直播行业为例，头部主播在带货能力和观看次数等方面牢牢占据行业半壁江山，顶流主播带货队伍基本稳定。同时，随着电商直播行业热度的持续发酵，主持人、明星、企业家、作家等不同群体纷纷入局直播带货，与头部网红主播相比，他们的人设更加鲜明，所以他们快速占领了较大市场份额。但是，并不是所有的网红都像头部网红一样可以快速获取大量流量和巨大利润，三、四线梯队的主播必将面临愈加艰难的处境。

当一个行业的供给大于需求，势必会迎来行业萎缩、洗牌。直播的风口，也使人们疯狂涌入，造成短时间内行业供给严重过剩。2019 年，国内 MCN 机构数量突破了 2 万家；2020 年，MCN 机构数量达到 28 000 家。看似遍地黄金的背后，却是一个残酷的真相。大部分 MCN 收入其实都在下滑，头部效应愈发明显：原来，有 20%的机构赚钱，80%亏钱；现在，只有 10%赚钱，90%亏钱。

数字经济加速区域发展失衡。当今世界，高度数字化的国家和信息连通力不足的国家之间的差距越来越大，区域间数字水平发展的差距将严重加剧现有的收入不平等。从世界范围看，中国和美国占据全球区块链技术相关专利的 75%、物联网支出的 50%、公共云计算市场的 75%以上，同时占全球 70 个最大数字平台市值的 90%，而欧洲在其中的份额为 4%，非洲和拉丁美洲的总和仅为 1%。

从国内范围看，中国数字经济发展呈现出自东向西逐级减弱的特点。2018 年，广东、江苏、浙江 3 个省份的数字经济规模超过 10 万亿元，占全国的比重约为 30%，在基础设施建设与利用、数字技术研发创新、新兴数字产业发展等方面均遥遥领先于中西部省份。区域数字经济发展失衡将导致东部发达地区获得更大的发展优势，从而扩大区域间经济发展差距。

数字经济时代给区域、行业、企业、个人竞争带来了颠覆性变化，政府需要扮演好制度建设者和社会兜底者的角色。国家政策在数字时代的价值创造和获取方面发挥着至关重要的作用，政府有责任与其他利益相关者密切对话，通过重构发展规则来引领数字经济发展，适时调整现有的政策、法律和法规，或面向新兴领域、后发展区域制定新政策及法律法规，帮助扭转当前数字经济造成的不平等和权力失衡加剧的趋势。

从经济伦理角度来看，数字经济虽然给整体经济效率带来正面影响，但也给效率与公平问题带来新的挑战。数字经济可能会拉大地区间发展的差距。因此，在新的技术条件下，实现更好的分配格局，是各国都面临的巨大挑战。

第三节　数字经济伦理重构：以制度促进伦理演进

经济伦理是调节经济生活中人与人之间关系的道德规范及对经济活动进行评价的道德价值观的总称。任何一种经济方式的重大变革，都需要经济伦理重建，以适应新的生产、交换与分配方式，为新的经济方式提供道德正当性，也为相关的治理制度提供道德基础。以可持续发展为例，造成不可持续发展的原因之一是经济与伦理、科学与价值的对立[①]。解决这一问题的前提就是克服现代性结构中伦理——经济关系的片面性，使经济与伦理重新协调起来，这是人类社会持续发展的前提和基础。经济与伦理的协调必须建立在以下四个统一的基础之上：第一，合规律性与合目的性的统一；第二，社会选择和个人选择的统一；第三，功利和价值的统一；第四，效率优先和兼顾公平的统一。

数字经济伦理重建也是数字经济实现长期发展的根本出路。前面我们已经说过，数字经济的本质是一种新的生产要素进入了经济体系。新的生产要素必然有新的利益诉求和新的生产方式的变革，从而带来新的利益调整。在利益调整过程中获得社会大多数人的认同，让数字经济获得整体上经济伦理的正当性，是数字经济实现可持续发展的前提。如果数字经济的利益被少部分人攫取，使得大多数人利益受损，那么数字经济的发展就缺乏长期发展的道德基础，因为它是不公正的。

进一步来看，数字经济伦理重建更具必要性。其原因也很简单，因为数字生产要素的拥有者，往往是原来的资本要素拥有者，他们在原有的博弈格局中就已经拥有了较强的能力。有了数据能力的加持以后，资本方更具有谈判力量。

如何重建新的数字经济伦理？本书认为，应该遵循“政府主导，重新表述传统市场经济伦理，以制度建设促进伦理重建”的思路来进行。

第一，政府主导。传统伦理重建，是在生产力发展后，不断产生利益冲突，社会在不断的利益冲突中寻求妥协，取得均衡的观念性结果。但是，在

① 杨雪英. 重建经济伦理：可持续发展的根本出路［J］. 云南财贸学院学报（社会科学版），2003（1）：39-40.

数字经济条件下，这种缓慢的伦理演化路径是不适合的。一是数字经济带来的变革速度远比传统技术方式快得多；二是数字技术属于重大的技术变革，颠覆性变革必然会带来社会颠覆性变化；三是国际国内环境不允许以较慢的方式来寻找新的均衡。因此，应当预先设定一些基本原则，然后再慢慢摸索，而不是放任数字经济野蛮生长。这些最基本的伦理原则中，核心应该是利益共享原则。数字技术提升了社会的整体效率，由此产生的利益，应该在社会公众、行业劳动方、资本方和由此造成的受损方之间进行分配，不能任由资本方一方获取全部利益。

第二，重新表述传统市场经济伦理。伦理无论在西方还是中国都是调节社会经济关系的重要手段。技术、信息、人力资源等固然重要，但是在所有的要素背后，起统领作用、主导人们行为方向且具有上升到灵魂所在的重要位置的应该是伦理、信用、理念。数字经济时代如果不讲信用不注重伦理规范，那么无论是个人还是企业，都将被禁锢在一个狭小的发展空间内裹足不前。社会经济发展和社会成员的伦理建设往往不一致，甚至有时候还会出现短暂混乱期，但总的来说这是一个相互适应和选择的变迁过程。一旦约定成俗，便成为社会经济的规范，从而对社会关系进行调解和制约。数字经济亦不例外，需要在发展过程中建立一套符合自身特点的商业伦理来指引价值取向以及解决法律所面临的困境。有了共同伦理价值取向的选择，法律便多出一只万能手来从预防和监督上维护网络经济中各方主体的合法权益。

新的经济伦理重建不可能完全推翻原有伦理关系和伦理观念，只会是在原有伦理关系基础上，根据新的条件或多或少进行改变。数字经济伦理应该着重梳理如下三个方面的伦理关系：①建立数字经济条件下的诚信机制，规范经济参与主体的行为。数字技术给诚信机制的建立带来了更便利的手段，也产生了新的风险。我国信用体系建设较滞后，信用体系与经济利益体及产业链间的衔接往往处于缺失或者仅仅有名无实的状态，企业的资信状况、个人的信用状态以及自信查询和求证等都比较混乱。数字技术手段降低了诚信制度建立的成本，但是，数据所有者会成为数据链中的关键网络节点，有滥用数据以及利用数据谋取不当利益的能力。②关于垄断效率的再审视。目前关于数据企业垄断的效率分析，过于局限于企业本身，缺乏对行业乃至整个社会效率损失的分析。③关于隐私伦理价值的再审查。在数字经济条件下，个人信息成为企业谋利的手段，如何划分个人信息与个人隐私之间的边界，以及如何划分个人信息数据所产生的经济利益，应该是管理机构重视的内容。

第三，以制度建设促进伦理重建。目前从网络发展情况来看，网络自治不会催生正确的数字新伦理，所以应该以法律制度为数字经济伦理确定边界。例如，无害原则和知情同意原则是支持网络经济发展的重要原则。这些原则应用到网络经济中即要求网络活动的参与者要充分尊重利害人的自主权利，尽可能地避免给他人造成伤害。但是，这些原则在数字经济实践中难以得到自发遵循，政府应该积极通过法律制度将这些原则固化在数字经济运行机理之中。

近年来，我国已经为数字经济发展建立了很多法律规范，但是一些核心领域还没有涉及，比如，各平台算法应该遵循什么样的人文伦理规则来编写代码等。本书认为，职能部门应成立专门的数字经济伦理委员会或类似机构，审查各个平台算法的人文伦理，以此衡量企业的算法规则的正当性。同时，政府应对数字经济产业中从事开发活动的工程师、程序员，加强数字经济伦理考察、培训与价值观引导，可以考虑在相关职业技术证书考试中专门加入数字经济伦理内容。

第四节 数字经济治理：新的社会契约

“数据，是一把双刃剑”①。2023年10月底开展的缅北打击电诈就是一个明显的例子：不法分子可以利用数据的力量实施犯罪活动。世界银行在《世界发展报告2021：让数据创造美好生活》中，提出了一个完整的数据治理框架，本节概述其要点。世界银行认为，要解决产生的一系列问题，需要做好以下五点：①建立新的数据社会契约；②增加数据的使用和再利用以实现更大价值；③使各方更公平地从数据中获益；④制定保护人们免受数据滥用危害的保障措施来增进信任；⑤为构建综合国家数据系统奠定基础。

一、新社会契约

社会契约这个词是政治哲学上的一个核心概念，是指某一社会全体成员就该社会行动的基本准则取得的一致协议，也就是要形成社会共识。社会需要达成这类共识（“社会契约”）的理念已有数百年历史，通常可追溯到托

① World development report 2021：Data for betler lives ［R］. World Bank，2021.

马斯·霍布斯、约翰·洛克和让·雅克·卢梭等哲学家的著作，尤其是卢梭的《社会契约论》。

在对待数字经济或数据要素方面，需要的社会共识或共同价值观是：数据创建、再利用和共享过程中所有参与者都达成共识，从而可以增进信任，让人们相信不会因数据交换而受到伤害，而且可以公平地获得由数据所创造的价值。

之所以在社会价值观方面需要达成这样的共识，是因为数字技术会损害一些人的利益，这些利益受损的人会抵制这种技术进步。这类现象在欧美国家都比较常见。历史上，任何一次重大技术进步都会被一些人抵制。

说服各方遵守社会契约的规则并非易事，这要求确保使用数据所产生的收益能得到公平分享——也就是说，每个人都能从中受益。在这方面，低收入国家往往处于不利地位，因为它们通常在以下几方面都比较缺乏：获取数据并将其转化为价值的基础设施和技能；有助于建立增强人们对数据系统信任的制度与监管框架；公平参与全球数据市场及其治理的规模和渠道。

二、改善数据基础设施，确保穷人公平受益

数字基础设施是数据搜集、交换、存储、处理和传播的先决条件。要获取现代数据服务的全面经济和社会价值，需要普遍可访问的数字基础设施。然而不幸的是，数据基础设施已成为不平等的来源，而不是收入不平等的缓解工具。在国家层面，发展中国家与发达国家在宽带连接方面存在重大差距，穷人在数据连接方面的相对负担也重得多。

互联网的普及仍面临重大挑战。第一个挑战是，由于移动技术日新月异，扩大服务覆盖范围的目标也不断变化。2018 年，全球 92% 的人口生活在 3G 信号范围内，而随着 4G 技术的推广，覆盖率下降到 80%。4G 网络的速度为每秒 400MB，使用那些有益于推动发展的复杂智能手机应用程序需要这样的速度。最近有些领先市场已经推出了商用 5G 技术（每秒 1 000MB），低收入国家则有可能被越甩越远。第二个挑战是数据技能素养缺乏与经济负担沉重。全球不使用数据服务的人口占全球总人口的 40%，其中大多数实际上生活在宽带信号范围内。在一项调查中，中低收入国家不使用互联网的人有超过 2/3 表示他们不知道互联网是什么或不知道怎样使用。在中低收入国家，可负担性也是一个重要因素——对收入最低的 20%

家庭来说，一部入门级智能手机的费用约相当于家庭月收入的 80%。技术创新、市场竞争和政府政策的改善会促使成本降低，使用互联网的人数可能随之增加。然而，即使在那些已使用互联网的人当中，数据服务消费量只有人均每月 0.2 GB，远远达不到在线完成基本社会和经济功能所需的数据消费水平。

大多数中低收入国家缺乏能对本地生成的数据进行交换（通过互联网交换中心，IXP）、存储（托管数据中心）和处理（通过云平台）的设施。很多国家仍旧依赖海外设施，这意味着它们需要将大量数据传入和传出本国，为此承受速度慢和价格高的代价。

三、制定法律法规，建立信任环境

数据使用过程中的安全焦虑是各国面临的普遍难题。数据要素的使用过程，其实是安全防护措施与赋能措施的平衡与互动过程。保障措施有助于避免或限制数据滥用的损失，从而增强人们对数据交易的信任。赋能措施能够推动利益相关方群体内部和不同群体之间的数据访问和再利用，确保数据的社会和经济价值得以充分实现。世界银行建议的不同阶段政策见表 14-1。

表 14-1　世界银行建议的不同阶段政策

发展阶段	安全设施	赋能措施
建立基本制度	进行基准需求评估。开发一个全面的政策框架：保护个人、非个人和进化类别的数据，提高系统和基础设施的安全性，防止滥用数据	进行基准需求评估。开发一个全面的政策框架，允许使用和共享数据，确保访问、开放、互操作性、可移植性、可预测性和透明度
启动数据流	搭建一个法律框架，包括个人数据保护促进网络安全和打击网络犯罪竞争监管，在法律框架中规定建立相关执法机构	制定一个法律框架，包括：电子交易的法律认可信息、非个人数据知识产权、非个人数据公开公共意图数据
优化系统	增强安全措施的意识：在国内，通过采用设计和默认的数据保护，以及国际上相关的网络安全措施，通过跨境互操作性的数据保护标准，解决更复杂的问题，如混合数据和群体权利，确保负责监督这些活动的机构的能力足以建立指标来监测和评估这些政策和法律的实施和执行	考虑诸如数据可移植性和围绕私人意图数据共享的激励等问题。确保负责监督这些活动的机构的能力已经足够。建立指标来监测和评估这些政策、法律和机构的实施情况

健全的数据法规，有助于保护数据安全，促进人们对数据交易的信任。区分个人数据（识别个人的数据）和非个人数据（不包含个人身份信息的数据）是非常必要的。个人数据涉及个人隐私经济乃至人身安全，应在允许进行任何类型的数据交易之前充分保护数据主体的利益。但是，数据供应商提供确认的法律文件太过冗长，数据主体难以全部阅读，甚至也不明白其中合同条文的具体含义。非个人数据由于敏感性较低，可以通过知识产权法规提供充分保护，从而在数据保护和数据再利用之间实现一定平衡。但是大多数低收入国家并未采取对隐私数据的保护措施。

参考文献

[1] 陈禹，谢康. 马克卢普知识产业论及其影响［J］. 图书情报工作，1997（7）：9-13.

[2] 崔保国. 信息社会的理论与模式［M］. 北京：高等教育出版社，1999.

[3] 韩雪梅. 关于知识经济问题研究综述［J］. 学术交流，1998（6）：7.

[4] 华民. 新经济、新规则和新制度［J］. 世界经济，2001（3）：6.

[5] 胡鞍钢，杨韵新. 就业模式转变：从正规化到非正规化：我国城镇非正规就业状况分析［J］. 管理世界，2001（2）：19.

[6] 黄泰岩，牛飞亮. 西方企业网络理论述评［J］. 经济学动态，1999（4）：63-67.

[7] 李晓钟，陈涵乐，张小蒂. 信息产业与制造业融合的绩效研究：基于浙江省的数据［J］. 中国软科学，2017（1）：22-30.

[8] 李灵异. 数字经济对服务业结构优化的作用机制研究［D］. 大连：东北财经大学，2021.

[9] 李国杰，徐志伟. 从信息技术的发展态势看新经济［J］. 中国科学院院刊，2017（3）：233-238.

[10] 李国杰，等. 数字经济干部读本［M］. 北京：国家行政学院出版社，2017.

[11] 李洪军. 关于知识经济问题的研究综述［J］. 学术交流，1998（6）：26-27.

[12] 刘树成，李实. 对美国“新经济”的考察与研究［J］. 经济研究，2000（8）：3-11.

［13］林聚任，李蕴．知识社会与知识管理革命：论德鲁克的知识社会观［J］．山东大学学报（哲学社会科学版），2001（4）：77-81．

［14］林晨．金融科技服务实体经济的作用机理研究［D］．成都：四川大学，2021．

［15］梁琳．数字经济促进农业现代化发展路径研究［J］．经济纵横，2022（9）：113-120．

［16］聂子龙，李浩．产业融合中的企业战略思考［J］．软科学，2003（2）：80-83．

［17］马化腾．分享经济：供给侧改革的新经济方案［M］．北京：中信出版社，2016．

［18］潘士远．知识、R&D 与经济增长［J］．浙江社会科学，2003（3）：36-41．

［19］戚聿东，徐凯歌．智能制造的本质［J］．北京师范大学学报（社会科学版），2022（3）：93-103．

［20］钱静斐，陈秧分．典型发达国家农业信息化建设对我国农业“新基建”的启示［J］．科技管理研究，2021（23）：174-180．

［21］芮鸿程．跨国公司网络化运作研究［M］．天津：天津社会科学院出版社，2003．

［22］孙毅．数字经济学［M］．北京：机械工业出版社，2021．

［23］孙延明，宋丹霞，张延平．工业互联网：企业变革引擎［M］．北京：机械工业出版社，2021．

［24］单元媛，赵玉林．国外产业融合若干理论问题研究进展［J］．经济评论，2012（5）：152-160．

［25］魏喜武，薛霞．《2012 年美国新经济指数》报告述评［J］．全球科技经济瞭望，2013（12）：13-19．

［26］王姝楠．数字经济背景下中国制造业转型升级研究［D］．北京：中共中央党校，2020．

［27］乌家培．加强信息经济学的研究［J］．经济学动态，1989（9）：5．

［28］熊泽泉．数字经济与制造业产业融合的机制及影响研究［D］．上海：华东师范大学，2021．

［29］徐盈之，孙剑．信息产业与制造业的融合：基于绩效分析的研究［J］．中国工业经济，2009（7）：56-66.

［30］徐小琪．我国信息化与农业现代化协调发展研究［D］．长沙：湖南农业大学，2019.

［31］许小年．商业的本质和互联网［M］．北京：机械工业出版社，2020.

［32］萧琛．论美国的“新经济”和“新周期”［J］．世界经济与政治，2000（4）：5-10.

［33］杨佩卿，张鸿．发展数字经济促进改善就业［J］．新西部，2019（16）：80-83.

［34］闫德利．2016年人工智能产业发展综述［J］．互联网天地，2017（2）：22-27.

［35］张铭洪．网络经济学教程［M］．北京：科学出版社，2002.

［36］张梦娜．智能制造示范试点企业创新效率及其影响因素研究［D］．南京：南京信息工程大学，2022.

［37］赵昌文．平台经济的发展与规制研究［M］．北京：中国发展出版社，2019.

［38］赵立斌，张莉莉．数字经济概论［M］．北京：科学出版社，2020.

［39］周振华．信息化进程中的产业融合研究［J］．经济学动态，2002（6）：58-62.

［40］阿鲁·萨丹拉彻．分享经济的爆发［M］．周恂，译．上海：文汇出版社，2017.

［41］Arthur W. B. Increasing Returns and the New World of Business［J］. Harvard Business Review，1996，74（4）：100-109.

［42］Barefoot K，Curtis D，Jolliff W，et al. Defining and Measuring the Digital Economy［M］. US Department of Commerce Bureau of Economic Analysis，Washington，DC，2018.

［43］Goldfarb A.，Tucker C. Digital Economics［J］. Journal of Economic Literature，2019，57（1）：3-43.

［44］哈尔·R. 范里安．微观经济学：现代观点［M］．9版．费方域，朱保华，等译．上海：格致出版社，上海三联书店，上海人民出版社，2015.

［45］加里·P. 施奈德. 电子商务［M］. 成栋，韩婷婷，译. 北京：机械工业出版社，2004.

［46］杰奥夫雷·G. 帕克，马歇尔 W. 范·埃尔斯泰恩，桑基特·保罗·邱达利. 平台革命 改变世界的商业模式［M］. 志鹏，译. 北京：机械工业出版社，2020.

［47］杰里米·里夫金. 零边际成本社会：一个物联网、合作共赢的新经济时代［M］. 赛迪研究院专家组，译. 北京：中信出版集团，2017.

［48］卡尔·夏皮罗，哈尔·R. 范里安. 信息规则－网络经济的策略指导［M］. 孟昭莉，牛露晴，译. 北京：中国人民大学出版社. 2017.

［49］凯文·凯利. 新经济新规则：网络经济的十种策略［M］. 刘仲涛，译. 北京：电子工业出版社，2014.

［50］Katz，M. L.，C. Shapiro. Network Externalities，Competition and Compatibility［J］. American Economic Review，1985，75（3）：424－440.

［51］LI B，HOU B，YU W，et al. Applications of Artificial Intelligence in Intelligent Manufacturing：A Review［J］. Frontiers of Information Technology & Electronic Engineering，2017，18（1）：86－96.

［52］丽莎·甘斯基. 聚联网 商业的未来［M］. 马睿，译. 北京：中信出版社，2012.

［53］雷切尔·博茨曼，路·罗杰斯. 共享经济时代：互联网思维下的协同消费商业模式［M］. 唐朝文，译. 上海：上海交通大学出版社，2015.

［54］雷·库兹韦尔. 奇点更近：当我们与人工智能融合［M］. 芦义，译. 北京：中国财政经济出版社，2024.

［55］美国商务部. 浮现中的数字经济［M］. 姜奇平，等译. 北京：中国人民大学出版社，1998.

［56］Nicholas Economides. The Economics of networks［J］. International Journal of Industrial Organization，1996，14：673－699.

［57］Organisation for Economic Co－operation and Development. Measuring the Digital Economy：A New Perspective［M］. OECD Publishing，2014.

［58］OECD. 以知识为基础的经济［M］. 杨宏进，薛澜，译. 北京：机械工业出版社，1997.

［59］彼得·德鲁克. 知识社会［M］. 赵巍，译. 北京：机械工业出版

社，2021.

［60］Rochet J C，Tirole J. Platform Competition in Two-sided Markets［J］. Journal of the European Economic Association，2003，1（4）：990-1029.

［61］Soon-Yong Choi，Dale O. Stahl，Andrew B. Whinston. 电子商务经济学［M］. 张大力，刘维斌，译. 北京：电子工业出版社，2000.

［62］世界银行K4D项目组. 知识促进发展：指标评测与全球战略世界银行［M］. 闫温乐，译. 上海：上海教育出版社，2009.

［63］森健，日户浩之. 数字资本主义［M］. 野村综研（大连）科技有限公司，译. 上海：复旦大学出版社，2023.

［64］W·布莱恩·阿瑟. 经济中的正反馈［J］. 经济社会体制比较，1998（6）：6.

［65］植草益. 信息通讯业的产业融合［J］. 中国工业经济，2001（2）：4.